CSR 마케팅

안대천 · 유현중 공저

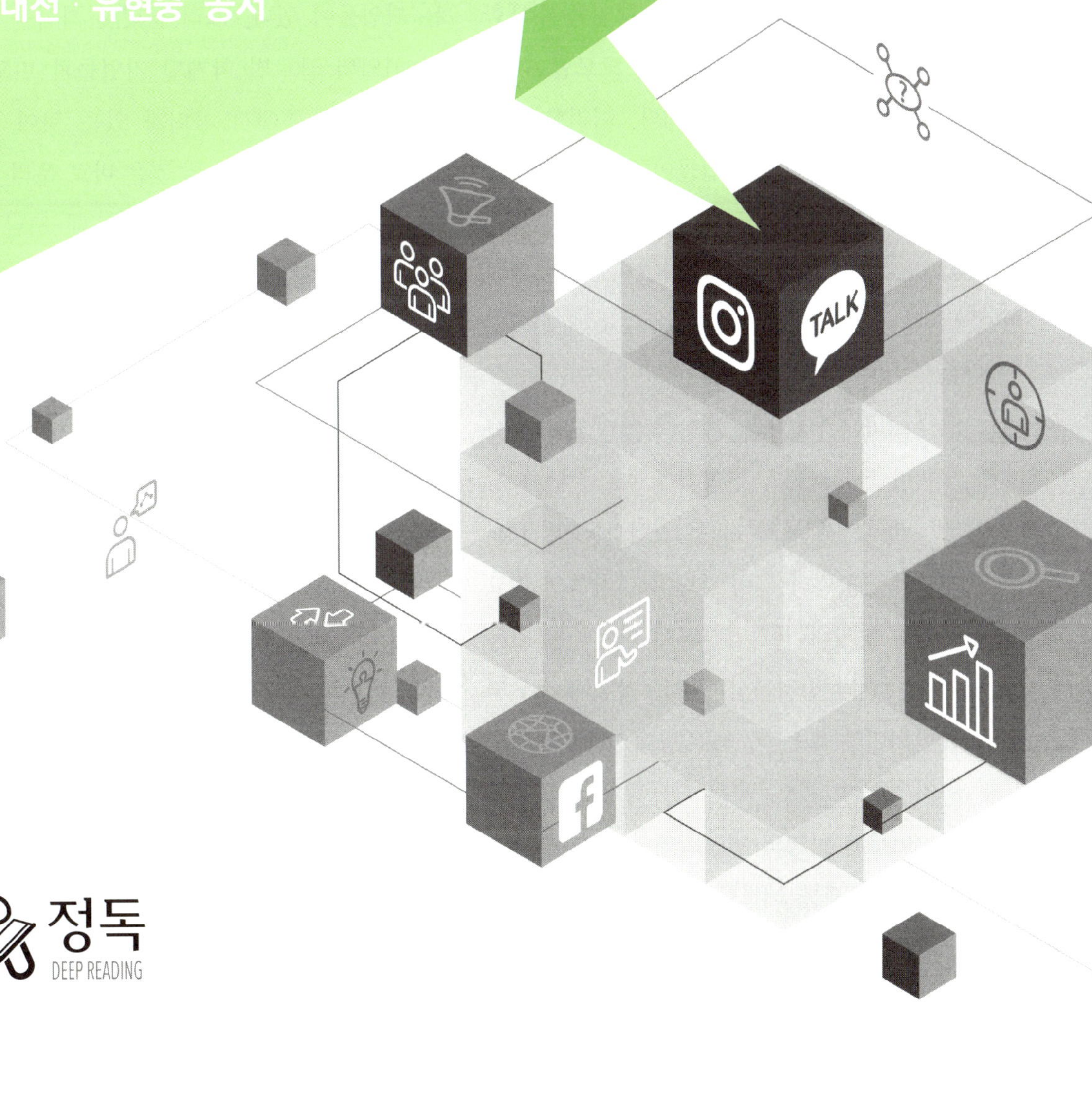

정독
DEEP READING

머리말

기업의 존재가치는 이윤창출에 있기 때문에 적자기업은 존립할 수도 없고 존재해서도 안 된다. 국가자원을 낭비하고 사회적 가치를 파괴하기 때문이다. 그러나 이제는 기업이 재무적 성과에만 매달려 사회와 환경문제를 소홀히 하면 시장경쟁력을 상실하여 장기적으로 살아남기 힘든 환경으로 변모하고 있다. 사회적인 책임을 다할 때 높은 재무성과를 올릴 수 있는 구조로 기업 경영활동의 방향을 잡고, 시장에서 경쟁우위를 강화하는 방향으로 사회적 책임을 수행함으로써 지속가능한 성장과 발전을 도모할 수 있는 있는 국면으로 접어든 것이다. 이러한 환경변화에 발맞추어 많은 기업들이 기업 경영전략의 핵심이자 경쟁력을 구축하기 위한 기본요건으로서 CSR의 중요성을 인식하고, 그것을 기반으로 한 지속가능한 경영시스템 구축에 박차를 가하고 있다.

넓은 의미에서 CSR은 기업의 경영철학과 가치관이 반영된 일종의 경영지침으로서 인사/조직, 생산관리, 재무, 회계 등 경영활동의 전 분야에 걸쳐 반영된다. 그렇다면 소비자들의 필요와 욕구를 찾아내어 기업경영에 반영하는 기능을 하는 마케팅 영역에서 CSR은 어떻게 적용되고 실현되어야 하는가? 1990년대 이래 해외의 많은 기업들이 CSR전략을 마케팅에 접목하여 그동안 이룩된 번영의 뒤안길에서 표출된 사회적, 환경적 문제를 해결함과 동시에 소비자 만족에 공헌함으로써 눈에 띄는 마케팅 성과를 올리고 있다. 기업의 이익과 공공의 이익은 양립할 수 없는 것처럼 보일 수 있지만 나이키, 아메리칸 익스프레스, 바디샵, 벤앤제리, P&G 등 많은 해외의 성공사례들은 기업의 사익과 사회를 위한 선행이 어떻게 조화될 수 있는지를 잘 보여주고 있다. '우리강산 푸르게 푸르게' 하면 바로 떠오르는 기업의 이름이 있듯이 우리나라에도 성공적으로 CSR마케팅 활동을 전개하고 있는 기업들이 있다. 그러나 몇몇 기업을 제외하면 해외의 글로벌 마케팅 기업들과 비교할 때 전반적인 수준에서 차이가 있는 것이 사실이다. 이 책을 집필하게 된 것은 바로 우리 기업의 CSR마케팅 수준을 끌어올리는 데 조금이라도 도움을 줄 수 있으면 하는 바람에서이다.

우리나라의 CSR마케팅은 이제 막 도입기를 벗어나 성장기에 접어들고 있다. CSR마케팅 능력의 제고는 CSR마케팅이 무엇인지에 대한 정확한 이해에서 시작되기 때문에 더 늦지 않게 대학에서의 정규과목이나 기업에서의 마케팅 교육을 통하여 CSR마케팅에 대한 올바른 이해가 이루어져야 한다. 현재 사용되고 있는 대부분의 마케팅 교과서들은 표적시장의 필요와 욕구의 충족과 소비자 만족이라는 마케팅의 기본적인 기능에 집중되어 있는 것이 사실이다. 물론 복합적인 마케팅 개념을 통하여 사회적 책임이나 사회지향적 마케팅에 대하여 일부 다루고 있기는 하지만 마케팅 철학, 마케팅 환경, 마케팅 조사, 표적시장 마케팅, 마케팅믹스, 경쟁적 우위, 마케팅 계획 수립 등이 핵심적인 요소가 되고 있다. 이러한 전통적인 마케팅 개념과 이론의 토대 위에서 사회적 정의, 환경보호, 경제적 성과를 동시에 추구하는 CSR마케팅의 의미와 전략 수립, 실행전술 등을 다루는 별도의 교재가 필요하다는 생각에서 이 책을 집필하게 되었다.

이 책은 특히 CSR마케팅에 입문하는 학생들이나 업무에서 CSR마케팅에 대한 기본지식을 필요로 하는 직장인들을 위하여 쓰게 되었다. 특히 다음과 같은 점을 염두에 두었다. 첫째, CSR마케팅의 개념과 의미에 대한 이해를 돕기 위하여 가급적 많은 사례들을 포함시키고자 노력하였다. 우리나라는 물론 해외의 사례들을 모든 장에 걸쳐 소개함으로써 어려운 개념들을 쉽게 이해될 수 있도록 하였다. 또한 현재 진행 중인 사례도 포함하는 등 가급적 새로운 사례를 포함하고자 노력하였다. 둘째, 내용의 이해를 돕기 위하여 그림이나 표를 가급적 많이 활용하도록 노력하였다. 실제 CSR 캠페인의 세부활동 내용들을 실감나게 느낄 수 있도록 각각의 사례에 해당하는 광고물, 로고, 주요 메시지나 사진들을 삽입하였다. 또한 각 장의 끝부분에는 주요 개념들과 문제들을 종합적으로 정리하는 데 도움이 될 수 있도록 '키워드'와 '생각해 볼 문제'를 제시하였다.

이 책은 모두 3부 11장으로 구성되어 있다. 제1부는 CSR에 대한 명확하고 심층적인 이해를 돕고자 CSR의 개념(1장), 21세기의 CSR마케팅(2장), CSR마케팅의 가치와 목표(3장), CSR마케팅의 전략 및 효과(4장) 등 모두 4개의 장으로 구성하였다. 제2부에서는 CSR마케팅 전략을 모두 4개의 유형으로 구분하여 각 유형별로 정의, 특성, 효과, 사례의 순으로 구성하였다. 4개의 유형은 공익캠페인(5장), 사회마케팅(6장), 공익연계마케팅(7장), 공유가치창출 마케팅(8장)을 포함하고 있다. 마지막으로 제3부는 최근 활발히 이용되고 있는 SNS를 활용한 CSR마케팅(9장)과 CSR마케팅의 현재와 미래(10장)를 포함하고 있다. 그리고 11장에서는 CSR마케팅 기획에 도움이 될 수 있도록 기획과정과 내용을 자세히 소개하였다.

아직 여러모로 부족한 게 많지만 독자 여러분과 이 책으로 혹시 강의하시는 여러분들께서 많은 질책의 말씀과 제안을 주실 것을 기대하며, 이 책이 우리나라 CSR마케팅 발전에 미력이나마 도움이 되기를 바란다. 그리고 책의 집필과 출판에 도움을 주신 김중용 대표님께 감사의 말씀을 드린다.

2020년 8월

안 대 천

차 례

P/A/R/T

01 CSR마케팅의 개념과 의미

P/A/R/T

02 CSR마케팅의 유형 및 전략

Chapter 05

Chapter 06

Chapter 07

Chapter 08

P/A/R/T

03 CSR마케팅의 미래

PART

01

CSR마케팅의 개념과 의미

CSR마케팅

Chapter 01

CSR(기업의 사회적 책임)이란?

01 CSR(기업의 사회적 책임)

02 기업경영과 CSR

03 CSR의 등장배경

04 CSR의 효과

학습 목표

해마다 연말이 되면 언론매체를 통하여 자주 볼 수 있는 것 중의 하나는 검은 연탄 자국을 얼굴에 묻힌 대기업 사장님이 직원들과 함께 활짝 웃는 모습과 그 뒤편에 내걸린 '불우이웃돕기 연탄배달'이라는 현수막일 것이다. 하지만 기업의 사회공헌의 참모습이라고 하기에는 많이 부족해 보이는 것은 무엇 때문일까? 아마도 '우리 회사도 달동네의 독거노인들과 같이 사회의 불우한 이웃을 돕는데 이렇게 적극 동참하고 있습니다'라는 외침을 곧이곧대로 받아들이기 힘들어서일 것이다. CSR은 과연 무엇이고, 어떻게 해야 기업에 도움이 될 수 있을 것인가? 이 장에서는 CSR의 다차원적 개념을 이해관계자의 관점에서 알아보고, CSR활동을 통하여 기업이 얻을 수 있는 효과를 체계적으로 살펴보고자 한다. 구체적으로 기업 경영환경의 변화에 따른 CSR의 등장배경과 의미, 그리고 필요성을 살펴보고, 경영시스템에 내재된 CSR활동을 통하여 기업이 얻을 수 있는 효과에 대하여 자세히 알아보기로 한다.

01 CSR(기업의 사회적 책임)

CSR은 Corporate Social Responsibility라는 3개의 영어 단어의 줄임말로서 흔히 '기업(corporate)의 사회적(social) 책임(responsibility)'이라고 말한다. 기업이 조직의 운영에 직·간접적으로 이해관계를 갖고 있는 이해관계자(stakeholder)와의 지속적인 관계 속에서 경영활동을 영위하면서 경제적 이윤추구라는 이익동기를 넘어서 보다 넓은 영역에서 사회를 기반으로 경영활동을 수행하면서 지켜야 할 다양한 형태의 책임을 말한다. 여기에서 사회란 기업의 운영에 지속적인 관계를 가지고 있는 모든 이해관계자와 그 구성 집단을 포함한다.

CSR은 기업과 사회의 관계에서 기업의 역할에 대한 견해를 지칭하기도 하는데 기업은 이윤극대화 이상의 목적을 추구할 의무를 가지며 기업의 이해관계자들은 기업의 행위에 대하여 설명 책임을 지울 의무를 각각 지고 있다고 간주한다. 기업은 대주주만이 아니라 소액주주를 포함한 많은 이해관계자의 이익 제고에 기여해야 하며 경제적 목표 이외에 사회적, 인간적 가치의 실현에 공헌해야 한다는 것이 기업의 사회적 책임을 정의하는 시발점이 되는 것이다. 즉, CSR은 기업활동으로 인하여 발생하는 경제, 사회, 환경문제에 적절히 대처하고 이를 해결함으로써 기업의 이해관계자와 사회 일반의 요구와 기대를 충족시켜 주는 기업행동의 규범적 체계라고 할 수 있다(김성택, 2012).

2008년 1월 다보스포럼에서 마이크로소프트사의 빌게이츠 회장은 "정부, 기업, NGO가 시장의 힘을 사회적 약자들을 돕는 데 적극적으로 활용하여 세계적 불평등을 완화하는 데 앞장서야 한다"는 창조적 자본주의를 주창한 바 있다. 18세기 중반 산업혁명을 계기로 중세의 봉건사회체제를 무너뜨리는 새로운 경제질서가 영국에서 나타난 후, 자본주의라 일컫는 새로운 경제질서가 사회 전반에 자리잡게 된다. 이윤창출을 목적으로 하는 많은 기업들이 경제활동의 주체로 등장하면서 지구촌 삶의 많은 것을 바꿔 놓았고 눈부신 인류의 발전이 이루어지게 된다. 산업구조, 생활방식, 사회계층 등 거의 모든 것이 바뀌게 된 것이다. 1800년대 자본주의의 몰락과 계급투쟁을 주창한 경제학자 칼 마르크스의 예견도 자본주의가 노동자들이 혜택을 받는 방향으로 보완되면서 더 이상 지지를 얻지 못하게 되었다. 이러한 자본주의의 중심에는 기업이 존재한다. 세계를 변화시킨 20세기에 인류가 풍요롭고 윤택한 삶을 누릴 수 있게 된 데에는 기업이 핵심역할을 했다고 해도 과언이 아닐 것이다. 그러나 기업으로 말미암아 인류의 삶이 윤택해진 것은 사실이나, 그 폐해도 점차 커지고 있기 때문에 가시적인 대응책 마련에 국제사회의 관심이 높아지게 된 것이다.

1990대 중반 이후 지구촌을 강타한 인터넷의 대중화는 인류의 삶에 많은 변화를 가져오게 된다. 특히 국제 NGO들이 인터넷을 정보 습득과 전달은 물론 감시의 도구로 적극 활용하기 시작하면서 NGO의 위상과 역할이 증대되었고, 이와 맞물려 2000년대를 전후로 기업의 사회적 책임론에 불을 지핀 몇 가지 중대한 국제적 사건이 발생하였다. 1996년 미국 잡지 〈라이프〉 6월호에 실린 나이키의 아동 노동착취 문제, 2001년 당시 미국내 7위 기업인 엔론사의 회계부정 사건, 영국과 네덜란드에 본거지를 둔 초거대 석유기업인 로얄더치쉘의 환경파괴와 정치권과의 유착관계와 같은 일련의 사건들이 발생하였다. 이들 사건들이 단초가 되면서 국제사회를 중심으로 기업의 사회적 책임에 대한 관심이 한층 고조되었던 것이다. 자본주의의 중심에는 기업이 있다. 빌게이츠가 지적했듯이 오늘날 우리가 누리고 있는 자본주의는 100년 전의 그것과 분명 달라야 하며, 앞으로 펼쳐질 자본주의는 보다 친사회적이고 친환경적이며, 친인간적인 자본주의가 되어야 할 것이며, 이를 위하여 기업의 사회적 책임(CSR) 활동이 중심적 역할을 해야 하는 것이다.

요약하자면, CSR은 기업의 이해관계자들이 기업에 기대하고 요구하는 사회적, 경제적, 환경적 의무를 충족하기 위하여 수행하는 활동으로서, 의무로서가 아닌 자발적으로 이해관계자들의 관심사를 분석하고 수용하여 경영활동에 적극적으로 적용하는 과정을 통하여 이루어지는 이해관계자와의 지속적인 상호작용이라고 정의할 수 있다. 〈그림 1-1〉은 세계지속가능경영기업협의회(WBCSD: World Business Council for Sustainable Development)가 제시한 사회적 책임의 3가지 바탕을 보여준다.

그림 1-1 기업의 사회적 책임

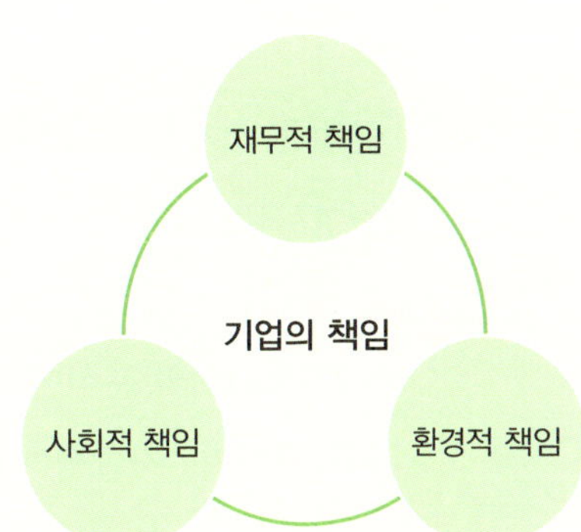

출처: 세계지속가능발전기업협의회, 1999, Corporate Social Responsibility

그렇다면 기업과의 상호작용의 대상이 되는 이해관계자들은 누구이며 범위는 어디까지인가? 이해관

그림 1-2 기업의 이해관계자 모델

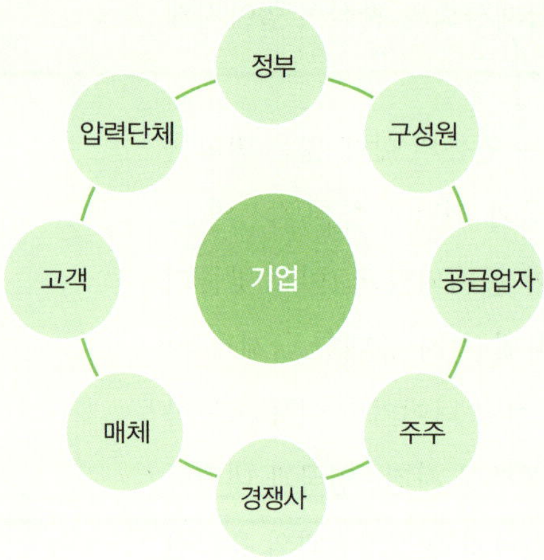

출처: Freeman, R.E. (1984). Strategic Management: A Stakeholder Approach. Boston: Pitman Publishing

계자는 기본적으로 기업과 합법적인 이해관계를 갖는 고객, 주주와 종업원, 경영진 등 기업의 구성원, 공급업체, 정부 등 확실하게 규정된 개인이나 집단은 물론 지역사회, 시민단체와 같은 압력단체, NGO, 환경 등 다소 불명확한 경우도 포함한다. 〈그림 1-2〉는 이해관계자 모델이 제시하는 다양한 이해관계자 집단을 제시하고 있다(Freeman, 1984). 기업의 입장에서는 서로 대립하는 이해관계 사이에서 균형을 이뤄야 하기 때문에 기업 운영에 영향을 미치는 외부환경에 해당하는 이해관계자를 제대로 식별하고 그들이 조직에 대해 갖는 전략적 중요성을 판단하는 것이 중요하다. 이해관계자 집단의 관심사항을 조직의 전략적 관점에 포함시키지 못할 경우 사회적 정당성을 확보하기 어렵기 때문에 CSR을 통하여 조직의 장기적 성공능력을 극대화하기 위하여 전략적 기획 및 조정 절차를 수행해야 한다.

학계에서는 지난 50여 년간 양적, 질적 방법 등 다양한 접근법을 사용하여 CSR을 정의하려는 시도가 있어 왔다. 종합해 보면, CSR은 절대불변의 가치가 아니라 상대적, 관계적 가치를 갖고 사회 전체의 공리증진이라는 목적을 시공간에 따라 변화시킬 수 있는 사회적 합의라고 할 수 있다. 현재까지도 많은 논의가 진행되고 있는 가운데 크게 5개의 차원으로 CSR의 개념 정립을 시도한 Dalhsrud(2008)의 접근법을 소개하고자 한다. 1980년부터 2003년 사이 학술지와 온라인 저널에서 소개된 37개의 CSR의 정의문구를 분석하여 도출한 다섯 가지의 핵심 어구를 정리한 결과는 다음 〈표 1-1〉과 같다.

Dalhsrud의 분석에 의하면, CSR의 개념은 크게 환경적, 사회적, 경제적 차원 및 이해관계자, 자발성(voluntariness) 등 다섯 차원으로 구분할 수 있다. 첫째, 환경적 차원은 다른 차원들에 비하여 상대적으로 비중은 작았지만 지속가능세계기업협의회(WBCSD)가 기존의 CSR의 개념과 분리하여 강조한 중요한 차원이라고 할 수 있다. '깨끗한 환경', '환경보호의무', '비즈니스 수행과정에서 환경에 대한 관심' 등

표 1-1 CSR의 다차원적 개념

차원	요약	예시
환경	자연환경	• 깨끗한 환경 • 환경보호 의무 • 비즈니스 수행 시 환경 관심
사회	기업과 사회의 관계	• 사회 개선에 기여 • 비즈니스 수행 시 사회적 관심 반영 • 지역사회 발전에 기여
경제	사회경제적, 재무적 측면	• 경제 발전에 기여 • 기업이윤 추구 • 기업 경영
이해관계자	이해관계자 및 집단	• 이해관계자(종업원, 공급업체, 고객, 지역사회)와의 상호작용 • 이해관계자에 대한 태도
자발성	법률 준수	• 윤리적 가치 • 법적 의무 이상 • 자발적 참여

의 문구로 표현된다. 근로자, 공급업체, 고객, 지역사회와의 유기적 관계 형성과 함께 기업활동으로 인한 환경파괴에 대한 위험과 이에 대한 적절한 대응은 CSR의 중요 차원으로 여러 학자들에 의하여 강조되고 있다.

둘째, 사회적 차원은 사회에 대한 기업의 책무와 관련한 것으로서 기업이 비즈니스를 수행하면서 사회의 전반적인 개선에 기여해야 하며, 사회적 관심사를 반영하는 비즈니스를 개발하고 이를 통하여 지역사회의 발전에 기여해야 한다는 데 초점을 두고 있다. 또한 기업경영을 통하여 발생할 수 있는 사회에 대한 부정적 영향을 최소화하는 방향으로의 경영실천을 의미한다고 할 수 있다(Pinnet, 2001).

셋째, 경제적 차원은 경제적, 재무적 측면에서 기업의 책임을 규정한 것으로서 이윤창출을 통하여 경제발전에 기여해야 함을 의미한다. 즉 기업의 본원적 존재 이유인 이윤창출을 통하여 이해관계자들에게 경제적인 혜택을 제공해야 함을 말한다. 주주들에게는 배당을 통한 이익 실현, R&D와 신상품 개발, 재투자 등을 통하여 일자리를 창출함으로써 경제성장에 기여하며, 근로자들에게는 적정한 임금을 지불함으로써 소비기반을 제공하며, 적법한 세금 납부를 통하여 정부의 재원조달 창구로서의 역할도 수행해야 함을 말한다. 넓은 의미에서 경제적 책임은 기업과 내·외의 이해관계자들의 전반적인 삶의 질을 향상시키는 것이라고 할 수 있다.

넷째, 이해관계자 차원은 앞서 언급된 3가지 차원에서 책임의 대상이나 목적이 되는 이해관계자들에 대한 책무를 의미한다. 기업의 직원, 주주/투자자, 공급업체, 고객, 지역사회, 규제기관 등 다양한 집단과의 조직화된 상호작용과 이들에 대한 기업의 선량한 태도를 의미한다. 예를 들면, 근로자 및 고용환경 개선을 위한 투자, 지역사회의 복지를 위한 투자 등을 포함한다. 기업의 사회적 책임이 모든 이해관계자들과의 총체적 관계에 있다는 점을 고려할 때, 이해관계자들에 대한 다양한 책무의 이행은 CSR의 세부 개념들을 모두 포괄하는 광의의 의미로 이해해도 무방할 것이다.

다섯째, 자발성 차원은 기업경영활동 규제와 관련한 법률의 준수 행위와 관련한 책무이다. 단지 법률적 의무를 이행하는 데 그치지 않고 윤리적 가치에 기초하여 자발적으로 법적 의무 이상의 사회적 책임을 수행해야 함을 의미한다.

이와 같은 학계의 CSR에 대한 정의는 대부분 이해관계자들과의 상호작용을 고려하여 기업이 환경, 사회, 경제적 책임을 자발적으로 수행해야 함을 기본으로 하고 있다. Dahlsrud의 5차원적 접근에서 이해관계자 차원은 포괄적 의미에서 사회적 책임에 포함될 수 있고, 자발성은 나머지 3가지 차원의 사회적 책임을 수행하는 데 근간이 되므로 핵심 책임요소는 사회적, 경제적, 환경적 책임 등 3가지로 요약된다.

Dahlsrud의 5차원적 접근법 이전에 학계에 소개되어 CSR의 개념 이해에 가장 자주 인용되고 있는 것이 미국의 경제학자 Archie Carroll(1991)의 피라미드 모델이다. 〈그림 1-3〉에서 볼 수 있듯이 이 모델은 기업의 사회적 책임을 경제적(이익창출), 법적(법규 준수), 윤리적(윤리적인 활동) 그리고 자선적(좋은 기업시민) 책무 등 네 가지 사회적 책임으로 분류한다. 피라미드 모형을 사용하여 4가지 책임 영역을 중요성 순서에 따라 순차적으로 구분하였다.

첫째, 기업의 가장 기본적인 책임인 경제적 책임으로서 모든 경영활동에 대한 책임은 기업의 경제적 책임에 입각하므로 경제적 책임을 완수하지 못하고 다른 책임들을 고려한다는 것은 의미가 없으므로 피라미드의 가장 아래에 위치한다. 주주들의 이익, 종업원들의 일자리와 임금, 제품 생산을 위한 물자의 구입, 신제품 개발을 위한 연구개발 투자 등 기업의 비즈니스 수행을 위하여 책임을 다하는 것이다. 물론 이러한 책임을 완수하기 위하여 이윤창출이 필수적이며, 이를 위하여 기업은 자원의 효율적 배분과 생산성 향상을 통하여 경쟁력을 확보해야 할 책무를 갖는다.

둘째, 모든 경영활동은 법 체제 내에서 수행되어야 하므로 법적 책임은 피라미드의 두 번째 층에 자리한다. 기업이 비즈니스를 수행하면서 지켜야 할 각종 법률과 규제사항에 대하여 책임을 다해야 한다는 것이다. 최근 환경에 대한 관심이 증대되고 있고, 실제 생활에서 느낄 수 있는 위험이 커지고 있어 환경 관련 규제라든지 근로기준법 등 기업이 경영활동을 수행하면서 기본적으로 지켜야 할 법과 규제를 따라야 함을 의미한다.

셋째는 기업의 윤리적 책임으로서 비록 법에 성문화되지 않았더라도 사회 구성원들이 요구하거나 금기시하는 활동을 하지 말아야 할 책무를 말한다. 예를 들어 자국 내에서 특정 제품 생산과 관련하여 법적 규제가 심할 경우, 생산공장을 규제가 심하지 않은 외국으로 이전하는 것은 법적으로는 문제가 되질 않지만 윤리적 기준에는 벗어나는 행위가 될 수 있다. 또한 제품의 안전도를 단순히 규제 범위에 맞추는 것은 법적 책임에서 자유로울 수 있지만 최대한 제품의 안전도를 높이거나 품질을 향상시키는 것 등이 기업의 윤리적 책임이라고 할 수 있다.

넷째, 피라미드의 가장 높은 층에는 자유재량적인 자선적 책임이 자리한다. 책

그림 1-3 CSR의 분류: Carroll의 피라미드 모델

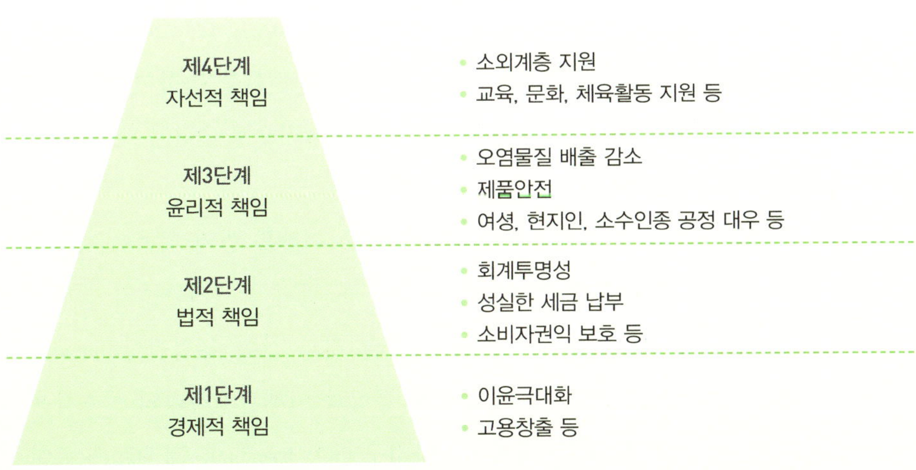

임을 수행하면서 기대하는 반대급부(예: 매출상승, 호의적 평판 등)가 없더라도 인본주의적, 도덕적 측면에서 기업이 창출한 가치를 사회로 환원시키는 방법으로 기업의 책임을 수행하는 것을 말한다.

피라미드 모델에 의하면, 기업이 사회적으로 책임져야 할 활동은 모든 영역에서 동시에 이행되어야 하며, 중요성과 상관없이 모든 책임 영역들이 고려되어야 한다. CSR의 책임 범위를 단계별로 살펴보면, 먼저 기업의 경제적 책임은 신고전주의의 경제적 수익 창출에 대한 강조를 축소시키고 있고, 법적 책임은 법에 성문화(문자)되어 있는 것으로 제한하고 있다. 윤리적 영역은 부정적인 정의를 사용하는 법적 영역과 구분되며, 아직 법적으로 성문화되지 않은 사회적 기대나 규범과 관련된 것으로 각 책임을 정의하는 데 있어 협의의 의미로 사용되고 있다. 또한 피라미드의 마지막 단계인 자선적 활동의 책임은 규범적인 통제 또는 의무로써 포함하고 있으나 자선적 책임의 자유재량적인 본질은 부정한다.

Dalhsrud(2008)의 연구에서 알 수 있듯이 CSR의 개념적 정의에 대한 여러 학자들의 다양한 논의가 있어 왔지만, 학계의 대표적인 논의들을 종합해 보면, 기업의 사회적 책임은 과거 기업이 추구했던 재무적 책임, 성장의 책임, 효율성 추구의 책임, 고품질 제품과 서비스 제공의 책임보다 훨씬 복잡하기 때문에 기업은 단순히 새롭고 혁신적인 경영기법을 도입하는 데 그치지 않고 경영철학에서부터 시작하여 조직의 문화, 가치창출과 서비스를 위해 운영하는 모든 프로세스를 점검함으로써 CSR과 유기적, 통합적으로 연계하여 비즈니스를 수행해야 할 책임이 있다고 할 수 있다. 기업을 전략, 구조, 프로세스 등 구조적 관점에서 보았을 때, CSR이 내재된 형태로의 변환이 필요하다고 할 것이다(이유택, 2012). 즉, CSR이 내재된 기업의 비전과 목표를 수립하고, CSR이 내재된 구조로의 전환을 통하여 실제 비즈니스 수행시 CSR이 내재된 프로세스를 운영하는 등 총체적으로 CSR이 내재된 경영시스템을 구축해야 한다는 것이다.

CSR의 개념과 그 진화과정에 대한 폭넓은 이해를 얻기 위하여 학술적 성격이 강한 학계의 논의와 함께 신뢰할 수 있는 CSR 관련 국제기관들의 실무적 논의도 살펴 볼 필요가 있다. 〈표 1-2〉에 제시된 것과 같이 유럽연합(European Union)은 CSR을 자발적인 사회적, 환경적 관심 통합과 이해관계자와의 상호작용을 통한 기업경영으로 정의하였고, 국제표준화기구(ISO: International Standardization Organization)는 기업이 경제, 사회, 환경 등 3요소에 대한 기여를 통하여 개인과 사회 전체에 혜택을 가져오는 것이라고 정의하였다. 한편 국제노동기구(ILO: International Labor Organization)는 종업원 등 이해관계자들에 대한 기업의 영향력에 주목하여 기업이 법적인 의무를 넘어 자발적으로 이해관계자들에게 미치는 영향으로 정의하였으며, 지속가능경영과 CSR과 관련한 뉴스, 보고서 및 각종 정보를 제공하고 있는 단체인 CSRwire는 고객, 직원, 투자자, 환경 등 모든 이해관계자들의 가치를 고려한 기업의 전사적 노력이라고 정의하였다. 이 외에도 경제협력개발기구(Organization for Economic Cooperation and Development)는 사회와의 공생관계를 성숙, 발전시키기 위하여 수행하는 기업의 활동으로, 국제부흥개발은행(IBRD: International Bank for Reconstruction and Development)은 지역사회에 대한 기여에 주목하여 선량한 경영활동을 통한 지속가능한 경제적 발전과 직원 및 부양가족, 지역사회 등 사회적 가치 증진에 기여하는 일련의 기업활동으로 CSR을 정의하였다.

한편, 지속가능경영 분야의 기업협의회 중 가장 큰 조직인 세계지속가능발전기업협의회(WBCSD: World Business Council for Sustainable Development)는 환경을 파괴하지 않는 경제적 개발, 직원과 가족 및 해당 지역사회가 함께 일하며 사회 전체의

표 1-2 국제기구들의 CSR에 대한 개념적 정의

국제기구	정의
국제표준화기구 (ISO)	기업이 경제, 사회, 환경문제 등에 대한 기여를 통하여 사람, 사회 전체에 혜택을 가져오는 것
국제부흥개발은행 (IBRD)	선량한 경영 개발을 통하여 지속가능한 경제적 발전과 직원과 부양가족, 지역사회 등 사회가치 증진에 기여하는 일련의 기업활동
유럽연합 (EU)	자발적인 사회적, 환경적 관심통합과 이해관계자와의 상호작용을 하는 기업의 경영활동
경제협력개발기구 (OECD)	기업이 사회와의 공생관계를 성숙, 발전시키기 위하여 취하는 행동
국제노동기구 (ILO)	기업이 법적 의무를 넘어서 자발적으로 이해관계자들에게 미치는 영향
CSRwire	고객, 직원, 투자자, 환경 등 모든 이해관계자의 가치를 고려한 기업의 전사적 노력
WBCSD	환경을 파괴하지 않는 경제적 개발, 직원과 가족 및 지역사회가 함께 일하며 사회 전체의 삶의 질이 개선되는 데 기여하는 기업의 의무

출처: 김성택 (2012). CSR 5.0. 재인용.

삶의 질을 개선하는 데 기여하는 기업의 의무라고 정의한 바 있고, 이와 유사한 기관인 사회적 책임 경영자협회(BSR: Business for Social Responsibility)는 사회가 비즈니스를 소유하고 있다는 전제 하에 윤리적, 법적, 상업적, 공적인 기대수준을 충족시키는 수준 또는 이를 초과하는 수준으로 비즈니스를 수행하는 것이라고 정의하였다.

이와 같은 국제기관들의 정의를 종합해 보면, 각 단체 간의 강조점에 약간의 차이가 보이지만 앞서 학술연구자들의 개념과 크게 다르지 않음을 알 수 있다. 핵심 용어인 경제적·사회적·환경적·법적·윤리적 책임, 그리고 이해관계자, 상호작용 등 학술연구자들의 개념 정의와 거의 유사하며, 기업의 책임이 소극적 수준의 법적 책임을 지키는 데 그치지 않고 그 이상의 노력이 필요하다고 제시하고 있는 점에서 전반적으로 일치한다.

02 기업경영과 CSR

CSR이 내재된 경영시스템은 과거 고객의 개념을 경영시스템과 통합한 고객만족 경영의 개념과 비교해 볼 수 있다. 고객의 중요성이 부각되면서 과거 판매담당 부서의 판매원이나 서비스 직원들이 접점이 되어 약한 연결고리로 관계가 지속되던 것이 '고객은 기업의 왕이다'라는 개념과 함께 고객이 기업경영의 최고의 우선순위를 차지하게 되었다. 그러나 고객중심 경영은 기업에는 비용부담으로 돌아왔고, 실제 고객에게 그들이 원하는 가치를 전달하는 것이 프로세스를 통하여 이루어지는데 그 프로세스가 제대로 작동하지 못하는 등 많은 문제점이 발생하였다. 이러한 문제점을 극복하기 위하여 더욱 발전된 고객과의 관계관리 전략으로 활용된 것은 고객을 기업경영에 내재화시키는 것이었다. 기업의 비전과 전략이 고객과 공유되고, 기업의 구조가 고객의 가치를 극대화시키는 방향으로 재조합됨으로써 프로세스가 고객 중심으로 다시 설계된 것이다.

CSR도 이와 같이 기업경영에 프로세스로 녹아 들어갈 때 제대로 그 효과를 발휘할 수 있다. 현재 많은 기업들이 CSR활동을 홍보팀이 맡고 있거나 전담 CSR팀을 발족하여 관련된 활동을 하고 있다. 그러나 기업의 본업과 경영에 프로세스화되어 수행되지 못하고 있기 때문에 사회적 책임 수행을 위한 최소한의 채널 정도만 유지하고 있다고 할 수 있다. 몇몇 기업들은 일찍이 CSR의 중요성을 인지하여 기업의 최우선 과제로 선정하는 등 요란을 떨고 있지만 정작 기업의 많은 자원과 시간을 할애하는 것에 비하여 좋은 성과를 내지 못하고 있는 실정이다. 결국 CSR을 기업의 기본적인 사업 수행을 위한 경영시스템의 일환으로 내재화되지 않는다면 효과를 거두기가 쉽지 않다는 것이다. 이렇듯 CSR은 기업의 사업전략의 핵심요소로 인식되어야 한다. '착한 기업'은 지속가능한 경쟁우위를 찾아내고, 그것을 유지, 강화시켜 나가야 한다. 경쟁우위가 지속가능하려면 전략은 기업을 둘러싼 외부환경에 적절히 조화된 것이라야 한다. CSR이 제대로 수행되지 못하거나 아예 수행되지 않는다면 기업이 그 산업 내에서 어떠한 경쟁우위를 가지고 있더라도 장기적으로 위협요소가 될 수 있다.

CSR의 등장배경 03

CSR은 1900년대 초반 미국을 중심으로 대두되었다. 점차 기업의 규모가 커지면서 사회에 대한 영향력이 증대되었고, 자유로운 경쟁을 부당하게 제한하고 거대기업의 자율적 의사결정이 일반시민에게 중대한 피해와 손실을 초래하여 사회적 비난의 대상이 되었다. 1960년대 이후 사회 환경 및 가치의 변화로 인하여 기업의 힘과 영향력을 이윤추구에만 사용하지 말고 더 넓은 사회적 목적을 위하여 활용해야 한다는 여론이 확대되면서 기업의 사회적 책임이라는 개념이 발전하게 된다. 시대적 흐름을 보면 1950~1960년대까지만 해도 기업은 본연의 경제적 책임만을 다하면 된다는 견해가 보편적이었다면 그 이후에는 산업사회의 발전과 함께 사회적 책임에 대한 요구가 더욱 커졌다고 볼 수 있다. 현대 산업사회에서는 특히 윤리적 책임과 기업윤리에 대한 사회적 요구가 큰 비중을 차지하게 된다. CSR은 기본적으로 기존의 기업윤리에서 출발했다고도 할 수 있는데, 기업윤리적 관점에서 본다면 기업은 개별 인격체와 동등한 법적 인격체이고 사회구성원인 개인들에게 주어지는 도덕적 권한 및 책임이 기업에도 부과되어야 한다는 관점이다. 기업윤리에 입각한 사회적 책임에 추가적으로 기업의 지속가능성이라는 개념이 더해지면서 CSR은 기업의 수익성에 직·간접적으로 영향을 주는 요인으로 인식되기 시작하였고, 2000년대 들어서면서 커다란 변화를 겪게 된다. 20세기 후반 이후 기업 경영환경의 변화에 따른 CSR의 등장배경을 구체적으로 살펴보면 다음과 같다,

첫째, 현대사회에서 기업은 소비자들은 물론 임직원, 정부, 지역사회, 환경 등 다양한 이해관계자들의 기대와 요구에 부응하여 이를 만족시키는 일련의 과정을 주도하고 있다. 따라서 현대사회를 살아가고 있는 모든 사람들은 적어도 하나 이상의 기업과 이해관계자로서의 관계를 형성하게 되었고, 기본적으로 기업으로부터 좋은 품질이나 서비스를 저렴한 가격에 제공받기를 요구하고 있고, 이제는 가격이나 품질 이외에도 다양한 기대와 요구를 하고 있다. 이러한 사회적 요구에 대응하지 못하는 기업은 더 이상 살아남기 힘든 상황이 된 것이다.

둘째, 시대적 변화에 부응하지 못하는 기업은 장기적으로 도태될 수밖에 없는 경영환경이 도래하면서 이에 적극적으로 대처할 필요가 생기게 되었다. 1960대 이후 우리나라의 100대 기업 중 현재까지 살아남은 기업이 10개밖에 안 되는 것처럼 기업의 평균수명은 지속적으로 짧아지고 있다. 시대의 변화, 다양해지는 소비자들의 새로운 욕구에 부응하지 못하는 기업경영은 도태될 수밖에 없는 환경에서 부단한 변신과 진화가 필요하게 되었다. 최근 환경변화에 부응하려는 새로운 방식의 기업 경영방식으로 대두된 예로 기술경영이나 환경경영을 들 수 있다. 기술경영은 단기수익성을 강조하고, 경제·환경과의 조화를 통하여 기업의 이익을 추구하는 방식으로서 이해관계자들에 대하여 단순히 재무정보를 투명하게 제공하는 정도로 충분하다. 환경경영의 경우, 경제성과 환경성의 조화, 사전 예방적 접근을 추구하는 방식으로서 이해관계자들에게 환경정보와 재무정보가 제대로 제공된다면 충분한 경영방식이다. 그에 비하여 CSR경영은 투명성과 윤리성이 강조되며, 기업의 사회적 책임활동을 중시하고, 지속가능한 경영활동에 대한 정보가 요구되는 높은 수준의 사회적 요구에 부응하는 경영방식이다. 이제는 단순한 재무정보나 경영정보의 공개만으로는 충분하지 않고 사회적, 경제적, 환경적 책임을 다하는 기업으로서 기존 경영 형태의 한계를 극복해야 하는 것이다.

셋째, 20세기 기업 경영활동을 기반으로 한 세계적인 경제성장의 이면에 환경오

염 및 파괴, 기후변화, 빈곤, 쓰레기, 노동착취와 같은 문제점들이 대두되었고, 이에 따라 지속가능한 발전을 이루기 위한 경제, 사회, 환경에 대한 관심이 증대되었다. 즉 경제, 사회, 환경의 지속가능한 발전이 전 세계 기업경영의 새로운 움직임으로 확산되었으며, 중장기적으로 성공, 존속할 수 있는 지속가능한 기업을 지향하는 국제적인 경영의 조류가 형성된 것이다.

넷째, 현대기업은 포화상태에 이른 자국시장에서 탈피하여 글로벌 시장을 타깃으로 한 글로벌화를 급속히 추진하면서 자국의 상황이나 국제정세, 국제사회의 요구 및 기준을 파악하고 대응할 수 있도록 경영패턴을 변화시키고 있다. 이미 많은 대형 글로벌 기업들은 지속가능경영을 기업경영의 핵심가치이자 철학으로 삼고 이를 기업활동의 모든 부분에 정착시키는 전략으로 활용하고 있다. 이러한 과정에서 윤리적인 기업경영과 사회적 책임 완수 등에 대한 국제사회의 요구와 기준이 크게 증가하고 있는 점에서 글로벌 기업에 대한 CSR 요구가 증대되고 있는 것이다.

다섯째, 소비자들의 기대와 욕구의 변화에 대응하는 경영전략의 필요성이 대두되었다. 기업이 제품이나 서비스를 생산하는 과정에서 윤리적인 절차를 밟고 있는지에 대한 소비자들의 관심이 증가하고 있고, 특히 구매 시 환경오염이나 제3세계 생산자들에 대한 배려, 노동착취 여부 등을 고려하는 소비자들이 증가하고 있다. 투명하고 윤리적인 기업의 제품과 서비스를 선호하며, 사회적 책임을 다하는 존경받는 기업에서 일하고 싶어하며, 지속가능한 경쟁력을 갖춘 기업에 투자하는 경향을 보이고 있는 것이다.

여섯째, CSR에 대한 시민단체와 정부의 인식과 요구가 증대되고 있다. 기업의 CSR을 촉구하고 확산하기 위한 시민단체들이 대거 등장하고 있는데 이러한 움직임은 기업경영 자체가 구조적으로 변화하지 않으면 시민과 정부로부터 지원과 동의를 이끌어 내기 어렵다는 것을 보여주는 주목할 만한 변화라고 할 수 있다.

이상과 같이 변화하는 시대적 가치를 표방하고 그에 걸맞은 경영활동을 통하여 현대기업의 생존과 발전이 기대되는 만큼 기업의 CSR은 이제 선택이 아닌 필수로, 비용이 아닌 투자의 의미로 받아들여지고 있다. 시대의 흐름에 거스르는 기업, 부도덕한 경영을 일삼는 경영자와 기업은 이제 살아남지 못할 수밖에 없음은 자명하다고 할 수 있다.

04 CSR의 효과

CSR의 효과에 대한 긍정적 견해는 이해관계자 이론에 기반한다. Carroll(1999)에 의하면, 자본주의가 발전하면서 기업은 규모가 커지고 그 영향력이 증대됨에 따라 그에 상응하는 책임을 져야 한다. 특히 환경오염이나 노동문제 등 현대사회의 여러 가지 문제점들은 기업의 경영활동과 직접적인 관련이 있기 때문에 기업이 이러한 문제를 해결해야 한다고 보았다. 장기적으로 보면 기업이 사회적 기대에 부응하여 문제를 해결하는 데 적극적으로 나서게 된다면 결국 사회문제를 완화시켜 비용이 감소하므로 사회의 발전은 기업의 경제적 성과에 도움을 준다는 것이다. 구체적으로 CSR을 수행함으로써 기업은 다음과 같은 긍정적 효과를 기대할 수 있다.

첫째, CSR은 장기적이며 지속적인 기업경쟁력의 원천이 된다. 기업의 명성과 평판을 제고할 수 있고, 브랜드 이미지를 향상시켜 구매를 촉진하고 점유율을 제고하는 데 도움이 된다. 또한 경쟁사에 비하여 우수한 인재 확보에 유리하며, 이직을 방지할 수 있으며, 정부나 규제기관과의 호혜적 관계를 형성하여 비즈니스와 관련한 규제 감소를 기대할 수 있고, 주주들이나 고객, 관련 기업, 공급업체 등 이해관계자 집단의 만족을 증대시켜 기업경영의 기반을 공고히 할 수 있다.

둘째, CSR은 사회복지에 필요한 재원을 공급하는 창구의 역할을 할 수 있으므로 국민 개개인이 보편적인 수준의 인간다운 삶을 영위하는 데 도움을 줄 수 있다. 정부의 복지정책의 미흡한 부분도 보완할 수 있는 동시에 신뢰사회를 만들어 가는 토대를 제공할 수 있다. 예를 들면, 장학재단, 연구재단 등을 통하여 인재를 양성하고 새로운 기술을 개발하며, 문화/예술/복지/체육사업 등에 투자함으로써 사회변화를 촉진시킨다. 또한 저소득층 경제의 활성화를 통하여 부의 재분배 효과도 얻을 수 있다. 임직원의 참여, 매체를 통한 나눔과 기부문화의 확산에 긍정적인 영향 또한 사회복지 창구로서 CSR의 효과라고 할 수 있겠다. 이러한 활동을 통하여 결국 우리 사회의 형평성을 제고하는 데 기업이 기여하고, CSR의 실천을 통하여 사회 전반의 윤리적 수준을 제고시키고, 건전하고 투명한 사회, 공정한 사회를 만드는 데 기여할 수 있다.

셋째, CSR을 수행함으로써 기업은 황금만능주의 사고에서 탈피하여 사회적 동기와 경제적 동기를 균형 있게 추구할 수 있고, 경제적 이익만이 아니라 사회 전반의 문화적 수준, 교육 및 복지 수준을 높이는 데 공헌하는 한 차원 높은 기업경영을 수행할 수 있다. 비용 측면에서 보더라도 장기적으로 사회의 요구를 외면할 경우 결국 사회 전체의 비용이 증가하게 되어 기업의 비용도 증가하게 되므로 사회 전체의 발전이 기업의 발전에도 도움이 된다는 것이다. 이것은 기업의 비윤리적이고 탈법적인 행위로 인한 사회적 감시비용을 감소시키는 데에도 도움을 주게 되므로 전체적으로 사회, 경제체제의 비용효율성을 감소시키는 데 많은 도움을 줄 수 있다.

넷째, CSR을 수행함으로써 기업은 마케팅 측면에서 다양한 효과를 얻을 수 있다. 1993년도 콘로퍼의 조사에 따르면 소비자의 66%가 자신들이 관심을 갖고 있는 사회문제를 지원하는 회사의 상품을 구매할 의사가 있는 것으로 나타난 바 있듯이, CSR은 판매율과 시장점유율의 증가에 직접적인 기여를 한다. 2004년 유럽지역의 기업과 소비자를 대상으로 한 설문조사의 결과에서도 표본의 75% 소비자들은 사회적 책임을 중시하는 기업의 상품을 선호하는 것으로 나타났고, 반대로 1999년 BSR의 조사에 따르면, 소비자의 17%가 사회적으로 책임을 지지 않는다고 인식되는 기업의 제품 구매를 기피하는 것으로 나타났다. 이렇듯 사회적 책임을 다하는 기업에는 프리미엄을 얹어 주는 반면, 무책임한 기업에는 강한 배척감을 보이는 것을 알 수 있다. CSR은 브랜드 이미지와 고객충성도를 제고하는 데 효과적이며, 위기관리 측면에서도 효과적이다. 기업의 위기는 브랜드 자산 구축에 위협요인으로 작용하며, 단기적인 경제적 손실과 회복에 많은 시간과 노력이 필요하며, 기업 이미지와 평판에 큰 타격을 준다. 평상시 CSR을 적절히 수행한 기업의 경우에는 위기상황 발생 시에 효과적인 대처가 가능하며, 그로 인한 부정적 효과를 최소화할 수 있는 이점을 얻게 된다. 특히 위기의 극복과 소비자의 신뢰 회복에 중요한 요소로 작용할 수 있다.

이와 같은 긍정적 효과에도 불구하고 CSR을 기업의 불법행위, 범죄, 탈세 등의 면죄부로 활용하거나, 사회적 효과와 발전적 변화를 일으키기에 충분하지 않을 경우에는 역효과를 초래하거나 기대했던 효과를 얻기 힘들다. 기업의 사회공헌활동은 기업의 사회적 책임의 일부분에 불과하다는 점을 염두에 두고 다른 책임 요소들과의 통합적 관리를 통하여 기업 경영활동의 최종 목표를 달성하는 도구로서 전략적으로 활용한다면 소기의 목표를 달성할 수 있을 것이다.

CSR이 반드시 긍정적 효과만을 가져다 주는 것이 아니라는 논리, 즉 기업의 사회적 책임활동에 대하여 부정적인 견해를 제시한 대표적인 학자인 Milton Friedman(1962)은 기업은 오직 경제적 성과를 내는 데 주력해야 한다고 주장한 바 있다. 주주가 기업의 주인이므로 기업이 창출하는 이익은 당연히 주주들의 몫이어야 하며, 기업의 경영자는 단지 주주들로부터 전권을 위임받은 대리인이므로 주주들의 최대한의 이익을 보장하는 경영활동을 해야 한다는 도덕적 책임을 가져야 한다는 것이다. 따라서 사회공헌활동을 경영활동의 일환으로 수행해서는 안 되며 다만 사회의 요구가 있을 경우에는 세금을 더 납부함으로써 해결할 수 있다는 논리이다. 효과적인 기업경영을 통하여 종업원에게는 적정한 임금을 지불하고, 지역사회에는 세금 징수로 기여하며, 공급업체에는 적절한 공급가격으로 보상하며, 이들을 제외한 나머지 부분으로 주주들에게 배당하면 된다는 것이다. 기업의 CSR활동은 기업을 불리하게 만들 뿐만 아니라 회피적으로 만들어 경영적, 재무적 자원을 기업의 핵심적인 경제적 사명으로부터 멀어지게 한다는 논리를 제시하고 있다. 또한 CSR은 기업들로 하여금 최대사명인 주주가치 최대화에 역행하는 활동으로 간주한다.

이와 같이 '기업의 사회적 책임은 경제적 이익을 내는 것이다'라는 Friedman의 주장은 오랜 기간 동안 CSR을 회피하는 기업의 논리로 인용되어 왔다. 즉 기업의 책임은 이익을 내는 것이고, 합법적으로 이익을 내고 있는 기업에게 사회적 책임을 묻는 것은 오히려 공공선을 저해하는 잘못된 행동이라는 것이 변명의 논리이다. 기업이 윤리적으로 책임을 져야 할 원칙은 바로 이윤극대화라는 것이며 다른 사회적 책임을 부과하는 것은 기업에 윤리적이지 말라고 하는 것과 동일하다는 것이 이러한 논리의 이론적 배경인 것이다. 이러한 Friedman의 시각도 1970년대에 접어들면서 상당 부분 후퇴한 면을 보여준다. CSR이 이윤극대화를 저해하므로 공공선에 위배되는 행위라는 그의 논리는 "기업도 사회의 윤리적 관습을 지키는 한도 내에서 이윤극대화를 이뤄야 한다"는 시각으로 완화되었다(Friedman, 1970). 사회의 윤리적 관습은 시대상황에 따라 변하는 것이므로 기업의 사회적 책임도 그에 따라 변할 수밖에 없다는 것이다. 글로벌 기업들의 성장으로 이제 기업에 대한 사회와 소비자들의 기대는 예전과 비교할 수 없을 만큼 커졌고 따라서 시장이 기업에 요구하는 윤리적 책임도 더욱 커진 것이다. 이제 글로벌 기업의 영향력은 한 국가의 영향력을 초과하는 수준으로 커졌다고 할 수 있다(Handy, 1997). 단순히 사회를 구성하는 한 개체가 아닌 것이다. 기업의 지속가능성에 대한 위협이 사회에 대한 위협으로 다가오는 시대가 된 것이다. 따라서 기업의 사회에 대한 책임이 커지고 다양해지는 것은 당연하다고 할 수 있다. 최근 글로벌 금융위기에서도 알 수 있듯이 기업행위의 사회에 대한 책임이 기업의 이익과 직접적인 관련이 있는 것으로 증명된 이상 이제 CSR은 선택이 아닌 필수가 된 것이다.

키워드(Keywords)

- CSR(Corporate Social Responsibility)
- CSR의 다차원적 개념
- 이해관계자
- 창조적 자본주의
- 피라미드 모델
- CSR의 효과

생각해 볼 문제(Review Questions)

- 기업 경영환경의 변화에 따른 CSR의 의미와 필요성은 무엇인가?
- 다차원적인 기업의 사회적 책임에는 무엇이 포함되는가?
- CSR이 내재된 경영시스템은 고객만족경영과 어떠한 차이가 있는가?
- CSR이 등장하게 된 배경은 무엇인가?
- CSR활동을 수행함으로써 기업은 어떠한 긍정적 효과를 얻을 수 있을까?
- 기업의 이윤극대화와 사회공헌 중 어느 것이 우선시되어야 하는가?

참고문헌

김성택 (2012). CSR 5.0. 청람출판사.

이유택 (2012). 성장의 정석 CSR. KMAC.

Carroll, A.B. (1979). A three-dimensional conceptual model of corporate performance, *Academy of Management Review*, 4(4), 1979, pp. 497-505.

Dahlsrud, A. (2008). How corporate social responsibility is defined: An analysis of 37 definitions. *Corporate Social Responsibility and Environmental Management*, 15, 1-13.

Friedman, M. (1962). *Capitalism and Freedom*. University of Chicago Press.

Friedman, M. (1970). The social responsibility of business is to increase its profits. *The New York Times Magazine*, 13 September.

Freeman, R.E. (1984). *Strategic Management: A Stakeholder Approach*. Boston: Pitman Publishing.

Handy, C. (1997). *The Hungry Spirit*. London: Hutchinson.

Pinnet, X. (2001). Imagine speaks out. How to manage corporate social responsibility and reputation in a global marketplace. *The Challenge for Canadian Business*.

World Business Council for Sustainable Development (1999). *Corporate Social Responsibility*. Geneva, Switzerland, p. 3.

Chapter 02

21세기의 마케팅과 CSR

01 20세기 세계의 변화와 문제
02 지속가능한 발전과 마케팅
03 마케팅의 정의 및 사고의 발전
04 마케팅 사고의 진화와 발전
05 지속가능한 CSR마케팅으로의 진화
06 CSR(기업의 사회적 책임) 마케팅

학습 목표

아마도 21세기 경영활동의 핵심 키워드로 자주 등장하는 것 중의 하나는 지속가능성(sustainability)일 것이다. 누구나 공짜로 이용할 수 있는 목초지에서 미래를 생각하지 않고 너도나도 한꺼번에 모든 풀을 자기 가축에게 먹이면 얼마가지 않아 목초지의 풀은 다 소진되어 누구도 더 이상 먹이로 줄 수 없게 된다는 '공유지의 비극'과 그로 인한 지속 불가능성을 조금이라도 경험해서일까? 이제 기업들은 저마다 지속가능성을 외치며 사회공헌에 앞 다투어 나서고 있다. 과연 21세기의 지속가능한 경영활동을 위협하는 문제들은 어떤 것들이 있고, 그러한 문제들을 극복하기 위하여 기업은 어떤 방향으로 마케팅활동을 전개해야 하는가? 이 장에서는 기업의 지속가능한 성장과 발전을 위한 21세기의 진정한 CSR마케팅의 의미를 살펴보고자 한다. 이를 위하여 마케팅의 개념과 그 진화와 발전과정을 먼저 살펴보고 지속가능한 마케팅과 그 토대가 되는 CSR마케팅의 의미에 대하여 자세히 생각해 보기로 한다.

CSR(기업의 사회적 책임)과 관련된 마케팅이란 무엇일까? 과거 자본주의의 꽃으로 불리던 것은 광고였지만 이제는 홍보, 판촉, 이벤트 등 다양한 영역과 함께 마케팅으로 통합되어 그 역할이 더욱 중시되고 있다. 자본주의 체제가 존재할 수 있는 기본환경은 '시장'이므로 이제는 마케팅을 자본주의의 핵심으로 보아야 할 것이다. 마케팅은 소비자들의 집합인 시장을 창출해 내고, 유지하며, 확장하고, 진화시키는 일련의 과정을 포함한다. 그럼에도 불구하고 경영학의 한 분야로서 마케팅의 학문적 출발은 비교적 늦은 편이었다. 학문은 항상 현장의 실행 이후에 생겨나기 때문인데 마케팅은 현장에서 이뤄진 실험을 통하여 발달해 왔다. 지금도 매일 새로운 마케팅 개념과 기법이 쏟아져 나오고 있고, '○○○ 마케팅'이나 '마케팅 ○○○'라는 제목을 단 책들이 출간되고 있다. 시장은 소비자들의 군집이고, 다양한 욕구와 심리에 의하여 움직이기 때문에 실상 마케팅의 전략적 방향을 예측하고 움직인다는 것은 매우 어려운 일이다. 그럼에도 불구하고 마케팅 종사자들은 시장을 예측하고 성과를 도출하기 위하여 강력하고 효과적인 툴을 필요로 할 수밖에 없다. 이에 도움이 되는 수많은 마케팅 이론과 도구들 중에서 최근의 패러다임과 트렌드에 적합한 것 중의 하나가 CSR마케팅이라고 할 수 있다. 현대마케팅의 대가로 불리는 필립 코틀러(Philip Kotler)는 20세기 중반부터 마케팅의 개념을 지속적으로 확장하면서 새로운 툴과 기법을 소개해 왔고, 이제는 노장이 된 그도 최근 'CSR(Corporate Social Responsibility) 마케팅'을 21세기 마케팅의 중요한 도구로 제시하고 있다.

그렇다면 왜 CSR마케팅이 중요한가? 기업이 생존할 수 있는 3대 가치는 브랜드, 디자인, 품질로 바뀌었다. 브랜드는 기업의 '인격'이다. 시장 주도권이 공급자에서 소비자로 넘어온 시대에 '브랜드'는 단지 로고와 슬로건이 아니라 소비자가 인지하는 기업에 대한 인식, 감정, 소통을 포괄한다. '디자인'은 제품의 외관이나 모양이 아니라 기업의 이미지와 제품, 서비스의 총체적 결합의 완성도를 의미한다. '품질'은 공장에서 출하되는 제품이나 제공되는 서비스의 무결성이 아니라 소비자 욕구에 대한 기업의 진화적 피드백을 뜻한다. 브랜드, 디자인, 품질은 과거 기업을 상징하던 랜드마크인 본사 건물의 웅장한 이미지가 아니라 그 안에서 일하며 소비자와 교감하는 사람들의 집합, 혹은 소셜 네트워크라고 할 수 있다. 소비자들은 주변 지인 중 누구라도 한두 다리 건너면 자신이 소비하는 브랜드 기업에 근무하는 누군가와 연결된다. 뉴스에 등장하는 기업 총수의 공식적 발표보다 '아는 사람', 특히 그 기업 내부자가 사적으로 말하는 메시지에 더 민감하다. 생산과 소비의 경계는 나날이 허물어지고 있으며 미래학자 앨빈 토플러가 말한 '프로슈머'는 더 이상 미래형이 아니라 현재진행형이다. 이런 복잡한 시장에서 기업은 어떻게 살아남아야 할까? 또 살아남는 것의 문제를 넘어서 어떻게 성장하고, 어떻게 성공 스토리를 우뚝 세울 수 있을까? 여기에 대한 답은 매우 간단명료하다. 이른바 '착한 기업'만이 살아남을 수 있다는 것이다.

코틀러는 저서에서 이제 기업의 사회적 책임은 선택이 아닌 필수사항이라고 강조하면서 적극적인 CSR활동 참여와 지원을 촉구하고 있다(코틀러와 리, 2007). 미국의 워싱턴뮤츄얼의 교육지원사업, 델컴퓨터의 환경보호 캠페인, 맥도날드의 아동복지 개선 등과 같은 사회마케팅 활동사례에서 볼 수 있듯이 성공적인 CSR활동을 위한 출발점은 사회적 가치가 높은 의제를 선정하는 것이다. 이를 독자적이 아닌 관련 공익단체나 NGO 등 사회단체와의 연계를 통하여 수행할 때 효과를 높일 수 있기 때문에 이들과 소통하고 우호관계를 맺을 수 있는 기업의 소통능력이 필요하다. 때로는 기업의 언어와 문법이 타 기관과의 연대를 통하여 사회적 책임을 실천하고 사회마케팅을 확산시켜 나가는 데 있어서 장애요인이 될 수도 있다. 따라서 기업은 경청하는 '귀'를 열어야 한다. 물론 '귀'는 채널이고 더 중요한 것은 실제 '마음'을 여는 것이다. 전통적 마케팅에서는 일등을 따라다니는 이등전략으로도 소기의 성과를 거둘 수 있다고 보았지만 CSR활동을 통하여 중장기적으로 원하는 성과를 얻기는 매우 힘들다. 우리나라에서도 이미 많은 대기업들은 정부기관, 사회단체, 언론사 등과 연계해 공익캠페인을 통한 간접 마케팅에 뛰어들고 있다. 그러나 적지 않은 예산을 쏟아 붓고도 대부분 캐치프레이즈 등 캠페인 표어를 간판과 배너로 붙이고, 언론매체를 통해 알리는 수준에 머물고 있다. 하나의 의제를 깊이 파고들어 구체적인 체험사례를 만들어 확산시키고 이를 성공모델로 지속적으로 관리하고, 연계될 수 있는 유관사업으로 퍼트려 나간 예는 극히 찾아보기 힘들다.

CSR 연구자들이 제시하는 CSR마케팅 성공의 열쇠는 기업의 경영철학과 미션을 바탕으로 CSR활동이 추구하는 핵심가치를 정립하고 진정성과 지속성을 가지고 이를 실천하는 데 있다. 유행에 편승하여 다른 기업들과 유사한 이슈를 테마로 선정하거나 연말의 불우이웃돕기와 같은 구태의연한 전술을 모방해서는 장기적으로 차별적인 효과를 얻기 힘들다. 기업이 추구하는 경영철학과 핵심가치와 잘 부합하는 사회문제를 선정하고 종업원, 주주, 공급업체 등 이해관계자들과의 적절한 의사소통을 통하여 이에 대한 강한 공감대와 신뢰를 형성하여야 한다. 그리고 구체적으로 이를 수행하는 전담팀을 구성하여 장·단기 목표와 수행전술을 개발해야 한다. 담당자 및 관리자들이 수익과 같은 단기성과에 급급하지 않고, CSR마케팅 활동의 실질적인 성과가 기업이 아닌 수혜자들(예: 사회, 소비자, 소외계층 등)의 신뢰와 만족을 이끌어 내는 데 있다는 점을 확실히 인식하도록 해야 한다. 제3의 관찰자인 대중, 즉 소비자 다수가 객관적이며 합리적으로 판단할 수 있도록 하고 해당 기업의 CSR마케팅 활동이 사회와 환경에 공헌함을 인정할 수 있도록 모든 정보를 개방하는 것 또한 중요한 요소이다. 고도화되고 네트워크화되어 있는 현대 소비자들의 집단지성은 놀랍도록 날카롭다. 흔히 '네티즌 수사대'로도 불리는 다양한 네트워크형 사회단체들은 기업이 오염물질을 배출하면서 동시에 환경운동을 전개하는 이중적 모순을 가차 없이 고발하기도 한다. 그런 경우 해당 기업의 CSR마케팅 활동에 대한 비난의 파편들이 영원히 온라인 공간에 기록된다.

CSR마케팅은 기본 철학(Philosophy) – 공감(Consensus) – 조직(Team) – 자본(Capital) – 실천(Practice)으로 구성된다. 이른바 PCTCP 단계라고도 한다. 따라서 전쟁의 논리에서 발전해 온 기존의 마케팅 이론들은 이제 시장에서 통하기 힘들 수 있다. 기업이 중세사회의 '노블리스 오블리제(Noblesse Oblige)'의 정신을 앞장서서 실천하는 사회개혁의 견인차이자 보루의 역할을 해야 한다는 것은 비단 코틀러 한 사람만의 주장이 아닐 것이다. 이제 전통적 의미의 마케팅 전략은 의미를 바래가고 있고 CSR활동과 어우러지는 PR(public Relations)의 역할이 강화될 것으로 보인다.

2장에서는 CSR의 등장과 발전, 그리고 그 진화과정을 알아보기 위하여 20세기에 인류가 이루어 낸 사회, 경제, 정치, 문화적 성과를 알아보고 그것들이 21세기 사회에 던지는 도전적인 문제들을 마케팅적 사고를 통하여 이해하고자 한다. 20세기 동안 사회 및 경제적 활동의 진화와 발전은 지구상의 환경시스템과 사회복지와 번영을 위협하는 결과를 초래하고 있다. CSR과 마케팅이 궁극적으로 추구하는 우리 사회의 지속가능한 발전은 사회적인 정의와 환경자원의 보호와 함께 경제적 발전의 균형화를 통하여 가능할 것이다. 그렇다면 사회의 지속가능한 발전과 사회적, 환경적, 경제적 이슈들에 대하여 21세기의 마케팅은 어떻게 진화와 발전을 이루고 있는가?

20세기 세계의 변화와 문제

01

20세기 동안 이루어진 지구상의 변화는 많은 분야에서 과거 천년 동안 이루어진 변화의 규모와 범위를 초과한다. 1830년대 최초로 10억 명을 넘어섰던 세계 인구는 100년이 지난 1930년대가 되어 두 배인 20억 명으로 증가하였다. 그러나 이것이 3배 이상의 증가를 이루는 데는 불과 70년이 지난 2000년에 이루어졌다. 이러한 인구증가는 의학기술의 발전과 식량생산의 확대를 가져온 녹색혁명에 기인한 바 크다. 현재 연간 1.14%(약 7,500만 명)의 증가 추세를 볼 때 세계 인구는 2050년에는 약 90억 명에 달할 것으로 예상된다. 20세기에는 또한 '소비의 민주화(democratization of consumption)'로 불리는 대중시장의 성장을 통한 물질적인 부의 창출이 이루어졌다. 인류의 삶의 질을 개선하는 데 전제조건인 경제성장이 이루어진 것이다. 비행기의 시대, 우주개척, 대중여행, 정보기술, 저렴하고 풍부한 석유자원 개발, 위대한 자동차 경제의 시대로서 '지구촌(global village)' 문화와 세계화의 개념이 정착된 시대라고 할 수 있다. 물질적인 부의 측면에서 전례가 없는 확대가 이루어졌고, 이러한 가운데 세상을 형성하고 변화시키는 하나의 힘으로서 마케팅의 위력을 보여 주었다.

이러한 가운데 급속하게 확대되는 세계적인 인구증가와 경제발전의 뒤안길에서 발생하는 환경오염과 쓰레기 문제, 자원의 남용으로 발생하는 생태계 문제, 기후변화의 문제 등 도전적인 문제들이 과학과 기술의 응용을 통해서 해결될 수 있다는 신념이 20세기를 지배해 왔다. 유전자를 조작하고, 원자력을 이용할 수 있게 되었고, 나노기술의 개발로 행성 간의 거리에 이르는 과학 프로젝트에 착수할 수 있는 능력을 개발시켰다. 지구상의 많은 난제가 과학의 힘에 의하여 해결될 수 있다는 믿음이 지배적이었던 시기이다.

이러한 신념의 기반은 '시장의 힘'에 의하여 경제 및 인구성장에 의하여 조래되는 많은 사회적, 환경적 문제를 해결할 수 있다는 믿음이었다. 동유럽 공산주의의 몰락과 국영기업의 실패, 정부서비스의 비효율 등으로 사기업과 시장의 역할이 크게 강조되었다. 20세기의 수십 년 동안 우리 사회의 상당 부분이 시장에 의하여 조정, 관리되어 왔고, 특히 시장경제에서 차지하는 마케팅의 역할이 부각되었다. 그러나 이러한 성공적인 변화에도 불구하고 많은 사회적 난제들이 대두되고 있고,

그 해결 또한 매우 어려운 것이 사실이다. 성장의 뒤안길에서 지속적으로 새로운 사회적, 환경적인 문제가 대두되고 있다는 사실에 대하여 현재의 정치와 기업의 접근방법에 대한 혹평이 이어지고 있다. 그렇다면 경제성장, 인구성장, 기술발전으로 대변되는 20세기 프로젝트의 이면에 존재하는 도전적인 문제들은 어떠한 것들이 있는가? 이의 해결을 위하여 복합적인 방법으로 사회적, 환경적, 경제적 문제를 살펴볼 필요가 있고 생산과 소비시스템과 경제적인 실현가능성을 통합하는 접근법이 필요할 것이다.

우선 인구문제를 살펴보자. 내용적으로 보면 지난 30년 간 많은 개발도상국가의 기대수명이 20% 이상 높아졌으며, 유아사망률은 반으로 줄었고, 식량생산율은 인구성장보다 증가하도록 효과적으로 관리되어 결국 많은 사람들이 과거에 비하여 편안하고, 안전하며, 자유스러운 삶을 영위할 수 있게 되었다. 하지만 2000년 이후 세계 인구성장의 90% 이상이 아시아, 아프리카 및 라틴아메리카 등 저개발 국가에서 이루어졌다는 점에서 문제가 대두된다. 경제성장이 뒷받침되지 않는 인구증가는 빈곤의 악순환과 건강, 환경문제 등 도전적인 문제를 야기하기 때문이다. 약 30억 명이 하루 2천 원 미만으로 살아가고 있고, 3만 명 이상의 어린이들이 매일 빈곤으로 인하여 사망하고 있는데, 2000년대에 태어난 10억 명 이상의 인구가 글을 읽을 수도 없고 자신의 이름을 쓸 수도 없다. 심각한 것은 이들이 자신의 매일 매일 삶의 굴욕이 되고 있는 무기력 및 야만적 고난 등을 파악하지 못하고 있는 점이다.

이들은 또한 삶의 질을 결정하는 가장 중요한 요소 중의 하나인 건강문제로 고난의 하루하루를 보내고 있다. 20세기 동안 많은 국가에서 건강기술과 공중위생의 발전을 통하여 기대수명치가 높아졌지만 아직도 이들 저개발 국가에서는 결핵이나 말라리아와 같은 후진국형 질병으로 삶의 질에 위협을 받고 있다. 건강문제는 비단 후진국만의 문제가 아니며 부유한 국가에서도 라이프스타일과 관련한 비만, 정신건강 등의 문제가 발생하고 있다.

다음으로 급격한 도시화의 문제를 들 수 있다. 2000년대에 들어서 도시거주자가 세계인구의 약 절반에 달하고 있다. 지속적인 도시로의 인구이동으로 인하여 세계적으로 1,000만 명 이상이 거주하는 대도시의 수가 급증하고 있다. 일본의 동경, 미국의 뉴욕, 멕시코의 멕시코시티, 아르헨티나의 부에노스아이레스, 인도의 뭄바이, 브라질의 상파울로, 중국의 북경 등을 예로 들 수 있다. UN은 출생과 이주 추이를 감안할 때 2030년에는 약 20억 명 이상의 사람들이 도시의 슬럼가에 살게 될 것으로 예측하고 있는데, 이로 인하여 건강 및 빈곤 등 미래의 도전적인 문제가 심각한 수준으로 증가할 것으로 예측된다.

이와 함께 20세기 성장의 토대가 되었던 화석원료, 특히 원유의 고갈 문제가 대두되고 있다. 원유의 공급 감소와 가격상승 문제는 상당한 논쟁거리이지만 중국이나 인도와 같이 급속한 산업화를 이루고 있는 대규모 경제에서 발생하는 원유에 대한 수요 증가는 빠르게 공급량을 흡수해 버릴 수 있다. 2008년 세계 원유가격은 최초로 배럴 당 100달러를 넘어섰고, 그 후 2번이나 새롭게 최고가격을 갱신하고 한동안 지속되기도 하였다. 특히 유럽과 북미지역의 독특한 라이프스타일, 즉 '교외생활' 패턴이 장기적으로 지속된다면 도심으로부터 멀리 떨어져 있는 공동체들이 자급자족이 안 되는 상태에서 생존할 수 있는지 관심거리가 되고 있다.

무엇보다 중요한 문제로 대두되고 있는 것은 생태시스템의 손상과 관련한 문제이다. 인간의 기본적인 삶에 필수인 주거, 의류 및 식품 등을 생산하는 데 필요한 목재, 섬유, 물, 연료 등의 제공을 위하여 안정적인 생태시스템이 유지되어야 한다. 또한 기후와 온도의 조절, 홍수와 질병 예방, 수질과 쓰레기 관리 등을 위하여 생태시스템의 안정화는 필수조건이며 레크리에이션, 건강, 정신적 여유 등을 누리는데도 마찬가지이다. 2005년 UN의 Millenium Ecosystem Assessment(새천년 생태시스템 평가)의 평가결과에 의하면, 지구촌 생태시스템의 60%가 손상을 입고 있으며, 생명체의 멸종률이 자연적 원인에 의한 사망률의 100~1,000배에 달하고 있는 것으로 나타났다. UN의 결론은 20세기에 이루어진 세계적인 경제성장은 지구상의 생명체의 다양성에 심각한 손상을 입혔고, 인간복지와 경제성장으로 획득한 많은 것들이 생태시스템의 붕괴로 인하여 비용의 증가를 초래하였고, 결국 사람들에게 빈곤의 악화를 초래했다는 것이다.

식량과 물 문제도 무시할 수 없는 문제로 대두되고 있다. 기술발전으로 농업생산성이 증가함에도 불구하고 후진국의 약 8억 명이 아직까지 만성적인 영양실조 상태에 놓여 있고, 약 10억 명 이상이 물에 접근하기가 어려우며, 26억 명이 기본적인 위생 및 하수처리의 혜택을 받지 못하고 있다. 과거 100년 간 농업생산성의 확대는 주로 인공 화학비료에 의존했는데, 유가인상, 기후문제, 수요증가 등으로 세계적인 식량가격의 상승을 초래하여 2000년대 말 세계의 식량보유량은 역대 최저수준인 것으로 보고되고 있다.

마지막으로 기후변화의 문제를 들 수 있다. 20세기 경제성장 프로젝트의 원동력이 되었던 석유와 같은 화석원료의 과다소비로 인한 대기 중의 이산화탄소(CO_2) 배출의 증가는 기후에 치명적인 변화를 초래하고 있다. 지구의 평균온도 상승으로 기후시스템이 점증적으로 붕괴되고 있는 것이다. 최근 빈발하고 있는 홍수, 가뭄, 폭설 등의 원인이 되고 있는데 기후의 변화는 물 공급과 이용가능성, 식량생산 능력에 심각한 영향을 주며 생태시스템에도 치명적인 해를 초래할 수 있다. 기후변화는 비단 후진국가의 건강문제에 심각한 영향을 미치는데 그치지 않고, 질병의 패턴과 확산에 변화를 초래함으로써 북반구의 부유한 국가에도 영향을 미치고 있다.

02 지속가능한 발전과 마케팅

지속가능한 사회로의 발전을 위한 수단으로서의 CSR마케팅의 기본개념은 1987년 UN의 세계환경개발기구(World Commission on Environment and Development)가 발표한 '우리들의 미래(Our Common Future)'라는 보고서에서 유래한다. 이 보고서에 의하면, 지속가능한 발전은 '미래세대의 욕구를 충족시킬 수 있는 능력을 손상시키지 않으면서 현재의 욕구를 충족시키는 것'으로 정의하고 있다. 즉 자연환경, 인간의 복지, 경제활동 간의 상호의존성을 인지하고 3가지 요소들의 균형을 유지하면서 시장의 욕구를 만족시키는 발전을 지속가능한 발전이라고 할 수 있다. 따라서 CSR마케팅은 기업이 사회적, 윤리적, 환경적 책임을 다하면서 시장의 욕구를 만족시키는 형태의 마케팅을 의미한다. CSR마케팅의 기반이 되는 지속가능성의 주요 원리와 원칙은 다음과 같다(Belz & Peattie, 2011).

- 인간중심성: 인간의 복지를 위하여 건강하고 지속가능한 환경을 유지해야 한다. 즉 지구상의 다른 생명체보다 인간 그리고 인간의 욕구를 가장 높은 가치로 인정하고 생태적 위기나 과잉인구로 초래되는 위험으로부터 인간을 보호해야 한다.

- 공정성: 서로 다른 국가, 지역, 인종, 집단, 성별 간의 혜택과 비용을 공정하게 배분해야 한다. 20세기의 경제발전의 이면에 더욱 벌어진 부유한 국가와 빈곤한 국가 간의 격차를 해소하는 데 주력해야 한다.
- 균형성: 현재 세대와 미래 세대 간의 욕구충족의 균형을 유지함으로써 장기적인 발전을 위한 토대를 다진다.
- 환경보호주의: 인구의 반 이상이 생존을 위하여 생태시스템에 의존하고 있는 만큼 환경이 제공하는 서비스, 그리고 환경의 질을 손상시키지 않고 쓰레기와 공해를 처리할 수 있는 능력을 유지한다.

'우리들의 미래'라는 보고서 이후 지속가능성에 대하여 많은 논의와 다양한 정의가 제시되었고 여러 가지 개념으로 해석되어지고 있는데, 크게 보면 '경제활동으로부터 환경을 보호하면서 환경의 질을 보호하는 데 집중해야 한다'는 하드웨어 측면의 논리와 '경제발전이 환경 및 사회의 안정적인 테두리 안에서 유지됨으로써 지속적으로 성장해야 한다'는 소프트웨어적 논리로 나누어 볼 수 있다. 지속가능한 발전을 어떻게 설명, 제시할 것인가와 지속가능한 발전은 어떻게 성취되어야 하는가에 대한 논쟁은 20년 이상 계속되고 있는데, 대체로 다음의 3가지 견해로 나누어 볼 수 있다.

1. 현상유지 지향적(status quo oriented): 현재의 경제활동을 보존하고 유형 또한 변화시키지 않는 방향으로 우리의 라이프스타일을 유지해야 한다는 견해이다. 환경문제에 많은 관심을 갖고 있는 기업들이 전형적으로 보여주는 견해이다. 예를 들면, 2008년 금융위기 중에 보여 준 자동차 회사들에 대한 국가의 긴급지원은 경제적으로 실행 가능한 자동차산업을 유지하기 위하여 이른바 '녹색소비자(green consumers)'나 윤리적인 소비자를 표적시장으로 환경을 생각한 자동차 제조기술이 채택과 적용을 촉진하기 위한 것이었다.
2. 개혁 지향적(reform oriented): 소비와 생산의 발전과 시스템의 개혁을 추구해야 한다는 견해이다. 환경보호를 중시하는 집단이나 대안적인 발전정책을 추구하는 집단의 견해이다.
3. 변화 지향적(transformation oriented): 근본적으로 사회와 경제를 지속가능한 것으로 변화시켜야 한다는 견해이다. 사회적으로 공정하고 생태 지향적인 지속가능한 사회를 창조하려는 집단이다.

앞서 논의하였던 현재 우리가 당면하고 있는 많은 도전적인 문제들은 현상의 유지를 통하여 해결하거나 막을 수는 없을 것으로 보인다. 매년 7,500만 명의 인구가 증가하고 있고, 빈곤과 불평등으로 사회, 경제적으로 수많은 문제들이 초래되고 있으며, 기후변화로 인한 대재앙과 식품, 물, 건강, 생태와 관련된 도전적인 문제들에 직면하고 있다. 이러한 문제들을 풀기 위해서는 지속가능한 개혁을 통하여 보다 근본적인 변화를 이끌어 낼 수 있는 특단의 대책이 요구된다. 지속가능한 발전은 그것이 종착점이 아니라 환경에 관심을 갖고 사회적으로 균등한 세상을 만들어 나가는 긴 여정으로 이해해야 할 것이다. 인간의 삶에 필수요소인 생산과 소비하는 방법을 변화시키기 위하여 현재 상태를 단순히 방어하고 개혁하는 차원이 아니라 시스템을 변환하는 노력을 통하여 지속가능한 인간사회를 추구해야 할 것이며, 이 가운데 마케팅의 역할이 고려되어야 할 것이다.

03 마케팅의 정의 및 사고의 발전

마케팅의 기본개념을 이해하기 위하여 먼저 기업의 기능을 살펴볼 필요가 있다. 기본적으로 기업은 제품과 서비스를 생산하고 시장에 판매하는 기능을 수행한다. 삼성전자와 같은 대기업은 물론 지방의 작은 영세업자나 정부 소유의 공기업도 제품이나 서비스의 생산과 마케팅이라는 두 가지 기능의 수행을 통하여 사회에 기여한다. 성공적인 기업은 가치(value) 또는 효용(utility)을 창조하는 기업으로서 크게 형태, 시간, 장소/공간, 소유의 효용 등 4가지 종류의 효용을 창출함으로써 사회에 기여한다.

먼저 기업은 원자재와 부품을 투입하여 완제품 및 서비스로 바꾸는 과정에서 형태(form)의 효용을 창출한다. 예를 들면, 기업의 생산부서에서 유리, 철, 고무, 플라스틱 등을 투입하여 자동차를 생산하는 경우이다. 영화배우, 음악, 감독, 카메라 등을 투입해 영화를 제작하는 경우도 형태효용의 예이다. 한편 시간(time), 장소(place) 및 소유(ownership)의 효용은 마케팅활동으로 창출되는 효용이다. 기업은 소비자가 구매하고자 하는 시간까지 제품을 보관함으로써 시간효용을 창출하고,

소비자가 손쉽게 구매할 수 있는 장소에서 제품이나 서비스를 제공함으로써 공간 효용을 창출한다. 또한 소비자에게 제품/서비스에 대한 소유권을 양도함으로써 소유효용을 창출한다.

이러한 마케팅의 기능에 대하여 간단히 정의를 내린다는 것은 쉬운 일이 아니다. 시대 상황에 따라 분야의 경계가 달라지기도 하고 세분화되기도 하고 강조되는 면이 지속적으로 변하기 때문이다. 마케팅에서 다루는 문제들은 경제학, 사회학, 심리학, 통계학 등 다른 학문에서 다루는 문제와 유사한 경우가 많기 때문에 마케팅은 마케팅 연구자와 실무자가 하는 일이라고 정의하는 것이 좋을 것이다. 오늘날 마케팅 연구자와 실무자가 하는 일들은 소비자의 니즈를 파악하고, 소비자 니즈를 충족시킬 수 있는 제품/서비스를 디자인하고, 잠재소비자에게 제품/서비스를 알리고, 가격을 책정하고, 유통채널을 선택하는 일 등을 포함한다. 마케팅학계에서 가장 널리 통용되는 코틀러의 정의에 따르면, 마케팅이란 '개인이나 집단이 제품과 가치를 창조하고 다른 사람과 이를 교환함으로써 자신이 필요로 하는 것을 획득하는 사회적/관리적 프로세스'를 의미한다. 미국마케팅협회(American Marketing Association)는 마케팅을 '개인이나 조직의 목표를 충족시키는 상호 유익한 교환을 창출하기 위하여 아이디어, 제품 및 서비스의 고안(conception), 가격책정, 판매촉진, 유통을 계획하고 실행하는 과정'으로 정의하고 있다.

돈을 주고 물건과 교환하는 개념으로 마케팅의 의미를 국한한다면 그 역사는 금이나 은을 매개로 매매가 이루어지기 시작한 기원전 7세기경 Asia Minor(지금의 터키)에서 기원한다는 주장이 있다. 그러나 물물교환의 개념으로 확장한다면 1만년 이상 더 거슬러 올라갈 수도 있으며(Dixon 등, 1968), 제품의 거래뿐만 아니라 아이디어의 교환까지 확대한다면 아마도 남자는 사냥을 하고 여자는 종족번식을 맡아 하던 인류의 출현과 거의 동시에 시작됐다고 해도 틀린 주장은 아닐 것이다.

현대적 의미의 마케팅의 역사는 마케팅의 핵심개념이라고 할 수 있는 '재화의 교환' 역사를 살펴봄으로써 이해할 수 있다. 즉 현대 마케팅의 개념을 보다 명확히 이해하기 위하여 4단계를 거쳐 발전한 재화의 교환, 즉 상업의 발전을 간략히 살펴볼 필요가 있다.

첫 단계는 '자급자족'의 시대이다. 각자가 자급을 위해 사냥을 하고 농사를 짓던 시기로서 노동의 특화나 재화의 교환이 없었기 때문에 마케팅도 존재하지 않았던 시기이다.

두 번째 단계는 '직접교환'의 시대로서 일부 노동의 특화가 이루어지기 시작한 시기이다. 사냥에 재능 있는 사람은 사냥만 하고 농사 일이 적성에 맞는 사람은 농사만을 짓기 시작하면서 재화교환의 필요성이 인식되기 시작한다. 그러나 재화의 교환은 물물교환(barter) 형태를 취하고 있었기 때문에 효율성은 매우 떨어졌다. 사슴고기를 농산물로 교환하고 싶은 사람은 농산물을 사슴고기로 교환하기를 원하는 사람을 만나야 거래가 성사될 수 있었다. 거래를 성사시키는 데 필요한 거래비용이 매우 높아 원활한 거래가 어려웠기 때문에 거래비용을 낮추는 혁신적인 제도가 도입되었다. 첫째는 화폐의 등장이다. 원하는 사람에게 화폐를 지불하고 농산물을 구매하는 것이 가능해진 것이다. 화폐의 등장으로 거래비용은 현저히 줄었고 재화교환은 급진적으로 활성화되었다. 둘째는 시장의 등장이다. 시장의 등장으로 거래비용은 더욱 획기적으로 줄어든다. 재화의 교환을 원하는 모든 사람이 시장에 모이게 되고 비로소 제한적 의미의 마케팅 활동이 태동하게 되었다.

상업발전의 세 번째 단계는 '간접교환' 시스템의 등장이다. 기술발전과 노동의 특화로 산업혁명이 유발되어 재화의 대량생산이 가능해졌다. 직접교환 방식으로는 대량의 규격화된 제품을 판매하기 힘들기 때문에 판매 중개행위를 주 업무로 하는 중간상이 등장하였다. 산업혁명 이전에도 중간상이 존재하였지만 규모가 영세하고 사회적 역할도 미미하였다. 그러나 산업혁명 이후 제품 생산자와 구매자를 연결하는 중간상의 역할이 매우 중요하게 된다. 화폐 및 시장의 등장과 마찬가지로 중간상의 역할도 거래비용을 줄이기 위함이었지만 판매행위를 전문적으로 하는 중간상의 등장으로 상행위에서 마케팅의 중요성을 인식하기 시작하게 되었다. 특히 최종 소비자를 직접 상대하는 소매점은 근대적 마케팅의 개념이 정립되는 데 큰 기여를 하였다.

이후 20세기 초 산업혁명이 성숙하면서 상업은 '비대칭적 직접판매'라는 넷째 단계를 경험하게 된다. 제조업체들은 과거 중간상에 맡겼던 판매행위를 직접 처리하기 시작하였다. 그것은 중간상의 규모가 영세하여 제조업체로부터 최종 소비자까지 이르는데 너무 많은 중간상이 개입하였고, 대부분의 중간상이 다수의 제조업체를 상대하고 있기 때문에 단일 제조업체의 판매 증진을 위해 큰 신경을 쓰지 못하였다. 또한 복잡한 기술 제품의 경우 제품설명 및 서비스가 매우 중요했지만 중간상은 이런 제조업체의 욕구를 충족시키지 못하였기 때문에 대형 제조업체는 복잡한 유통채널에서 발생하는 거래비용을 줄이기 위하여 자사의 판매조직을 구축했던 것이다. 제조업체들은 방대한 영업사원 조직과 지역별 지사망 조직에 막대한 투자를 하면서 유통채널을 단순화하여 소비자에게 가까이 다가설 수 있었다. 과거 복잡하고 무능한 유통채널에 판매를 위탁했던 제조업체는 이제 자신의 판매채널을 구축함으로써 소비자가 원하는 제품을 보다 더 정확히 파악할 수 있는 시스템을 갖추게 되었다. 즉 과거의 제조업체는 제품을 제조하는 회사이고, 중간상은 제조업체의 제품을 소비자에 판매하는 회사였지만, 자사의 유통망을 갖춘 제조업체는 판매와 제조 기능을 결합한 회사가 된 것이다. 비로소 제조업체가 목표시장의 소비자 욕구를 사전에 파악하고 이를 충족시킬 수 있는 제품을 개발, 생산, 판매하기 시작하게 된 것이다. 이것이 바로 현대적 마케팅 개념의 태동을 의미한다.

1950년대 이후 마케팅의 개념은 기업의 철학, 경영관리의 원리, 원칙으로서 강조되기 시작하였고, 단순히 많은 제품을 판매하는 차원을 넘어 고객들의 1차적, 2차적 욕구를 충족시키는 방법으로 이해되기 시작하였다. 1970년대 말에 이르러 현대적 마케팅의 주류를 이루는 마케팅 사고를 구성하는 핵심요소의 진화와 발전이 거의 완성되었다고 볼 수 있다. 이후 기술의 변화, 글로벌 시장의 형성 등 환경적 변화를 반영하는 새로운 아이디어에 의하여 재정립되거나 보완되고 있지만 마케팅 이론과 실행의 근본이 되는 핵심 구성요소들은 다음과 같다.

- 마케팅 철학: 고객의 1차적, 2차적 욕구를 충족시키는 것이 기업이 시장에서 성공을 거두고 수익을 극대화하기 위하여 수행하는 활동의 원칙이라는 일종의 경영원칙
- 마케팅 환경: 기업을 둘러싸고 있는 내·외부의 환경에 대한 이해와 대응
- 마케팅 조사: 시장의 필요 및 욕구와 관련한 일련의 의사결정은 과학적 조사에 근거
- 시장세분화: 고객집단 및 유형 간의 유의한 차이를 마케팅 전략 및 시장제공물 기획에 반영
- 마케팅믹스: 경쟁사보다 효과적으로 고객의 욕구를 충족시키기 위하여 세분시장의 차이를 고려하여 통제하고 조절해야 하는 일련의 변수 또는 활동들로서 제품, 가격, 유통, 촉진활동을 포함

- 경쟁우위: 소비자와 마케팅 환경의 이해를 바탕으로 경쟁사들에 비하여 차별적 우위를 차지하기 위한 독특성의 창출
- 마케팅 계획과 관리: 마케팅의 성공은 마케팅활동과 의사결정에 대한 시스템적인 접근방법을 통해 이루어진다는 원리, 원칙.

04 마케팅 사고의 진화와 발전

기업경영의 기본 철학으로써 마케팅 사고의 진화와 발전과정은 크게 다섯 단계로 나눠볼 수 있다. 첫째는 고객보다는 기업본위의 기업중심적 철학을 바탕으로 한 생산개념(production concept)의 단계이다. 소비자들은 제품이나 서비스를 편리하고 싸게 구매할 수 있는가에 최우선의 관심이 있으므로 기본적인 기능을 갖춘 제품을 싼 가격에 편리한 유통망을 통하여 제공하는 데 초점을 두는 철학이다. 특히 수요가 공급을 초과하는 경우, 생산원가를 낮추고, 효율적인 유통망 확보를 통하여 경쟁력을 확보하는 데 우선을 두는 마케팅철학이다. 과거 1930년대 Ford 자동차가 좋은 예로서 생산의 효율성과 광범위한 유통망 확보에 주력하는 방식이다.

둘째는 제품개념(product concept) 단계로서 소비자들은 최고의 품질과 성능을 가진 제품을 선호한다는 가정 하에 기술적으로 우수한 혁신적 제품을 생산하고 이를 지속적으로 개선하는 데 주력하는 경영철학이다. 연구개발 담당자와 엔지니어가 제품개발을 주도하게 되며, 적절한 연구개발 투자를 통하여 혁신적이고 양질의 제품을 생산함으로써 소비자의 수요를 자극하는 데 중점을 두는 경영철학이다. 기술적으로는 뛰어나지만 시장에서 외면당하는 제품이 출시되는 경우도 발생할 수 있다. 과거 입금까지 가능한 ATM장비가 개발되었지만 소비자의 외면을 받았던 경우가 그 예이다.

셋째는 판매개념(Selling concept)의 단계로서 소비자들은 자발적으로 제품이나 서비스를 충분히 구입하지 않는다는 전제 하에 공격적인 영업과 판매촉진활동을 통하여 수요를 창출하는 경영철학이다. 즉 소비자가 원하는 제품을 생산하는 것이 아니라, 기업이 만든 제품의 판매에 주력하는 방식이다. 예를 들면, 고가의 사전류

나 보험상품 등이 이에 해당한다. 단기적으로 판매액을 증가시키는 데는 효과적일 수 있지만 장기적으로 기업이나 제품의 이미지에 악영향을 줄 수 있어 방문판매나 일대일 판매방식이 효과적인 특정 제품군에 적용시킬 수 있는 방식이다.

넷째는 경영활동의 초점을 소비자의 입장에서 계획, 실행하는 고객중심적 경영철학이다. 표적시장에 속한 고객들의 필요와 욕구를 찾아내어 경쟁자들보다 더 효과적이고 효율적으로 충족시키는 것을 기업목표로 하는 마케팅 관리철학이다. 즉 고객을 단순히 상품의 판매대상으로 보는 것이 아니라, 고객이 가진 문제를 해결하여 만족을 얻을 수 있도록 하는 것을 목표로 하는 방식이다.

마지막으로 총체적 마케팅(holistic marketing)개념의 단계이다. 고객과의 일대일 관계를 증진시켜 장기적인 관점에서 지속적인 판매를 도모하는 관계마케팅, 마케팅의 다차원적 요소들을 일관성 있고 통합적으로 운용하는 통합마케팅, 자사의 임직원들의 동기부여, 사기진작을 통하여 생산성을 높여 수익을 극대화하는 내부마케팅, 사회공헌 관점에서 기업의 수익을 사회로 환원하여 기업이미지를 제고하는 사회적책임 마케팅 등을 총체적으로 운영, 통제, 관리함으로써 궁극적으로 기업의 목표달성을 꾀하는 방식이다. 이 외에도 문화마케팅, 협업마케팅, SNS마케팅, 공익마케팅, 사회마케팅 등 다양한 마케팅활동을 적절히 활용하여 총체적인 관점에서 기업이미지를 제고함으로써 고객과 기업 간의 장기적인 감정적 유대관계를 형성하고 이를 유지, 강화하는 데 주력하는 방식이다.

기존의 마케팅 활동은 크게 2가지 관점으로 요약할 수 있다. 첫째, 고객과의 장기적인 관계형성과 유지, 강화를 지향하는 데 목표를 두는 마케팅활동이다. 즉 관계마케팅, 협업마케팅, 공생적 마케팅 등이 이에 해당된다. 둘째는 마케팅환경의 생태적, 환경적 변화와 현실 간의 균형과 조화에 초점을 두는 마케팅활동으로서 거시마케팅, 환경마케팅, 녹색마케팅, 생태마케팅, 사회지향적 마케팅 등이 이에 해당한다. 이러한 방식의 마케팅활동은 이제 시장이 세계화, 전자상거래 및 디지털 매체의 대중화, 환경에 대한 관심 등 사회적, 기술적, 문화적 환경 요인들의 지속적인 변화와 발전으로 말미암아 접근법과 실행방식의 변화가 요구되고 있다. 특히 코틀러의 저술에서 강조되었던 'Marketing is a changing world; Satisfying human needs', 즉 고객의 수요와 관계 및 연결 관리가 기존 마케팅의 핵심과제였다면, 이제는 지속가능성과 사회적 책임, 마케팅윤리에 집중하는 마케팅 노력이 필수가 되고 있다.

05 지속가능한 CSR마케팅으로의 진화

우리 사회가 직면하고 있는 21세기의 도전적인 문제 해결의 관점에서 마케팅의 기본원리인 소비자 욕구의 충족은 다음과 같이 3가지 관점에서 해결책이 모색되어야 할 것이다.

첫째, 지구의 생태적 한계를 고려하여 생태시스템의 능력을 손상시키지 않고 소비자의 욕구를 충족시켜야 한다는 환경지향적 관점이다. 둘째는 사회적 약자를 고려하여 사회적 정의와 형평성을 촉진하고 기존의 불평등 상황을 악화시키지 않으면서 욕구충족을 이루어야 한다는 윤리적 관점이다. 셋째, 마케팅을 경제적인 교환의 관점이 아니라 소비자, 기업, 사회, 그리고 이해당사자 간의 관계를 관리하는 관계지향적 관점으로 인식해야 한다는 관계지향적 관점이다. 즉 21세기의 마케팅은 〈그림 2-1〉과 같이 상업적 거래에서 고객의 욕구충족을 도모하는 현대적 마케팅 관점에서 이해당사자와의 관계를 고려하는 관계마케팅, 환경적 요소를 고려하는 환경마케팅, 사회적 약자를 고려하는 윤리적 마케팅으로 발전해야 하며, 이것이 지속가능한 발전을 꾀하는 CSR마케팅의 지향점이 되어야 한다.

미디어 기술의 발전으로 소비자와의 커뮤니케이션에 다양한 통로와 새로운 기법이 도입되고 있고, 기후변화와 환경파괴의 위험이 날로 커지고 있으며, 사회적 약자 배려에 대한 사회적 요구가 증가하는 시장 환경의 변화에 적절히 대응하여 기업의 지속가능한 발전을 꾀하는 지속가능경영의 중요한 기능영역으로서 CSR마케팅의 역할이 있다고 하겠다. 즉 CSR마케팅은 기업의 지속가능한 발전을 위하여 사회적, 윤리적, 환경적 책임을 결합하고 이해당사자와의 호혜적 관계를 개선, 발전시키는 진화, 발전된 마케팅을 의미한다. 과거 존재하지 않았던 새로운 개념은 아니지만 기존의 마케팅 방식을 개선, 발전시킨 가운데 특히 지속가능성에 무게를 둔 방식이라고 할 수 있다. 21세기의 마케팅은 지난 세기 동안 이루어낸 경제성장과 개

그림 2-1 CSR마케팅으로의 발전

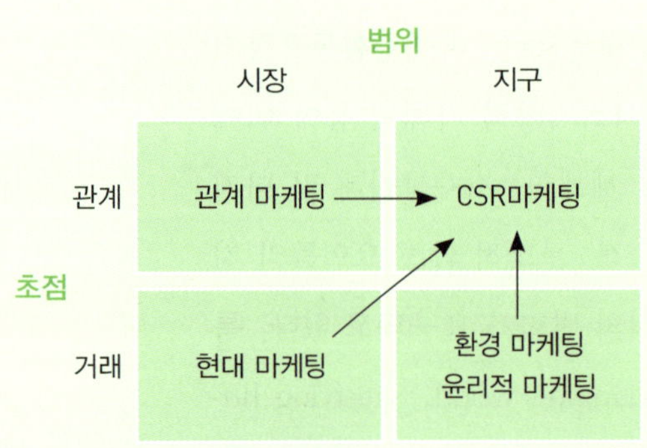

출처: Belz & Peattie, Sustainability Marketing, 2011, 일부 수정

선된 소비자 라이프스타일의 이면에서 제기되고 있된 환경적, 사회적 질병을 극복하면서 지속가능한 발전을 도모할 수 있는 중요한 역할을 수행해야 한다.

CSR(기업의 사회적 책임) 마케팅

06

기업의 지속가능한 발전의 한 축을 담당하는 CSR마케팅의 의미를 알아보기 위하여 마케팅의 구체적인 실행전략을 살펴볼 필요가 있다. 전통적인 마케팅활동은 제품, 가격, 유통, 촉진 등 4P로 구성된다. 이것을 기업의 관점이 아닌 고객(customer)의 관점에서 바라보면 4P가 아니라 4C 믹스로 변환된다. 첫째 C는 고객의 문제해결(customer solutions)을 의미한다. 단순히 물질적인 제품이 아니라 고객의 문제해결을 도와 욕구를 충족시키는 수단과 방법을 의미한다. CSR마케팅 관점에서는 단순한 문제해결에만 치중하는 것이 아니라 소비과정에서 그들과 직·간접적 관련을 갖는 환경적 측면과 사회적 측면까지 고려해야 함을 말한다. 예를 들면, 자동차를 판매하여 소비자들의 이동이나 운송의 문제를 해결하는 데 도움을 제공하는 경우 배기가스로 인한 환경오염 문제도 함께 고려해야 한다는 것이다. 두 번째 C는 가격(price)이 아니라 소비자의 입장에서 비용(cost)이 된다. 고객비용(customer cost)으로서 고객이 문제해결의 대가로 지불해야 하는 비용을 말하는데, 기업은 단순히 원가와 이윤을 고려하는 재무적 가격뿐만 아니라 제품의 사용과 처분에 포함되는 심리적, 사회적, 환경적 비용까지 고려하여 가격을 책정해야 함을 말한다. 다음의 C는 유통(place)이 아니라 소비자들이 문제해결을 위하여 제품을 구매하고 사용하는데 있어서 편의성(convenience)을 제공해야 함을 말한다. 즉 매장은 소비자가 쉽고 편리하게 접근할 수 있는 위치에 있어야 하며 사용하기 쉽고 편리한 제품을 제공해야 함을 말한다. 단순히 편리한 위치에 매장을 위치시키는 것이 아니라 그로 인하여 발생할 수 있는 교통 혼잡의 문제까지도 고려해야 한다는 것이다. 매장설계에서부터 시공까지도 환경오염 문제를 고려하는 것도 좋은 예이다. 네 번째 C는 촉진(promotion)이 아니라 소비자와의 원활한 소통(communication)을 의미한다. 기업이 소비자에게 원하는 메시지를 전달하는 일방적인 소통의 방식이 아니

그림 2-2 CSR마케팅의 정의

CSR		CSR마케팅
기업활동으로 인하여 발생하는 경제, 사회, 환경문제에 적절히 대처하고 이를 해결함으로써 기업의 이해관계자와 사회일반의 요구와 기대를 충족시켜 주는 기업경영철학	→	사회와 환경문제와 같은 사회사업의 참여를 통하여 소비자의 욕구를 충족시킴과 동시에 장기적으로 기업성장의 기반인 시장의 지속가능한 발전을 도모하는 마케팅활동

라 소비자와의 신뢰관계를 구축하고 진실성을 바탕으로 한 상호작용적 소통의 과정을 의미한다. 비윤리적, 반사회적 광고메시지라든지, 소비자를 기만하거나 현혹시키는 메시지를 자율적으로 규제하고 기업과 소비자 간의 건전한 소통의 문화를 만들어야 함을 의미한다. 이러한 마케팅 4C 믹스는 기존의 제도적, 법적 틀 안에서 비교적 성공적으로 수행되어 왔지만 이제는 변화하는 사회적 요구와 환경의 변화 속에서 사회, 환경적 문제까지 함께 고려해야 하는 과제를 안고 있다.

넓은 의미에서 CSR은 기업의 관리방식을 의미한다. 즉 기업 전반의 사업운영, 공급망(supply chain)관리, 인적자원관리, 이해관계자와의 상호작용 등과 관련한 전반적인 경영의사결정에 있어서 사회적, 환경적 책임을 고려하는 방식이다. 기업경영의 기능적 관리영역 중의 하나인 마케팅 의사결정에 있어서도 동일한 요소들이 고려되어야 하며 이것을 CSR마케팅이라고 할 수 있다. 좁은 의미에서 보면, CSR마케팅은 사회문제(건강, 안전, 교육, 고용, 지역사회개발 등)와 환경문제(기후변화, 자원고갈, 환경오염 등)와 같은 사회사업의 참여를 통하여 소비자의 욕구를 충족시킴과 동시에 장기적으로 기업성장의 기반인 시장의 지속가능한 발전을 도모하는 마케팅활동으로 정의할 수 있다. 기업의 사회적 책임의 3가지 바탕인 사회, 경제, 환경적 책임을 고려하면서 기존의 마케팅 개념을 적용하여 소비자와의 장기적인 유대관계를 형성, 유지, 강화하는 활동이라고 할 수 있다.

CSR의 개념이 마케팅에 적용된 초창기 사례로는 미국의 아메리칸 익스프레스의 공익연계(Cause-related) 마케팅 캠페인을 들 수 있다. 아메리칸 익스프레스는 약 150년의 전통을 자랑하는 미국 기업으로 주로 전 세계 여행 관련 서비스 및 보험업, 국제금융업 등을 핵심 사업영역으로 하고 있다. 다양한 CSR마케팅 전략 가운데서도 유일하게 소비자의 참여수준과 강도에 따라 사회공헌의 규모가 결정되는 공익연계 방식의 '자유의 여신상' 캠페인을 지속적으로 펼침으로써 소비자 마음속에 강하게 각인되어 있는 기업이다. 흔히 코즈마케팅(Cause marketing)이라고도 불리는 공익연계 마케팅은 기업이 소비자의 직접 참여를 유도하여 경제적 가치와 사회가 추구하는 공익적 가치를 동시에 실현하는 마케팅활동이다. 이미 오래 전인 1885년 미국이 프랑스로부터 자유의 여신상을 선물로 받을 당시부터 받침돌 건립 자금을 기부한 바 있고, 미국의 독립 200주년이었던 1976년 자유의 여신상을 기념하는 다큐멘터리의 제작 자금을 지원한 바 있는 아메리칸 익스프레스가 본격적으로 공익과 연계한 마케팅활동을 시작한 것은 1983년이다. 100여년 전 CSR활동의 큰 주제로 자유의 여신상 지원활동을 시작한 후 다시 보수기금을 마련하기 위하여 회사와 함께 소비자의 직접 참여를 유도하는 캠페인을 실시하였다. 즉 소비자가 아메리칸 익스프레스 카드를 사용할 때마다 1센트씩, 신규카드를 발급받을 때마다 1건당 1달러를 기부하는 캠페인을 전개한 것이다. 그 결과 약 170만 달러의 보수기금을 마련하였고, 동시에 카드 사용은 27%, 신규 가입건수는 10% 증가하는 성과를 거두었다. 주목할 점은 이 프로젝트가 자유의 여신상이라는 뚜렷한 콘셉트를 가지고 진행되었다는 점이고 여전히 아메리칸 익스프레스 하면 자유의 여신상이 자연스럽게 떠오를 정도로 명확한 CSR마케팅의 콘셉트가 사회에 깊이 각인되어 있다는 점이다.

아메리칸 익스프레스의 캠페인의 성공을 시작으로 미국과 유럽의 기업을 중심

그림 2-3 아메리칸 익스프레스의 자유의 여신상 프로젝트

으로 공익연계 마케팅이 활발히 전개되었다. 문화적으로 사회기부활동이 일찍이 뿌리 내린 서구사회의 특성에 기인했다고도 볼 수 있는데, 지금은 세계적인 화장품기업으로 성장한 에이본(Avon)의 '여성 유방암 퇴치' 캠페인도 아메리칸 익스프레스에 이어 성공한 CSR마케팅 활동으로 평가되고 있다. 유방암 예방을 위한 가이드북을 제작하여 여성들의 유방암 인식수준을 높였고, '핑크리본'이 부착된 제품을 판매하여 수익의 일부를 유방암 연구와 예방, 치료를 위한 기금으로 조성하였다. 핑크리본은 유방암 인식을 나타내는 국제적 상징으로써 1990년대 초반 미국에서 개최된 유방암 생존자를 위한 달리기대회에서 참가자들에게 배포한데서 비롯되었다고 한다. 에이본은 매년 약 4,000억원의 기금을 조성하고 여성의 건강 향상을 위한 다양한 공익프로그램에 지원하고 있다. 이 캠페인은 에이본의 브랜드 이미지 및 가치 상승과 함께 1990년대 초 미국을 기반으로 한 저가의 방문형 화장품회사에서 세계 3대 글로벌 화장품 기업으로 도약하는 데 결정적인 공헌을 한 것으로 평가받고 있다. 핵심고객인 여성들의 건강증진에 앞서는 기업이미지를 구축함으로써 전 세계 소비자들의 신뢰와 지지를 이끌어 냈기 때문이라고 할 수 있다.

그림 2-4 에이본의 유방암 퇴치 캠페인

키워드(Keywords)

- 21세기의 마케팅
- 지속가능성의 원칙
- 마케팅의 개념
- 마케팅 개념의 진화와 발전
- 지속가능한 마케팅
- CSR마케팅

생각해 볼 문제(Review Questions)

- 21세기 마케팅의 진화와 발전을 초래한 지구상의 문제는 어떤 것들이 있는가?
- CSR마케팅의 기반이라고 할 수 있는 지속가능성의 주요 원칙은 무엇인가?
- 현대적 의미의 마케팅의 역사와 마케팅의 핵심개념은 무엇인가?
- 기업경영의 기본철학으로서 마케팅 사고의 발전과정을 생각해 보자.
- 지속가능한 발전을 위한 CSR마케팅의 세 가지 지향점은 무엇인가?
- 아메리칸 익스프레스의 사례를 통하여 CSR마케팅의 의미와 정의를 생각해 보자.

참고문헌

코틀러와 리 (2007). CSR마케팅. 리더스북.

Belz, F. & Peattie, K. (2011). *Sustainability Marketing*. Wiley.

Chapter 03

CSR마케팅의 가치와 목표

01 시장의 변화

02 소비자와 욕구충족과 지속가능한 마케팅

03 자연환경에 대한 인식

04 CSR마케팅의 가치관

05 CSR마케팅의 목표

학습 목표

치열한 경쟁환경에서 살아남을 수 있는 강한 기업은 과연 어떤 기업일까? 세계 스포츠 용품 시장을 주름잡는 나이키(Nike), 자동차 시장의 빅 플레이어(big player) 도요타(Toyota), 미국 아이스크림 시장의 선두주자 벤앤제리(Ben & Jerry)는 과연 오직 강자만이 살아남는다는 정글과 같은 시장에서 어떻게 최상의 지위를 누릴 수 있었던 것일까? 탁월한 경영능력, 효율적 자원관리, 혁신적인 생산관리, 창의적인 마케팅전략… 이 외에도 많은 성공요인이 있을 것이다. 그러나 확고한 도덕적, 윤리적 책임의식에 바탕을 둔 기업경영철학과 가치관, 이를 시장에서 구현하는 CSR활동이 뒷받침되지 않았더라면 아마도 지금의 위치에 오르기 힘들었을 것이다. 그리고 CSR활동이 꾸준히 지속되지 않는다면 현재의 지위는 아마도 모래성에 불과할 것이다. 이 장에서는 지속가능한 발전의 관점에서 CSR마케팅의 기본적인 가정과 신념, 가치에 대하여 살펴보고, 기업의 경영철학과 가치관이 CSR마케팅에 어떻게 반영되는지와 함께 CSR마케팅이 궁극적으로 추구해야 할 목표에 대하여 알아보기로 한다.

지금은 세계적인 생활용품 기업 유니레버의 자회사로 합병된 미국의 아이스크림 제조/유통기업 벤앤제리(Ben & Jerry)는 '인간과 사회에 공헌하는 우수기업'이라는 이미지 제고에 성공한 대표적인 기업이다. 벤앤제리는 오랜 친구 사이인 벤(Ben Cohen)과 제리(Jerry Greenfield)가 1978년 미국 동북부 버몬트주 벌링턴시에서 작은 홈메이드(homemade) 아이스크림 가게로 시작하여, 지금은 미국은 물론 세계의 소매 대리점에 냉동 유제품을 공급하는 대표적인 아이스크림 제조업체로 성장한 기업이다. 성장의 이면에는 '지역공동체에 대한 책임'을 강조하는 기업사명이 자리잡고 있다. 1988년 만들어진 사명선언서(mission statement)에는 벤앤제리가 기업활동을 통하여 꾸준히 추구해 온 핵심가치가 명확히 제시되어 있다. 이들의 기업사명은 서로 밀접한 관계에 있고 모두 동등하고 중요한 가치를 지니는 3개의 분야, 즉 사회, 제품, 경제적 사명으로 구성되는데, 이윤을 추구하는 기업의 '경제적 사명'이 '제품 사명' 및 '사회적 사명'과 조화를 이루어야 함을 의미한다. 경제적 사명은 회사의 지속적인 이윤 창출과 성장을 통하여 주주들의 이익을 실현하고 사원들의 진로개발의 기회를 제공해야 하는 사명을 말한다. 제품 사명은 몸에 좋은 천연재료를 사용하여 좋은 품질의 순수 천연성분의 아이스크림과 건강음료수를 제조, 유통, 판매하는 동시에 지구와 환경을 고려한 경영활동을 수행하는 것을 의미하며, 사회 사명은 지역사회, 국가, 나아가 세계적인 차원에서 인간 삶의 질을 개선하는 데 앞장섬으로써 사회 안에서 기업이 맡아야 할 중심 역할을 적극적으로 수행하는 것을 말한다.

예를 들면, 지역 경제의 발전과 신뢰할 수 있는 제품의 생산을 위하여 아이스크림에 들어가는 우유를 모두 버몬트주에서 생산한 것만 사용한다든지, 제품 원료 납품 농가들과 호르몬 사용금지 계약을 체결하거나, 회사 수익의 7.5%를 기금으로 적립하여 자선재단을 설립하여 교육, 평화, 환경, 인종차별, 빈곤문제 등 다양한 분야의 공익활동에 참여하는 등 기업사명을 실천해 오고 있다. 또한 'Rainforest Crunch Ice Cream', 'Peace Pops'를 비롯하여 50여 개의 아이스크림 제품에 상품 이름을 통하여 그들이 추구하는 사회공헌활동의 의미를 전달하고 공익과 연계된다는 기업의 사명을 전달하는 마케팅 전략을 구사하고 있다. 2004년에는 지구온난화 문제에 대한 소비자들의 관심을 고취하기 위하여 'One Sweet Whirled'라는 캠페인을 전개하면서 투어콘서트, 음반제작, 웹사이트 등을 운영하고 실제 상품에도 캠페인 명을 삽입하여 온난화 문제와 캠페인 자체에 소비자의 인식을 고취하고, CRM도 가미하여 소비자의 직접 참여를 유도하는 마케팅 전략을 실행하기도 하였다.

벤앤제리의 사례는 기업의 가치관이 기업의 전반적 경영활동은 물론 마케팅활동에도 지대한 영향을 미치고 있음을 보여주고 있다. 기업이 사회적 책임이라는 가치를 실현하기 위하여 마케팅의 개념을 확대하고 윤리의식을 고취하는 일은 흔히 보기도 어렵고 기업 입장에서는 여유가 있으면 해도 좋고, 하지 않아도 그만인 것으로 인식되는 경우가 대부분이다. 보통 기업들은 기업 활동에 있어서 윤리적 가치관을 거론하거나 무엇이 옳고 그른지에 대한 의문사항을 다루는 것을 회피하는 경향이 있다. 그러나 1990년대 중반 세계적인 스포츠용품 기업인 N사가 개발도상국에서의 노동착취와 인권침해 문제로 심각한 위기를 겪었던 사례를 본다면 기업이 지켜야 할 윤리적 가치의 중요성을 잘 알 수 있다. 기업설립 15년 만에 세계 최대의 에너지기업으로 성장했던 미국의 한 정유회사의 분식회계 사건, 역시 세계 최대의 청량음료회사의 폐수유출과 환경오염 사건 등 수많은 기업들의 비윤리적

그림 3-1 벤앤제리(Ben & Jerry)의 기업사명

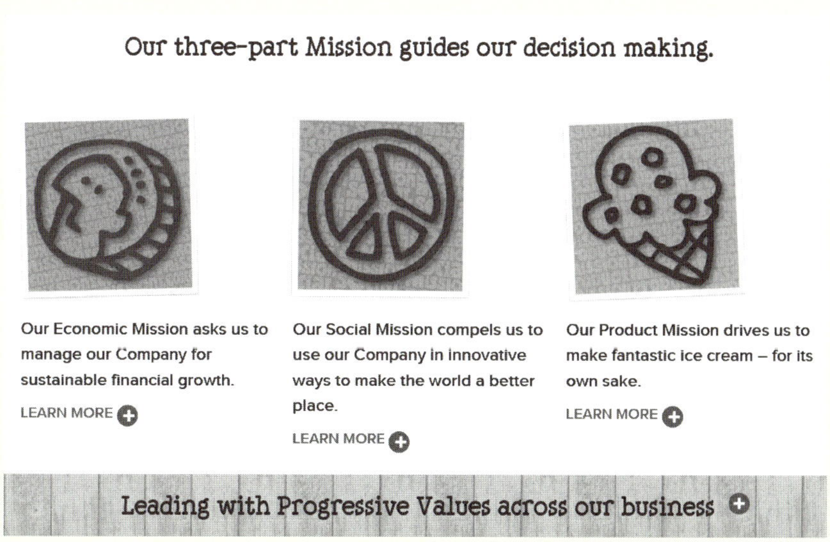

출처: 벤앤제리 웹사이트, https://www.benjerry.com/values 2020.

기업 활동과 그로 인하여 소비자의 신뢰를 잃은 기업들의 몰락 역시 같은 맥락에서 이해할 수 있을 것이다. 일반적으로 기업들은 마케팅활동을 통하여 소비자 욕구를 충족시키면 이익을 얻을 수 있다는 강한 신념을 갖고 있고, 마케팅활동에 있어서 기업이 지켜야 할 도덕적 가치에 대해서는 그다지 중요성을 인식하지 못하는 경향이 있다. 그러나 "모든 파워는 고객의 손에 있다"고 한 미국 후버스의 CEO 개리 후버의 말처럼 언제나 고객을 절대 잊어서는 안 되겠지만, 그보다 더 중요한 고객과의 신뢰관계는 도덕적 가치의 기반 위에서 마케팅활동이 이루어질 때 더욱 공고해질 수 있으며, 그러한 기반 위에서 기업의 지속가능한 성장도 보장받을 수 있음을 주지할 필요가 있다.

CSR마케팅의 기반이 되는 가치관은 기업의 비전, 미션(사명), 철학 또는 원칙을 반영한다. 다른 기업과 차별화시키는 기업의 핵심적인 가치관으로서 특정 기업이 갖는 고유의 DNA코드와도 같다고 할 수 있다. 확고하고 차별화된 경영철학과 가치관을 바탕으로 성공적인 기업 활동과 CSR마케팅 활동을 수행하고 있는 대표적인 기업으로 세계 화장품, 목욕용품업계 최대 기업으로 성장한 영국의 '바디샵(The Body Shop)'을 들 수 있다. 1976년 창업 이후 약 30여 년 간 전 세계 50여 개 국가에 1,900여 개 매장을 보유한 거대 기업으로 성장한 바디샵의 성공은 창업주인 애니타 로딕(Anita Roddick)의 사회와 환경의 긍정적인 변화를 추구하는 경영철학과 이에 바탕을 둔 효과적인 CSR마케팅 활동으로 설명할 수 있다.

"우리는 좀 더 넓은 세상에서 우리가 한 행위, 우리가 일으킨 긍정적인 변화로 평가받고 싶다. 처음부터 우리에게 힘을 준 것은 우리의 제품이 아니라 우리의 신념이었다. 기업이란 강자만이 살아남는 정글이라는 낡은 사고방식에서 기업을 책임 있는 자만이 이끌 수 있는 공동체로 보는 새로운 사고방식이 지배하기를 바란다"는 이른바 '애니타 마인드'는 기업가이자 박애주의자이며 정치적 행동주의자인 애니타 로딕의 가치관과 신념을 잘 표현해 준다. 애니타 로딕의 가치관은 "적극적인 기업활동을 통해 사회와 환경의 긍정적인 변화를 추구한다"는 기업철학에 잘 나타나 있다.

바디샵하면 가장 먼저 떠오르는 것은 리사이클링이 가능한 단순한 플라스틱 용기일 정도로 바디샵은 미적 감각보다는 리필(refill)이 가능한 플라스틱 용기를 고집하고 있다. 또한 제품의 원료도 식물에서 추출해 낸 자연주의 원료만을 사용하고 있으며, 포장 역시 재생봉지만을 쓰고 있다. 제품도 비타민E 스킨케어, 티트리 오일 스킨케어, 바나나 샴푸 등과 같이 자연에서 영감을 얻은 제품에 주력하고 있다. 소비자연합, 브랜드파워 조사회사, 언론기관 등이 실시하는 '신뢰할 수 있는 브랜드', '가치 있는 브랜드', '존경받는 기업' 등 각종 순위표에서 항상 상위권에 자리잡고 있는 바디샵의 성공은 조직을 이끌기 위한 애니타 로딕의 비전과 사명에서 비롯되었다고 해도 과언이 아닐 것이다. '긍정적 변화를 추구하는 기업'이라는 슬로건 아래 설정한 다음의 경영목표에는 바디샵이 추구하는 구체적인 가치와 사명이 잘 담겨져 있다.

1. 비즈니스를 통하여 사회 및 환경의 변화에 공헌한다.
2. 이해관계자들(직원, 고객, 공급자, 주주 등)의 경제적, 인간적 요구를 창의적으로 충족시킨다.
3. 미래를 담보로 현재의 필요와 욕구를 충족하려 하지 않는다.
4. 배려, 정직, 공정, 존중의 가치로 지역, 국가, 인류공동체에 의미 있는 공헌을 한다.
5. 환경, 인권, 사회적 권리 보호와 화장품업계의 동물실험 금지를 위하여 노력한다.

기업과 브랜드의 장기적인 성장을 위한 CSR활동의 긍정적 효과에도 불구하고 브랜드 전략의 관점에서 보면 CSR마케팅 활동은 때로는 가식적인 활동으로 인식되기도 한다. 기업에 사회공헌의 책임이 중시되고 전략적 차원에서 사회공헌활동이 필수적으로 요구되기는 하지만 이러한 활동들이 기업의 근본적인 정체성과 철학을 바꾸어 놓을 수는 없기 때문이다. 또한 사회적 책임을 다하는 윤리적인 기업은 전략적 활동이 아니라 근본적인 경영철학과 추구하는 가치에 의하여 탄생되기 때문이다. 이러한 관점에서 바디샵은 근본적으로 브랜드 전략과 커뮤니케이션의 방향이 다르다. 바디샵이 차별적이며 강력한 환경지향적 브랜드 이미지를 구축할 수 있었던 원동력은 효과적인 브랜드 커뮤니케이션 전략이라기보다는 사회와 환경에 대한 지속적인 관심과 실천이라고 할 수 있다. 인권보호, 동물실험 반대(〈그림 3-2〉), 환경 보호 캠페인과 화장품 업계에 만연해 온 아름다움에 대한 그릇된 편견을 타파하려는 도전은 세대에 걸쳐 소비자들의 지지와 공감을 이끌어 냈다고 할

그림 3-2 바디샵(The Body Shop)의 동물실험 반대 캠페인

출처: 바디샵 웹사이트, www.thebodyshop.com/about-us, 2020.

수 있다. 이것은 전략적 차원에서 치밀하게 계획된 것이 아니라 근본적인 철학과 가치에 의한 것이었다는 것은 활동의 지속성, 일관성, 진정성 등 3가지 측면에서 잘 이해할 수 있다. 사회이슈 해결을 위한 장기간에 걸친 지속적 노력, 자연주의라는 기본 콘셉트에서 벗어나지 않는 다양한 이슈에 대하여 일관적이고 진정성 있는 해결 노력을 기울이고 있다는 점이다.

'벤앤제리'와 '바디샵'은 확고한 도덕, 윤리, 책임의식에 바탕을 둔 기업경영과 마케팅활동을 통하여 지속가능한 성장을 추구하는 모범적 사례를 보여주고 있다. 그렇다면 지속가능한 발전의 관점에서 CSR마케팅의 기본적인 가정과 신념, 가치에 대하여 살펴볼 필요가 있다. 즉 전통적 마케팅 기업에서는 등한시되었던 가치관과 접근방법에 대하여 구체적으로 알아보기로 한다.

시장의 변화

01

전통적 경제이론은 영국의 고전파 경제학자인 아담 스미스(Adam Smith)가 〈국부론〉(1776)에서 제시한 '보이지 않는 손(invisible hand)'에 바탕을 두고 있다. 시장의 기능에 대한 확고한 믿음으로서 시장이 가격을 통하여 수요와 공급을 자동적으로 조절하여 자원을 가장 효율적으로 배분해 주는 기능을 한다는 것이다. 이기심에 바탕을 둔 시민사회에서의 개인들의 경제행위는 결국 인간의 눈에는 보이지 않는 전지전능한 조물주가 마치 배후에서 조종하는 것과 같은 경이로운 결과를 가져온다는 것을 '보이지 않는 손'에 비유한 것이다. 스미스는 경제적인 이기심을 추구하는 과정에서 개인들은 가장 많은 이득이 생기는 곳에 자원을 배분하게 되며, 이에 따라 사회의 전체적인 이익이 증가하게 된다고 주장하였다. 개인들은 누구의 간섭 없이 자신의 이익을 추구하는 과정에서 자신도 모르게 '보이지 않는 손'에 의하여 국부를 증진시키는 데 기여한다는 것이다.

그러나 이 단순한 논리는 여러 가지 전제를 필요로 한다. 완전경쟁의 보장, 다른 경제 주체로터의 외부효과 차단, 자유로운 생산요소의 이동, 가격의 신호에 따른 시장균형의 신속한 변화 등이 그것들인데, 이들 중 1개라도 보장되지 않을 경우 균형이 깨지고 최적의 자원배분이 실현되지 못하여 시장의 실패가 초래될 수 있다. 실제 시장상황에서는 이 전제 중 어느 하나라도 보장되기 힘든 것이 현실이다. 또한 개인이 자신을 위한 경제행위만을 하더라도 전체에게 최대의 효용과 이익을 줄 것으로 본 것은 그 자체로도 확신할 수 없는 것이다. 영화 '뷰티풀마인드(Beautiful mind)'의 주인공이자 1994년 노벨경제학상 수상자인 존 내쉬(John Nash)는 '내쉬균형'이라는 개념을 통하여 기존의 경제학에서 당연시되었던 스미스의 '자신만을 위한 행위'가 아니라 '개인과 집단의 이익을 모두 고려하는 행위'를 해야 최대의 이익을 얻을 수 있다는 섬을 새롭게 제시하였다. 즉 개개인이 자신만을 위하여 최선의 노력을 할 때 이익을 얻을 수 있겠지만 더 큰 이익을 얻기 위해서는 자신의 이익과 함께 공공의 이익, 즉 공익을 고려해야만 한다는 것이다. 물론 개인의 이익은 줄어들 수 있을 것이다. 공익을 고려한다는 것은 이기심과는 정반대인 이타심을 말하며 개인은 공익을 위하여 어느 정도 희생이 필요할 수 있다. 그러나 공익을 위해 희생된 부분은 각종 공공서비스를 통하여 개인에게 보상으로 돌아오므로 결코 개인에게 손해가 아닌 것이다. 즉 자신의 이익을 위하여 경쟁상황에서 얻지 못한 공공부분의 이익을 생각하며 자신의 이익을 국가에게 더 준 결과 개인은 물론 국가적으로도 더 큰 이익을 얻을 수 있다는 것이다.

시장가격으로 포용되지 않는 공기, 물, 공유지, 오존층 등과 같은 생물권의 대부분은 사회에 의하여 충족되어야 하는 '외적인 것'으로 볼 수 있다. 만약 재화의 생산과 사용, 처분에 필요한 이러한 사회적, 환경적 비용이 가격에 의하여 포용될 수 있다면 그것은 매우 진일보한 것일 것이며 지속가능한 발전에 크게 기여할 수 있을 것이다. 그러나 다음과 같은 이유로 사회적, 환경적 비용은 기존의 경제학에서 제시하는 보이지 않는 손에 의하여 자동적으로 제어될 수 없는 부분이다. 첫째, 환경적 자원은 가격 가치를 부여하기 어렵다. 생물의 다양성에 정확한 가치를 부여하는 것은 물론, 아름다운 경치, 생물의 멸종 등에 객관적이고 합리적인 가격과 가치를 부여하는 것은 불가능하다고 할 수 있다. 둘째, 시장에서는 생태 및 환경시스템이 파괴될 경우 회복 불능하다는 점이 고려되지 않는다. 파괴된 환경은 회복하기 쉽지 않다. 예를 들어, 열대우림이 한번 파괴되면 가격수준과 상관없이 회복되기 매우 어려운 것이다. 셋째, 시장에서는 환경자원에 대한 미래의 수요를 예측하기 어렵다. 예를 들어, 강한 항암효과가 검증된 한 수목은 목재산업에 이미 다 쓰여 거의 멸종의 상태에까지 이르고 있다.

그럼에도 불구하고 여전히 세계경제는 시장시스템에 의하여 작동하고 있고, 뚜렷한 대체안 없이 세계 수십억 명의 인구가 의존할 수밖에 없는 강력한 제도임에 틀림이 없다. 그렇다면 환경적, 사회적 비용을 어떻게 이 제도 안에서 흡수하여야 할 것인가? 그것은 이른바 외부비용의 내부화(Internalization of External Cost)가 가능한 시장의 변화를 통하여 이루어질 수 있을 것이다(Belz & Peattie, 2011). 기업경영과 마케팅활동에 있어서 사회적, 환경적 비용이 시장시스템에 흡수되어 통제될 수 있는 제도적 틀이 필요한 것이다. 이러한 시장의 변화는 정부 차원의 중요한 정책과업인 동시에 기업에게는 매우 도전적인 과제라고 할 수 있다.

소비자와 욕구충족과 지속가능한 마케팅

02

21세기 마케팅의 핵심 개념이 '소비자' 또는 '고객'임에는 재론의 여지가 없을 것이다. 마케팅의 기본적인 기능은 그들이 누구이며, 어떠한 성향과 특성을 갖고 있고, 어떤 것을 필요로 하고, 무엇을, 왜 원하는지 파악하여 시장을 통하여 충족시키는 것이라고 할 수 있다. 소비자 입장에서 보면, 많은 대안 중에서 자신이 필요로 하거나 원하는 제품을 구매하고 사용함으로써 문제를 해결하고 욕구를 충족시키며, 그 결과 만족하면 재구매하는 과정을 거치게 된다. 즉 소비자들은 자신의 라이프스타일과 해결하고자 하는 문제, 욕구 충족의 정도를 고려하여 최대의 만족을 얻기 위하여 행동하게 된다. 이 과정에서 최대 만족을 얻기 위한 소비자의 권리는 강조되지만 다른 소비자들에게 미칠 수 있는 부정적인 사회적, 환경적 영향은 크게 고려되지 않는 경우가 발생한다. 예를 들어, 흡연자들은 흡연을 권리로 인식하지만 오염되지 않은 공기 속에서 숨 쉬기를 원하는 많은 비흡연자들의 권리는 고려하지 않는 것이다. 연비가 좋은 자동차를 타는 소비자들은 그 차가 내뿜는 매연에 대하여는 크게 신경 쓰지 않는다. 이것은 기업들이 소비자들에게 '고객은 왕이다'라는 잘못된 인식을 심어준 데 기인한 것으로 볼 수 있는 매우 근시안적인 사고라고 할 수 있다. 특정 제품에 대한 소비자의 권리는 비소비자의 그것과 균형을 이루어야 하며, 소비의 결과는 비소비자들에게 피해나 고통을 수반하지 않아야 한다는 새로운 인식이 필요한 것이다. 즉 지속가능한 사회를 위하여 소비자로서의 권리와 의무가 다른 소비자들의 그것과 균형을 이루어야 한다는 인식이 필요한 것이다.

기업 입장에서 보면 개별 소비자들이 자유롭게 제품을 선택할 수 있고, 다양한 대안 중 최적안을 선정하는 데 필요한 만큼의 충분한 제품정보가 주어졌다는 가정하에 효과적인 마케팅활동을 펼칠 수 있겠지만 현실은 그렇지 못하다. 예를 들면, 슈퍼마켓이나 대형유통점, 백화점 등이 전적으로 소비자들이 원하는 제품들을 모두 구비하고 판매하지는 않는다. 마찬가지로 자동차 회사가 개발하는 차종이나 모델, 엔진 등도 100% 소비자의 의견에 따라 이루어지는 경우는 거의 없다. 대다수 제품에 대한 정보도 소비자들에게 완벽하게 제공되는 것은 불가능하며, 잘못된 정보에 의하여 혼선을 빚는 경우도 비일비재하다. 또한 사회적, 환경적 이슈에 대한 지식과 정보가 제대로 전달되지 않기 때문에 소비자들에게 지속가능한 성장에 도움이 되는 구매의사결정을 기대하는 것은 무리일 것이다. 따라서 기업에게는 자신들의 제품을 구매하고 소비하는데 따를 수 있는 사회적, 환경적 문제에 대하여 소비자들에게 정확히 알려야 하는 새로운 의무가 부과된다.

소비자들은 기본적으로 필요(needs, 1차적 욕구)와 욕구(wants, 2차적 욕구)를 충족시키기 위하여 소비행위를 한다. 1차적 욕구는 인간으로서 생존을 위하여 필요한 음식, 공기, 물, 의복, 주거, 애정, 자유, 사회참여와 같은 기본적인 욕구를 의미하며, 2차적 욕구는 1차적 욕구가 특별한 목적물로 지향될 때 그 목적물에 대한 욕구를 의미한다. 예를 들어, 음식이 1차적 욕구라면 햄버거, 콜라, 쌀 등에 대한 욕구는 2차적 욕구라고 할 수 있다. 1차적 욕구는 한정적이고 시간이 지나도 크게 변하지 않지만, 2차적 욕구는 매우 다양하며 사회, 자연, 문화적 환경에 따라 변화하게 된다. 기업은 소비자들의 소득수준이 향상됨에 따라 삶의 질을 개선하고자 하는 욕구가 커지게 되고, 이것이 새로운 2차적 욕구를 자극함으로써 제품에 대한 수요를 창출한다고 가정한다. 그러나 소비를 통하여 충족시키고자 하는 만족과 행복감은 소득이 일정 수준에 다다르게 되면 더 이상 증가하지 않는 것으로 알려지고 있다(Myers, 2000). 즉 삶의 질은 반드시 좋은 제품을 많이 소비한다고 하여 향상되는 것은 아니라는 것이다.

애정, 자유, 사회참여와 같은 1차적 욕구는 대개 제품의 소비보다는 다른 사람들과의 원만한 인간관계를 통하여 충족되는데, 소비자들이 더 많은 소득을 얻어 제품을 소비하는 것에만 주력한다면 인간관계는 자연히 소홀히 될 수밖에 없다. 따라서 소비를 줄이려는 노력, 즉 사회적, 환경적 의무와 책임은 소비자 자신들뿐만 아니라 사회 전체에 긍정적인 영향을 줄 수 있다. 즉 적게 소비함으로써 더 낳은 삶을 살아갈 수 있다는 것이다. 어려운 점은 소비의 어느 부분이 소비자들을 행복으로 이끌고, 어느 부분이 그렇지 않느냐에 관한 것이다. 즉석식품의 소비는 단기적으로는 식욕을 만족시킬 수는 있지만 장기적으로 건강에는 해가 될 수 있듯이 소비자들은 많은 부분 비합리적이고 일관적이지 못한 소비행태를 보이고 있다. 건강을 위한 2차적 욕구의 충족은 다이어트 식품이나 채소의 소비를 통하여 이루어질 수 있지만 이는 1차적 욕구와 모순이 되고 충돌을 가져올 수 있다. 따라서 지속가능한 성장을 위한 마케팅은 1차적 욕구뿐만 아니라 2차적 욕구까지 충족시킴으로써 소비자들에게 지속적인 만족을 성취하도록 하는 것일 것이다.

소비와 관련하여 21세기 마케팅이 추구해야 할 또 다른 가치는 사회의 소외된 계층에 대한 배려일 것이다. UN의 통계에 의하면, 하루 2달러 미만으로 살아가는 극빈층 소비자들이 세계 인구의 약 3분의 1을 차지한다고 한다. 전통적인 마케팅 기업들은 구매력이 없는 이들을 철저히 무시해 온 것이 사실이다. 이제 기업이 추구해야 하는 가치는 이들도 기본적인 1차적 욕구를 충족시킬 수 있도록 기회를 창출해 내는 것이다. 새롭고 혁신적인 제품, 사업모델, 가격모델을 통하여 이들 극빈자들을 목표시장 내로 끌어들여야 한다는 것이다. 즉 소외계층의 1차적 욕구 충족을 돕고 더 낳은 삶을 향유할 수 있도록 선도해야 한다는 것이다.

자연환경에 대한 인식

03

전통적인 마케팅 기업들은 마케팅활동에 영향을 미치는 환경적 요인 중에서 기술적, 정치적, 법적으로 직접 관련이 있는 요인들에만 관심을 가져왔다. 자연환경이나 물질적 환경은 일반적으로 경시되거나 법규제정에 필요한 고려사항 정도 또는 사회적 관심사 수준으로 인식되었던 것이 고작이다. 기술적, 정치적, 사회적, 법적 환경이 결국은 자연적 환경에 의하여 좌우될 수 있다는 점은 간과되고 있는 것이다. 지구온난화, 빈도가 점점 증가하고 있는 자연재해와 생태계 파괴 문제 등은 더 이상 마케팅활동의 주변 요소가 아니라 앞에서 열거한 여러 환경적 요인들에 직·간접적 영향을 미치는 핵심요인임을 명확히 인식해야 한다.

자연환경 요인에 대한 인식은 CSR마케팅 활동의 출발점이라고 해도 과언이 아닐 만큼 중요한 부분이다. 자연은 기업활동에 필요한 자원을 공급하는 원천인 동시에 사용된 자원의 처분처이기도 하다. 자원은 공기, 물, 곡식, 어류, 목재 등과 같이 재생 가능한 자원과 석탄, 석유, 가스와 같은 화석연료, 광물 등과 같은 재생될 수 없는 자원으로 나뉜다. 알려진 것처럼 물은 모든 생명체에 필수적인 것으로서 지구 표면의 약 70%를 차지한다. 그러나 그 중 겨우 3% 정도가 직접 마실 수 있는 신선한 물이고, 2/3 이상은 극지대에 빙하의 형태로 존재한다. 심각한 것은

그림 3-3 **세계 물 부족 국가 현황**

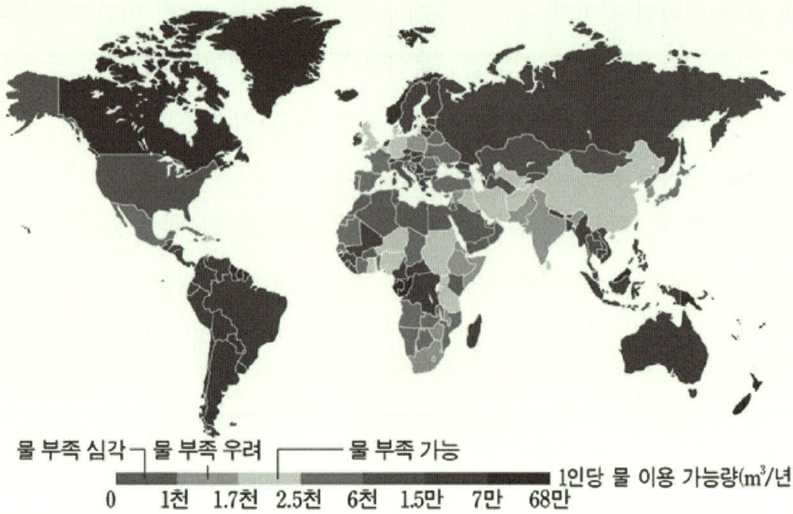

출처: 국제인구행동연구소, 2014.

세계 인구의 약 1/3이 물 부족 지역에 살고 있다는 점이다(〈그림 3-3〉). 2025년에는 물 부족 지역의 비율이 지구의 2/3 이상으로 증가할 것으로 예측되며, 특히 저개발 국가의 물 부족 현상이 심화될 것으로 예상되고 있다. 국제인구행동연구소(Population Action International: PAI, 2014)에 의하면, '물 부족 국가'란 전 세계 국가를 대상으로 물이 부족하다고 분류된 나라를 말하는데, 강우 유출량을 해당 국가의 인구수로 나누어 1인당 물 사용 가능량이 1,000m^3 미만일 경우 '물 기근 국가', 1,000m^3~1,700m^3는 '물 부족 국가', 1,700m^3 이상은 '물 풍요 국가'로 분류된다. PAI에 따르면, 우리나라도 2025년 물 부족 국가로 분류된다. 세계적으로 물의 약 70%는 농업용으로 사용되고 있고 나머지는 산업용, 가정용 및 기타 용도로 사용되고 있는데, 샘물의 과도한 사용으로 인한 지하수 부족과 비료, 농약의 과도한 사용, 중금속 쓰레기, 석유화학물질로 인한 오염이 커다란 문제로 대두되고 있다.

식량과 연료 역시 중요한 문제로 대두되고 있다. 세계인구가 과거 반세기 동안 2배 이상 증가한 만큼 식량생산도 증가하였지만, 그로 인하여 경작지 부족, 과도한 농약 및 비료 사용, 용수 부족, 토양황폐화 등의 문제가 야기되었다. 석탄, 기름, 천연가스 등 화석연료는 산업혁명 이후 중요한 에너지원이 되어 왔다. 운송산업의

90%를 기름에 의존하고 있고 제약, 화학, 식품 및 기타 주요 산업의 대부분이 기름에 의존하고 있다. 문제는 화석연료가 재생될 수 없는 제한된 자원이라는 점이다. 현재의 기름보유량으로는 앞으로 약 40년 정도밖에 사용할 수 없고, 대체재인 가스도 무한하지 않으며, 석탄은 심각한 대기오염 문제를 야기하고 있다. 이들 화석연료가 이산화탄소의 형태로 배출하는 탄소로 인하여 지구온난화와 같은 심각한 문제가 발생되고 있다. 가장 심각한 환경오염 문제 중의 하나는 자동차 배기가스에 의한 대기오염이다. 세계건강기구(WHO)에 의하면, 매년 약 300만 명이 자동차 및 산업용 배기가스로 인하여 사망하는 것으로 보고되고 있다. 과학적 방법으로 다양한 환경문제에 대한 원인을 찾아내고, 경계와 주의를 기울이고는 있지만 아직도 많은 잠재적 위험 요인들이 우리가 살고 있는 환경에 영향을 미치고 있다.

이러한 자연환경과 관련한 부정적 요인들은 기존의 전통적 마케팅 패러다임에서는 대부분 간과되었다. 따라서 CSR마케팅에서는 자연환경에 대한 고려가 그 출발점이 된다고 보아도 좋을 것이다. 자연환경에 대한 기업의 시각은 서로 대조되는 2가지로 나뉜다(Belz & Peattie, 2009). 첫째는 외부 자연환경에 대한 관심과 주의를 별로 기울이지 않는 인사이드-아웃(inside-out) 관점이다. 즉 기업의 경영활동은 자연환경에 의하여 영향을 받거나 초래되는 부정적 효과가 그다지 크지 않다고 보는 견해이다. 발생할 수 있는 자연재해의 영향력도 기업이 어느 정도는 대처할 수 있는 수준이므로 그에 대한 대비를 위하여 자원을 사전에 배분할 필요는 없다는 견해이다. 반면 자연이 인간의 삶과 건강, 안전에 미치는 잠재적 영향을 충분히 고려하여 그에 대한 사전 대응을 해야 한다는 견해가 아웃사이드-인(outside-in) 관점이다. 최근 빈번히 발생하고 있는 태평양 연안 지역의 지진, 그로 인한 쓰나미, 기습적 폭우, 홍수, 북미의 허리케인, 동남아시아의 태풍, 가뭄, 혹서, 폭설 등 극심한 날씨 현상들이 지구온난화의 영향으로 나날이 심각성을 더해가고 있다. 예측하기 힘든 생태적 불연속성은 자연히 인간의 삶과 건강, 안전에 치명적인 피해를 초래하게 되는데 이를 무시하거나 간과하면서 효과적인 기업의 경영활동이나 마케팅 활동을 기대하기는 힘들다는 견해이다. 세계에서 가장 인구밀도가 높고 저지대 국가인 네덜란드의 경우, 지구온난화와 해수면의 상승으로 홍수의 위험이 매우 높은 점을 고려하여 오래 전부터 '물 위에 떠 있는 집'(〈그림 3-4〉)을 개발, 보급하고 있는 것이 좋은 예이다.

그림 3-4 네덜란드 수상주택의 모습

04 CSR마케팅의 가치관

기업의 비전, 미션(사명), 철학 또는 경영원칙을 반영하는 기업의 가치관은 CSR마케팅의 규범적인 기준이 되며, 마케팅 관리자들의 전략수립과 실행과정에서 다양한 의사결정의 지침이 된다. 기업의 소유주 또는 최고경영자의 강한 신념을 바탕으로 설정되며, 때로는 기업의 내부 공중인 주주나 종업원들의 의견이 반영되기도 한다. 소비자의 집합인 시장에 널리 포용되는 가치, 신념, 규범 등이 종합적으로 반영되기도 한다. 세계 5대 자동차 제조기업의 하나인 일본의 도요타(Toyota)가 표방하는 이른바 '도요타 방식(Toyota Way)'의 예를 살펴보면 CSR마케팅 활동이 궁극적으로 추구하는 가치관의 의미를 쉽게 이해할 수 있을 것이다.

'도요타웨이'는 도요타의 기업사명과 가치관인 '도요타 기본이념'에 기초하여 만들어진 도요타 전 직원들의 일에 대한 정의를 말한다. '인간성 존중'과 '지속적 개선'이라는 2가지의 큰 기둥을 중심으로 이루어진 일종의 경영철학이라고 할 수 있다. 경영과 인간성은 언뜻 보면 크게 관련이 없는 것으로 보이지만 도요타뿐만 아니라 모든 기업에 있어서 인간이란 종업원, 공급자, 고객을 의미하므로 매우 중요한 요소이다. 도요타에게 '고객제일'이라는 가치는 반드시 따라야 할 일종의 신조로 인식되고 있고, 제품을 구매하는 고객뿐만이 아니라 조립라인이나 옆의 작업대에서 일하는 동료들도 자신의 고객으로 존중함으로써 팀워크로 연결되는 것으로 인식하고 있다. 상당히 성숙된 기업문화 풍토를 가지고 있는 도요타는 이렇게 자신의 고객에게 불편함을 초래하지 않기 위하여 항상 자신의 일을 확실하게 하고자 하며, 그렇게 함으로써 문제를 인식하는 능력을 갖추게 되고, 사물을 바라보는 통찰력을 갖게 되고, 결국 이것이 지속적인 개선으로 이어져 '도요타웨이'로 성숙된다는 것이다.

도요타는 자신들에게 중요한 이해관계자 집단으로 고객, 종업원, 공급업체, 주주, 지역공동체와 자연환경 등 6가지로 분류하여 호의적인 관계를 구축하고 유지하기 위하여 지속적으로 노력하고 있다. 물론 고객의 1차, 2차적 욕구의 충족이 최우선시되지만, 자연환경의 변화에 따른 기업의 진화, 발전이라는 사회적 요구에 부응하여 친환경자동차 개발과 보급을 위한 다양한 해결방법을 모색하고 있다. 예를 들면, 천연가스와 같은 대체 에너지 개발, 디젤 정화 기술, 하이브리드 시스템, 전기자동차 및 연료전지 등과 같은 새로운 기술의 개발과 관련 제품 보급에 노력하고 있다.

도요타는 자연환경의 오염과 파괴에 대응하여 (1) 제로화(zeronization)와 (2) 극대화(maximization)라는 2가지 비전을 제시하고 이를 꾸준히 실천에 옮김으로써 CSR이 추구하는 가치를 구현하고 있다. 제로화란 인간과 자연에 대한 자동차의 해로운 영향을 제로로 줄이겠다는 것, 즉 배출가스, 차량혼잡도, 교통사고 등을 최대한 줄이겠다는 비전을 의미한다. 극대화는 자동차를 이용하면서 얻을 수 있는 소비자들의 효익, 즉 안락함, 재미, 흥분감, 안전성 등의 요소를 극대화하겠다는 것을 말한다. 도요타는 지금도 미래의 비전으로 친환경, 에너지, 안전성, 쾌적성이라는 4가지 테마를 제시하고 기술개발은 물론 CSR마케팅 활동을 지속적으로 펼치고 있다.

2008년 처음 시작된 이후 지속적으로 펼쳐지고 있는 'Together Green' 프로그램은 도요타의 4가지 비전 테마 중 특히 친환경에 해당되는 CSR마케팅 프로그램이다(〈그림 3-5〉). 미국 도요타법인이 미국의 대표적인 환경운동단체인 아듀봉 재단(National Audubon Society)과 연계하여 펼치고 있는 이 환경보호 캠페인은 지금까

그림 3-5 도요타의 'Together Green' 캠페인('LeadGreen' 수혜자들)

지 예술가, 농부, 종교인, 사회복지 종사자, 장애인, 국가유공자를 포함한 약 50만 명이 동참하였다. 캠페인은 "우리 모두가 오늘과 미래의 환경문제 해결을 위하여 함께 노력하자(Everyone must work together to confront environmental challenges for today and for the future)"는 슬로건 아래 3가지 세부 프로그램으로 구성되어 있다.

첫째는 'LeadGreen'이라는 장학생 지원 프로그램으로서 아듀봉과 공동으로 2천만 달러의 기금으로 적립하여 환경문제에 앞장서는 지역의 젊은 지도자를 선정하여 그들의 지역 내 활동을 지원하고 있다. 둘째는 'GrowGreen' 프로그램인데 40개의 '이노베이션 그랜트(Innovation Grant)'의 형식으로 지역사회에서 펼쳐지고 있는 야생동물 서식지 보호, 물, 에너지 보호 관련 운동에 각각 약 5천~8천 달러 정도를 지원하였다. 셋째는 'Exit the Highway'라는 프로그램으로서 소비자들에게 자연을 즐기고 벗하면서 교감을 나누기를 장려하는 프로그램이다. 일종의 소비자 참여형 프로그램으로서 말 그대로 고속도로에서 탈피하여 자연을 느끼고 즐기라는 것이다. 별도의 홈페이지를 통하여 미국 고속도로 지도를 게재하고 도시를 클릭하면 주변의 자연 명소를 알려주도록 하여 방문약속, 사진촬영, 경험담 등을 올려 다른 사람들과 공유하게 하였고, 상품으로 자사의 하이브리드 자동차인 프리우스를 제공하였다. 자연으로 나가기 위하여 자동차를 탈 수밖에 없으므로 자동차 기업으로서는 자연스레 자사에 대한 홍보가 가능하며, 동시에 배기가스 배출로 인한 환경오염의 문제를 인식케 하는 효과를 얻고 있다는 평가이다. 출범 후 8년 동안 환경 운동을 돕는 CSR마케팅 프로그램으로 안착했다는 평가를 받고 있다. 도요타는 또한 프로그램의 대상영역을 나무심기, 경지개간, 재활용품 수집, 자원봉사 등으로 확장하여 지역사회밀착형의 성공적인 프로그램을 이어가고 있다.

자연환경과 관련된 도요타의 CSR 캠페인은 기업의 경영철학과 가치가 CSR마케팅에 어떻게 반영되는지를 보여주는 좋은 사례이다. 도요타가 추구하는 궁극적 가치인 '인간성 존중'과 '지속적 개선'은 기업사명인 '도요타 기본이념'을 통하여 '도요타 방식(Toyota Way)'으로 구체화되었나. 그리고 '도요나 방식'은 사연환경 오염에 대응하는 제로화와 극대화라는 2가지 실천전략으로 이어졌고, 이어서 기업가치의 실현을 위한 마케팅의 전술적 단계에서 'Together Green'이라는 실천 프로그램으로 구체화되었다. 기업의 가치관이 CSR마케팅 수준까지 잘 녹아들 수 있었던 것은 구성원들의 자연환경에 대한 강한 책임감과 마케팅을 포함한 일상적인 사업활동에 자연환경이 결합되어 있다는 점에 대한 확고한 인식 때문이었다. 경영층, 종업원 등 기업의 모든 구성원 간의 상호신뢰와 존중을 바탕으로 한 공감대의 형성과 단기적인 목표달성보다는 장기발전 지향적 사고도 한 몫을 했다고 할 수 있다. 결국 CSR마케팅 활동은 소비자와의 접점에서 기업의 장기 비전이 제시하는 핵심가치를 실천하는 전략적 도구 중의 하나라고 할 수 있다.

CSR마케팅의 목표 05

일반적으로 마케팅 목표는 구체적이고, 달성 가능해야 하며, 시간 프레임을 갖고, 측성할 수 있도록 숫자로 표현되어야 한다. 대개 제품 또는 서비스의 매출액, 점유율, 순이익 등과 같이 재무적 성과와 성장지향성에 초점을 둔 목표 설정을 하게 되는데, 예를 들면, 캐주얼 의류기업의 경우 '2016년도 국내 캐주얼 의류 전체 시장에서 전년 대비 20% 상승한 매출액 1,000억 원을 달성한다'와 같은 목표를 수립할 수 있다. 이에 비하여 CSR마케팅의 목표는 경제적 책임, 환경적 책임, 사회적 책임 등 CSR의 3개 책임영역에 초점을 두어 설정하게 된다. 기업이 지향하는 가치에 따라 어느 하나가 될 수도 있고 동시에 여러 가지 프로그램을 진행한다면 두 개 이상의 목표가 설정되어야 한다.

1) CSR마케팅의 경제적 목표

기존 마케팅목표와 마찬가지로 CSR마케팅의 경제적 목표는 매출, 수익, 시장점유율, 성장률 등이 포함된다. 시장성과의 재무적 측면에 초점을 둔 목표로서, 예를 들어, '2016년까지 전 세계 시장에서 전기자동차의 매출을 100만대로 증가시킨다'와 같은 목표가 이에 해당된다. 경제적 목표는 또한 마케팅의 핵심영역 중의 하나인 커뮤니케이션 효과 측면의 목표를 포함하기도 한다. 주요 커뮤니케이션 수단인 광고나 PR, 협찬 등에 초점을 둔 사회마케팅, 공익캠페인과 같은 CSR캠페인이라면 그 목표는 매출이나 수익이 아닌 커뮤니케이션 효과와 관련된 것이어야 한다. 커뮤니케이션 효과는 상기, 재인, 태도, 선호도, 확신, 구매의도 등을 포함하는데(〈그림 3-6〉), 예를 들면, 앞의 도요타의 'Together Green' 캠페인의 경우에는 '2016년 말까지 캠페인에 대한 표적시장 소비자의 인지도를 50%까지 증가시킨다'라는 목표를 세울 수 있다.

그러나 CSR이 추구하는 경영성과는 기본적으로 단기보다는 장기적인 결과로 나타나기 때문에 CSR마케팅의 성과도 관계마케팅 관점에서 보면 매출이나 커뮤니케이션 효과와 같이 단기적인 목표보다는 고객만족이나 고객가치 실현을 통한 호의적인 관계 구축이라는 장기적 목표가 되기도 한다. 이러한 목표는 숫자로 제시하기 어렵고 실제 측정도 용이하지 않지만 만족-충성도-재구매로 이어지는 연쇄적인 인과관계를 고려할 때 매우 중요한 목표일 수 있다. 고객가치는 고객생애가치(Lifetime Customer Value)를 말한다. 한 명의 고객이 기업에게 가져다 주는 평생 동안의 금전적 가치를 의미한다. 예를 들면, 도요타의 프리미엄 브랜드인 렉서스(Lexus)는 한 명의 만족한 소비자가 평생 동안 제품 구매와 서비스 이용 등으로 회사에 돌려주는 수익(Revenue)이 무려 60만 달러에 이른다는 평가를 내놓기도 하였다. 실제로 고객과의 관계는 한두 가지의 요인으로 결정되지 않는

그림 3-6 CSR마케팅의 커뮤니케이션 목표

복잡성을 띠기 때문에 고객의 생애가치를 계산하는 것은 쉽지 않지만, CSR마케팅 활동을 통하여 고객과의 관계 개선을 도모하고 생애가치를 증가시킨다는 목표도 현실적으로 매우 의미 있는 지표가 될 수 있다.

2) CSR마케팅의 환경적 목표

경제적 목표는 기업의 재무적 성과에 초점을 두기 때문에 기존의 마케팅 목표와 크게 다르지 않지만 환경적 목표는 제품의 생산 및 소비와 관련되는 환경적 영향과 관련되는 CSR마케팅 고유의 목표가 된다. 도입 – 성장 – 성숙 – 쇠퇴 등 네 단계로 이어지는 제품수명주기 상의 모든 단계에서 환경적 영향을 고려하여 설정하게 된다. 예를 들면, 패스트푸드점에서 한번 쓰고 폐기하지 않고 리필(Refill)이 가능한 용기를 제공하고 그 보급률과 재구매율을 증가시키는 것은 환경적 목표와 잘 부합되는 CSR마케팅의 목표가 될 수 있다. 하이브리드 자동차를 생산, 판매하는 자동차 기업의 경우 연료소비 시 발생하는 이산화탄소의 양을 감소시키기 위하여 제품생산 단계에서 자동 기어변속기를 장착한 모델을 제공하고 실제로 운전자들이 연료효율을 높일 수 있는 운전습관을 갖도록 고지하는 캠페인을 전개할 수 있다. 이때 CSR마케팅의 목표는 수치로 제시될 수 있는 캠페인에 대한 인지도, 호감도, 태도 변화 등이 될 수 있을 것이다.

제품 사용 후 남은 제품이나 포장재 등의 폐기물을 어떻게 처분하는가는 환경에 직접적인 영향을 주는 중요한 문제이다. 폐기물을 줄이거나 재활용 또는 재사용할 수 있는 방식을 사용함으로써 자원효율성을 증가시키고 환경에 유해한 영향을 줄이는 것도 CSR마케팅의 중요한 목표가 된다. 아래와 같은 계산식을 활용하여 적정한 목표를 수립할 수 있다. 예를 들면, 캔음료 브랜드의 경우 판매된 제품 중에서 회수된 캔의 수치를 비율로 환산한 회수율을 이용하여 환경적 목표를 수립할 수 있다. 이 경우 CSR마케팅 캠페인의 목표는 회수율로 설정할 수 있다.

재활용률(회수율) = 재생 이용된 제품(또는 포장재료의 수) / 판매된 제품의 수 × 100

이 외에도 CSR마케팅의 환경적 목표는 재생 가능한 원료의 사용, 물 사용량, 온실가스배출량, 폐수배출량 등과 관련된 지표를 사용하여 설정할 수 있다.

3) CSR마케팅의 사회적 목표

제품생산 과정에서 발생할 수 있는 노동착취, 작업장 환경, 노동자들의 복지, 하청조건과 같은 이슈들이나 소비자들이 제품을 사용할 때 발생할 수 있는 안전과 건강에 관련된 문제들은 CSR마케팅 활동을 통하여 해결할 수 있는 중요한 사회적 목표의 대상이 된다. 또한 현재 또는 미래의 시장과 고객들의 교육, 학력수준과 같은 문제도 중요한 사회적 책임 영역에 해당된다. 기업활동의 직·간접적인 영향을 받는 사회적 이슈들은 매우 광범위하게 때문에 전부 망라하기는 힘들지만 그동안 여러 기업들의 CSR마케팅 활동이 다루어 온 주요 사회적 이슈들은 다음과 같다.

1. 건강: 흡연, 간접흡연, 유방암, 10대 임신, 심장질환, 에이즈, 구강위생 등
2. 안전: 교통안전, 총기류 사용, 익사, 자살방지, 자연재해 구호 등
3. 지역사회: 투표참여, 동물복지, 장기기증, 범죄, 혈액기증 등
4. 교육: 빈곤층 교육, 디지털 격차 해소 등
5. 노동: 노동시간, 환경, 아동노동, 저임금 등

이러한 사회적 이슈들에 대한 대중의 인식 수준을 제고하는 것이 일차적인 CSR마케팅의 목표가 된다. 기업의 PR캠페인과 연계하여 캠페인 자체에 대한 긍정적인 태도를 유발하는 것도 중요한 목표가 될 수 있다. 또한 단순한 인지, 태도에서 나아가 실제로 소비자가 캠페인에 참여하도록 유도하는 것도 캠페인의 목표가 된다. 커뮤니케이션 효과에 초점을 둔 목표설정이라는 점에서 경제적 목표와 유사하게 보이지만 사회적 목표는 기업에 대한 이미지나 태도 변화보다는 CSR마케팅의 대상이 되는 사회문제에 대한 인식과 태도의 변화를 목표로 한다는 점에서 차이가 있다. 물론 사회문제에 대한 인식 제고와 해결에 기업이 참여하여 지원한다는 점을 대중들에게 인식시킨다는 점에서 사회적 목표도 기업 이미지와 태도 변화를 궁극적인 목표로 한다는 점은 경제적 목표와 다르지 않다. 결국 CSR마케팅의 사회적 목표는 사회 이슈에 대한 인식 제고, 캠페인에 대한 호의적 태도 형성을 통하여 기업이미지를 높이고 선호도를 제고하는 데 있다고 할 수 있다.

지금은 세계 스포츠용품 및 의류시장의 대표적인 기업으로 위상을 높이고 있는 '나이키'의 1990년대 중반 '노동착취공장' 사례는 CSR마케팅 활동을 통한 사회적 목표 달성의 중요성을 잘 보여준다.

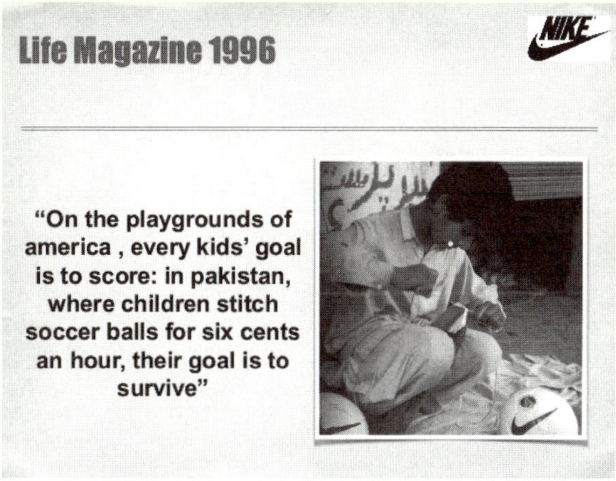

그림 3-7 1996년 여름 〈라이프〉지 나이키 관련 화보

1996년 여름 미국의 대중잡지인 〈라이프〉지 6월호에는 파키스탄의 12살 소년이 나이키 상표가 찍힌 축구공을 바느질하고 있는 사진과 함께 시알콧이라는 지역의 나이키 하청공장에서의 아동노동을 비판하는 기사가 게재되었다(〈그림 3-7〉). 이 사진과 함께 나이키 제품이 아동들의 노동력으로 제조되고 있다는 하청공장의 아동노동을 비판하는 기사가 각종 매체를 통하여 전 세계로 보도되었다. 나이키를 완전히 뒤바꿔 놓은 이 대형 뉴스는 미국과 유럽 사회를 들쑤셔 놓았다. 동네 골목길 축구장에서 월드컵 경기장까지 전 세계 어느 곳에서나 축구를 좋아하는 아이들에게 꿈을 주던 수많은 축구공이 대부분 아동 노동착취에 의하여 만들어졌다는 사실은 충격적인 사건이었다. 미국의 소비자 단체들은 아동노동으로 생산된 제품을 구매하지 않겠다는 발표를 내놓았고, 노동조합들과 시민단체들은 시알콧 지역에서 생산된 축구공에 대한 불매운동을 전개하였다. 아직도 많은 사람들에게 각인되어 있는 '저스트 두 잇(Just do it)'이라는 유명한 광고 슬로건에 대하여도 어린이들에게 강제노동을 시켜서라도 무조건 만들고 보자라는 것인가라는 조롱을 보내기도 하였다. 예상치 못한 이 사태에 대응할 준비가 되어 있지 않았던 나이키는 상황 파악조차 제대로 못한 채 허둥댔고, 어린이들에게 꿈과 용기를 심어 주겠다던 젊은 기업은 순식간에 가난한 나라의 어린이들에게 강제로 바느질을 시켜 축구공을 생산하여 비싸게 판매하는 악덕기업으로 낙인찍힐 위기에 처하게 되었다.

본래 '블루리본스포츠'라는 이름의 신발 생산공장으로 출발한 나이키는 1972년 '나이키'라는 자체 브랜드를 출범시켰고, 1978년에 회사 이름을 아예 나이키로 바꾸었다. 1980년대 중반 이후 NBA, NFL, MLB 등 미국의 프로스포츠와 NCAA로 불리는 대학 스포츠가 인기를 얻으면서 스포츠 용품 및 의류, 신발 산업이 급속히 성장하였고, 과감한 글로벌 아웃소싱으로 생산비를 줄여 큰 성장세에 오르게 된다.

1985년 50억 달러였던 미국 운동화 시장이 2001년에 130억 달러까지 성장한 가운데 나이키는 미국 내 시장점유율을 1991년 22.5%에서 97년 35.3%로 끌어올렸다. 성장의 주요 동인 중의 하나는 본사가 제품기획과 마케팅을 담당하고, 생산 및 제조는 다른 기업들로부터 아웃소싱하는 혁신적 비즈니스 모델이었다. 나이키의 창립자인 '필 나이트(Phil Knight)'가 고안한 이 모델에 따라 나이키 제품은 처음에는 일본에서 주로 생산되었고, 한국을 거쳐 최근에는 중국, 인도, 파키스탄 등 대부분 제3세계 각지에서 생산됨으로써 비용을 대폭 절감할 수 있게 되었다. 아웃소싱 비용이 낮은 곳을 찾다 보니 점점 임금이 낮은 국가로 생산 거점을 옮겨갔던 것이다. 이런 방식으로 하청업체와 자유자재로 계약을 맺어 생산자를 바꿀 수 있었기 때문에 생산공장을 직접 갖고 있는 다른 기업들에 비하여 몸집이 가벼워 경쟁력을 갖출 수 있었던 것이다. 이러한 나이키 방식은 글로벌화 바람을 타고 세계화를 이끄는 모범적인 경영방법으로 소개되기도 하였고, 나이키 본사는 마케팅과 제품기획 부서만 있는 탓에 항상 광고회사나 디자인 회사처럼 상상력과 창의력이 넘치는 곳으로 알려져 많은 젊은이들이 선호하는 직장 가운데 하나로 꼽히기도 하였다.

나이키는 이렇게 1990년대 중반까지 세계화, 창의력, 젊음, 꿈, 상상력 등과 같이 새롭고 혁신적인 이미지를 갖는 기업으로 성장가도를 달리고 있었다. 그러나 〈라이프〉지의 보도로 인하여 소비자들에게 이 모든 이미지가 허상이었다는 강한 배신감을 주게 되었고 당연히 기업 이미지는 큰 타격을 받게 되었다. 1997년 11월에는 나이키의 하청업체 중의 하나인 우리나라 태광실업의 베트남 공장에서 유해물질 유출사건이 터지게 된다. 기준치의 최고 177배나 되는 유독물질 톨루엔이 검출되었다는 소식이 〈뉴욕 타임스〉지에 보도되었다. 더욱이 이 사건을 폭로한 곳이 태광실업의 감사를 담당했던 '어니스트 앤 영(Ernest & Young)'이라는 유명 컨설팅회사였고, 사건이 보도되기 전 나이키가 태광실업에 안전하다는 보고서를 작성, 발표하게 요구했다는 사실이 밝혀지면서, 나이키는 노동착취뿐만 아니라 정직하지 못한 기업이라는 비난을 동시에 받게 된다. 또한 1990년대 초반 인도네시아의 최저임금 위반 사례와 같이 이전에 하청업체에서 벌어졌던 여러 가지 비윤리적 노동관행도 한꺼번에 언론을 통하여 보도되었다.

제품생산 아웃소싱을 통한 나이키의 세계화 경영에서 크게 간과되었던 것은 기업윤리와 사회적 책임의식이었다. 제3세계 아웃소싱이 가져다 준 생산의 효율성, 본사의 젊은 상상력과 창의성, 다국적기업의 경영이념인 주주 중심주의 등 모든 것들이 비윤리적이며 정직하지 못한 경영행위에 대한 책임을 지울 수는 없었다. 유력 매체를 통하여 비윤리적 관행이 기사화될 때마다 매출과 주가는 동반 하락하였지만 나이키는 모든 책임을 하청업체로 전가하며 자신들은 빠져나가려 하였다. 이러한 와중에 경쟁 기업들인 아디다스와 리복은 노동자들의 인권보호를 내세우는 광고메시지를 가지고 나이키를 더욱 수세에 빠뜨렸다. 언론 기사는 물론 광고메시지에서 나이키는 '아동노동', '노동착취'와 같은 수식어들과 붙어 다니는 부도덕한 기업이라는 이미지가 점차 굳어져 갔다. 사회와 소비자들은 부도덕한 방법으로 '세계화한 기업' 나이키에 전에 없이 새로운 윤리의식과 사회에 대한 책임을 요구하고 나섰다. 사회에 대한 책임과 의무를 다하지 못하는 부적응 기업 나이키는 결국 자신들의 세계화 전략 자체에 근본적인 변화를 가져오지 않으면 안 되는 절박한 상황으로 접어들고 만 것이다.

일각에서는 아동노동을 시킨 것은 하청업체들이므로 나이키는 법적으로 잘못이 없고 파키스탄의 공장주들과 인도네시아와 베트남에 진출한 한국 기업가들이 책임을 져야 한다는 주장이 제기되기도 하였다. 그러나 대다수의 의견은 생산비용을 줄여 납품단가를 낮추라는 나이키의 무언의 압박으로 인하여 하청업체들이 어쩔 수 없이 부당한 노동착취를 하게 되었다는 것이었다. 소규모 영세 하청업체에 대한 다국적기업의 횡포가 적나라하게 드러난 사례라는 것이었다. 사건이 터진 직후 나이키 경영진은 자신들이 아니라 하청업체가 벌인 일이라며 발뺌하는 태도를 보였지만 언론과 시민단체, 소비자와 투자자들의 거센 반발과 압력에 굴복하고 말았다. 비윤리적 아웃소싱에 힘입어 일궈낸 실적 뒤에 가려진 제3세계 공장들의 노동착취 실태에 대한 보도는 늘어갔고, 현재뿐만 아니라 과거의 일들까지 속속들이 파헤쳐졌다. 견디다 못한 나이키는 언론과 시민단체, 소비자를 상대로 반박 주장을 펴기도 하고 산발적인 로비 공세를 벌이기도 하지만 역부족이었다. 매출은 오랜 동안의 고성장세가 꺾였고 1997년 이후 하락세를 보이기 시작했다. 주가 역시 미국 주식시장이 호황을 누리고 종합지수가 상승세에 있었지만 1997년 이후 하락세로 접어들었다.

나이키는 결국 특단의 결정을 내리고 백악관, MCI커뮤니케이션스, 마이크로소프트 등에서 사회책임경영 전문가로 능력을 검증받은 마리아 에이텔을 부사장으로 전격 영입하였다. 에이텔 부사장은 나이키에 들어오자마자 잃어버린 '기업시민권(corporate citizenship)'을 되찾겠다는 선언과 함께 '기업책임' 부서를 신설하고, 전 세계 나이키 제품 생산지에서 노동 및 환경과 관련된 업무를 맡고 있는 약 85만 명의 종업원들이 따라야 할 새로운 지침서를 개발하였다. 예를 들면, 신발 노동자 취업 연령을 18세 이상으로 제한하는 등 안전, 건강, 경영자 태도, 인력개발, 환경과 관련된 내용을 담은 새로운 생산 지침을 만들었다. 하청업체가 이 지침을 어길 경우 새로운 계약을 맺지 않거나 기존 하청업체에도 주문 물량을 줄이고 자격을 평가하는 데 기준으로 이용하는 등 제재를 가하였다. 하청업체 근로자들의 권리를 존중하고, 근로자들에게 안전한 작업환경을 제공하며, 업계의 최저임금 이상을 보장한다는 이른바 '나이키의 행동 규약(The Like Code of Conduct)'을 제정하고 이를 실천하였다. 동시에 에이텔 부사장은 외부 공중과의 관계 개선을 위하여 노동, 환경, 인권 등 측면에서 다국적기업의 사회적 책임을 향상시키려는 UN 글로벌 콤팩트에 적극적으로 참여하였다. 또한 개발도상국의 노동환경과 청년노동자 교육훈련 환경의 개선을 위한 국제연대를 창립하기도 하였다. 노동 및 인권운동을 수행하는 시민단체들의 활동을 지원하는 데도 적극적으로 참여하였다.

나이키는 결국 사회적 책임 경영이라는 근본적인 변화를 이룬 뒤에 시장의 신뢰를 회복할 수 있었다. 세계 주요 언론에서 아동노동, 노동착취와 같은 단어와 함께 언급한 기사 건수는 대폭 줄어들었고, 매출도 상승세로 돌아섰으며, 하락세에 있던 증시에서도 2001년 나이키의 주가는 상승세를 탈 수 있었다. 나이키의 사례는 중요한 교훈을 던져 주고 있다. 기업의 책무 중에서 주주들을 위한 경영, 즉 이익을 창출하여 주식을 소유하고 있는 주주들에게 배당해야 한다는 경제적 책임만으로는 부족하다는 것이다. 주주들에게 '더 돌려주기' 위하여 불법적으로 회계장부를 조작했던 엔론과 같은 기업들은 결국 주주들에게 엄청난 경제적 손실을 안겨 주고 말았다. 세계화의 수혜를 입어 승승장구하던 나이키는 그에 합당한 책임을 외면하고 나아가 불법적인 노동행위를 암묵적으로 강요하는 등 의무를 등한시함으로써 시장에서 퇴출될 번한 위기를 자초하였다. 즉 세금을 내고 의무를 지키는 국제사회의 시민권자가 되어야 함에도 불구하고 그러한 노력을 게을리함으로써 범죄기업 또는 불법기업으로 낙인 찍혀 시장에서 퇴출될 위기에 빠졌던 것이다. 기업의 사회적 책임은 결국 장기적으로 주주뿐만 아니라 기업의 가치 사슬과 포함되는 모든 사회 구성원에 대한 책임을 의미한다. 그렇지 않으면 주주를 위해서조차 성공적일 수 없다는 것이다.

이후 나이키는 매년 약 1,800~2,000억 원의 예산을 배정하여 다양한 CSR마케팅 활동을 전개하고 있다. 그 중에서도 세계 전역의 소외된 계층 젊은이들에게 운동할 수 있는 기회를 제공한다는 취지로 진행된 'Let Me Play'라는 마케팅 프로그램은 '운동을 통하여 소비자들의 향상된 라이프스타일을 도와준다'는 기업의 사명, 핵심역량, 비즈니스 영역이 CSR활동의 사회적 목표와 잘 부합되는 캠페인이라고 할 수 있다. 제3세계 국가의 어린이와 젊은이들을 위하여 부족한 운동용품과 시설을 제공하거나 운동장을 개보수해 준다든지, 운동을 좋아하는 아이들이 지역별로 공동체를 결성하고 운영하는 데 필요한 자금을 지원해 주는 프로그램이다. 일명 'Community Sports Plan'으로 명명된 이 프로그램을 통하여 2005~2006년 한 해 동안 약 1,000억 원 이상을 지원하였고, 2011년까지 전 세계적으로 약 3,000억 원을 지원하였다. 매년 약 20만 명 이상의 어린이와 젊은이들이 이 프로그램에 참여하고 있다. '스포츠를 통한 어린이들의 잠재력 발견과 개발'이라는 가치 아래 중국을 비롯한 다양한 국가에서 지역의 특성에 맞추어 진행하고 있고, 프로그램에 대한 소비자들의 긍정적 인식과 기업이미지 제고를 위하여 아래 〈그림 3-6〉과 같은 광고캠페인도 함께 진행하였다.

CSR마케팅의 사회적 목표는 자사와 직·간접적으로 관련 있는 사회 이슈에 대한

그림 3-8 나이키의 'Let Me Play' 캠페인 광고

소비자들의 인식을 제고하거나, 특정 캠페인에 대하여 호의적 태도를 형성함으로써 기업의 이미지를 높이고 경쟁사에 비하여 선호도를 제고하는 데 있다고 할 수 있다. 나이키의 'Let Me Play' 캠페인의 예를 들자면, 사회적 목표는 '2018년 중국 시장 내에서 캠페인 슬로건의 상기도를 전년의 20%에서 50%로 상승시킨다'와 같이 설정할 수 있을 것이다.

키워드(Keywords)

- 기업의 가치관
- CSR마케팅의 기본 가정, 신념, 가치
- '보이지 않는 손(invisible hand)'
- 필요(needs)와 욕구(wants)
- CSR마케팅의 가치관
- CSR마케팅의 목표

생각해 볼 문제(Review Questions)

- 기업의 가치관이 마케팅활동에 미치는 영향에 대하여 생각해 보자.
- 바디샵이 강력한 환경지향적 브랜드 이미지를 구축할 수 있었던 원동력은 무엇인가?
- CSR마케팅의 기본적인 가정과 신념, 가치는 무엇인가?
- 기업의 경영철학과 가치관이 CSR마케팅에 어떻게 반영되는지 사례를 통하여 살펴보자.
- CSR마케팅이 추구하는 세 가지의 목표는 무엇인가?

참고문헌

국제인구행동연구소 (PAI: Population Action International) (2012). Why Population Matters to WATER RESOURCES.

바디샵 웹사이트 (2020). Cruelty Free and Forever against Animal Testing. www.thebodyshop.com/about-us.

벤앤제리 웹사이트 (2020). Our three-part Mission guides our decision making. www.benjerry.com/values.

Belz, F. & Peattie, K. (2011). *Sustainability Marketing*. Wiley.

Smith, A. (1776). *An Inquiry into the Nature and Causes of the Wealth of Nations*. London: Methuen & Co.

Myers, D.G. (2000). *American Paradox: Spiritual Hunger in an Age of Plenty*. New Haven, CT: Yale University Press.

Chapter 04

CSR마케팅의 전략 및 효과

01 마케팅 환경의 이해

02 CSR마케팅 전략

03 CSR마케팅의 효과

학습 목표

'우리강산 푸르게 푸르게' 하면 바로 떠오르는 기업의 이름은 무엇일까? 왜 영리를 추구하는 기업이 우리 강산을 푸르게 만들자는 얘기를 수십 년 동안 줄기차게 하고 있는 것일까? 그리고 소비자들은 이것을 과연 어떻게 받아들이는 것일까? 이에 대한 답을 구하기 위하여 이번 장에서는 마케팅 환경요인들에 대한 논의와 함께 우리 사회의 지속가능한 성장을 위한 마케팅 전략의 의미를 살펴보고자 한다. 또한 효과적인 CSR마케팅 전략을 수립하기 위하여 고려해야 할 사회적, 환경적 요인들과 그들이 제시하는 기회와 위협요인들은 어떤 것들이 있는지 알아보고자 한다. 마지막으로 마케팅 기업의 입장에서 CSR마케팅을 통하여 얻을 수 있는 효과는 구체적으로 어떤 것들이 있는지 살펴보기로 한다.

21세기의 지속가능한 발전을 위하여 우리가 직면하고 있는 심각한 사회적, 환경적 문제에 대응하는 생산과 소비의 시스템을 조성하기 위하여 경영활동 전 분야에 걸쳐 많은 혁신이 요구된다. 마케팅의 핵심영역인 제품개발, 가격책정, 유통, 커뮤니케이션 분야도 마찬가지인데, 우리 사회의 지속가능한 발전에 장애가 되는 다양한 환경적 요인들을 도출하고, 기업과 이해관계자들에게 미치는 영향력을 분석함으로써 새로운 기회를 창출할 수 있는 마케팅 전략을 도출해야 한다. 이 장의 전반부에서는 전통적 의미의 마케팅 환경요인들에 대한 논의와 함께 우리 사회의 지속가능한 성장을 위한 마케팅 전략의 의미와 효과적인 CSR마케팅 전략을 수립하기 위하여 고려해야 할 사회적, 환경적 요인들은 무엇인지 알아본다. 이어서 그들이 제시하는 기회와 위협 요소는 무엇인지 논의하고자 한다. 이어서 후반부에는 마케팅 기업의 입장에서 구체적으로 CSR마케팅을 통하여 얻을 수 있는 효과는 어떤 것들이 있는지 살펴보고자 한다.

01 마케팅 환경의 이해

기업을 둘러싼 마케팅 환경의 변화는 마케팅 전략의 수립과 실행에 매우 중요한 의미를 갖는다. 21세기 들어 자연환경보호에 대한 대중의 관심이 고조되고 이에 따라 새로운 법규가 제정됨에 따라 기업은 수동적으로 대처하는 차원이 아니라 보다 적극적인 마케팅활동을 통하여 이를 선도함으로써 지속가능한 성장을 이뤄나갈 수 있게 되었다. 또한 2008년 미국발 금융위기로 인하여 세계적으로 경제 침체에 빠져들면서 기업과 금융권의 구조조정 등 커다란 변화를 경험하고 있는 우리나라 경제환경은 전반적인 경영전략의 변화를 요구하고 있으며, 이에 따라 마케팅 전략도 점유율이나 매출의 상승보다는 고부가가치 창출을 위한 전략으로의 변화가 요구되고 있다. 또한 최근 정보통신 기술의 눈부신 발전은 기업의 마케팅 전략에 급격한 변화를 초래하고 있다.

마케팅 환경은 크게 내적 요인과 외적 요인으로 구분된다. 내적 환경요인은 기업의 경영층이나 마케팅 담당자들에 의하여 통제가 가능한 요인들을 말한다. 예를 들면, (주)오뚜기의 최고경영층이 수질오염을 방지하는 데 높은 관심을 갖고 있고, 이에 도움을 줄 수 있는 제품개발을 원한다면, 그 의사결정이 내적 환경을 구성하는 하나의 요인이 되며, 그에 따라 개발된 마케팅 계획은 상품기획 부서에 하나의 내적 환경요인으로 작용한다. 외적 환경요인은 개별 기업들이 통제할 수 없는 요인들을 말한다. 예를 들어, 법적·정치적 요인, 기술적 요인, 환경적 요인이 포함된다. 먼저 이러한 내적, 외적 요인들을 이해하고 이들이 어떠한 상호작용을 일으키는가를 논의하고자 한다. 이어서 외적 환경변화에 기업이 어떻게 적응해 나가는지에 대하여 살펴보기로 한다.

1) 내적 환경요인

내적 환경요인은 기업의 경영활동에 관한 최고경영층의 의사결정 내용과 같이 기업이 통제할 수 있는 요인들을 말한다. 마케팅 담당자들은 전반적인 기업의 목표와 정책에 준하여 마케팅 계획을 수립해야 한다. 기업의 사업영역, 전반적인 목표, 기업문화, 마케팅 부서의 위상, 기타 부서들의 역할 등은 기업의 최고경영층에 의하여 통제되는 내적 요인들로서 마케터의 활동에 많은 영향을 준다.

사업영역은 기업활동의 대상이 되는 상품이나 서비스의 종류, 지역적 범위, 소유구조의 형태, 구체적인 사업분야를 말한다. 예를 들면, LG생활건강의 포트폴리오는 크게 뷰티(화장품), 건강(헤어, 세탁, 주거, 유아용품 등), 리프레쉬(음료, 커피, 생수 등) 등 3개의 사업부문으로 구성된다. 마케터들의 활동범위는 이와 같은 제품 포트폴리오의 구성에 따라서 결정된다. 사업의 지리적 영역은 작게는 시, 군, 구에서 넓게는 광역시, 도, 전국, 보다 넓게는 세계시장을 대상으로 하게 되며, 마케팅 활동의 지역적 범위가 된다. 소유구조는 개인회사에서 주식회사까지 다양한 형태를 띠게 되고 이 역시 마케팅활동에 많은 영향을 준다.

기업의 목표는 기업경영활동을 통하여 달성하고자 하는 매출액, 점유율, 이윤 등으로서 측정 가능한 수치로 표현된다. 서비스 기업의 경우에는 고객만족의 정도를 측정척도를 사용하여 수치화하여 목표로 설정하기도 한다. 마케팅활동은 기업목표가 무엇으로 설정되는가에 따라 지대한 영향을 받게 된다.

인간중시, 집단주의, 위계질서, 창의성 등과 같이 조직구성원들이 공유하고 따르는 가치, 규범, 관행을 기업문화라고 한다. 예를 들면, 우리나라 기업 중 최초로 기업을 공개하고 주식 일부를 종업원들에게 나누어 주는 현대적 의미의 '종업원 지주제'를 실시한 바 있는 유한양행은 회사 구성원 전체의 응집력과 자긍심을 내면 깊숙이 뿌리 내리며 화합의 기업문화를 구축해 왔다. '기업에 종사하는 모든 사람은 기업활동을 통한 하나의 공동운명체'라는 창업자 유일한 박사의 기업관을 바탕으로 기업 내부에 깊이 배어 있다. 이러한 공동운명체적 정신은 자연히 정직한 기업 활동, 건전한 기업윤리, 기업이윤의 사회 환원 등으로 이어져 CSR마케팅 활동의 지침을 제공하고 있다.

마케팅의 중요성에 대한 최고경영층의 인식이 어떠한지에 따라 해당 기업의 마케팅 부서의 위상과 역할에는 많은 차이가 있을 수 있다. 마케팅 부문에 적절한 인력과 자원을 배정하고 마케팅 책임자의 위치가 임원급인 경우에는 마케팅활동이 기업 내의 다른 기능영역과 조화를 이루면서 효과적으로 수행될 가능성이 높다. 반대로 마케팅의 중요성에 대하여 회의적인 조직은 마케팅활동을 영업지원이나 광고 등에 한정하기 쉽고 따라서 활발한 마케팅활동을 기대하기 어렵고 부서 자체도 조직 내에서 확고한 위상을 갖기 어렵다.

마케팅활동과 다른 부서 업무 간의 중복이나 충돌을 피하려면 마케팅 업무의 영역과 다른 부서들과의 관계가 명확히 규정되어야 한다. 예를 들면, 신제품 개발에 있어서 마케팅 부서는 연구개발 부서 및 상품기획 부서, 생산 부서와의 유기적인 관계 속에서 원활한 의사소통을 유지해야 한다.

한편 마케터나 마케팅 부서에 의하여 통제되는 내적 환경요인으로는 표적시장, 마케팅목표, 마케팅믹스, 조직구성 등을 들 수 있다. 조직구성을 제외하면 이들 요인들은 그 자체가 마케팅 전략의 요체라고도 할 수 있다. 기업이 마케팅활동을 통하여 만족시키고자 하는 특정 고객집단을 의미하는 표적시장은 다른 모든 마케팅 의사결정에 영향을 주게 된다. 타깃집단의 특성에 따라 상품설계, 가격, 유통, 촉진방법 등이 결정되기 때문이다. 표적시장이 설정되면 그에 따라 마케팅활동을 통하여 달성하고자 하는 목표를 설정하게 된다. 기업 전체의 목표 달성을 위하여 마케팅 영역에서 구체적으로 달성하고자 하는 목표를 말하는데, 매출이나 점유율, 이미지 제고, 반복구매율, 충성고객 확보율 등과 같은 지표를 사용한다. 이 목표 달성을 위하여 필요한 마케팅활동 계획이 수립되며, 구체적으로 제품, 가격, 유통, 촉진 등 마케팅믹스를 구성하게 된다. 이들 네 요소 간의 조화를 고려하여 경쟁사와 비교하여 차별적 우위를 점할 수 있는 구성이 필요하다. 마케팅믹스의 구성과 함께 그에 따른 구체적인 마케팅활동이 이루어지게 된다. 마지막으로 마케팅활동을 수행하기 위하여 기업이 보유하고 있는 인적 구조인 마케팅 조직은 조사, 물류, 촉진, 제품기획 등 기능별 조직, 제품을 중심으로 구성된 제품별 조직, 시장에 따라 구성되는 시장별 조직 등으로 구분된다. 마케팅 조직이 어떤 형태를 갖느냐에 따라 구성원들의 활동 영역과 내용이 결정되기 때문에 역시 마케팅활동의 내적 환경요인으로 실제 마케팅활동에 많은 영향을 준다. 예를 들면, 제품별 조직의 경우 제품관리자(product manager) 또는 브랜드 관리자(brand manager)가 자신이 맡고 있는 제품이나 상표와 관련한 제반 마케팅활동에 권한과 책임을 갖게 되지만, 시장별 조직의 경우에는 지역별로 시장을 나누고 각 시장의 관리자가 지역에 관한 권한과 책임을 갖게 된다. 보통 마케팅은 제품별 조직으로 하고 영업은 시장별 조직으로 운영하는 경우가 많다.

2) 외적 환경요인

외적 환경요인은 기업이 전혀 통제할 수 없는 요인들로서 소비자, 경쟁자, 공급업자와 함께 기술, 경제, 사회, 문화, 법과 제도, 매체 등을 포함한다. 마케팅 의사결정에 지대한 영향을 주는 요인들이지만 기업이 통제할 수 없기 때문에 별도의 조사 부서에서 이들 요인들에 대한 정기적인 모니터링을 실시하여 대응하게 된다.

소비자들의 특성은 통제의 대상이 될 수 없기 때문에 기업은 그들 자신 또는 그들이 속한 집단에 대한 이해를 바탕으로 마케팅 전략을 수립하게 된다. 최근에는 소비자 단체들이 소비자 권익보호에 적극적으로 나서고 있기 때문에 제품 교환, 반품, 환불 등에 관련된 규정, 조건 등도 마케팅활동의 제약조건으로 작용할 수 있다. 기업은 다양한 경쟁 환경의 틀 안에서 마케팅활동에 나서게 된다. 경쟁구조는 크게 독점, 과점, 독점적 경쟁, 완전경쟁 등 4가지로 구분되는데(〈표 4-1〉), 자사 제품의 경쟁 환경이 어떤 것이냐에 따라 마케팅활동의 세부 내용과 차별적 우위 전략이 달라진다. 예를 들어, 완전경쟁 시장에서는 광고메시지를 전달하는 매체의 선택에 있어서 다른 조건들이 동일하다는 가정 하에 경쟁 브랜드들이 많이 사용하지 않는 매체를 선택하는 것이 예산의 효율성을 높일 수 있는 방법일 수 있다.

대부분의 기업들은 공급업자로부터 원료나 부품 등을 공급받아 제품이나 서비스를 생산하기 때문에 공급업자들과의 원활한 관계는 기업의 성패에 직접적인 영

표 4-1 경쟁구조의 유형 및 속성

속성 \ 경쟁형태	독 점	과 점	독점적 경쟁	완전 경쟁
경쟁자의 수	1	소수	여러개	매우 많음
시장점유율	100%	높은 점유율	각각 낮은 점유율	매우 낮은 점유율
시장진입 용이성	어려움	어려움	쉬움	쉬움
차별화 마케팅		비가격적 요인	모든 요인	유통망/저가

향을 미치며, 이들과의 호의적 관계를 구축하는 것은 기업의 경쟁력을 높이는 데 필수적이라고 할 수 있다. 신속한 조달, 가격, 품질, 반품 등의 기준을 가지고 공급업자의 선정이 이루어지는데 원유와 같은 기초 원료의 가격 등락은 기업의 생산활동에 지대한 영향을 미치기 때문에 이에 대한 정확한 예측과 대체원료의 개발과 같은 적절한 대응이 요구되며, 그로 인하여 고가정책, 디마케팅(demarketing)과 같은 마케팅 전술로 대처하기도 한다.

현대 기업활동에 있어서 기술적 요인은 제품이나 서비스의 생산과 판매, 촉진활동 등 모든 분야에 걸쳐 결정적인 영향을 미친다. 고성능 생산설비나 제품의 운송과 유통과 관련된 기술의 발전은 물론 판촉과 관련한 첨단 미디어 기술의 발전은 기업의 마케팅활동에 지대한 영향을 미치기 때문에 기업들은 새로운 기술에 매우 민감한 반응을 보이게 된다. 예를 들면, 과거 4대 매체를 중심으로 이루어지던 소비자와의 커뮤니케이션 활동은 IT기술의 발전으로 스마트폰이 대중화되고 SNS와 같은 다양한 형태의 채널이 등장하면서 단순한 일방향의 소통이 아닌 상호작용이 가능한 매우 복잡한 형태를 띠게 되었다. 소비자들의 구매의사결정 과정도 정보탐색을 통한 대안선택이라는 단순한 프로세스에서 다양한 첨단 매체를 통하여 제품을 검색·비교하고, 다른 소비자와 제품 정보를 공유하고 확산하는 매우 복잡한 양상을 띠고 있다. 따라서 마케터들은 커뮤니케이션과 구매의사결정을 보다 면밀히 분석하고 대응해야 하는 부담을 안게 되었다. 또한 제품 자체 기술의 발전은 제품수명주기에 직접적인 영향을 주며 제품 및 판촉정책에도 영향을 미친다. 변화가 급격히 일어나고 경쟁이 치열한 스마트폰과 같은 제품의 경우(〈그림 4-1〉)에는 개술 개발자의 독점력 행사로 인하여 발생하는 로열티의 문제로 자체 기술력을 확보

그림 4-1 기술력을 바탕으로 한 스마트폰의 개발

애플 '아이폰12' 삼성전자 '갤럭시S20' 중국 화웨이 'P40'

하기 위한 경쟁도 치열하고 그에 따른 자금력의 문제도 발생하게 된다.

한편 경제성장률과 같은 지표로 표현되는 경제상황도 기업의 마케팅활동에 많은 영향을 준다. 호경기 상황에서는 전반적으로 소비가 증가하기 때문에 다양한 신제품 출시의 기회가 되고 적극적인 판촉활동이 요구된다. 반면 불경기 상황에서는 전반적으로 소비가 감소하므로 저가 제품에 대한 수요가 늘고 할인매장을 통한 유통전략이 주효할 수 있다. 또한 고가품에 대한 저가형 대체제품 개발이 이루어지기도 한다. 이 외에도 원재료가격, 임금, 세금, 이자율, 임대료와 같은 요소들이 경제적 환경 요인에 포함된다. 소득수준의 변화와 실업률은 제품 판매에 가장 큰 영향을 미치는 경제환경 요인으로서 마케팅활동에 직접적인 영향을 미친다. 우리나라는 2000년 이후 경기가 회복세를 보여 거시경제적 지표가 많이 호전되는 듯했지만 2008년 리먼 브라더즈의 도산으로 발발한 세계적 금융위기로 인하여 세계적인 불황이 아직까지 지속되고 있고, 2020년 초 중국에서 발생한 코로나19 바이러스로 인하여 거의 모든 산업분야에서 커다란 위기에 봉착하고 있는 실정이다. 이에 따라 실물경제가 살아나지 못하고 있고 기업의 마케팅활동도 크게 위축된 실정이다.

사회, 문화적 환경 역시 마케팅 전략 수립 시 반드시 고려해야 하는 요인이다. 특히 문화적 특성이 자국과 다른 국가나 문화권의 소비자를 표적집단으로 마케팅 활동을 수행하는 경우 성패를 좌우하는 중요한 요인이라고 할 수 있다. 예를 들면, 세계적인 패스트푸드 브랜드인 맥도널드가 우리나라 시장에서 저가 정책을 전

그림 4-2 맥도날드의 배달 서비스 광고

개하거나 미국에는 없는 배달 서비스를 제공하는 것은 햄버거에 대한 선호도가 낮고 배달 음식을 선호하는 우리나라의 문화를 고려한 전략이라고 할 수 있다. 사회, 문화적 요인은 국가와 같은 큰 집단 사이에서 차이를 보이지만 같은 국가 내에서도 거주지역에 따라 차이를 보이는 경우도 많다. 예를 들어, 대도시와 지방 소도시에 거주하는 소비자들 간에는 선호하는 음식이나 의복, 주거 유형에 많은 차이가 있다. 사회·문화적 환경은 다른 환경 요인들과 마찬가지로 꾸준히 변화하는 모습을 보인다. 최근 들어 1인가구의 증가, 결혼기피 현상, 출생률 저하, 결혼 적령기의 상승 등은 소비자의 소비행태와 매체 이용에 많은 변화를 가져왔다. 마케터들은 이러한 변화에 발맞춰 함께 변화할 수밖에 없는 것이다. 소비자의 의식구조, 소비행태의 변화에 대한 지속적인 연구가 필요한 것이다.

기업활동의 법적인 근간을 제공하는 상법, 독점거래 및 공정거래에 관한 법률, 소비자보호법 등과 같은 법률에 의하여 기업활동은 규제를 받는다. 가격규제에 관한 법률, 할인판매에 관한 법률, 유통 관련 법규 등은 특히 마케팅활동에 직접적인 영향을 미친다. 예를 들면, 화장품의 할인판매 금지라든지 유통기관의 연간 할인판매 횟수 제한, 대형할인점 영업일 제한 등을 들 수 있다. 이 외에도 교통 유발 분담금 제정, 원산지 표기법 등과 광고에 관한 다양한 규제도 마케팅활동과 직접적인 관련이 있다. 담배나 주류의 방송광고 금지 및 제한이라든지 의료서비스 광고에 대한 규제, 광고시간과 형태에 관한 다양한 규제는 마케터들이 반드시 숙지해야 할 중요한 규제 사항이 된다. 법적 환경과 함께 정치 환경도 때에 따라 마케팅 활동에 많은 영향을 미친다.

인터넷의 대중화와 IT 분야의 각종 신기술의 도입과 발전에 따라 마케팅믹스 중 특히 촉진과 유통 활동에 많은 변화가 이루어지고 있다. 과거 TV, 신문, 잡지, 라디오 등 4대 매체가 주를 이루던 광고매체가 인터넷을 기반으로 한 PC, 모바일, IPTV, 디지털사이니지 등 디지털 매체의 등장으로 매우 다양한 선택이 가능하게 되었고, 유통경로도 온라인, 모바일 등으로 확대되어 기존의 오프라인 채널의 비중이 점차 줄어들고 있다. 인터넷의 상호작용적 특성으로 인하여 이제 소비자들은 인터넷 상에서 메시지를 생산하고 타인과 공유할 수 있게 되었고, 메시지는 짧은 시간에 대중들에게 확산될 수 있게 되었다. 이러한 커뮤니케이션 패러다임의 혁신적인 변화는 마케터들에게 기회와 위협을 동시에 제공한다. 정교하게 계획된 브랜드 커뮤니케이션 전략을 토대로 기업과 브랜드에 대한 긍정적 이미지를 구축하고 강화할 수도 있지만, 부정적인 돌발 사건이나 사고 등과 관련한 부정적 메시지 역시 빠른 시간에 전파될 수 있는 만큼 이에 대한 적절한 대응이 필요하다. 과거에 비하여 마케터의 역할과 업무수행이 매우 복잡하고 힘들어졌음을 의미한다.

종합해 보면, 기업의 마케팅 전략은 기업의 가치관을 반영하는 사명(Mission), 비전, 목표를 반영한다. 일반적으로 마케팅 전략은 기업의 사업영역, 전반적인 목표, 문화, 마케팅을 포함한 기능적 영역의 역할 등과 관련한 최고경영층의 의사결정 등 내부 환경요인과 소비자, 경쟁자, 공급업자, 기술, 경제, 문화, 법, 매체 등과 같은 외부 환경요인 등을 종합적으로 고려하여 수립하게 된다. CSR마케팅 전략은 여기에 사회적, 환경적 요인을 추가적으로 고려하여 사회적, 자연환경적 변화에 적절히 대응할 수 있어야 한다. 강자만이 살아남을 수 있다는 적자생존의 원칙이 지배하는 치열한 경쟁상황 속에서 이제는 가장 강한 기업보다는 환경에 가장 잘 적응하는 기업만이 살아남을 수 있다는 사고의 전환이 요구되고 있다. 진화하는 21세기의 경제적, 사회적, 환경적 변화에 효과적으로 반응하고 적응할 수 있는 기업들만이 생존과 번영을 누릴 수 있다는 원칙이 반영되어야 한다는 것이다. 마케팅 전략의 기본은 기업의 장기적인 생존이라고 할 수 있다. 전통적 마케팅이 요구하는 내적, 외적 환경 요인들과 함께 자연환경의 변화를 둘러싼 다양한 잠재적 위협 요인에 대한 탐구가 이루어질 때 기업의 지속가능한 생존에 기여할 수 있는 마케팅 전략의 수립이 가능할 것이다.

02 CSR마케팅 전략

CSR마케팅은 마케팅활동과 관련된 사회적, 윤리적, 환경적 맥락을 충분히 고려하는 마케팅을 말한다. 개념적으로는 '기업의 지속가능한 발전을 위하여 미래의 소비자 욕구를 충족시킬 수 있는 능력을 손상시키지 않으면서 현재의 욕구를 충족시키는 마케팅 활동'이라고 정의할 수 있다. 기업이 이윤을 창출할 수 있는 범위 내에서 경쟁사들보다 더 효과적이고 효율적인 방법으로 소비자의 욕구를 충족시켜야 한다는 점에서 기존의 마케팅 개념과 다르지 않지만, CSR마케팅은 여기에 사회 전체의 지속가능한 발전과 사회 전체의 이익을 동시에 고려해야 한다는 점에서 차이가 있다. 이를 위하여 기업은 사회의 한 구성원으로서 환경오염, 자원고갈, 빈부격차와 같은 심각한 수준의 사회적, 환경적 문제를 고려한 마케팅 관리철학을 도입해야 한다는 것이다. 즉 CSR마케팅은 소비자의 욕구충족, 기업의 이윤, 사회 전체의 이익이라는 3가지 측면을 모두 고려하는 일종의 관리철학이라고 할 수 있다. 그러나 기업에게 지나친 사회적 책임을 강조하다 보면 마케팅 본연의 기능인 양질의 제품과 서비스의 제공을 통한 소비자 욕구충족이 소홀해질 수 있고 기업의 장기적인 존속도 위협받을 수 있다.

그렇다면 우리 사회의 지속가능한 발전을 위하여 사회적, 환경적 요구들과 문제해결에 기여하면서 동시에 이윤을 창출해 낼 수 있는 CSR마케팅의 전략적 방법은 과연 무엇인지 살펴 볼 필요가 있다. 전통적인 마케팅 전략 수립의 시발점은 소비자행동에 대한 분석에 근거하여 시장을 세분화하는 것이다. 이어서 세분화한 시장 중에서 표적시장을 선정하고 표적시장의 욕구를 효과적으로 만족시킬 수 있는 제품을 적절히 포지셔닝하는 과정을 거친다. 이것을 흔히 STP(segmentation, targeting, positioning)라고 하는데 이 과정은 현대적 마케팅 전략의 핵심이라고 할 수 있다. CSR마케팅 전략의 수립도 STP의 단계를 거쳐 이루어지게 된다.

1) 시장세분화와 표적시장의 선택

표적시장의 선택은 세분화한 여러 시장 중에서 어느 시장에 진입할 것인가에 대한 결정을 의미한다. 세분화 변수로는 크게 지리적 변수, 인구통계학적 변수, 심리적 변수, 행동적 변수 등이 포함되는데 이들 변수 중에서 제품 특성이나 시장 상황에 맞는 변수들을 적절히 조합하여 시장을 세분화하게 된다. 최근에는 소비자의 특성에 따라 뚜렷이 세분화가 가능한 상품(예: 남성화장품, 노인용 주택)을 제외하고는 대개 행동적 특성(사용상황, 편익, 사용경험, 사용률, 충성도, 태도 등)을 이용하여 먼저 시장을 구분한 후 소비자 프로파일 변수(인구통계, 심리변수 등)로 구체화하는 방법이 이용된다.

시장세분화가 이루어지면 각각의 시장에 대하여 시장의 규모, 구매력, 접근가능성, 차별화 가능성 등을 평가하고 시장구조와 기업의 목표 및 자원여력 등을 고려하여 매력도를 평가한다. 평가결과를 바탕으로 세분화된 모든 시장에 차별화된 제품과 마케팅 전략으로 진출하는 차별적 마케팅 전략을 구사할 것인지, 아니면 시장 간의 차이를 무시하고 하나의 제품과 마케팅 전략으로 공략하는 무차별적 마케팅 전략을 구사할 것인지를 결정한다. 기업의 자원이 충분하지 않을 경우에는 그중 일부분의 시장에 집중하는 집중마케팅 전략도 고려할 수 있다. 실제로 점차 다양해지는 소비자들의 라이프스타일과 개성에 맞춰 개개인의 욕구에 일일이 대응하기가 쉽지 않으며 반대로 무차별적 마케팅을 구사하는 데 필요한 충분한 제품범위를 확보한 기업도 거의 없다고 볼 수 있다.

CSR마케팅의 시장세분화와 표적시장 선택은 대개 차별적 마케팅 전략이 이용된다. 제품의 소비와 관련하여 사회적, 환경적 문제가 예상되거나 그에 대한 소비자들의 관심도와 해결요구가 클 것으로 예측된다면 일반적인 세분화 요건에 사회적, 환경적 요인을 추가하여 시장을 세분화한 후 해당 시장을 표적시장으로 선정한다. 그리고 선정된 시장에 대하여 적절한 CSR마케팅 전략을 계획하여 공략하게 된다. 예를 들면, 생수업체의 경우 물 부족 현상과 그로 인하여 고통받고 있는 제3세계의 아동들에 대한 관심도가 높은 소비자들을 표적시장으로 선정할 수 있다. 일반적인 세분화 요인과 함께 물 부족 현상에 대한 관심도라는 심리적 변수를 추가하여 시장을 세분화한 후 표적시장을 선정하는 것이다. 2010년대 초반 CJ제일제당에서 아프리카 물 부족 문제 해결을 위하여 실시하였던 '미네워터 바코드롭' 캠페인이 좋은 예라고 할 수 있다.

CSR마케팅의 표적시장 선정에 있어서 추가적으로 고려해야 할 대상은 하루에 2달러 미만으로 살아가는 약 30억 명의 극빈층 소비자들일 것이다. 제품을 구입할 여력이 없는 이들을 과연 표적시장 선정 시 고려대상에 포함시켜야 할 것인가? 기업의 지속가능한 발전의 관점에서 보면 상대적으로 가난한 이들이 무시되지 않도록 하는 것보다 그들의 욕구를 충족시키는 것이 상업적으로 실행 가능한가가 우선적으로 고려되어야 한다는 점에서 논쟁을 불러일으키고 있다.

2) 경쟁우위 확보

시장세분화를 통하여 표적시장을 선정한 후 기업은 그 세분시장에서 자사의 제품을 어떤 자리에 위치시킬 것인가에 대한 전략적 결정인 포지셔닝(positioning) 계획을 수립한다. 포지셔닝은 제품, 편익, 사용상황, 사용자 집단 등의 요소를 활용하여 경쟁사와 구별되는 차별적인 위치를 소비자의 마음속에 자리잡게 하는 것을 의미한다. 제품의 성능이나 디자인과 같은 물리적 특성, A/S, 배달, 설치 등 서비스 요인, 친절함과 같은 직원들의 서비스 요인, 기업이나 브랜드에 대한 총체적인 연상의 합이라고 할 수 있는 이미지 요인 등을 활용하여 경쟁사와 명확히 구분되는 자사만의 고유한 위치를 소비자의 마음속에 각인시키는 과정을 통하여 경쟁적 우위를 확보하고자 하는 것을 말한다.

CSR마케팅의 경쟁적 우위는 다음과 같은 방법에 의하여 창출될 수 있다. 첫째, 경쟁사의 제품이나 서비스보다 월등한 사회적 성과 또는 환경적 성과를 이용하는 것이다. 예를 들면, 하이브리드 자동차의 경우 에너지 효율성이나 상대적으로 적은 배기가스 배출량과 같은 제품의 물리적 특성을 활용하여 포지셔닝할 수 있고, 의류제품의 경우에는 하청공장의 노동조건이나 어린이 노동 금지와 같은 윤리적 생산과정을 포지셔닝 포인트로 활용할 수 있다. 둘째, 낮은 원가와 제품가격에 바탕을 둔 차별화 전략을 구사할 수 있다. 사회적, 환경적 성과를 개선하는 데 추가적인 비용이 따를 수 있지만 환경오염을 줄일 수 있는 새로운 포장재료의 사용 또는 포장기술의 개발이라든지 효율적인 쓰레기 수거나 오염방지 기술의 개발 등을 통하여 제품 원가를 줄임으로써 가격에서 경쟁사보다 우위를 점할 수 있다. 셋째는 사회적으로 책임을 다한다거나 환경보존을 위하여 공헌하는 차별적인 브랜드 이미지의 구축을 통하여 경쟁우위를 확보할 수 있다. 미국의 패스트푸드 체인 브랜드인 '서브웨이(Subway)'는 패스트푸드에 대한 대중의 부정적 인식에도 불구하고 관련 사회단체와의 연계를 통하여 건강을 주제로 한 일련의 캠페인을 꾸준히 전개하여 '간편하고 건강에 좋은 패스트푸드'라는 차별적 이미지를 소비자에게 각인시키고 있다(〈그림 4-3〉). 또한 역시 미국의 패션 브랜드인 '케네스 콜(Kenneth Cole)'은 1980년대 중반 이후 에이즈 예방(〈그림 4-4〉), 인종차별 금지 등 공익메시지를 대중에게 전파하고 인식을 제고하기 위한 공익캠페인을 지속적으로 펼쳐 '사회에 공헌하는 패션기업'이라는 이미지를 확고히 한 바 있다.

그림 4-3 서브웨이의 'Heart Walks' 캠페인

그림 4-4 케네스콜의 에이즈 예방 캠페인

3) 포지셔닝(positioning)

시장세분화, 표적시장 선정, 경쟁우위 확보는 결국 포지셔닝을 통하여 그 모습을 드러내게 된다. 포지셔닝이란 특정 기업 또는 제품이 소비자의 마음속에 자리하는 경쟁적 위치 또는 그 위치를 점유하기 위한 활동을 말한다. 경쟁상황에서 새롭고 차별화되는 위치를 점유하는 것은 쉽지 않은 작업으로서 기업이 포지셔닝 전략을 수립하고 시장에 적용하기 위해서는 경쟁사와 비교하여 자사의 강점을 파악하고 가장 적절한 경쟁우위를 선택한 후 그것을 소비자의 마음속에 자리잡게 하는 커뮤니케이션 과정을 거치게 된다. 결국 경쟁사와 차별화된 우월한 위치에 자사의 제품을 자리잡게 하는 과정을 포지셔닝이라고 할 수 있다. 경쟁우위 확보를 위한 포지셔닝 작업은 크게 제품, 서비스, 인적, 이미지 차별화를 통하여 이루어진다.

CSR마케팅의 경우에는 기업이나 제품을 경쟁시장에서 가장 신뢰할 수 있고, 지속가능하며, 친환경적인 제품으로 소비자의 마음속에 자리잡게 할 것인가에 대한 결정을 의미한다. 즉 경쟁사와 차별적인 '독특한 지속가능성 판매 제안(USSP: unique sustainability selling proposition)'을 창조하는 과정이라고 할 수 있다(Belz & Peattie, 2011). USSP는 흔히 '차별적 판매제안(USP: unique selling proposition)'으로 알려진 기존 마케팅의 USP전략에 지속가능성이 추가된 전략적 개념이라고 할 수 있는데, USSP를 통하여 소비자의 마음속에 기업이나 제품의 이미지를 확고히 자리잡게 하는 과정이다. 예를 들면, 기존 항공사들의 경우 '친환경 프리퀀트 플라이어 프로그램(Green Frequent Flyer Program)'이나 '친환경 신용카드(Green Credit Card)' 등을 활용하여 환경에 관심을 갖는 소비자들에게 별도의 카운터에서 신속하게 여행수속을 할 수 있게 해준다든지 항공권 가격을 저렴하게 제공하는 등의 방법을 사용하여 친환경적 이미지와 고객 충성도를 제고할 수 있을 것이다.

03 CSR마케팅의 효과

CSR마케팅의 효과는 구체적으로 사회적 측면과 마케팅적 측면 등 두 가지로 구분하여 살펴볼 수 있다.

1) 사회적 효과

기업의 마케팅활동의 기반이 되는 사회와 환경에 대한 책임이라는 본원적 특성을 고려했을 때 환경을 포함한 사회적 관점에서 CSR마케팅의 효과는 환경보호, 극빈층 지원 및 부의 재분배, 이타주의 문화 확산 등을 들 수 있다. 먼저 환경보호 효과는 구체적인 수치로 제시하기는 힘들지만 소비자와 기업의 2가지 입장에서 효과를 가늠해 볼 수 있다. 첫째는 환경보호에 대한 소비자들의 의식과 행동 변화에 기여한다는 점이다. 대부분의 소비자들이 환경보호의 중요성에 대하여 공감하고 환경을 보존하기 위하여 어떻게 행동해야 한다는 것을 알고는 있지만, 친환경적 행동은 개인의 이익에 반하는 경우가 대부분이기 때문에 개인적인 이익과 집단적인 이익 사이에 갈등이 발생하게 된다. 지속적이고 일관성 있는 CSR마케팅의 수행은 집단의 이익을 위하여 어느 정도 불편함을 감수해야 성과가 나타나는 친환경적 행동의 필요성에 대한 대중의 인식과 실제 행동을 유발하는 데 긍정적인 영향을 줄 수 있다. 둘째, 무분별한 에너지 사용과 그로 인한 기후변화의 심각성과 탄소배출 감축의 시급성에 대한 인식을 바탕으로 대다수 기업들이 환경에 대한 부담을 최소화하는 방향으로 기업경영과 마케팅활동의 틀을 잡아가고 있기 때문에 환경보호와 에너지 고갈의 문제 해결에 긍정적인 결과를 가져올 수 있다. 대규모 에너지 다소비 기업들이 기후변화협약인 교토의정서의 발효에 따라 환경정책의 중요성에 대하여 잘 인식하고 있고, 환경에 대한 부담을 최소화하는 방향으로 기업경영과 마케팅활동의 틀을 잡아가고 있기 때문이다. 제품기획이나 생산활동 과정에서도 이러한 환경경영의 철학을 반영하여 환경문제 해결에 도움이 되는 실천대책이 지속적으로 강구되고 있다.

다음으로 CSR마케팅을 통하여 사회적으로 소외된 극빈층 소비자들에 대한 지원 효과를 얻을 수 있다. 우리나라의 경우 상당수의 기업들이 CSR마케팅의 일환으로 연말에 불우이웃돕기 캠페인을 벌이거나 태풍이나 홍수와 같은 자연재해가 발생하면 이재민 지원활동을 하는 것을 쉽게 볼 수 있다. 비록 장기적인 효과나 기업과의 연계성, 소비자들의 인식 측면에서 효과가 크다고 할 수는 없지만 금전적인 지원을 기대할 수 있다. 전략적인 공익연계 마케팅활동을 통한 소외계층 지원활동은 지원대상 소비자들에게 도움이 되는 동시에 기업 입장에서는 사회적 책임을 다하는 기업이라는 이미지를 얻는 일석이조의 효과를 얻을 수 있다. 앞서 소개된 CJ

제일제당의 아프리카 물 부족 어린이를 돕기 위한 '미네워터 바코드롭' 캠페인이 좋은 예이다. 유통점과 사회단체의 전략적 연계를 통하여 소비자들이 생수를 구매할 때마다 일정액을 기금으로 마련하여 식수 부족으로 고통을 겪고 있는 아프리카의 어린이들에게 직접적인 도움을 주었던 프로그램이다. 일부 기업의 경우에는 부실한 경영과 소유주들의 사욕과 비리, 비자금 문제를 무마하려는 의도에서 타의에 의하여 기부 또는 자선의 형태를 띠는 CSR활동에 참여하는 경우도 있어 왔다. 전략적인 마케팅활동이라고 볼 수는 없지만 소외계층에 간접적인 지원과 이를 통한 부의 재분배 효과가 어느 정도 있다고 볼 수 있다.

한 여론조사 결과에 의하면, 기업의 CSR활동은 소비자들의 개인적인 기부활동에 긍정적인 영향을 미치는 것으로 조사된 바 있다. TV, 신문 등을 통하여 기업의 자선이나 기부활동에 대한 소식에 접하게 되면 소비자들도 자연스럽게 사회공헌 활동에 대한 인식이 높아져 참여에 긍정적인 영향을 미친다는 것이다. 기업 입장에서는 최대의 홍보효과를 얻기 위하여 자신들의 CSR활동 내용을 언론매체를 통하여 적극적으로 전달하게 되는데 이에 접한 소비자들의 의식변화와 참여도를 높일 수 있는 것이다. 또한 전략적으로 기업이 종업원들의 사회공헌활동을 조직적으로 지원함으로써 사회적인 기부문화 확산에 기여하기도 한다. 예를 들면, 세계적인 IT기업인 IBM의 경우 자원봉사활동 웹사이트를 개설하여 직원 또는 은퇴한 직원들에게 도움을 필요로 하는 사회문제에 관한 정보를 이슈, 분야, 단체, 개인, 지역 등으로 구분하여 제공하고 있다. 직원들이 참여를 원하는 곳과 연결시켜 주고 참여도에 따라 다양한 형태로 회사도 보상, 지원 또는 참여하는 식으로 CSR활동을 펼치고 있다. 내부마케팅의 효과는 물론 기업이미지도 제고할 수 있는 효과적인 활동으로서 사회 전반에 이타주의에 바탕을 둔 나눔의 문화를 확산하는 데 기여하는 캠페인으로 평가된다.

2) 마케팅 효과

CSR마케팅 활동을 통하여 얻을 수 있는 마케팅 효과로는 판매 및 점유율 증가, 기업/브랜드의 이미지 제고, 내부마케팅, 위기관리 등을 들 수 있다(〈그림 4-5〉).

CSR마케팅 활동이 본격적으로 도입되기 시작한 1990년대 초반의 여론조사 결과에 의하면, 소비자들은 타 제품에 비하여 자신들이 관심이 있는 사회문제와 관련

그림 4-5 CSR마케팅의 직접 효과

이 있거나 해당 사회문제의 해결을 지원하는 기업이나 유통점의 제품을 선호하는 것으로 나타났다. 또한 기업활동의 기준도 사회문제의 해결을 위한 마케팅 노력이 되어야 한다고 응답한 바 있다. 이와 같은 추세는 2000년대 들어 더욱 심화되어 가격이 비슷한 수준일 경우 사회문제와 연관된 제품을 구매하겠다는 응답자의 비율이 80%가 넘는 것으로 조사되었다. 한 연구결과에 의하면, 환경보호와 관련한 기업의 평판이 구매의사결정에 영향을 미친다고 응답한 비율이 75%에 달하는 것으로 나타났다. 반대로 사회적인 책임을 회피하는 기업의 제품은 구매하지 않겠다고 응답한 소비자의 비율이 20%에 이르는 것으로 조사되었다. 학술연구에서도 소비자들은 윤리적인 기업의 제품에 대하여 높은 가격을 지불할 의사가 있다는 결과가 보고된 바 있다(Creyer & Ross, 1997),

CSR마케팅 활동이 제품판매에 미치는 직접적인 영향은 2006년 '내일의 신발(Tomorrow's Shoes)'이라는 기치로 창업한 탐스(TOMS)의 'One for One' 캠페인의 결과를 보면 쉽게 알 수 있다. 돈이 없어 신발을 제대로 못 신고 다는 저소득층 아이들을 위하여 탐스의 신발이 한 켤레 팔릴 때마다 한 켤레를 기부하여 전달하는 방식의 CSR마케팅 활동을 전개한 결과 2006년 한 해 10,000켤레의 신발을 기부하였다. 그로부터 7년 후인 2013년까지 탐스가 빈곤층 어린이들에게 나눠 준 신발의 수는 1,000만 켤레를 넘어섰고, 이와 함께 3,000억 원의 매출을 기록하였다. 이러한 기부활동이 공급업체에 미치는 악영향과 같은 비판이 제기됨에 따라 판매용 신발과 기부용 신발의 생산을 이원화하여 피해를 최소화하는 노력을 병행하여 사회와 기업이 함께 공유하는 이른바 공유가치를 창출하는 데 성공하였다.

둘째, CSR마케팅 활동은 기업 또는 브랜드에 대한 긍정적이고 호의적 이미지를 구축하고 유지, 강화하는 데 도움을 준다. 2012년 미국 기업의 임직원 26,000명을

그림 4-6 탐스(TOMS) 슈즈의 'One for One' 캠페인

상대로 실시한 MIT Sloan Management Review와 보스턴컨설팅그룹의 공동조사 결과에 의하면, 설문참여자의 40%가 CSR활동을 통하여 기업이 얻을 수 있는 가장 큰 이익은 브랜드 명성이라고 응답한 바 있다. 2014년 코스리가 실시한 우리나라 CSR 현황조사에서도 CSR활동을 통하여 기대하는 효과로 기업평판 제고라고 응답한 비율이 90% 이상인 것으로 조사되었다. 학술연구의 결과를 통해서도 CSR마케팅 활동이 기업이나 브랜드 이미지에 많은 영향을 주는 것으로 확인되고 있다. 기업은 CSR활동을 통하여 소비자에게 호의적인 감정을 심어줌으로써 지속적인 발전과 생존을 꾀할 수 있으며(한은경, 2003), 기업이 사회의 구성원으로서 환경에 피해를 주지 않는 경영활동을 영위할 때 호의적인 명성을 얻을 수 있고(Fombrun, 2005), 특히 CSR활동은 기업광고에 비하여 기업이미지에 미치는 영향이 더 크다(윤각·서상희, 2003)는 결과가 보고되고 있다. 종합해 보면, 기업의 CSR활동과 기업이미지 간에는 강한 연관성이 있고, 호의적인 기업이미지를 구축하는데 CSR활동이 긍정적인 영향을 주는 것을 알 수 있다. 제품, 서비스, 품질, 명성, 평판, 감정 등 다양한 연상들이 소비자의 기억구조 속에서 그물망의 네트워크 구조를 형성하여 만들어지는 기업 또는 브랜드의 이미지는 CSR마케팅 활동을 통하여 긍정적으로 형성

될 수 있다는 것이다.

현대 소비자들의 구매의사결정은 제품의 기능이나 효익과 같은 물리적 특성과 함께 브랜드 이미지와 같은 정서적이고 심리적인 면도 고려하여 이루어진다. 기술의 발달과 정보의 공개로 제품 간의 뚜렷한 특성 차이가 점차 무의미해져 가고 있기 때문에 가격이나 성능이 유사한 여러 제품 중 소비자의 선택을 받는 제품은 감정적으로 끌리는 제품일 가능성이 높다. 그러나 감정적으로도 큰 차이가 없다면 결국 사회에 더 많은 기여를 하는 기업의 제품이 선택될 확률이 높을 것이다. 즉 CSR마케팅 활동을 잘하는 '착한 기업'의 제품이 선택될 가능성이 높다는 것이다. 바로 이것이 CSR마케팅을 통한 이미지 효과라고 할 수 있다.

'벤앤제리'가 공정무역을 통하여 인증된 재료만을 원료로 사용하여 제품을 생산함으로써 소비자들의 호감을 이끌어 낸 것이 좋은 예 중의 하나이다. 공정무역(fair trade)이란 무역거래의 공동협력을 의미하는데, 무역 상대에 대한 존중과 대화를 통하여 공정한 거래를 이행하는 것을 말한다. 즉 남반구 지역의 저개발국과 같이 가난한 국가의 공급업자들이나 노동자들의 권익을 보장하기 위하여 그들에게 더 나은 무역 조건들을 제공함으로써 지속가능한 발전을 꾀하는 거래행위를 말한다. 특히 개발도상국에서 선진국으로의 수출품에 초점을 두고 있는데, 대부분 수공예품, 커피, 코코아, 차, 바나나, 꿀, 코튼, 와인, 과일 등을 포함한다. '벤앤제리'는 2006년 세계 최초로 공정무역 인증재료로 만든 아이스크림을 출시하였고, 2010년에는 3가지 종류의 공정무역 인증 아이스크림을 추가하였다. 이후 그들이 생산하는 모든 종류의 아이스크림 재료를 공정무역을 통해 구입한 재료로 사용하겠다는 약속을 하였다. 이 외에도 '벤앤제리'는 친환경농법을 사용하여 생산한 커피원료를 제공하는 농부들에게 상금을 지급하는 'Coffee for a Change'라는 프로그램을 운영하기도 하였고, 'Partner Shop Program'을 운영하여 제3세계 빈곤층과 소외계층을 지원하는 비정부기구(NGO)들에게 수수료 없이 체인점을 개설해 주기도 하였다. 물론 제품이나 포장에는 CSR활동을 소비자들에게 인식시킬 수 있도록 하는 마케팅 캠페인을 진행하고 있다. 현재도 계속되고 있는 이러한 일련의 책임활동으로 '벤앤제리'는 '사회 참여사업을 열심히 하는 기업', '사회복지 개선을 위하여 일하는 기업'이라는 기업이미지를 얻을 수 있었고, 그 결과 소비자와의 강한 감정적 유대관계를 이끌어 낼 수 있었다.

그림 4-7 공정무역 인증재료로 생산된 '벤앤제리' 제품

셋째, CSR마케팅을 통하여 내부마케팅 효과를 얻을 수 있다. 일반적으로 마케팅은 '조직이나 개인이 자신의 목적을 완성시키는 교환을 창출하고 유지할 수 있도록 시장을 정의하고 관리하는 과정'이라고 정의할 수 있다. 이러한 정의가 외부고객에게 초점이 맞추어져 있다고 한다면 내부마케팅이란 기업내부의 인적자원에 초점을 맞추어 행하는 마케팅활동이라고 할 수 있다. 내부마케팅은 종업원을 대상으로 한 내부지향적 마케팅활동으로서 기업의 종업원들을 대상으로 업무에 대한 동기부여를 위하여 실시하는 일련의 활동을 말한다. 즉 내부마케팅은 고객과 접촉하는 종사원뿐만 아니라 모든 서비스 요원들이 하나의 팀을 이루어 고객에게 만족을 제공할 수 있는 협력관계를 유지하도록 동기부여하기 위하여 기업의 종업원을 대상으로 실행하는 마케팅활동이라고 정의할 수 있다.

그렇다면 CSR마케팅 활동은 어떻게 종업원들의 동기부여를 유발할 수 있는가? 학술연구의 결과를 종합해 보면, CSR마케팅 활동은 종업원들에게 자신이 사회적 책임활동에 앞장서는 기업에 종사하고 있다는 외부평가에 대한 기대감을 줄 수 있고(김해룡·이문규, 2007), 기업이 사회적으로 바람직하다고 여겨지는 CSR활동에 참여하면 기업명성이 향상되고 그 결과, 종업원들의 자아존중감 및 조직에 대한 동

일시가 증가하여 조직몰입과 같은 바람직한 내부마케팅 효과가 나타날 수 있다는 것이다(Brammer, Millington, & Rayton, 2007; Peterson, 2004). 내부마케팅 효과는 또한 종업원들이 자사의 CSR마케팅 활동의 진정성에 대한 인식에 따라 달라질 수 있다. 즉 자신의 회사가 진정성을 가지고 가치나 도덕의 구현 차원에서 사회적 책임 활동을 수행한다고 생각할 경우 내부마케팅의 효과가 더 크게 나타나고 있음을 알 수 있다(안대천 등, 2019). 따라서 내부마케팅의 효과를 높이기 위해서는 내부 임직원들의 CSR활동의 진정성에 대한 인식수준을 높여야 할 것이다.

넷째, 효과적인 CSR마케팅 활동을 통하여 예고 없이 기업에 부정적 사건이 발생했을 때 소비자들의 부정적 평가를 줄이는 효과를 얻을 수 있다. S&P 500개 기업을 대상으로 한 연구(Minor & Morgan, 2011)의 결과에 의하면, 제품 리콜 사건이 발생할 경우 CSR활동에 대한 평가가 높은 기업이 그렇지 않은 기업보다 부정적 평가를 적게 받았다고 한다. 즉 부정적 사건이 발생했을 때 CSR활동은 기업 이미지를 보호해 주는 일종의 '보험'의 역할을 한다는 것이다. CSR마케팅 활동이 평소에도 많은 이점을 제공하지만 특히 예상치 않은 위기상황에서 부정적 여론을 감소시키는 역할을 할 수 있음을 의미한다. 또한 CSR마케팅 활동은 기업이 부정적 평가로부터 더욱 빨리 회복할 수 있도록 도와주는 역할을 하기도 한다. 소비자들은 특정 기업이 사회적 책임을 잘 완수하고 있는 것으로 인식하면 해당 기업이 위기상황에서 여러 가지 부정적 정보와 여론을 마주할 때 이를 무시하거나 온화하게 해석한다는 것이다(Bhattacharya, Korschun, & Sen, 2009). 따라서 기업이 CSR마케팅 활동에 투자하는 것은 곧 '선한 의지(goodwill)를 축적해 놓는 저장소를 설립'하는 것과 유사하다는 것이다.

이 외에도 직접적인 마케팅 효과는 아니지만 CSR마케팅 활동을 통하여 얻을 수 있는 간접적인 효과로는 우수인재를 확보할 수 있다는 점이다. 미국의 MBA 과정 재학생을 대상으로 한 조사에 의하면, 절반 이상이 사회적 책임을 제대로 이행하는 기업에서 일하기 위해 낮은 연봉도 감수할 수 있다는 응답을 보였다고 한다. 또한 콘로퍼의 2001년 조사에 의하면, 일반 성인의 80%가 사회적 책임을 제대로 이행하지 않는 기업은 아예 취업대상에서 재외하겠다는 결과도 보고된 바 있다. 미국의 아웃도어 브랜드 팀버랜드(Timberland)의 사내 유급봉사 프로그램이라든지, 세계적인 의약품기업인 머크(Merck)의 회선사상충 치료제 기부 프로그램 등은 CSR

마케팅 활동을 통하여 우수인재를 유치하고, 이직률을 감소시키며, 종업원의 동기부여라는 성과를 얻을 수 있음을 보여주는 대표적인 사례라고 할 수 있다.

CSR마케팅은 또한 소득공제, 세액공제 등의 경제적 효과를 가져다 주기도 하며, 사회문제 개선에 참여함으로써 사회적 비용을 감소시킴과 동시에 회사의 운영비도 절감하는 효과를 제공하기도 한다. 예를 들면, 시스코(Cisco)사는 사내 전기절약 프로그램을 통하여 사회 전반의 에너지 절약에 대한 의식을 고취함과 동시에 연간 450만 달러에 달하는 회사 운영경비를 절감하는 효과를 얻기도 하였다.

키워드(Keywords)

- 마케팅 환경 요인 (내적, 외적 요인)
- STP(segmentation, targeting, positioning) 전략
- USSP(unique sustainability selling proposition)
- 마케팅 효과
- CSR마케팅 효과
- 내부마케팅

생각해 볼 문제(Review Questions)

- 기존의 마케팅 개념과 CSR마케팅 개념의 차이점은 무엇인가?
- 사회적 측면과 마케팅 측면에서의 CSR마케팅의 효과는 무엇인가?
- CSR마케팅을 통하여 경쟁우위를 창출하는 방법에는 무엇이 있는가?
- CSR마케팅의 시장세분화와 표적시장 선택은 어떻게 할 수 있을까?
- 경쟁우위 확보를 위한 CSR마케팅의 포지셔닝 전략에 대하여 생각해 보자.
- CSR마케팅 활동을 통하여 얻을 수 있는 마케팅 효과에는 무엇이 있는가?
- 탐스(TOMS) 슈즈는 'One for One' 캠페인을 통하여 어떠한 성과를 얻었는지 생각해 보자.
- CSR마케팅을 통하여 얻을 수 있는 내부마케팅 효과에 대하여 생각해 보자.

참고문헌

김해룡, 이문규 (2007). 기업의 사회적 책임활동의 내부 마케팅 효과. 한국경영학회 하계통합학술대회, 1-11.

안대천, 이준우, 성광석, 이지윤(2019). 종업원의 진정성 인식을 중심으로 한 기업 CSR활동의 내부마케팅 효과에 관한 연구. 상품학연구, 37(4), 79-89.

윤각, 서상희(2003). 기업의 사회공헌활동과 기업 광고가 기업 이미지와 브랜드 태도 형성에 미치는 영향력에 관한 연구. 광고연구, 61, 47-72.

한은경 (2003). 기업의 사회적 책임의 지수화에 관한 연구. 한국방송학보, 17(3), 274-303.

Belz, F. & Peattie, K. (2011). *Sustainability Marketing*. Wiley.

Bhattacharya, C.B., Korschun, D., & Sen, S. (2009). Strengthening Stakeholder-company Relationships through Mutually Beneficial Corporate Social Responsibility Initiatives. *Journal of Business Ethics*, 85, 257-272.

Brammer, S., Millington, A., & Rayton, B. (2007). The Contribution of Corporate Social Responsibility to Organizational Commitment. *International Journal of Human Resource Management*, 18(10), 1701-1719.

Creyer, E.H. & Ross, W.T. (1997). The Influence of Firm Behavior on Purchase Intention: Do Consumers Really Care about Business Ethics? *Journal of Consumer Marketing*, 14, 421-432.

Fombrun, C.J. (2005). Building Corporate Reputation through CSR Initiatives: Evolving Standards. *Corporate Reputation Review*, 8(1), 7-11.

Minor, D. & Morgan, J. (2011). CSR as Reputation Insurance: Primum Non Nocere. *California Management Review*, 53(3), 40-59.

Peterson, D.K. (2004). The Relationship between Perception of Corporate Citizenship and Organizational Commitment. *Business & Society*, 43(3), 296-319.

PART

02

CSR마케팅의 유형 및 전략

CSR마케팅

Chapter 05

공익캠페인(Cause Promotion)

학습 목표

소비자들은 대중매체를 통하여 공익마케팅, 공익후원, 공익홍보, 기업후원이라는 비슷비슷한 용어들에 자주 노출된다. 기부(donation)나 자원봉사(volunteering)의 의미는 쉽게 다가오지만 공익이란 말은 도대체 무슨 의미일까? 기업은 왜 공익을 위하여 활동을 하는 것이며, 무슨 활동을 어떻게 하는 것일까? 이에 대한 답은 공익캠페인에 대한 이해를 통하여 구할 수 있을 것이다. 이번 장에서는 기업이 사회 전반의 이익을 도모하기 위하여 특정 사회문제에 대한 대중의 관심을 유도하고 인식을 확산시키려는 목적으로 수행하는 커뮤니케이션 활동, 즉 공익캠페인은 무엇을 의미하며, 기업이 얻을 수 있는 효과는 어떤 것들이 있는지 살펴보기로 한다. 또한 그동안 많이 보아왔던 대표적인 성공사례들을 세밀히 분석함으로써 캠페인의 성공요인과 핵심 포인트, 예상되는 문제점 등을 알아보기로 한다.

공익캠페인(cause promotion)은 흔히 공익마케팅, 공익후원, 공익홍보, 기업후원 등 여러 가지 이름의 프로그램들과 유사한 방식과 내용으로 전개되는 대표적인 CSR마케팅 활동이다. 기부(donation)나 자원봉사(volunteering)와 같은 사회공헌활동과 함께 가장 오래되고 일반적 의미의 CSR활동이라고 할 수 있다. '공익(cause)'이란 표현 그대로 공공의 이익(public interest)을 의미하는데, 우리가 살고 있는 사회 전체의 공동 이익, 불특정 다수의 이익을 말한다. 기업 CSR활동의 규범적 기준인 동시에 CSR마케팅 활동의 목적 가치이자 본질적 가치라고도 할 수 있다. 따라서 공익을 위한 캠페인의 줄임말이라고도 할 수 있는 공익캠페인은 기업이 사회 전반의 이익, 즉 공익을 도모하기 위하여 특정 사회문제에 대한 대중의 관심을 유도하고 인식을 확산시키며 참여를 유도하기 위하여 실시하는 일련의 커뮤니케이션 활동이라고 할 수 있다. 예를 들면, 음주운전 방지나 금연을 위하여 대중매체를 통하여 공익광고를 집행하거나, 자사의 유통망을 활용하여 메시지를 전파하면서 자연스럽게 자사의 이름, 로고 등을 함께 노출하는 형태의 캠페인이다.

사회문제나 캠페인의 성격에 따라 자원봉사에 기업의 임직원이 참여하기도 하고, 문제 해결에 도움이 되는 기금, 현물, 자산 등을 직접 제공하는 방식으로 참여하기도 한다. 그러나 다른 유형의 CSR마케팅 활동과 비교하면 기업이 직접 문제해결에 참여하는 행동적 측면보다는 문제에 대한 인식확산과 대중의 참여를 유도하는 여론조성과 같은 커뮤니케이션 효과에 초점을 둔 방식이라고 할 수 있다. 따라서 공익캠페인을 통한 마케팅 목표의 달성은 효과적인 커뮤니케이션 활동에 달려있다고 할 수 있으므로 캠페인 전략은 상황분석 – 마케팅 커뮤니케이션 목표설정 – 캠페인 타깃 및 핵심 메시지 설정 – 매체 및 크리에이티브 전략 – 실행 등의 요소를 포함하여 수립하게 된다. 성공적인 커뮤니케이션 활동에 필요한 공감할 수 있는 메시지를 개발하고 효율적인 매체전략을 수립하는 것이 공익캠페인의 성공을 위한 핵심요소가 된다.

이번 장에서는 공익캠페인의 개념과 특성, 기본적인 효과와 다른 유형의 CSR마케팅 활동과의 차이점 등을 살펴보고자 한다. 이어서 커뮤니케이션 효과에 대한 이해를 바탕으로 성공적인 캠페인의 실행에 필수적으로 요구되는 적절한 커뮤니케이션 목표의 설정에 대하여 논의하고, 구체적인 실행수단에 대하여 알아본다. 이와 함께 그동안 수행되었던 국내·외 공익캠페인의 대표적인 성공사례를 세밀히 분석함으로써 캠페인의 성공요인과 기획 및 실행 단계에서의 핵심 포인트, 예상되는 문제점 등을 함께 알아보고자 한다.

공익캠페인의 개념 및 특징

01

일종의 공익 커뮤니케이션 캠페인이라고도 할 수 있는 공익캠페인은 '기업이 특정 사회문제에 대한 일반 대중의 관심을 끌고, 인식 수준을 제고하며, 이를 사회 전반에 확산하여 대중의 참여를 유도하기 위하여 실시하는 마케팅 커뮤니케이션 활동'이라고 정의할 수 있다. 〈그림 5-1〉에서 볼 수 있듯이 공익캠페인의 주체는 기업이며, 크게 사회문제에 대한 인식 제고와 확산, 그리고 소비자의 참여 유도 등 두 가지 효과를 얻고자 하는 사회공헌활동이다. 사회공헌을 통하여 기업존속의 기반이 되는 사회의 지속가능한 발전을 도모한다는 점에서 다른 유형의 CSR마케팅 활동과 크게 다르지 않지만, 활동의 목표와 방식, 효과 등에서 구별되는 특징은 다음과 같다.

우선 공익캠페인은 사회문제에 대한 대중의 인식과 공감을 이끌어내기 위한 목적이 강한 활동이라고 할 수 있다. 대중의 자발적인 참여와 행동변화에 초점을 두는 사회마케팅(Social Marketing)과 캠페인 목표에서 분명한 차이가 있으며, 기업이 제공하는 특정 상품이나 서비스의 판매에 따라 기업의 참여와 공헌도가 결정되는 공익연계마케팅(Cause-related Marketing)과도 구별된다. 단순한 금전적 기부나 자선활동과 비교할 때 공익캠페인은 사회문제의 개선과 해결을 위하여 기업이 적극적으로 대중의 인식 개선을 꾀한다는 점에서 보다 적극성을 띤 CSR마케팅 방식이라고 할 수 있다. 종합해 보면, 다른 유형의 캠페인과 비교하여 공익캠페인이 갖는

그림 5-1 공익캠페인의 구성 요소 및 효과

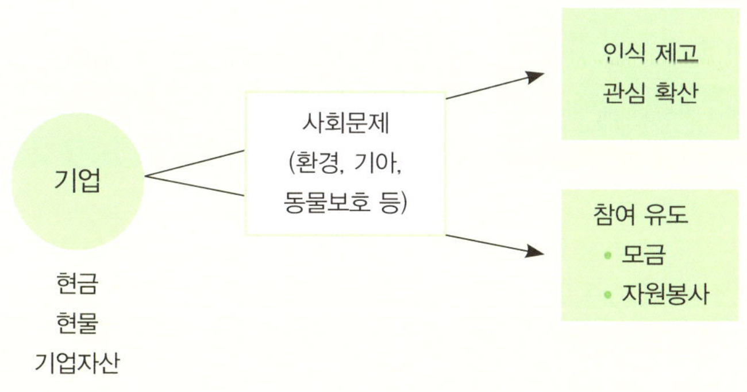

가장 큰 차별적 특성은 다양한 커뮤니케이션 수단을 동원하여 사회문제에 대하여 갖고 있는 사회와 일반 대중의 인식을 개선하고 참여를 이끌어 내기 위하여 기업이 주도하는 적극적인 커뮤니케이션 활동이라는 점이다. 또한 공익캠페인은 행위의 대상이 기업 내부가 아니고 일반 대중이나 지역사회를 타깃으로 한다는 점에서 공유가치 창출 마케팅과도 구별된다. 한편 공익캠페인은 관련 NGO나 공익단체, 또는 해당 지방자치단체, 행정기관들과의 연계를 통하여 그 효과를 배가할 수 있다는 점에서 다른 방식들과 유사한 특성을 갖는다.

예를 들면, 2012년 9월 서울시, 경찰청, 한국생명의 전화 등과 연계를 통하여 실시되었던 삼성생명의 마포대교 '생명의 다리' 캠페인은 지방자치단체와 기업이 공동으로 수행하여 성과를 이끌어 낸 공익캠페인의 좋은 사례 중의 하나이다. 급증하는 자살의 예방을 위하여 서울시가 마포대교에 '생명의 다리'를 조성하였고, 이를 효과적으로 알려 대중의 인식을 확산하기 위하여 삼성생명은 다양한 메시지를 담은 홍보동영상을 인터넷을 비롯한 대중매체를 통하여 전파하였다. 또한 다리 난간에는 '밥은 먹었어?'. '무슨 고민 있어?', '당신은 혼자가 아니에요', '내일은 해가 뜬다' 등의 메시지를 담은 LED램프를 설치하여 자살 시도를 막는 성과를 거두기도 하였다. 이 캠페인은 크리에이티브의 탁월성으로 2013년 국제적인 광고제의 옥외광고 부문에서 수상작으로 선정되기도 하였다.

그림 5-2 마포대교 '생명의 다리' 캠페인 메시지

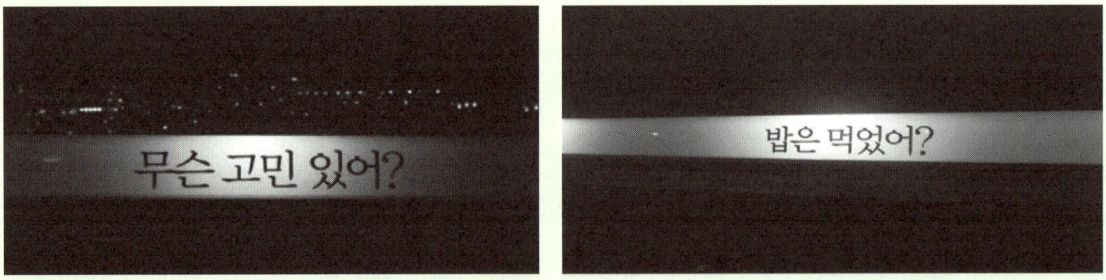

공익캠페인의 마케팅 효과 02

공익캠페인을 통하여 얻을 수 있는 기업의 마케팅 효과는 다음과 같이 크게 3가지로 나눌 수 있다(코틀러와 리, 2007).

첫째, 기업에 대한 긍정적 이미지를 형성하고 해당 기업의 제품에 대한 선호도를 유지하거나 제고할 수 있다. 사회적, 환경적으로 위협이 되는 문제나 사회적 약자들에 대하여 기업이 관심을 갖고 지원한다는 선의(goodwill)를 소비자들에게 인식시킴으로써 사회문제와 기업, 캠페인 자체에 대한 인식수준을 높이는 동시에 긍정적인 이미지를 심어 줄 수 있는 것이다. 기업에 대한 긍정적 이미지는 자연스럽게 해당 기업의 제품에 전이되어 소비자의 선호도에도 영향을 미칠 수 있는 것이다. 예를 들면, 미국의 애견 및 애완동물 용품 전문점인 '페츠마트(Pet's Mart)'는 버려지는 애완견 및 기타 동물에 대한 문제에 관심을 갖고 동물보호단체와 연계하여 동물 입양에 대한 인식을 확산하기 위한 캠페인을 펼쳐 왔다. 매장고객은 물론 애완동물 애호가들을 1차 타깃으로 하고 유관 기관과 지역사회 소비자들을 2차 타깃으로 설정하여 매장과 웹사이트를 통하여 동물 입양의 필요성을 알리는 메시지를 전파하는 동시에 기금 모금 활동을 수행하였고, 특히 매장 내에 입양센터를 위한 공간을 제공하여 버려지는 애완동물의 입양건수를 늘리는 데 공헌을 하였다. 그 결과 애완동물 용품 제조·판매사인 '페츠마트'가 버려지는 애완동물 보호에 적극적이라는 긍정적인 브랜드이미지를 이끌어 내는 데 성공하였고, 자연스럽게 기존 고객들의 재구매율 증가로 이어질 수 있었다.

그림 5-3 페츠마트(Pet's Mart)의 동물 입양 캠페인

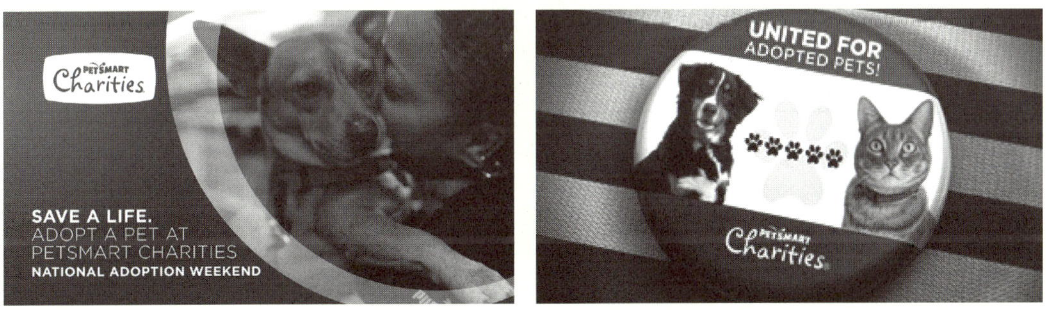

둘째, 기업은 공익캠페인을 통하여 내부마케팅 효과를 얻을 수 있다. 공익캠페인의 진행 방식에 따라 소비자의 참여뿐만 아니라 직원들의 자발적인 지원과 노력이 요구되는 경우에는 회사에 대한 자부심과 애사심을 고취시키고 강한 감정적 유대를 얻을 수 있다. 결국 업무에 대한 동기부여라는 내부마케팅 효과를 얻을 수 있게 된다. 대표적인 사례로 세계적인 대형마트 기업인 미국의 '월마트(WalMart)'가 진행하고 있는 모금활동을 들 수 있다. 지역을 기반으로 하고 있는 사업의 특성상 지역사회를 위한 공헌활동을 꾸준히 펼치고 있는 월마트사는 지역의 아동병원과 환자들을 지원하기 위한 모금활동을 매장 내에서 전개하였다. 계산대의 직원들이 고객들의 자발적인 참여를 유도하는 방식인 이 모금활동은 매장 직원들이 주도적으로 이끌고 있으며, 이들의 참여와 정성이 활동의 성과에 결정적인 영향을 미치고 있다. 직원들의 참여는 순전히 자발적인 것이었고, 마음에서 우러나는 정성과 열정으로 기업이미지는 물론 회사에 대한 매장 직원들의 자부심을 이끌어 낼 수 있었다고 한다. 〈그림 5-4〉는 미국 애리조나주 피닉스시에 위치한 한 월마트 매장의 계산대에서 일하고 있는 직원의 모습이다. '기적의 아동병원(Children's Miracle Network Hospitals)'이라고 쓰여 있는 탁자 앞에서 매우 자랑스러운 표정을 짓고 있고, 옆에는 실제로 이 캠페인을 통하여 지원을 받은 어린이 환자의 모습이다.

그림 5-4 월마트의 지역 아동병원 지원 모금 캠페인

셋째, 성공적인 공익캠페인을 통하여 기업은 지역 사회와 돈독한 관계를 형성할 수 있다. 지금 당장의 이익으로는 연결되지는 않지만 미래의 잠재적인 이윤창출에 도움이 되는 지역사회와의 유대관계를 이끌어 낼 수 있다는 점에서 일종의 PR효과로 볼 수 있다. 앞에서 소개한 월마트와 같이 지역을 기반으로 하는 기업의 경우 해당 지역의 사회문제나 지역의 발전을 위한 공익활동에 대한 지원을 통하여 지역의 소비자들은 물론 행정기관, 교육단체, 공익단체, 시민단체 등과 강한 유대 관계를 확립할 수 있고, 이를 통하여 장기적인 사업 영위에 커다란 도움을 얻을 수 있다.

03 공익캠페인의 목표와 수단

공익캠페인의 직접적인 목표는 일반 대중에게 사회문제에 대한 정보를 제공하거나 문제의 심각성을 알림으로써 문제에 대한 인식을 고취하고 관심을 확산하는 데 있다. 〈그림 5-5〉와 같은 커뮤니케이션 효과 측면에서 인지(cognition) 단계에 해당되는 목표이다. 인지 단계는 주의(attention), 인지(awareness), 지식(knowledge), 재인(recognition), 회상(recall) 등과 같은 효과를 포함하는데, 공익캠페인을 통하여 사회문제에 대한 관심(attention)과 인지도(awareness)를 높이거나 정보(knowledge)를 전달하여 쉽게 떠올리고(recognition), 기억(recall)하게 하는 효과를 얻는 데 목표를 두고 마케팅활동을 수행하게 된다.

2000년대 중반 이후 인터넷이 대중화되면서 커뮤니케이션 메시지에 대한 소비자의 반응은 단순히 인지-감정-행위의 단계를 거치지 않는 복잡한 양상을 띠게

그림 5-5 커뮤니케이션 효과 모형

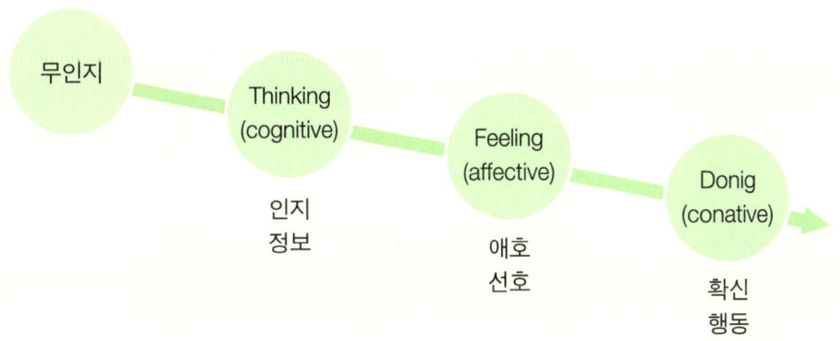

되었다. 이에 따라 기업의 마케팅활동에도 많은 변화가 요구되고 있는데, 일방향적 메시지에 대한 획일적 반응을 기대하던 과거의 패러다임은 거의 무의미해졌다고도 할 수 있다. 디지털 매체의 등장으로 이제 소비자들은 수동적인 메시지 소비자가 아니라 적극적으로 메시지의 생산과 확산에 참여하는 능동적 소비자로 변모하고 있다. 과거 폐쇄적이었던 대중매체가 인터넷을 기반으로 하는 디지털 매체를 통하여 누구나 메시지를 생산하고 전달할 수 있게 개방됨으로써 기업의 커뮤니케이션 활동에도 큰 변화를 가져오게 된 것이다. 이를 설명하는 모델 중의 하나가 'AISAS' 모델이다(〈그림 5-6〉).

AISAS 모델은 메시지 효과를 설명하는 전통적인 모델 중의 하나인 AIDMA(Attention → Interest → Desire → Memory → Action)에서 전환된 형태로서, AIDMA 모델에 의하면, 메시지에 노출된 소비자들은 메시지나 제품에 관심과 주의를 기울이고, 흥미가 생기고, 제품에 대한 욕구를 갖게 되며, 기억 속에 정보를 저장해 놓았다가 후에 행위로 연결되는 메커니즘을 거쳐 메시지에 반응한다는 것이다. 그러나 이제는 메시지에 노출된 후 관심이 생기면 인터넷 검색을 통하여 관련 정보를 적극적으로 수집하고 비교, 분석을 거쳐 행동을 취하게 된다는 것이다. 과거처럼 혼자 만족하고 기억하는 것이 아니라 SNS, 블로그, 미니홈피와 같은 다양한 디지털 매체를 통하여 적극적으로 타인과 공유하고 메시지를 확산시키는 형태로 메시지에 반응한다는 것이다. 특히 기술의 발달로 인하여 디지털 매체를 통한 메시지의 공유와 확산의 속도가 기존의 전통매체와는 비교할 수 없을 정도로 빠르기 때문에 기업 입장에서는 단기간 내에 많은 소비자들을 상대로 커뮤니케이션 효과를 얻을 수 있는 기회가 주어진 것이다. 따라서 공익캠페인의 경우에도 주의와 정보 전달과 같은 단순한 인지효과를 얻는데 그치지 않고 소비자들이 감정적으로 공감할 수 있는 메시지를 개발하여 다른 소비자들과 공유, 확산을 유도하는 방향으로 목표를

그림 5-6 AISAS 모델

설정할 수 있을 것이다.

공익캠페인이 추구하는 커뮤니케이션 목표의 설정 방법과 구체적인 예를 들자면 다음과 같다. 예를 들어, 사회문제로 제3세계 어린이들의 기아 문제를 선정했다면 CSR마케팅 목표로 기아에 허덕이는 어린이들 중 지원하고자 하는 대상 어린이들의 숫자 또는 비율을 1차 목표로 정할 수 있다. 커뮤니케이션 목표로는 표적청중의 50% 이상에게 어린이 기아 문제의 심각성을 인식시키겠다는 목표를 설정할 수 있다. 2차 목표로는 기아 관련 웹사이트 방문객의 숫자, 정보가 담긴 안내책자 및 프로그램 배포부수 또는 발행부수, 자원봉사자의 수, 현금기부액, 물품 기증 건수 또는 양 등의 구체적인 수치를 사용하여 결정할 수 있다. 목표는 캠페인에 포함되는 세부 프로그램의 성격에 따라 달라질 수 있는데, 예를 들어 서명운동이 시용된다면 참여자의 수를 목표로 선정할 수 있고, 전시회를 개최한다면 전시회 관람객의 수로 선정할 수도 있다.

이러한 커뮤니케이션 효과를 달성하기 위하여 대중매체 광고가 대표적인 수단으로 사용된다. 물론 커뮤니케이션 수단은 목표에 따라 달라질 수 있고 매체의 특성을 고려하여 적절한 조합으로 사용되어야 하지만, 명확한 목표와 표적청중을 선정하고 전달하고자 하는 핵심 메시지를 효과적인 크리에이티브에 담아 적합한 매체를 통하여 집행하는 광고는 광범위한 전달력과 영향력 측면에서 가장 효과적인 수단이라고 할 수 있다. 즉 인지도 제고에 가장 적합한 수단이라고 할 수 있다. 이와 함께 많은 양의 정보를 전달하는 것이 주된 목표라면 사회문제에 대한 구체적인 정보를 전달하는 데 적합한 수단으로 브로슈어나 카탈로그와 같은 인쇄물이 사용되기도 한다. 또한 기업 자체 웹사이트나 사회문제와 관련되는 공익단체나 정부기관의 웹사이트를 활용하여 정확하고 구체적인 정보를 전달할 수 있다. 이 외에도 제품의 포장지나 매장의 POP물 등도 캠페인 메시지의 전달 수단으로 활용된다.

04 우리나라의 공익캠페인 성공사례

공익캠페인은 기업 이미지와 고객 충성도를 제고하고, 표적시장에서 경쟁자 대비 높은 선호도를 얻을 수 있으며, 고객 증가 및 고객 유지율 향상 등의 마케팅 효과를 얻을 수 있다. 뿐만 아니라 소비자와 직원들이 사회문제의 개선에 참여할 수 있도록 손쉬운 통로와 기회를 제공함으로써 지역사회 및 단체들과 새롭고 강력한 유대관계를 구축하여 장기적인 기업 성장의 발판을 마련하는 효과도 얻을 수 있다. 1990년대 이후 본격적으로 시작된 우리나라의 공익캠페인 가운데 이러한 마케팅 목표 달성에 근접한 것으로 평가되는 사례들은 다음과 같다.

1) 유한킴벌리: '우리강산 푸르게 푸르게' 캠페인

환경친화경영의 선두주자로서 진정한 사회공헌을 실천하고 있는 우리나라의 대표적인 기업으로 유한킴벌리를 꼽을 수 있다. 유한킴벌리는 "기업활동을 통하여 얻은 이익은 기업의 터전인 사회에 환원해야 한다"는 창업주 유일한 박사의 기업정신을 바탕으로 1984년부터 '우리강산 푸르게 푸르게'라는 공익캠페인을 꾸준히 실시하고 있다. 우리나라를 대표하는 공익캠페인으로 자리매김하고 있는 '우리강산 푸르게 푸르게' 캠페인은 대한민국 광고대상을 비롯하여 총 53회에 걸쳐 우수 캠페인 상을 수상한 바 있다. 이 캠페인을 통하여 유한킴벌리는 지난 32년 동안 생태보존을 위한 국·공유림 나무심기, 숲 가꾸기, 지연환경 체험교육, 숲 생태 전문가 양성, 연구조사, 해외사례 연구 등 '숲'이라는 주제를 중심으로 하는 다양한 활동을 펼치고 있다. 국민들에게 숲의 중요성과 함께 숲 보호를 위한 올바른 숲 가꾸기 등을 알림으로써 기업 차원에서 적극적으로 사회문제를 해결하기 위한 노력을 경주하고 있다.

다음의 캠페인 심벌(〈그림 5-7〉)에서 알 수 있듯이 1984년에 자발적으로 시작하여 현재까지 꾸준히 진행되고 있으며, '숲'이라는 주제를 고수하는 일관성 있는 캠페인을 벌여 왔고, 기업의 핵심역량을 가지고 관련 비영리단체(환경 관련 NGO, 문학의 집 등)를 지원하고 있으며, 다양한 공중(정부, 타 기업, NGO, 학자, 소비자)을 대상으로 효과적인 커뮤니케이션을 실시하고 있다. 또한 정부기관은 물론 생명의

그림 5-7 '우리강산 푸르게 푸르게' 캠페인 심벌

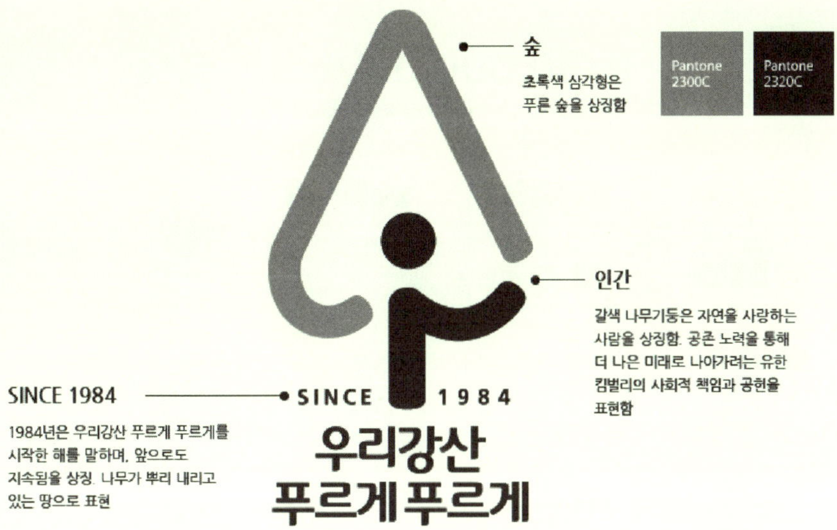

출처: 유한킴벌리 웹사이트. http://www.yuhan-kimberly.co.kr/Society/Symbol

숲, 동북아산림포럼, 평화의 숲과 같은 다양한 비영리단체와 협력관계를 구축하였고, 신혼부부 나무심기, 그린캠프, 학교숲운동 등 소비자에게 직접 참여기회를 제공하였으며, 연구출판을 통하여 산림 선진화와 과학화에 기여하고 있다.

현재까지 프로그램별로 실적을 살펴보면(〈그림 5-8〉), 우리나라의 산림 복구를 위하여 캠페인 시작 이후 총 5,000만 그루 이상의 나무를 심었고, 1998년에 시작한 동북아시아 사막화 방지 프로그램을 통하여 약 1,000만 그루의 나무를 사막지역에 심는 성과를 올렸다. 또한 북한 지역의 황폐한 숲을 복구하기 위하여 약 1,200만 그루를 심었고, 서울을 비롯한 도시 지역에도 숲을 만들자는 캠페인을 실시하여 약 5만 그루의 나무를 심었다. 1985년 시작된 신혼부부 나무심기 운동을 통하여 현재까지 약 20만 그루의 나무심기가 이루어졌고, 1996년부터 시작된 학교숲만들기 운동을 통하여 모두 73개 학교의 약 90만m^2 의 숲을 가꿔내는 성과를 올리기도 하였다. 또한 2000년부터는 전국에 소재하고 있는 아름다운 숲을 발굴하기 위하여 모두 14회에 걸쳐 아름다운 숲 전국대회를 개최하였고, 그 결과 214개소의 숲을 발굴, 선정하기도 하였고, 1988년 시작된 '숲을 통한 환경체험교육 프로그램'

그림 5-8 '우리강산 푸르게 푸르게' 캠페인의 성과

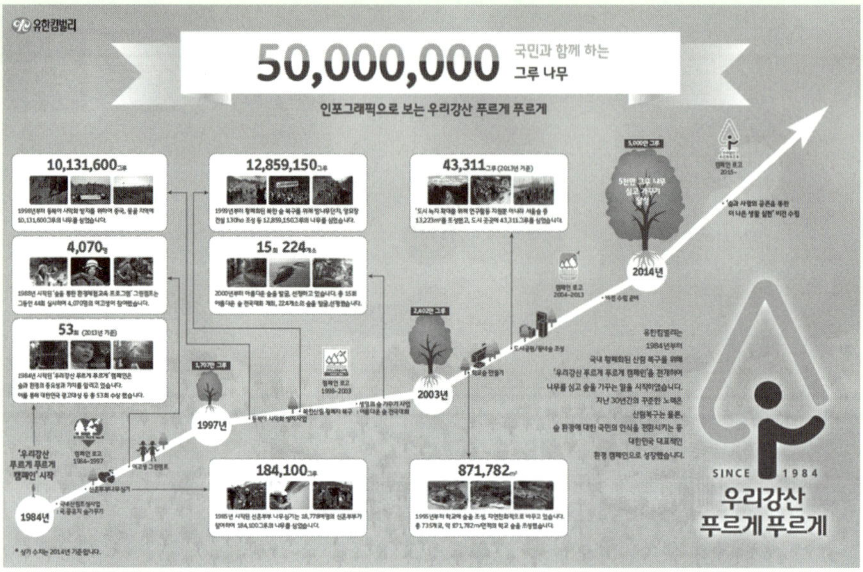

그린캠프는 그동안 44회 실시하여 약 4,000명의 여고생의 참여를 이끌어 내었다.

보통 원목을 재료로 시용하는 기업의 경우 국민들에게 자칫 산림훼손과 환경파괴의 주범으로 인식될 우려가 있고 실제로 환경문제로 인하여 기업의 생존에 위협을 받은 사례들이 있었다. 그러나 유한킴벌리는 이러한 위험요소를 공익캠페인을 통하여 잘 극복해 왔다고 할 수 있다. 지속적인 CSR활동을 수행하면서 시민활동의 견인차 역할을 함으로써 숲과 환경에 대한 국민적 관심을 이끌어 내는 데 큰 기여를 하였고, 나무를 해치는 기업이 아니라 오히려 나무를 가꾸는 기업이라는 이미지를 확고히 구축할 수 있었다.

이렇게 30년 이상 꾸준히 진행되고 있는 '우리강산 푸르게 푸르게' 캠페인은 비단 유한킴벌리라는 기업뿐만 아니라 우리 사회에도 많은 영향을 끼친 것으로 평가된다. 첫째, 숲이라는 주제를 바탕으로 숲의 기능과 숲 가꾸기의 환경적 중요성을 30년 이상 지속적이며 일관성 있게 인식시킴으로써 우리 사회의 전반적인 사고방식의 변화를 가져왔다는 점이다. 그로 인하여 숲 가꾸기 사업에 타 기업은 물론 정부, 시민 등 사회의 모든 구성원들이 동참하는 계기를 마련할 수 있었다. 둘째, 유한킴벌리의 캠페인으로 인하여 실제 우리나라의 강산이 푸르게 변화하고 있다는

그림 5-9 유한킴벌리의 학교숲만들기 운동(성남 혜은학교의 모습)

점이다. 전국적인 숲 가꾸기 운동은 물론 소규모로 실시되고 있는 다양한 프로그램을 통하여 변화하는 숲을 만들어 낼 수 있었던 것이다. 예를 들면, 학교숲만들기 운동(〈그림 5-9〉)을 통하여 학교를 자연친화적인 공간으로 탈바꿈시키고 학생들의 생태맹 극복과 함께 생명존중의 정신을 키우는 데 일조한 것으로 평가된다.

종합해 보면, 유한킴벌리의 공익캠페인은 '숲'이라는 주제를 꾸준히 고수하면서 기부와 후원 등에 국한한지 않는 일종의 실천운동으로서 소비자들의 의식변화와 실천행동을 이끌어 낸 성공적인 캠페인으로 평가할 수 있고, 이를 통하여 친환경기업으로서의 독보적인 기업이미지를 굳게 다지는 효과를 달성하고 있는 것으로 평가할 수 있다.

2) 퍼시스: 시디즈 '기대요' 캠페인

퍼시스는 1983년 창립 이래 우리나라 사무용 가구시장의 1위 자리를 꾸준히 지키고 있는 기업으로서 사무환경에 대한 꾸준한 연구와 선진화된 제품개발로 오피스 가구의 변화를 주도하고 있다. '공간가치의 창조'라는 모토 아래 국가공인 가구연구소를 최초로 설립하였고, 지속적인 연구개발 투자를 통하여 사람들에게 공간의 의미와 역할이 무엇인지 고민하고 그 안에서 생활하는 사람들의 행태 및 관계를 면밀히 분석하여 소비자의 니즈 그 이상을 담아 내는 사무환경을 제공한다는 미션으로 경영활동을 영위하고 있는 기업이다. 사무가구 브랜드인 퍼시스(Fursys), 생활가구 브랜드 일룸(Iloom), 그리고 의자 전문 브랜드 시디즈(Sidiz) 등 3개의 대표 브랜드를 제공함으로써 다양한 생활환경에서 보다 많은 사람들의 삶의 질 향상에 기여하고 지속가능한 가치 창출을 꾀하고 있다.

퍼시스는 디자인, 품질, 환경, 윤리 등 네 가지 영역에서 철저한 경영원칙을 고수하고 있다(퍼시스 웹사이트, 2020). 인간공학 및 감성공학을 기초로 한 디자인 경영, 제품품질 데이터의 계량화와 협업부서 품질평가와 감사를 통한 품질 경영, 친환경 디자인 프로세스와 체계적인 친환경 경영시스템을 통한 환경 경영, 상생, 초심, 리더 등 3가지 약속의 실현이라는 윤리경영시스템인 'PROMISE' 등으로 구성된다. 특히 비영리 재단인 '목훈재단'을 설립하여 소외계층의 많은 사람들이 꿈과 기회를 갖고 배움을 얻어 장학, 학술, 문화예술활동, 사회봉사활동 등 다양한 분야에서 사회에 기여할 수 있도록 지원하고 있다. 이 외에도 공장 인근 지역의 어려운 학생들에게 매년 '목훈 장학금'을 수여하고 있으며, 디자인 진흥, 역사 바로알기 등의 학술지원 사업과 안중근 의사의 삶과 활동을 재조명하고 외면 받던 역사를 알리기 위한 '안중근 기념관' 건립 사업도 지원하고 있다.

기업 차원의 사회공헌활동과 함께 퍼시스의 의자 전문 브랜드인 시디즈는 2018년 말 누군가에게 기댈 곳이 필요한 우리 사회의 소외계층과 사회적 약자들에게 따뜻한 격려와 응원을 전하기 위한 브랜드 차원의 공익캠페인을 전개하였다. 옛 격언에 '백지장도 맞들면 낫다'는 말이 있듯이 무언가 고민이 있거나 힘든 일, 어려운 일이 있을 때 주위 사람과 나누면 많은 위로가 될 수 있다는 작은 아이디어에서 시작된 캠페인으로서, SNS를 통한 지인들과의 교류가 활발해진 소비자들의 커뮤니케이션 방식을 활용하여 브랜드가 아니라 브랜드의 가치를 자발적으로 공유하고 확산하게 유도한 성공적인 캠페인이라고 할 수 있다. 즉 '빈곤층이나 소외계층 등 도움이 필요한 사회적 약자에 대한 배려'라는 메시지를 사회적으로 확산시키기 위하여 대중매체 광고는 물론 대표적인 SNS 플랫폼인 페이스북, 유튜브, 인스타그램 등을 적절히 활용하여 대중적 관심과 인식을 제고할 수 있었던 캠페인으로서 구체적인 내용을 소개하자면 다음과 같다.

(1) 캠페인 배경

시디즈는 2014년 말부터 전개한 '의자가 인생을 바꾼다' 캠페인으로 동종업계에서 최초 상기도와 선호도에서 1위를 달성하였다. 2015년 시디즈 10%, 듀오백 46%로 차이를 보이던 최초 상기도가 3년 만에 시디즈 36%, 듀오백 19%로 역전되었고 점차 격차를 벌리며 확실한 카테고리 1위 브랜드로 위상을 공고히 하였다. 그러나 아직까지 학업이나 업무를 위한 의자로 한정된 이미지를 가지고 있었다. 즉 학생이나 직장인 이외에도 다양한 부류의 사람들이 의자를 필요로 함에도 불구하고 사무용 의자라는 이미지가 너무 강했기 때문에 이른바 '모두를 위한 의자'라는 인식의 전환이 필요하였다. 또한 사업용, 업무용 의자 시장이 포화된 상황에서 매출은 점차 둔화되고, 브랜드 인지도 제고가 마케팅에 기여하는 바가 줄어들면서 브랜드의 기회 확장을 도모할 필요성이 계속해서 증대되었다. 그러기 위해서는 의자가 필요한 다양한 사람들에게 직접 찾아가 누구에게나 인생의 동반자로서 시디즈의 이미지를 각인시킬 필요성이 대두되었다. 즉 '모두를 위한 대표 전문의자는 시디즈'로 자리매김할 필요가 있었던 것이다. 이에 따라 2018년 12월부터 2개월 간 기존의 장기 캠페인 '의자가 인생을 바꾼다'의 커뮤니케이션 타깃을 확장한 소비자 참여형 디지털 캠페인인 '기대요' 캠페인(〈그림 5-10〉)을 전개하여 폭넓은 소비자층을 대상으로 공감대를 형성하고자 하였다.

그림 5-10 퍼시스의 시디즈 '기대요' 캠페인

(2) 캠페인 전략

시디즈는 '직장인의 효율을 위한 의자'에서 '모두의 인생을 응원하는 의자'로 인식을 전환하기 위하여 이른바 의자가 보내는 응원, 의자만이 할 수 있는 따듯한 격려와 응원의 메시지를 전하고자 하였다. 이를 위하여 캠페인 콘셉트를 설정하고 전달하기 위한 메시지 전략과 구체적인 지원 전술을 다음과 같이 구사하였다.

- 콘셉트: '직장인의 효율을 위한 의자'에서 '모두의 인생을 응원하는 의자'
  아는 브랜드 → 사랑 받는 브랜드
  기능이 좋은 브랜드 → 갖고 싶은 브랜드
  직장인과 학생 중심 → 앞으로 나아가려는 모두
  능률과 효율 높이는 의자 → 모두를 응원하는 의자
  일방향으로 전달하는 방식 → 고객의 취향에 맞춰 소통하는 방식

- 지원대상: 응원이 필요한 사람들을 직접 찾아가기 위하여 지원대상과 사연 선정. 페이스북, 인스타그램과 유튜브 채널을 통하여 응원이 필요한 주변 사람들의 사연을 모집하고 2개월 간 특별한 사연을 가진 주인공들의 이야기를 영상콘텐츠로 제작해 소개. 그 결과 ① 논산한글대학 할머니들, ② 대학가 버스킹 밴드, ③ 장도분교 학생(학생과 선생님 모두 한 명) 등 3개 그룹 선정

- 캠페인 프로세스: 지원대상 선정, 사연 전달(페이스북 카드뉴스 형태 또는 유튜브 동영상), 응원 메시지 공모, 제품 전달, 감사영상 노출의 순으로 전개(〈그림 5-11〉 참조)

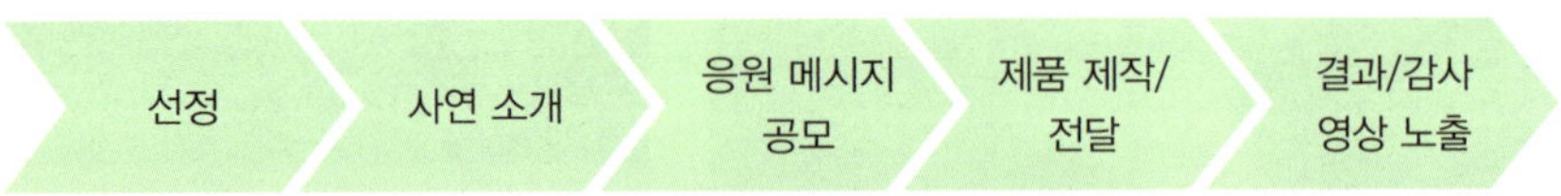

그림 5-11 '기대요' 캠페인의 집행 프로세스

(계속)

(3) 캠페인 결과

정략적 성과

- 논산한글대학 할머니들께 좌식의자 500개 지원, 버스커 6팀 접이식 의자 지원, 장도분교 졸업생 이건이 의자 지원
- 할머니들 직접 손편지로 감사의 회신(〈그림 5-12〉), 논산시 감사패 수여
- 총 871만 누적 조회수 기록(2018년 12월 프로젝트의 시작을 알리는 기대요 프로젝트 시작 편은 누적 조회수 579만, 2019년 1월 장도분교 편은 누적 조회수 120만, 논산한글대학 편은 누적 조회수 86만, 버스커 편은 누적 조회수 86만)
- 좋아요 23,677개, 댓글 1,759개

그림 5-12 논산한글학교 할머니들 감사편지

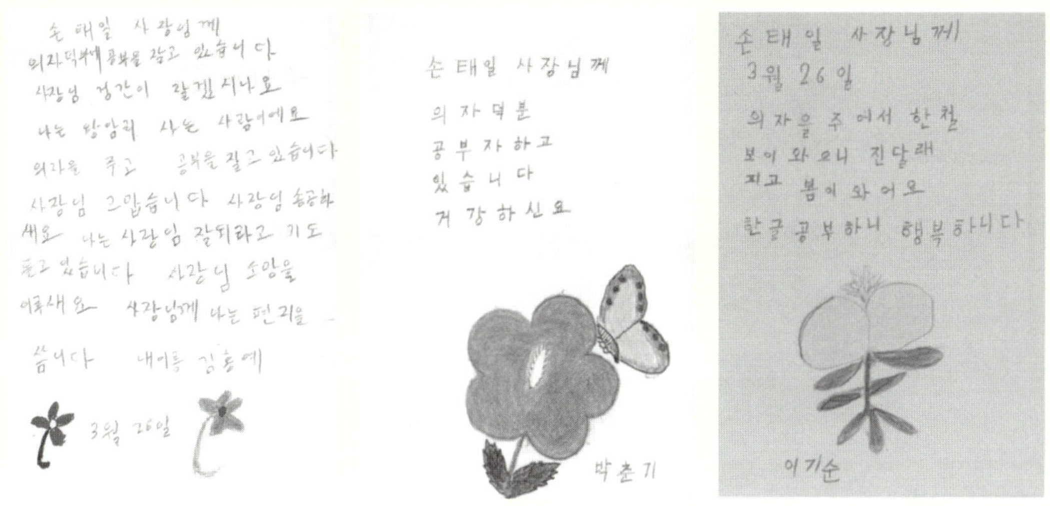

- 2개월간 5개 영상에 대한 유튜브/인스타/페이스북의 반응은 장초수 영상소재임에도 불구하고 VTR 및 100% 조회율 평균대비 높은 수치 기록(VTR 2.4배, 100% 조회율 6배)

정성적 효과 및 성공 요소

- 제품 중심이 아닌, 제품의 가치를 공유하는 소비자 중심의 콘텐츠 소통을 통하여 인생의 동반자이자 지지해 주는 존재로서의 브랜드가치 제고
- 시디즈 브랜드를 일종의 인격체로 인식케 하고 평범한 일상 속 의자의 가치를 '격려'와 '응원'의 메시지로 재해석하여 공감을 이끌어 냄 – '좋은 의자'의 가치 전달
- 우리 주변의 어려운 이웃들에 대한 관심과 기댈 곳이 필요한 사람들에게 따뜻한 격려와 응원이 필요하다는 공감 가는 콘텐츠를 통한 브랜드의 진정성 있는 소통
- SNS를 적극적으로 활용하여 소비자의 자발적 참여와 확산을 유도함으로써 어려운 이웃들에 대한 사회적인 관심과 응원, 도움을 주자는 메시지에 대한 일반 대중의 인식 제고와 확산에 기여

05 해외의 공익캠페인 성공사례

1990년대 이후 미국의 글로벌 기업을 중심으로 해외에서도 활발한 공익캠페인이 전개되고 있는 가운데 기업이미지 제고에 기여할 수 있는 사회문제를 선택하여 다른 기업과 차별화될 수 있는 독특하고 대담한 방식의 캠페인을 장기적으로 펼치고 있는 대표적인 사례로서 미국의 아이스크림 업체 벤앤제리(Ben & Jerry)의 '지구온난화방지' 캠페인을 들 수 있다. 이 캠페인이 추구하였던 가치와 목표, 핵심전략 및 전술을 살펴보고 캠페인의 성과 분석을 통하여 시사점을 논의하고자 한다.

벤앤제리(Ben & Jerry) 아이스크림: 지구온난화방지 캠페인

미국 시장에서 고급 아이스크림 매출 1위를 기록하고 있는 벤앤제리는 1978년 벤 코헨(Ben Cohen)과 제리 그린필드(Jerry Greenfield)에 의하여 버몬트주의 허름한 주유소를 개조하여 시작되었다. 사업을 시작한지 불과 3년 만에 시사주간지 〈타임〉지가 선정하는 '세계 최고의 아이스크림'이라는 찬사를 받을 만큼 빠른 성장을 이룩한 벤앤제리는 1988년 회사의 사명을 담은 사명선언문(mission statement)을 선포하고 이를 지키기 위하여 현재까지 꾸준히 노력하고 있는 모범적인 사회적 책임 기업으로서 명성을 얻고 있다. 그들의 사명선언문에는 단순한 이익추구를 넘어 기업활동의 토대를 제공해 준 사회와 그 구성원들, 이해관계자들과 함께 동반성장해 나가야 한다는 '연계번영(linked prosperity)'이라는 새로운 기업경영철학이 담겨져 있다. 사회와 환경문제 개선을 통하여 우리 사회의 지속가능한 발전에 기여하기 위한 제품, 사회·경제에 관한 비전을 포함하고 있다. 이의 꾸준한 실천을 통하여 인간과 사회에 공헌하는 우수기업이라는 이미지 제고에 성공한 대표적인 아이스크림 제조기업이라고 할 수 있는 벤앤제리는 기업의 사회적 책임을 이야기할 때 지역사회와 유대관계, 환경보호, 사회적 기업 지원, 공익마케팅과 같이 사회적 책임을 가장 성실히 실천하는 기업으로 손꼽히고 있다.

벤앤제리가 CSR활동을 통하여 해결하고자 하는 사회문제는 크게 인종차별, 성차별, 동성연애자 차별, 빈곤층과 같은 사회적 불평등 문제와 환경문제, 지구평화 등을 포함한다. 1985년 벤앤제리 재단을 설립하여 세금을 포함한 회사 수익의 7.5%를 기금으로 적립하여 이와 같은 문제 해결을 위한 공익활동에 사용하고 있다. 특히 1988년에는 미국 국방예산의 1%를 세계 평화유지를 위하여 사용하자는 '1% for Peace' 운동을 전개하였고 이를 널리 알리기 위하여 제품명을 'Peace Pops'라고 명명하기도 하였다. 또한 열대우림 보호를 위하여 1989년 'Rainforest Crunch'라는 이름의 아이스크림을 출시하기도 하였다. 제품 이름을 이용하여 그들이 지원하는 사회문제를 자연스럽게 알리는 독특한 마케팅 전략은 무려 50여 가지가 넘는 제품에 사용되었다. 제품을 자연스럽게 공익과 연계하여 홍보효과를 극대화하는 전략적인 마케팅 기법을 활용하였던 것이다.

벤앤제리의 다양한 활동 중에서 2004년 런칭한 'One Sweet Whirled' 캠페인(〈그림 5-19〉)은 지구와 환경을 중시한다는 기업사명과 가치를 담은 성공적인 CSR마케팅으로 평가된다. 대중음악 밴드인 Dave Mathews Band와 SOE(SaveOurEnvironment.org)라는 공익단체와 제휴하여 지구온난화의 주범인 탄소배출의 증가를 막기 위한 공익캠페인을 전개한 것이다. 대중들에게 지구온난화의 위험성을 인식시키고 더 많은 실상을 파악하기 위하여 캠페인의 이름을 딴 새로운 아이스크림 제품을 출시하였다(〈그림 5-20〉. 바로 '지구를 지키자(Save Our Swirled)'라는 새로운 아이스크림인데, 아이스크림이 녹지 않아도 녹은 것처럼 보이고 뚜껑에는 SOS 문구를 노출시켜 소비자들에게 지구온난화에 대한 경각심을 불러일으킨다. 트럭으로 세 가지 제품을 싣고 미국 전역에서 무료로 나눠주며 지구온난화에 대한 경각심을 불러일으키는 별도 캠페인을 진행하기도 했다. 이와 함께 음악밴드의 투어콘서트를 지원하였으며, 온난화의 위험성을 알리는 음악CD를 제작하여 배포하였다. 또한 자체 웹사이트를 통하여 온난화 문제를 상기시켰으며, 아이스크림 매장 내에서 상품 판촉행사를 병행하기도 하였다.

그림 5-13 벤앤제리의 One Sweet Whirled 캠페인

벤앤제리는 비단 마케팅뿐만 아니라 제품의 생산과 유통 과정에 이르는 모든 과정에서 이산화탄소를 줄이기 위한 노력을 병행하고 있다. 우유 생산 시 특별 제조된 사료를 먹인

소를 이용하여 기존의 소가 배출하던 이산화탄소와 비교하여 무려 18배의 온실가스를 배출하는 메탄가스를 줄였다. 또한 유제품을 생산, 공급하는 모든 생산농장은 자체 운영하는 바이오연료, 태양광 및 풍력발전을 통해 전기를 공급받게 함으로써 탄소배출을 감소시켰다. 생산된 제품을 최적화된 운송루트를 통해 수송하고, 친환경 재생품을 이용하여 만든 포장재료에 의하여 포장된다. 그러나 아이스크림이라는 제품의 특성을 유지하기 위하여 필수적인 냉장 및 냉동 부문은 아직까지 온실가스를 줄일 방법이 마땅치 않아 직접 온실가스를 줄이는 대신에 오염원 배출감소 인증서 구입을 통하여 해결하고 있다.

벤앤제리는 또한 아이스크림 회사 최초로 제품의 공정과정을 평가하여 이산화탄소의 배출량을 감축시킨 기업이다. 뉴욕의 환경컨설팅 업체를 통하여 탄소배출량을 분석한 결과, 제품생산 전 과정 중 원료생산에서 54%의 탄소가 배출되었고, 그 중 41%가 원재료인 우유 생산을 위하여 소를 사육하는 과정에서 발생하는 것으로 나타남에 따라 이산화탄소 배출량 감축을 위하여 네이티브에너지(Native Energy)사와 협력하여 분뇨처리에 나섰다. 그 결과 소의 분뇨에서 고체를 분리하고 액체는 비료로 활용할 수 있는 기계를 사용하여 메탄발생량을 50% 감소시켰으며, 분리된 고체를 축사의 깔짚으로 활용하여 비용을 절약할 수 있었다고 한다. 이러한 노력을 통하여 10년간 약 1만 톤의 온실가스 배출을 감소시킬 수 있다는 예측이다.

그림 5-14 캠페인의 이름을 딴 OSW(One Sweet Whirled) 아이스크림

이는 연간 자동차 5천 대의 온실가스 배출량과 맞먹는다고 한다.

이산화탄소 배출 증가로 인한 온실가스 증가와 그로 인한 지구온난화라는 심각한 환경문제에 대한 벤앤제리의 다채로운 CSR경영전략과 마케팅활동의 효과는 역시 자연과 환경을 생각하는 기업이라는 기업이미지의 제고라고 할 수 있다. 특히 'One Sweet World'라는 공익캠페인을 통하여 벤앤제리는 기업이미지의 제고는 물론 5만 명 이상에게서 이산화탄소를 줄이는 데 노력하겠다는 서명을 받아냈고, 국회에 6만 통 이상의 탄원서를 보냈으며, 연계단체인 SOE(Save Our Environment)의 신규회원을 1만 2천 명 이싱 증가시키는 실천행동의 효과를 읻을 수 있있다.

06 공익캠페인의 성공을 위한 제안

1) 공익캠페인을 기획할 때 고려해야 할 요소들

보다 효과적이고 성공적인 공익캠페인이 되기 위하여 그 대상이 되는 사회문제를 선정할 때는 다음과 같은 요인들을 고려할 필요가 있다. 첫째, 기업의 핵심역량 또는 추진하고 있는 사업과 관련성이 높은 사회문제를 선택할 때 소비자들의 공감을 얻기가 쉽다. 예를 들면, 풀무원의 경우 회사의 핵심역량이 식품 관련 사업에 있는 만큼 건강한 먹거리에 대한 정보를 제공하고 확인방법을 교육하는 '바른먹걸이' 캠페인은 풀무원의 '업'과 가장 잘 관련되는 주제라고 할 수 있다. 그러나 최근의 일부 연구결과에 의하면, 기업의 사업분야와 관련된 CSR마케팅 활동을 하는 것이 반드시 효과적이라고 할 수는 없다고 한다. 기업이 생산하는 제품에 따라 오히려 역효과를 나타낼 수도 있다는 것이다. 예를 들면, 담배회사에서 청소년 흡연 감소를 위한 캠페인을 전개하는 경우 소비자들이 그 동기에 대해서 부정적으로 받아들일 수 있기 때문에 오히려 해당 기업의 사업분야와 관계 없는 사회적 이슈를 선택하는 것이 더 낫다는 것이다. 주류회사에서 음주운전 금지 캠페인을 하는 경우도 유사할 것으로 보인다.

둘째, 대상이 되는 사회문제가 장기간 지속되어 온 문제일수록 소비자의 관심이 높을 수 있고, 월마트의 아동병원 돕기 캠페인과 같이 직원들의 직접 참여가 큰 역할을 할 경우 직원들이 보다 열정적으로 참여할 가능성과 매체노출의 가능성이 높아지게 된다. 아울러 문제해결의 가능성이 높은 사회문제가 그렇지 않은 경우보다 목표 달성에 더 효과적이라고 할 수 있다.

적합한 사회문제를 선정하게 되면 외부 조직과 연계할 것인지에 대한 결정을 내리게 된다. 공익캠페인의 대상이 되는 사회문제에 대한 전문성과 조직체계를 갖춘 기업 외부의 NGO, 공익단체 또는 정부기관, 지자체와의 제휴가 필수적인 경우가 대부분이다. 제휴를 할 경우 어떤 조직과 할 것인지에 대한 결정은 캠페인의 효과에 매우 큰 영향을 미치게 된다.

사회문제와 제휴기관을 선정한 후 본격적인 캠페인 기획단계로 넘어가게 된다. 공익캠페인의 기획은 일반적인 마케팅 기획의 요소를 모두 포함하며 특별히 제휴기관과의 연계활동이 필요한 경우 이에 대한 세부 전술이 추가된다. 전체 캠페인의 기획요소는 다음과 같이 구성된다.

- 캠페인 목표와 커뮤니케이션 목표
- 표적 청중
- 핵심 메시지
- 주요 활동 내용
- 매체 선정
- 크리에이티브 전술
- 캠페인의 혜택
- 캠페인의 기대효과

2) 공익캠페인의 성공을 위한 핵심 포인트

기업의 CSR마케팅 활동의 목적이 사회문제를 널리 알리고 그에 대한 인식과 관심도를 증가시키는 데 있다면 그것은 공익캠페인으로 규정된다. 공익캠페인의 성패를 좌우할 수 있는 가장 중요한 전략적 요소는 커뮤니케이션이라고 할 수 있다. 선정된 사회문제를 보다 많은 사람들에게 알리고 그에 대한 관심과 행동의지를 제고하여 추후에 시간, 현금 또는 비금전적 자산을 기부하도록 유도하며 해당 사회문제의 해결에 필요한 자원봉사와 같은 행동으로까지 연결시키는 것이 공익캠페인의 주된 목적이기 때문이다. 따라서 일반 대중 또는 표적청중과의 원활한 커뮤니케이션을 이뤄내기 위한 기존의 마케팅 전략이 그대로 적용될 수 있는 것이 공익캠페인을 통한 CSR마케팅 활동이며, 사회문제에 대한 인식과 관심 확산을 위한 커뮤니케이션의 성공이 바로 공익캠페인의 성공과 직결된다고 할 수 있다.

인터넷의 확산에 따라 다양한 소셜미디어의 영향력이 커져감에 따라 이를 효과적으로 활용함으로써 공익캠페인의 커뮤니케이션 효과를 배가할 수 있을 것이다. 많은 사람들이 이용하고 있는 대표적인 SNS서비스인 트위터를 활용하여 공익 메시지의 확산과 소비자의 참여를 유도한 벤앤제리의 공징무역 드위드 캠페인('Fair Tweet' 캠페인; 〈그림 5-21〉)이나 동영상 공유 서비스인 유튜브 채널을 통하여 이용자들에게 재미를 주고 공감을 이끌어 낸 자동차 기업 폭스바겐의 'Don't make up and drive' 캠페인 등이 좋은 예이다. 소셜미디어의 특성상 소비자들의 직접 참여와 빠른 정보 공유와 확산이 가능하기 때문에 이를 효과적으로 활용한다면 공익캠페인의 커뮤니케이션 효과를 극대화할 수 있을 것이다.

공익캠페인은 대부분의 기업들이 공익단체, 시민단체, 지자체, 정부기관 등 해당 사회문제에 대한 전문성을 갖고 있는 기관들과의 제휴를 통하여 수행하고 있다. 물론 기업이 정해진 예산을 가지고 전반적인 캠페인의 기획과 집행 등을 주관하지만 세부 수행 전술에서 제휴단체가 보유하고 있는 전문적 지식, 네트워크, 시설 등 물적·인적 자산을 활용하여 캠페인의 완성도를 높일 수 있게 된다. 앞에서 살펴보았던 벤앤제리의 지구온난화 방지 캠페인의 경우 대중음악 밴드와 SOE라

그림 5-15 벤앤제리의 공정 트위트(Fair Tweet) 캠페인

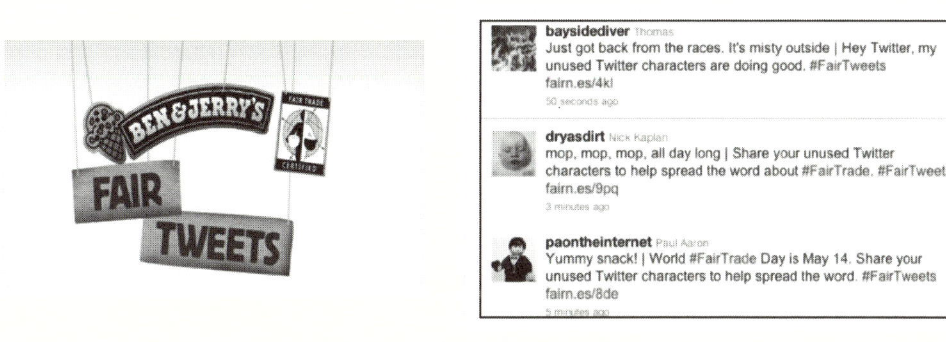

는 공익단체와 함께 하였고, 풀무원의 경우에는 '푸드포체인지'라는 단체의 지원을 받기도 하였다. 공익단체와의 제휴는 또한 해당 단체가 가지고 있는 공익적 이미지가 기업에 자연스럽게 전이되는 효과도 얻을 수 있기 때문에 공익캠페인을 통한 기업이미지 제고라는 캠페인의 목표 달성에도 직접적인 도움이 된다.

적합한 사회문제의 선정은 공익캠페인 기획에서 가장 중요한 요소이다. 화장품 제조사의 '동물실험'이라는 사회문제를 가지고 일관성 있는 공익캠페인을 전개하여 기업이미지 제고에 성공한 영국의 바디샵이나 '바른먹거리' 캠페인을 통하여 식품기업으로서 차별적인 이미지 구축에 성공한 풀무원의 사례를 통하여 사회문제의 선정과 관련하여 다음과 같은 시사점을 얻을 수 있다. 첫째, 자신의 기업이 속한 업계 또는 생산하는 제품과 연관성이 높고, 자사의 소비자들의 관심이 높은 사회문제를 선택해야 한다는 것이다. 또한 사회문제는 기업의 사명과 목표의 연장선상에 놓일 수 있는 것이라야 기업 내부의 조직원은 물론 소비자들에게도 공익캠페인이 단순한 겉치레라는 인상을 주지 않게 된다. 또한 월마트의 사례에서 볼 수 있듯이 자발적인 참여를 통하여 직원들이 자부심을 느낄 수 있는 사회문제를 선정하는 것도 중요한 포인트이다.

키워드(Keywords)

- 공익캠페인의 개념
- 공익캠페인의 정의
- 공익캠페인의 특성
- 공익캠페인의 마케팅 효과
- 공익캠페인의 목표
- 커뮤니케이션 효과
- AISAS 모델

생각해 볼 문제(Review Questions)

- 공익캠페인은 어떻게 정의할 수 있는가?
- 공익캠페인이 다른 유형의 CSR마케팅 활동과 다른 점은 무엇인가?
- 공익캠페인을 수행하여 얻을 수 있는 마케팅 효과에는 무엇이 있는가?

- 공익캠페인의 커뮤니케이션 효과에 대하여 생각해 보자.
- 유한킴벌리의 '우리강산 푸르게 푸르게' 캠페인의 주된 성공요인은 무엇인가?
- 공익캠페인의 기획요소와 과정에 대하여 생각해 보자.
- 해외의 공익캠페인 성공사례에는 어떤 것들이 있는가?
- 벤앤제리, 바디샵 등 공익캠페인의 성공사례를 통하여 얻을 수 있는 전략적 시사점에 대하여 생각해 보자.

참고문헌

코틀러와 리 (2007). CSR마케팅 (남문희 역). 리더스북.

유한킴벌리 웹사이트 (2020). 우리 강산 푸르게 푸르게.
http://www.yuhan-kimberly.co.kr/Society/Symbol)

퍼시스 웹사이트 (2020). 퍼시스그룹 핵심경영원칙.
https://www.fursys.com/fur_frt/company/coreRule.do

Chapter 06

사회마케팅(Social Marketing)

01 사회마케팅의 개념과 정의

02 사회마케팅의 마케팅 효과

03 사회마케팅의 주요 기획 요소

04 사회마케팅 전략수립을 위한 핵심 포인트

05 사회마케팅 사례

학습 목표

담배를 피우는 것이 몸에 해롭다는 것을 모르는 사람들은 별로 없을 것이다. 하지만 그러니까 담배를 끊어야지 하고 바로 행동에 옮기는 사람들은 그리 많지 않을 것이다. 열량이 높은 패스트푸드가 건강에 좋지 않다는 것도 대부분의 사람들이 잘 알고 있지만, 급하면 찾게 되는 곳이 바로 패스트푸드점이다. 사회문제에 대한 인식과 그것을 실천하려는 행동 간의 차이, 잘 알고는 있지만 행동하기는 어려운 경우에 바로 사회마케팅이 필요하지 않을까? 사회마케팅은 일반 대중에게 바람직한 특정 행동을 인식시키고 전파하는 데 그치지 않고 실제 행동의 변화를 이끌어 내는 것을 목적으로 하는 CSR마케팅 활동이다. 문제를 알리는 데 그치지 말고 행동케 하라는 것이다. 이번 장에서는 먼저 사회마케팅의 의미와 목표, 효과 등에 대하여 알아보고, 이어서 사화마케팅의 대상으로 적합한 사회문제는 어떤 것들이 있는지 살펴보기로 한다. 이어서 다양한 실제 사례들을 분석함으로써 성공적인 사회마케팅 기획을 위한 시사점을 얻고자 한다.

사회마케팅(Social Marketing)이란 기업이 일반 대중에게 바람직한 특정 행동을 인식시키고 전파하여 사회적 차원의 행동변화를 이끌어 내기 위한 CSR마케팅 활동을 말한다. 공익캠페인이 사회문제에 대한 인식과 관심을 높이기 위한 활동이라면 사회마케팅은 인식 차원을 넘어 실질적인 행동변화에 목표를 둔 캠페인이라고 할 수 있다. 즉 공공의 안전과 건강을 지키고 환경과 사회복지의 개선을 목표로 기업이 소비자들의 특정 행동을 유발하거나 변화시키기 위하여 적용하는 CSR의 유형이라고 할 수 있다. 공익캠페인이나 뒷장에서 소개되는 공익연계마케팅(Cause-related Marketing)과 마찬가지로 상황분석 – 캠페인 전략(사회문제, 마케팅 목표, 타깃, 핵심 메시지) – 실천전술의 전략수립 과정을 거치는 캠페인이지만, 대중의 인식, 사고방식, 태도의 변화를 넘어서 특정 행동의 실천(예: 고속도로에 쓰레기 투기 금지, 음주운전 금지 등)을 이끌어 내기 위한 캠페인이라는 점에서 차이가 있다. 또한 공익연계마케팅이 특정 상품의 판매와 연계된다면 사회마케팅은 판매와는 직접적으로 연계되지 않는다는 점에서 차이가 있다. 다시 말하면, 사회마케팅은 사회 전체의 이익을 위하여 대중이 특정 행동을 자발적으로 수용, 거부, 수정, 또는 중지하도록 영향을 줄 목적으로 마케팅의 기본원리 및 기술을 적용하는 CSR마케팅 방식이라고 정의할 수 있다(Kotler & Zaltman, 1971).

마케팅 개념은 생산 – 제품 – 판매 – 고객지향 – 사회지향적 관점을 거치면서 변화해 왔다. 다양한 CSR마케팅 활동유형 중의 하나인 사회마케팅은 기존의 마케팅 교과서에서 소개되는 마케팅 발전과정의 최종 단계인 사회지향적 마케팅과 혼동되어서는 안 된다. 사회지향적 마케팅이란 기업이 마케팅활동에 대한 의사결정을 할 때 소비자만족을 통한 이윤추구에 집착하다 보면 사회복지를 저해할 수 있기 때문에 사회 전체의 이익과 복지를 함께 고려한 마케팅활동이 이루어져야 함을 의미한다. 즉 사회적 마케팅은 소비자, 기업, 사회복지 등 3가지를 만족시키는 마케팅 활동을 의미하는데, 흔히 자원의 부족, 과잉인구, 교통문제, 환경오염, 소비자피해, 소외계층 문제의 해결을 함께 고려하는 마케팅활동을 말한다. 따라서 CSR 관점의 사회마케팅 활동을 포괄하는 광의의 개념으로 이해하는 것이 타당할 것이다. 또한 기업의 사회적 책임론과 소비자보호운동이 부각되면서 정부기관이나 공공단체, NGO 등이 마케팅 개념을 적용하여 사회적인 이슈를 다루는 활동을 지칭할 때도 사회마케팅이라는 용어를 사용한다. 보건복지부의 금연캠페인이나 교통안전관리공단의 교통사고 예방 캠페인, 중앙선거관리위원회의 투표참여 캠페인 등이 대표적인 사례인데, 기업이 주체가 되어 CSR마케팅의 일환으로 수행하는 사회마케팅은 이 경우와도 혼동되어서는 안 될 것이다.

과거에는 사회마케팅의 대상으로 금연, 콘돔 사용, 식생활 개선과 같은 공중보건 분야의 문제들이 다루어졌지만(Meischke, 2008), 최근에는 유방암, 10대 음주, 에이즈, 심장질환 등 새로운 보건문제와 교통안전, 총기사용, 자살 등과 같은 안전문제가 주로 다루어지고 있다. 또한 나날이 심각성을 더해 가는 환경오염의 문제와 지역 간 빈익빈 부익부 현상을 해소하고자 물 절약, 전기절약, 공기오염, 쓰레기 줄이기와 같은 환경보호와 빈곤층 어린이 교육/문화/주거 혜택 지원, 디지털 양극화 해소와 같은 지역사회를 위한 공헌이 중요한 이슈로 부각되고 있다. 또한 사회마케팅은 중앙정부, 지자체의 보건위생, 교통, 환경 관련 부서가 기획, 총괄하고 기업은 금전적으로 협찬, 지원하는 형식이 주를 이루었지만 최근에는 기업의 주도 하에 공익단체나 지자체가 협력하는 방식의 캠페인도 흔히 볼 수 있게 되었다.

이번 장에서는 CSR마케팅의 두 번째 유형인 사회마케팅에 대한 개념적 정의와 특성에 대하여 알아보고, 사회마케팅을 통하여 얻을 수 있는 구체적인 효과를 살펴본다. 또한 성공적인 사회마케팅 캠페인 실행에 필요한 전략적 요소와 사회문제 선정방안, 실행수단 등에 대하여 알아본다. 그동안 집행된 대표적인 사회마케팅 성공사례도 함께 논의함으로써 실무에 적용 가능한 시사점을 도출해 본다.

사회마케팅의 개념과 정의 01

미국의 코틀러와 잘트만 교수는 사회마케팅을 '대중의 사회이념 수용성에 영향을 미치기 위하여 제품기획, 가격설정, 커뮤니케이션, 유통 및 마케팅 조사의 이론과 방법을 활용하여 마케팅 프로그램을 기획하고, 집행, 통제하는 과정'이라고 정의한 바 있다(Kotler & Zaltman, 1971). 이 정의를 바탕으로 CSR이 추구하는 사회문제의 해결에 초점을 두어 '사회문제의 해결에 필요한 대중의 행동변화를 위하여 기업에서 사용하는 마케팅의 일반적인 원리와 전략, 전술을 적용하는 마케팅활동'이라고 정의할 수 있다.

사회마케팅은 다른 말로는 이념마케팅(Idea Marketing), 또는 사회적 목적 마케팅(Social Causes Marketing)이라고 불리기도 하는데, 사회마케팅과 전통적인 기업마케팅 간의 차이는 다음과 같이 정리할 수 있다(Kotler & Zaltman, 1971). 첫째, 기업마케팅은 목표시장에서 소비자들의 필요와 욕구를 충족시키는 데 초점을 두지만 사회마케팅의 목표는 태도와 행동의 변화에 있다. 둘째, 기업마케팅은 목표시장의 욕구충족과 사회이익의 제공을 통하여 이윤을 추구하는 반면, 사회마케팅은 이윤추구보다는 사회 전반의 바람직한 변화를 우선시한다. 셋째, 기업마케팅의 경우 사회문제(아이디어)가 수단이 되어 해당 기업의 제품이나 서비스의 판매를 위한 마케팅활동에 이용되지만, 사회마케팅의 경우 제품이나 서비스의 판매보다 사회문제 자체가 마케팅의 대상이 되며 해당 문제의 해결에 목표를 둔다.

이러한 점에 비추어 볼 때 사회마케팅은 공익캠페인, 또는 공익연계마케팅과 영역이 중복되는 면도 있지만, 인식과 태도가 아닌 행동의 변화(behavioral change)를 목표로 한다는 점에서 가장 큰 차이가 있다(〈그림 6-1〉). 즉 공익캠페인이 주로 대중매체를 통한 커뮤니케이션, 정보 전달과 설득을 통하여 표적집단의 인식과 태도를 변화시키는 데 목적이 있고, 공익연계마케팅은 소비자의 상품구매행위를 유발하여 사회문제의 해결을 도모하는 데 목적이 있다고 한다면, 사회마케팅은 매체광고뿐만 아니라 다양한 판촉물, PR, 이벤트, 매장, 판매원 등 거의 모든 마케팅 수단을 동원하여 사회문제 해결을 위한 실제 행동의 변화를 목적으로 한다. 또 다른

그림 6-1 사회마케팅과 다른 CSR마케팅 유형과의 차이

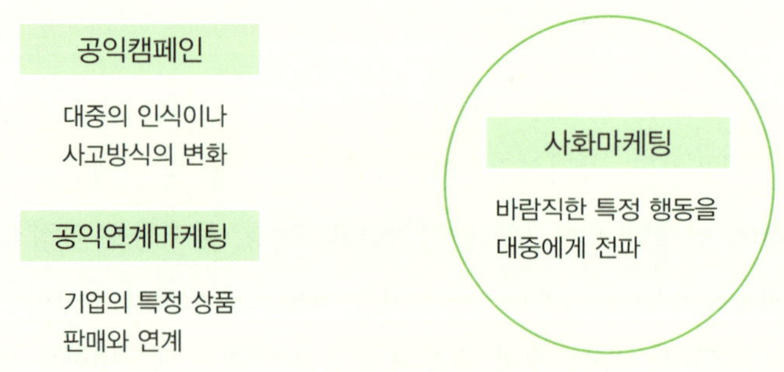

차이점으로는 공익캠페인의 경우 매체광고를 위주로 일방향적 소통활동에 의존하는 경향이 크기 때문에 표적집단의 반응을 쉽게 파악하기 어렵지만, 사회마케팅의 경우에는 캠페인에 대하여 행동으로 반응을 보이기 때문에 효과를 즉각 파악할 수 있다는 차이가 있다. 이것은 사회마케팅의 장점 요소이기도 하다.

코틀러와 잘트만(1971)은 사회마케팅이 추구하는 목표는 바람직한 방향으로 행동의 변화를 일으킬 수 있는 최적의 계획을 마련하는 데 있다고 주장한 바 있고, 난이도에 따라 4가지의 변화 유형을 제시하였다. 첫째는 인지변화(cognitive change)로서 태도나 행동의 변화를 촉구하는 것이 아니고 정보를 전달하는 데에 일차적인 목적이 있다. 예를 들어, '쌀과 보리의 영양가 비교 또는 설명'과 같은 공공정보 또는 공공교육 캠페인이 이에 해당된다. 둘째는 행동변화(action change)인데 이를테면 '정기적인 유방암 검사'를 받도록 권유하는 캠페인, 헌혈캠페인 등이 이에 해당된다. 사실의 이해를 도와 구체적인 행위를 요구해야 하기 때문에 전자와 비교하여 변화를 유도하기가 어렵다고 할 수 있다. 또한 행위 자체에 대한 태도는 호의적이더라도 실제 행위로 이어지지 않을 가능성도 높다. 셋째는 행태변화(behavioral change)이다. 음주, 흡연, 마약복용 등과 같은 1회성 행동이 아니라 지속적이고 관행적인 행동의 변화를 말한다. 대부분의 사람들이 흡연, 음주, 마약복용의 해악을 이미 잘 알고 있기 때문에 인지변화나 행동변화보다 성공률이 더욱 낮게 나타난다. 넷째는 가치변화(value change)로서 위의 3가지와는 달리 특정 대상 또는 상황에 대하여 이미 갖고 있는 신념이나 가치판단의 변화를 의미한다. 예를 들면, 낙태에 대한 신념, 동성연애에 대한 윤리적 가치 판단 등이 이에 해당된다. 인간의 기본가치란 오랜 시간에 걸쳐 사회문화적인 환경에 뿌리를 두고 형성되기 때문에 가장 어려운 변화이다. 따라서 오랜 시간과 강렬한 교화 프로그램을 수반하는 강력한 사회마케팅이 요구된다.

기업이 사회마케팅을 통하여 기여하고자 하는 사회문제는 매우 광범위한 부분을 포함하는데 대체로 요구상황에 따라 2가지 범주로 분류할 수 있다. 첫째 유형은 새로운 정보와 관행을 전파할 필요가 있는 문제들이다. 예를 들면, 유방암 자가진단법, 심장병 치료법, 암검사의 필요성 등과 같이 새로운 의학지식이라든지 신뢰할 수 있는 과학적 연구의 결과를 토대로 한 새로운 지식을 전파하여 사회 전반의 건강, 보건, 환경에 기여할 수 있는 경우이다. 저개발국가의 경우에는 물 끓여

그림 6-2 사회마케팅에서 다루어지는 사회문제의 유형

〈주로 다루어지는 사회문제 유형〉

건강문제	안전문제	환경문제	지역사회
• 흡연 예방 • 유방암 • 10대 임신 • 당뇨 • 에이즈	• 교통안전 • 총기류안전 • 익사 예방 • 자살 방지 • 응급사태	• 물 절약 • 전기절약 • 공기오염 • 야생동물 보호 • 쓰레기줄이기	• 자원봉사 • 동물복지 • 장기기증 • 범죄예방 • 혈액기증

먹기, 화장실 이용, 모유 먹이기와 같은 기본적인 문제들도 사회마케팅의 대상이 될 수 있다. 두 번째 유형은 이미 잘 알고 있는 문제의 해결을 위하여 행동의 활성화가 필요한 문제들이다. 금연, 금주, 체중조절, 규칙적 운동의 당위성은 알고 있으나 실천이 어렵고, 습관을 버리기 힘들며, 지속적인 노력을 기울여야 하는 문제들이 포함된다. 의도를 행동으로 옮겨가도록 활성화해야 하는 문제들로서 향후 닥쳐올 식량 부족, 식수 부족, 에너지 부족과 같은 심각한 상황에서 신속한 활성화를 위한 노력이 필요한 경우이다.

그동안 다양한 사회마케팅 활동을 통하여 다루어졌던 사회문제들은 〈그림 6-2〉와 같이 크게 4가지 분야로 정리할 수 있다. 20세기까지는 인간의 기본적인 삶의 영위와 관련된 건강과 안전문제들이 주로 다루어졌다면, 21세기 이후에는 사회와 환경의 변화에 따라 환경과 지역사회와 관련한 문제들이 주요 대상이 되고 있다.

요약하자면, 사회마케팅은 사회문제에 대한 대중의 인식과 공감의 확산을 목적으로 하는 공익캠페인이나, 기업의 상품판매에 따라 사회문제 참여와 공헌의 강도가 결정되는 공익연계마케팅과는 달리 사회문제에 대하여 대중의 자발적인 참여와 행동변화에 초점을 두는 CSR마케팅 방식이라고 할 수 있다. 사회문제에 대한 인식 확산과 같은 일차적인 커뮤니케이션 효과보다는 대중의 실천행동을 이끌어 내는 데 목적이 있기 때문에 기부나 자선활동과 비교하여 보다 적극성을 띤 CSR마케팅 활동이라고 할 수 있다. 활동의 표적시장이 일반 대중이나 지역사회라는 점에서 공유가치 창출 마케팅과도 구별된다. 또한 다른 CSR마케팅 활동에 비하여 사회마케팅은 해당 사회문제를 다루는 공익단체나 NGO뿐만 아니라 지방자치단체나 행정기관들과의 연계가 매우 중요한 전략적 요소이다. 그 이유는 심장병 예방, 콜레스테롤 경감, 장기기증 등 사회마케팅에서 다루는 많은 행동 요소들이 전문가적인 견해에 바탕을 두고 있고, 전문가들의 지원을 바탕으로 하기 때문이다. 특히 지역사회에 국한된 문제를 다루거나 특정 지역을 표적시장으로 하는 경우에는 해당 지역의 지자체나 관련 행정기관과의 연계 여부에 따라 캠페인의 효과가 달라질 수 있으므로 이들과의 전략적 제휴가 필수적으로 요구된다.

한편 지방자치단체가 주관하는 캠페인에 협력사로 참여하여 사회문제 해결에 기여하고 마케팅 효과를 얻는 방식도 많이 활용되고 있다. 그 대표적인 사례로 미국 뉴욕시가 주관한 '국민건강을 위한 소금량 줄이기' 캠페인을 꼽을 수 있다. 이 캠페인은 1990년대 말 이후 지속적으로 건강한 식생활 운동을 펼쳐오고 있는 뉴욕시가 2010년 주요 가공식품과 레스토랑 메뉴의 소금 함유량을 줄이기 위하여 자율규제 가이드라인을 정하고 이를 실천하도록 유도했던 캠페인이다. 점차적으로 식품에 포함되어 있는 소금 함유량을 감소시켜 25%까지 낮추고, 일반 소비자들의 소금 섭취량도 20% 이상 줄이려는 목표로 진행된 이 캠페인에는 유명 식품회사인 크래프트와 하인츠는 물론 캠벨수프와 펩시콜라 등 20여 개의 기업이 협력사로 참여하였다. 심장병의 주원인인 소금, 즉 염화나트륨은 보통 사람들의 나트륨 공급원이기도 하지만 과다 섭취하면 고혈압과 심장질환, 뇌졸중의 원인이 된다. 미국 심장협회는 1,500mg(티스푼 한 개 이하) 이내를 권장량으로 정하고 있지만, 미국인의 평균 일일 섭취량이 거의 3,300mg에 달하여 심각한 질병을 야기할 가능성이 매우 높기 때문에 이를 방지하기 위하여 실시된 캠페인이다.

미국인들의 대다수가 선호하는 식빵이나 스낵류에는 소금 함유량이 매우 높은 수준이라고 한다. 식빵 한 쪽이 80~230mg, 깡통에 든 닭고기 수프는 100~940mg, 감자칩 1온스짜리 한 봉지가 50~200mg의 소금을 함유하고 있다고 한다. 그 외에도 집이나 레스토랑에서 매일 섭취하는 치즈, 케첩, 버터 등에도 많은 소금이 함유되어 있기 때문에 이들 식품 자체의 소금 함유량을 줄이는 것이 식생활 개선을 통한 건강 증진에 주효할 것으로 보고 캠페인을 전개한 것이다. 법적인 구속력 없이 시가 기업에 자율규제 가이드라인을 제시하고 이를 지키도록 권장하는 형태로 진행된 이 캠페인은 시작 3년 만에 큰 성과를 얻을 수 있었다.

가장 먼저 소금량 줄이기 캠페인에 동참한 기업은 패스트푸드 체인점 서브웨이와 슈퍼마켓 체인점인 A&P사였다. 특히 A&P사는 미국 동북부 지역의 435개 매장에서 저염식품을 판매하면서 '미국의 선택(America's Choice)'이라는 라벨을 붙였고 뉴욕시가 홍보를 지원하였다. 또한 크래프트사도 자사의 치즈 제품 소금함량을 18% 감소시켰고, 하인츠도 주력제품인 토마토케첩의 소금함량을 15% 감소시켰다. 푸드체인점 오봉펭(Au Bon Pain)도 이에 부응하여 샌드위치에 야채 등을 사용하여 소금함량을 대폭 낮췄다. 치킨체인점으로 알려진 보스톤마켓도 476개의 테이블에서 모든 소금통을 제거하였고, 통닭과 마카로니치즈와 감자의 소금함량을 20% 이상 줄이는 운동에 동참하였다(〈그림 6-3〉). 인스턴트 시리얼 제품의 소금량도 15% 감소하였고, 특히 크래프트사는 스테이크 소스에서 베이컨 제품에 이르기까지 소금을 염화칼륨으로 일부 대체하여 소금 사용량을 대폭 줄였으며, 염화칼륨은 과다하게 쓰면 녹슨 맛을 내기 때문에 최대 10~15%를 대체하고 이 맛을 가리기 위해 다른 재료와 소스 등을 사용하기도 하였다. 이 외에도 버터볼 칠면조 고기, 언클 벤 쌀요리, 고야 콩통조림 등의 소금량도 현저히 줄어드는 성과를 달성하였다. 캠벨수프와 펩시콜라도 소금량을 줄인 신제품을 출시하여 이 운동에 동참하였다. 식품기업들로서는 소금의 함량은 맛과 보존기간 등에 영향을 미치는 매우 민감한 문제이기 때문에 소비자들의 반응에 촉각을 세우면서도 사회 전반의 건강문제 개선에 기여한다는 공익성을 인식하고 자발적으로 참여한 결과로 볼 수 있다.

뉴욕시의 소금량 줄이기 캠페인은 자신의 임기 중 금연지역 확대, 트랜스지방 줄이기 캠페인, 탄산음료와의 전쟁 등 건강을 주제로 한 캠페인을 지속적으로 수행하여 일명 '건강전도사'로 불렸던 마이클 블룸버그 뉴욕시장의 개인적 성과로 볼 수도 있다. 그러나 협력사로 참여한 21개 유명 식품회사의 적극적인 참여가 없었더라면 성공할 수 없었던 캠페인이었고, 참여기업들은 소비자들의 건강문제 개선에

그림 6-3 소금량 줄이기 캠페인에 참여한 보스톤마켓(Boston Market)의 테이블

테이블에서 소금통을 없앤 모습

자발적으로 공헌하는 기업이라는 긍정적 이미지를 구축할 수 있었다. 사회마케팅의 대상으로 가장 빈번히 등장하고 있는 건강문제를 대상으로 지자체가 주관하는 캠페인에 기업이 제휴사로 참여하여 실질적인 실천 성과를 이루어 낸 성공적인 사례로 볼 수 있다.

사회마케팅의 마케팅 효과

02

사회마케팅은 다른 유형의 CSR활동과 비교하여 사회변화에 미치는 실질적 영향이 가장 큰 활동이라고 할 수 있다. 따라서 사회 전체에 긍정적인 변화를 몰고 올 가능성도 가장 크다고 할 수 있다. 사회적인 행동변화라는 공익적 측면의 이익과 동시에 기업은 사회마케팅 활동을 통하여 경쟁사와 비교하여 차별적인 브랜드 포지셔닝(positioning)을 확보할 수 있고, 기업이나 제품에 대한 표적시장 소비자들의 선호도를 제고하는 마케팅 효과를 얻을 수 있다. 또한 판매 및 점유율을 높이거나 고객과의 접촉빈도를 높이는 직접적인 마케팅 효과를 얻을 수도 있다. 이 중에서 차별적 브랜드 포지셔닝과 선호도의 효과를 캠페인 사례를 통하여 살펴보기로 한다.

1) 차별적 브랜드 포지셔닝

포지셔닝(positioning)이란 경쟁사 또는 제품과 대비하여 소비자들의 인식 속에 자사 또는 자사의 제품을 차별적으로 위치시키는 마케팅활동을 말한다. 경쟁사 또는 경쟁제품에 비하여 상대적으로 우월한 위치(포지션)를 점하기 위하여 마케팅 믹스를 개발하는데 있어서 가장 중요한 것은 차별화(differentiation)이다. 소비자들은 제품, 서비스, 기업을 마음속의 특정 위치에 저장시켜 제품 구매의사결정을 단순화하게 되는데, 이때 경쟁적 우위를 점하는 데 차별적인 포지셔닝이 효과를 발휘하기 때문이다. 예를 들면, 스웨덴의 자동차 브랜드 '볼보'는 다른 제품과 비교할 때 '안전한 자동차'라는 차별적인 포지션을 확보하고 있기 때문에 안전성을 중시하는 소비자들의 선택을 받을 가능성이 높고, 빙그레라는 기업은 '맛있는 아이스크림을 제조하는 회사'로 포지셔닝되어 있으므로 맛을 우선시하는 소비자들의 선호도가 높다는 것이다.

기업은 기능이나 성능, 가격, 디자인 등 제품 자체의 물리적 특성, 배송, A/S, 설치 등과 같은 부가서비스, 직원들의 친절한 서비스 등 다양한 전략을 구사하여 제품 차별화를 시도한다. 그러나 전반적인 기술의 발달과 서비스 수준의 향상으로 인하여 제품이나 서비스 자체를 통한 차별화는 경쟁적 우위를 점하기가 쉽지 않기 때문에 이들을 함께 아우를 수 있는 이미지를 차별화하는 포지셔닝 전략이 보다 효과적일 수 있다. 즉 특정 기업이나 브랜드로부터 떠올릴 수 있는 여러 가지 연상들이 결합되어 형성되는 브랜드 이미지를 차별화함으로써 경쟁우위를 점할 수 있는 것이다. 여러 제품을 생산하는 기업의 경우, 기업의 이미지는 제품과 관련된 연상들은 물론 기업의 문화, 구성원의 특성, 최고경영자의 가치관 등 다양한 연상을 통하여 형성된다. 최고의 품질, 혁신성, 고객지향성, 일류기업과 같은 연상들이 많이 이용되고 있지만, 최근에 부각되고 있는 것이 바로 기업의 사회적 책임과 관련된 연상이다. 이윤추구뿐만 아니라 사회·환경적 문제의 해결을 위하여 책임감을 갖고 노력하는 '착한 기업'이라는 이미지를 갖고 있는 기업은 그렇지 않은 기업에 비하여 소비자의 선택을 받을 가능성이 크다는 것이다. 여타 CSR마케팅 활동과 마찬가지로 사회마케팅 활동은 착한 기업으로서의 차별적인 이미지를 형성하는 데 직접적인 영향을 미친다. 사회마케팅 활동을 통하여 '건강을 생각하는 패스트푸드점'이라는 차별적 포지셔닝을 구축하여 상표애호도를 높이고 브랜드 자산을 강화하는 데 성공한 미국의 패스트푸드 체인점 '서브웨이(Subway)'가 좋은 사례이다.

서브웨이(Subway): '심장건강' 캠페인

서브웨이(Subway)는 미국에서는 맥도날드나 스타벅스보다 더 많은 점포를 운영하는 그야말로 '프렌차이즈 제국'이라고도 불리는 샌드위치 전문 패스트푸드 체인 기업이다. 1965년 미국 코네티컷주에서 뉴욕 출신의 프레드 드루카(Fred DeLuca)라는 한 의대생이 대학등록금을 마련하기 위해 친구에게 1,000달러를 빌려 시작한 '피트의 수퍼 서브마린'이라는 샌드위치 가게가 모태가 되어 시작되었고, 1974년 본격적인 프랜차이즈 사업에 뛰어들어 2015년 현재 세계 110여 개국에 약 4만 4천 개의 매장을 보유하고 있고, 2012년 광고회사 WPP그룹이 평가한 외식기업 브랜드가치 순위에서 맥도날드에 이어 2위를 차지한 바 있는 대표적인 패스트푸드 체인기업이다. 2015년 창업자인 드루카가 사망하고 현재는 여동생이 대표를 맡고 있는데 사업 초보자였던 드루카의 독특한 점포전략을 바탕으로 고성장을 이어 왔고, 특히 다이어트에 신경을 쓰는 소비자들이 가장 선호하는 패스트푸드 체인점으로 명성을 얻고 있다.

서브웨이의 점포전략은 한마디로 경쟁자들이 상상할 수 없는 곳에 입점하여 지명도를 높여가는 틈새전략이라고 할 수 있다. 다소 무모할 수도 있지만 서브웨이는 다른 브랜드처럼 이미 형성된 상권보다는 지역의 작은 골목상권이나 소규모 쇼핑센터, 대학교와 고등학교의 캠퍼스, 변두리 지하철역 내 등에 입점하는 전략을 펼쳐 왔다. 예를 들면, 9·11테러로 무너진 뉴욕 월드트레이드센터 공사장에 입점하여 세상을 놀라게 하였고, 독일에서는 탑승객을 타깃으로 유람선에 매장을 열기도 하였다. '미친 출점'이라고 평가되기도 하는 이러한 틈새점포 전략으로 맥도날드나 버거킹과 같은 대형 경쟁사와의 직접적인 경쟁을 피하고 말 그대로 틈새시장의 공략을 통하여 사세를 키워왔다.

점포전략과 함께 서브웨이는 이른바 '몸에 좋은 메뉴'를 개발하여 차별적인 브랜드 이미지를 구축하는 데 주력하였다. 흔히 '서브웨이 다이어트는 비만의 도피처'라고도 할 만큼 그들의 메뉴판(〈그림 6-4〉)은 심장건강에 도움이 되는 저칼로리, 저콜레스테롤 제품 위주로 구성되어 있다. 모든 재료는 기름에 굽거나 튀기지 않으며, 지방과 소금의 함유량도 경쟁사 제품에 비하여 현저히 낮다. 지방함량이 6그램 미만인 7개의 샌드위치 메뉴('7 Under 6')는 맥도날드이 대표 메뉴인 빅맥(BigMac)이나 버거킹의 워퍼(Whopper)에 비하여 지방 함량은 5~10% 미만의 수준이며, 콜레스테롤 함유량도 약 1/3 정도이고, 전체 칼로리도 1/2 수준에 불과하다. 1998년에는 어

그림 6-4 서브웨이 매장의 냅킨에 제공되는 메뉴

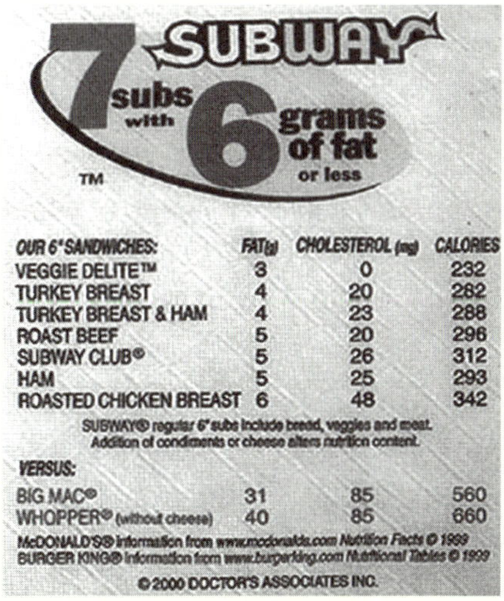

OUR 6" SANDWICHES:	FAT(g)	CHOLESTEROL (mg)	CALORIES
VEGGIE DELITE™	3	0	232
TURKEY BREAST	4	20	282
TURKEY BREAST & HAM	4	23	288
ROAST BEEF	5	20	296
SUBWAY CLUB®	5	26	312
HAM	5	25	293
ROASTED CHICKEN BREAST	6	48	342

SUBWAY® regular 6" subs include bread, veggies and meat. Addition of condiments or cheese alters nutrition content.

VERSUS:			
BIG MAC®	31	85	560
WHOPPER® (without cheese)	40	85	660

McDONALD'S® information from www.mcdonalds.com Nutrition Facts © 1999
BURGER KING® information from www.burgerking.com Nutritional Tables © 1999

© 2000 DOCTOR'S ASSOCIATES INC.

느 비만 학생에게 자사의 메뉴를 제공하고 다이어트를 병행케 하여 190kg에 달하던 체중을 1년 만에 무려 110kg 감량에 성공하게 만든 사례도 있을 만큼 서브웨이는 몸에 좋은 샌드위치를 판매하는 패스트푸드점이라는 차별화전략으로 브랜드 포지셔닝을 확고히 하였다.

차별화된 점포 및 제품전략과 함께 서브웨이는 건강을 주제로 일관성 있는 사회마케팅 캠페인을 수행하여 경쟁사와 비교되는 차별적인 브랜드 이미지를 구축하는 데 성공하였다. 2000년대 이후 그들이 지속적으로 펼치고 있는 사회마케팅 활동의 주제는 '(심장)건강'이다. 소비자들의 건강과 직결되는 패스트푸드 체인점으로서 건강한 사회를 만드는 데 책임을 다해야 한다는 기업철학을 토대로 특히 소비자들의 심장건강 개선을 위한 실천운동을 펼치고 있다. '심장건강' 캠페인은 크게 3가지로 구성된다.

첫째는 'Heart Walks'라는 걷기운동(〈그림 6-5〉)으로서 미국심장협회와 미국심장협의회가 주관하는 전국적인 걷기운동 행사에 후원자로 참여하였다. 매년 미국 전역의 750여 개 도시에서 5km 걷기운동 행사에 소비자들의 참여를 유도하여 심장질환 예방을 위한 기금을 마련하여 심장병 환자를 지원하고 있다. 행사내용을 알리고 걷기운동의 효능과 시간활용법, 유의사항 등을 전달하기 위하여 서브웨이

그림 6-5 2015년 내쉬빌에서 열린 'Heart Walks' 캠페인

의 전 매장에 비치되어 있는 냅킨을 활용하였다. 〈그림 6-5〉는 2015년 미국 테네시주 내쉬빌에서 열린 걷기운동의 홍보와 참여를 독려하기 위하여 개설된 웹사이트의 모습이다. 이와 함께 서브웨이는 건강한 다이어트를 위한 안내문도 함께 제작하여 배포하였고, 전국의 소비자를 상대로 운동의 효능을 알리고, 적절한 다이어트를 유도하는 실천운동 캠페인을 펼쳤다. 또한 '심장건강을 위한 줄넘기(Jump Rope of Heart)' 프로그램과 심장질환 및 발작 예방본부와 심혈관 건강 프로그램 등도 재정적으로 지원하였다.

둘째는 '건깅에 좋은 음식을 섭취하여 행복한 삶을 실자(Eat healthy and live well)'라는 프로그램으로서 소비자들의 올바른 식생활을 위하여 자사의 홈페이지에 회사의 전문 영양사가 주기적으로 컬럼을 게재하여 올바른 식습관을 키우는 데 필요한 식단과 정보를 제공하였다. 또한 개인 트레이너로 활동하는 운동전문가가 적절한 운동법을 교육하고, 알맞은 영양과 운동을 통한 건강의 중요성을 알리는 활동도 실시하였다. 또한 'Eat well', 'Eat fresh'(〈그림 6-6〉) 등의 프로그램을 통하여 소비자들의 건강한 메뉴 선택을 돕기 위하여 자사 홈페이지에 상호작용적인 정보를 제공하였다. 소비자들이 원하는 메뉴를 선택하면 영양성분표가 자동으로 제공되며, 특별히 원하는 빵의 종류, 소스, 야채 등을 지정하면 이들로 만들어진 샌드위치에 포함되는 영양분의 구성과 함량을 제공하여 자신에게 적합한 신선한 메뉴의 선택을 돕는 프로그램이다.

셋째, 지방과 콜레스테롤의 함량, 칼로리를 대폭 감소시킨 샌드위치 메뉴를 개발하여 매장 이용 고객의 실질적인 심장건강 개선에 기여하였다. 서브웨이와 같은 패스트푸드 기업들은 오래 전부터 이른바 건강에 좋지 않은 정크푸드를 판매한다는 부정적인 이미지로 각인되어 왔던 것이 사실이다. 정크푸드란 '열량은 높은데 반하여 필수 영양소가 부족한 식품'을 통틀어 이르는 말인데, 탄산음료와 고지방 과자류, 그리고 바로 패스트푸드 샌드위치와 햄버거가 정크푸드의 대명사격으로 통하고 있다. 정크푸드는 지방 이외에도 염

그림 6-6 서브웨이 'Eat fresh' 프로그램 로고

분의 함량이 높고, 화학조미료를 비롯한 각종 식품첨가물이 많이 들어 있어 비만과 성인병의 주원인이 된다는 이유로 선진국을 중심으로 문제가 되고 있다. 기업들이 특히 대량 생산에 의한 가격 경쟁력과 이를 구입한 소비자가 싼 가격에 고열량의 한 끼 식사를 할 수 있다는 편리성으로 인해 전 세계로 유통망을 확장시키면서 인류의 건강을 해치고 있다는 논란에 싸여 있고, 어린이들을 대상으로 대대적인 광고를 펼치는 비윤리적인 기업으로 인식되기도 한다. 이러한 부정적 이미지에서 탈피하고자 서브웨이는 심장건강에 좋지 않은 첨가물들을 대폭 줄이거나 사용하지 않는 메뉴를 개발하여 소비자의 건강에 실질적인 도움을 주는 메뉴를 제공한 것이다. 이른바 '지방함량 6그램 미만의 7가지 메뉴(7 Under 6)'(〈그림 6-4〉)가 바로 그것인데, 제품에서 지방과 칼로리 및 나트륨 함유량을 대폭 줄였고 치즈, 베이컨, 올리브 오일의 사용도 제한하였으며, 대신 몸에 좋은 섬유소의 함유량을 늘렸고, 모든 샌드위치에 반드시 야채를 포함하였던 것이다.

이러한 3가지 세부활동을 통하여 서브웨이는 소비자들에게 '간편하면서도 몸에도 좋은 패스트푸드점'이라는 새로운 인식을 심어 주고, 건강한 식생활 실천행동에도 영향을 미침으로써 다른 패스트푸드점과는 다른 차별적인 이미지를 구축할 수 있었다. 서브웨이의 전략적인 사회마케팅 활동의 가장 큰 성공요인은 캠페인의 대상으로 선택한 사회문제가 자사 제품의 특성과 잘 연계되었다는 점이다. 즉 소비자의 건강한 식생활이라는 주제가 패스트푸드 체인점인 서브웨이의 핵심역량이나 사업요소, 인프라스트럭처와 자연스럽게 연계되어 소비자들에게 자연스럽게 다가갈 수 있었고, 전술요소들의 실행도 효과적으로 이루어질 수 있었다는 점에서 적절한 선택이었던 것으로 평가된다. 오랜 경험으로 축적된 건강한 식단, 비만 방지, 운동법 등에 대한 정보와 노하우를 대중매체, 웹사이트, 매장 등 다양한 수단과 경로를 활용하여 효과적으로 전달함으로써 소비자들의 실천행동을 유도했다는 점에서 높이 평가할 만하다.

두 번째 성공요인은 캠페인 핵심 메시지의 효과적인 전파라고 할 수 있다. 패스트푸드점에 대한 사회 전반에 퍼져 있는 부정적 인식으로 인하여 건강을 주제로 한 캠페인의 진정성이 곡해될 가능성이 높았지만, 서브웨이는 TV, 라디오 등 대중매체 광고와 웹사이트, 매장 등을 복합적으로 활용하여 기존의 패스트푸드점과 명확히 차별화되는 '간편하면서도 몸에도 좋은 패스트푸드점'이라는 핵심 메시지를 효과적으로 전달하였다. 이를 통하여 소비자들에게 회사에 대한 새로운 인식을 심어 주고 소비자들의 자발적인 참여를 이끌어 낼 수 있었다. 자연히 '7 Under 6' 제품의 수요가 급증하였고, 맥도날드를 제치고 최다 점포를 보유한 패스트푸드점으로 자리잡았으며, 높은 선호도를 기록할 수 있었다.

셋째는 다양한 건강 관련 단체들과의 전략적 연계이다. 미국심장협회, 미국심장협의회, 심장질환 및 발작 예방본부 등 심장건강과 관련된 단체들을 후원하거나 협력관계를 형성함으로써 공익성 높은 단체들에 대한 긍정적 이미지가 자연스럽게 서브웨이의 이미지로 전이되는 효과를 얻을 수 있었다. 패스트푸드점에 내한 부정적 이미지를 NGO의 공익적 이미지로 감쇄시킬 수 있었던 것이다.

2) 기업/제품에 대한 선호도 제고

기업이 사회마케팅을 적절히 구사할 경우 소비자들은 대상이 된 사회문제와 해당 기업을 자연스럽게 연결시키게 되며, 그 결과 기업에 대한 호감도가 상승하게 되고, 해당 기업의 제품을 구매할 확률도 함께 상승하게 된다. 사회마케팅이 기업에 대한 상대적 호감도를 상승시켜 제품선호도에 영향을 줄 수 있다는 것이다. 실제로 CSR마케팅의 효과를 검증한 한 연구결과에 의하면, 가격과 품질이 대등할 경우 적극적으로 사회공헌활동을 하는 기업의 제품을 구매하겠다는 소비자가 전체 응답자의 75%에 이르는 것으로 나타난 바 있다(코틀러와 리, 2007). 이처럼 사회마케팅은 표적시장에서 소비자의 선호도를 상승시키는 직접적인 효과를 발휘한다. 대표적인 사례가 7-Eleven이 협력사로 참여한 미국 텍사스주의 'Don't mess with Texas(DMWT)' 캠페인이다.

7-Eleven: '쓰레기 무단투기 방지(Don't mess with Texas)' 캠페인

1986년 미국 텍사스주의 교통국(Texas Department of Transportation)에 의하여 처음 시작된 '텍사스를 더럽히지 말자(Don't mess with Texas: DMWT)'는 캠페인(〈그림 6-7〉)은 많은 사람들의 실제 행동의 변화를 이끌어 낸 가장 모범적인 사회마케팅의 사례로 평가받고 있다. 많은 유명인들이 함께 참여한 이 캠페인은 지난 30여 년간 텍사스 주민들을 대상으로 TV, 옥외, 극장 등 대중매체 광고와 SNS(〈그림 6-8〉)

그림 6-7 Don't mess with Texas 캠페인 로고

그림 6-8 트위터의 DMWT 사진 올리기 캠페인 고지 화면

를 통하여 쓰레기 투기의 대가로 발생하는 비용이 얼마나 큰지를 전달하고, 텍사스주 전 지역을 망라하는 로드투어와 깊이 있는 대중교육 프로그램, 콘테스트 등을 진행하여 주민들의 쓰레기 무단투기 행위를 방지하는 데 큰 공헌을 한 캠페인으로 평가된다.

이 캠페인은 텍사스 주민이라면 이제는 거의 모르는 사람이 없을 정도로 하나의 대중적 아이콘이 된 사회마케팅 캠페인으로서 쓰레기를 차창 밖으로 함부로 버리지 말고 자동차 안의 봉지에 보관했다가 정해진 쓰레기통에 버릴 것을 장려하는 운동이다. 본래는 Texas Highway Commission이 실시했던 대중교육 프로그램을 텍사스교통국(TxDOT)이 심층연구를 통하여 고질적인 쓰레기 투기자를 찾아내고 그들을 교육시키고자 1986년부터 본격적으로 시작한 캠페인이다.

세부내용을 살펴보면 우선 고속도로 입양제도(Adopt-A-Highway)와 협력관계를 맺고 쓰레기 무단투기 방지 프로그램을 실시하였고, 'Keep Texas Beautiful'이라는 운동과도 제휴하여 가장 규모가 큰 1일 청소행사, 연례적으로 실시하는 쓰레기 없는 날 행사 등을 공동으로 주최하고 있다. 또한 캠페인의 상징과도 같은 빨강, 파랑, 흰색의 줄무늬 쓰레기통(〈그림 6-9〉)을 고속도로 휴게소에 설치하여 주민들의

그림 6-9 DMWT 캠페인에 사용되고 있는 대형 쓰레기통의 모습

출처: DMWT 웹사이트. http://www.dontmesswithtexas.org/the-campaign/

쓰레기 무단투기를 감소시켰고, 특히 옥외매체는 물론 TV와 컴퓨터를 통하여 노출된 광고 메시지는 진정한 텍사스 정신을 인식시킴으로써 텍사스 곳곳에서 방대한 양의 쓰레기 무단투기를 방지할 수 있었다. 적극적으로 캠페인에 참여한 텍사스 주민들, 광고에 등장한 많은 유명인들의 도움으로 캠페인은 대성공을 거두고 있는데, 실제로 텍사스 주민의 약 70%가 DMWT 캠페인이 쓰레기 무단투기 방지 캠페인이라는 것을 인지하게 되었고, 1995년부터 2001년 사이에 텍사스주 전역의 고속도로에 버려지는 쓰레기의 양이 50% 이상 감소하였으며, 버려지는 담배꽁초도 70%나 줄었다는 캠페인 결과가 발표되기도 하였다. 하지만 아직도 텍사스 인구의 절반가량이 쓰레기를 무단 투기하고 있는 상황에서 지속적으로 캠페인이 실시되고 있다.

30년이라는 오랜 기간 계속되고 있는 이 캠페인이 대중적 아이콘으로 자리잡게 된 데에는 세계적인 편의점 기업인 7-Eleven의 참여와 지원이 커다란 힘이 되었다. 7-Eleven은 텍사스주 댈러스의 한 얼음회사 임원이었던 조 톰슨(Joe Thompson)이라는 사람이 달걀, 빵, 우유 등을 판매하는 조그만 가게를 열면서 시작되었다. 본래 알래스카의 토템상(북미 인디언 등이 민족, 종족의 조상과 혈연 관계가 있다고 보고 숭배하는 자연물)을 매장의 상징처럼 진열한데서 비롯되어 'Totem's Stores'로 불리기도 했지만, 1946년 매장의 영업시간을 오전 7시부터 오후 11시까지 확대하면서 본격적으로 7-Eleven이라는 이름이 붙여지게 되었다. 지금은 1년에 올림픽 수

영경기를 개최하는 수영장 51개를 채울 수 있는 무려 3천 8백만 갤런의 음료가 판매되는 세계적인 편의점기업으로 성장하였고 아시아, 유럽, 북미 지역의 17개국에 약 58,000여 개의 매장을 보유하고 있다. 2014년에는 〈Entrepreneur〉지가 평가한 세계 500대 프랜차이즈 기업 중 2위에 선정되기도 하였고, 〈Forbes〉지의 세계 20대 체인기업 중의 하나로 선정되기도 하였다. 또한 〈Fast Company〉지가 선정한 2013년 세계에서 가장 혁신적인 소매기업 10개 가운데 하나로 선정되기도 하였다. 1991년 일본 자본이 들어오면서 대주주가 일본 기업으로 바뀌었지만 아직까지 본사가 텍사스주 댈러스에 위치하고 있는 텍사스 대표기업 중의 하나이다.

7-Eleven은 기업사명을 토대로 전략적으로 추진하고 있는 다양한 CSR활동의 일환으로 DMWT 캠페인에 참여했던 것으로 볼 수 있는데, 구체적인 캠페인 참여활동을 살펴보기 전에 먼저 그들의 기업사명과 CSR전략에 대하여 알아보기로 한다. 7-Eleven의 기업사명은 '매장이 자리잡고 있는 지역의 니즈를 충족시킨다(To Serve the Needs of the Communities in Which 7-Eleven Stores Operate)'로서 매우 간단하면서도 명확하다. 비즈니스의 터전을 제공해 준 지역의 소비자들에게 좋은 이웃이 되고 변화하는 욕구를 충족시킴으로써 기업시민으로서의 역할을 다하겠다는 것이다. 이와 같은 기업사명에 따라 7-Eleven은 소비자와 매장을 운영하는 매장주는 물론 종업원들의 삶의 터전인 지역사회와 직접적으로 관련되는 사회문제를 지원하기 위하여 안전, 교육, 건강 및 웰빙, 지역사회 활성화라는 4가지 영역에서 CSR활동을 실시하고 있다. 특히 활동 전반에 걸쳐 다음 세대의 주인인 청소년을 위한 프로그램과 지역사회와의 동반성장을 위한 프로그램에 초점을 두고 있다. 지난 40여년간 수행한 CSR활동을 통하여 약 1,000억 원 이상의 현금 및 현물을 지원하였다. 현재 7-Eleven이 수행하고 있는 CSR프로그램을 요약하면 다음과 같다.

1. 책임 있는 소매행위(Responsible Retailing): 편의점 업계에서는 최초로 술이나 담배와 같이 연령제한이 있는 상품을 판매할 때 꼭 지켜야 할 기준을 마련하였고, 프랜차이즈 매장과 종업원들에게 이를 교육하는 프로그램인 'Come of Age'를 개발하였다. 처음에는 청소년이나 알콜중독자들에게 술 판매를 하지 말자는 취지로 고안된 것이었지만, 이후 담배, 복권, 약품 등 연령대에 따라 판매가 제한되는 모든 상품으로 확대하였다. 또한 이러한 상품을 판매할 경우 판매원들에게 반드시 신분증 확인을 하도록 교육하고 있다.

그림 6-10 동전통(Canister) 프로그램 홍보용 포스터

2. 동전통 프로그램(Canister Program): 매장 내에 돼지저금통처럼 동전을 넣을 수 있는 빈 깡통을 비치하여 고객들이 원하는 만큼 지역의 자선단체를 위하여 모금할 수 있도록 지원하는 프로그램이다(〈그림 6-10〉). 조그마한 정성들이 하나하나 모여 큰 성과를 이룰 수 있다는 것을 고객들에게 알리고, 그들이 쉽고 편한 방법으로 거스름돈을 기부할 수 있도록 유도하는 프로그램이다.
3. 회사의 직접 기부 프로그램(Corporate Giving Program): 지역의 경찰, 학교, 어린이 스포츠 프로그램, 지역사회 행사 등에 회사가 현금이나 물품 등을 직접 지원하는 프로그램이다.
4. 공익 관련 제품판매 지원(Products With a Purpose): 7-Eleven은 소비자에게 편의품을 판매하는 것이 핵심 사업이지만 군인 위문단체, 적십자사, 유방암 관련 단체, 병원 등과 같은 공익단체의 후원을 위하여 특정 상품의 판매를 지원하기도 한다.
5. 청소년 범죄 예방 프로그램(Operation Chill): 지역의 청소년 범죄를 예방하기 위한 프로그램으로서, 경찰관들이 감시대상인 청소년들이 선행을 했을 때 티켓을 발행하게 하여 매장에서 쿠폰처럼 사용할 수 있도록 하는 프로그램이다. 티켓을 사용하면 매장에서 무료로 음료수를 제공하고 있는데, 2016년 현

그림 6-11 Operation Chill 프로그램 매장 로고

재 매장 인근 지역에 1,400만 장의 쿠폰이 발행될 정도로 성공적으로 운영되고 있으며, 자전거 헬멧 착용, 각종 선행, 지역사회 행사 참여, 쓰레기 줍기, 횡단보도 준수 등 민주시민으로서 청소년들의 올바른 행동을 선도하고 있다(<그림 6-11>).

6. 무료 쿠폰 프로그램(Coupon Program): 청소년들의 비행 방지는 물론 정상적인 등교와 학업 등을 장려하기 위하여 지역의 학교나 청소년 교육프로그램들에게 무료로 음료수 쿠폰을 제공하는 프로그램이다. 또한 성인들이 청소년들에 미치는 영향력을 고려하여 학교의 학부모협의회나 지역의 청소년 프로그램에 커피나 음료수를 무료로 제공하는 쿠폰도 발행함으로써 청소년들의 무한한 잠재력을 키우는 데 헌신하고 있는 학부모들과 학교 선생님 및 지도자들을 지원하고 있다.

7. 경찰의 지역네트워크 센터 지원(Police Community Network Centers): 지역의 경찰서와 주민들 간의 관계개선을 위한 경찰의 지역네트워크센터를 지원하는 프로그램이다. 지정된 7-Eleven 매장 내에 위성장치를 설치하여 경찰관들이 현장 근처에서 업무를 볼 수 있도록 도와주는 동시에 고객이나 매장직원들도 경찰과 연락하고 지원을 받을 수 있도록 연결해 주는 서비스로서 현재 미국 18개 주 100개 도시의 200개가 넘는 매장에서 지원센터가 운영되고 있다.

위와 같이 7-Eleven의 CSR활동은 기업사명이 추구하는 것처럼 매장이 위치한 지역사회를 위한 활동이 주를 이루고 있다. 규모는 크지 않지만 실질적인 지원이 필요한 문제에 대하여 실효성 높은 활동을 전개하고 있는 것이다. 그렇다면 맥도날드, 코카콜라, 사우스웨스트항공사, 블루벨 아이스크림 등과 함께 'Don't mess with Texas' 캠페인을 지원한 7-Eleven은 어떠한 이유에서 캠페인에 참여하였고, 구체적으로 어떠한 활동을 전개하였으며, 그 성과는 어떠했는지 살펴보기로 한다.

7-Eleven이 DMWT 캠페인에 주목한 이유는 그들 매장의 주 고객층인 18~34세

성인들이 캠페인의 표적시장과 거의 일치한다는 사실이었다. 매일 7-Eleven 매장에 들러 음료수와 간단한 빵 종류를 구매하여 차 안에서 아침이나 점심식사를 해결하는 이른바 '대시보드 다이너들(dashboard diners)'이 표적시장에 상당수 포함되었던 것이다. 이들은 일주일에 최소 3번 이상 패스트푸드를 소비하고, 하루 평균 80km 이상을 운전하는 사람들인 것으로 조사되었다. 텍사스에서만 300여 개에 이르는 자사 매장을 방문하는 고객이 하루 평균 25만 명에 이르는 만큼 7-Eleven은 자신들의 간편 식사대용 음식과 음료수 컵 등에서 나오는 쓰레기가 무단투기에 일정 부분 책임이 있다는 인식을 하게 되었다. 따라서 고속도로에 쓰레기를 버리는 사람들이 자신들의 고객일 가능성이 높다는 점을 고려하여 먹고 난 쓰레기를 올바로 처리하도록 권장하는 것이 기업시민으로서 바람직한 역할이라 판단하게 된 것이다.

이에 따라 7-Eleven은 2001년 이후 2가지 방법으로 캠페인에 동참하게 되었다. 첫째, 자신들의 유통매장을 적극 활용하여 쓰레기를 버리지 말자는 캠페인의 취지를 알렸다. '차 안에서 식사는 하되 쓰레기는 차 안에 두세요(Dine on the Dash but Stash your Trash)'라는 슬로건을 제작하여 쓰레기를 무단투기하지 말자는 메시지를 매장 진열대와 벽면에 잘 보이도록 약 15cm×30cm 크기의 포스터 형태로 부착하였다. 이와 함께 쓰레기 무단투기 시에는 500달러 이하의 벌금이 부과된다는 사실도 매장을 통하여 알렸다. 물론 7-Eleven이 DMWT의 후원사라는 것을 매장 출입문이나 유류주입 시설물에 표식을 부착하여 고객들에게 알렸다.

둘째, 텍사스교통국(TxDot), 고속도로입양(Adopt-a-Highway) 단체와 KTB(Keep Texas Beautiful) 등 캠페인 제휴기관들과 연계하여 정기적으로 개최하는 지역별 청소행사(Trash-Off)를 후원하였다. 행사에 사용되는 대형 쓰레기 봉지를 지원하였고, 행사의 지원본부로 쓸 수 있도록 매장을 개방하였다. 또한 참가자들로 하여금 7-Eleven이 제공하는 매장판매용 빵이나 과자, 물과 음료 등을 먹고 난 후 쓰레기 봉지에 잘 던져 넣는 행사를 펼치기도 하였다. 또한 KTB의 자원봉사자들에게 매장의 쓰레기 정리, 정돈 상태를 점검하게 하여 청결상태에 따라 순위를 매기고, 문제가 있을 경우 사후 조치하는 활동도 전개하였다.

7-Eleven의 자체 조사에 의하면, 길거리나 고속도로에 고의적으로 쓰레기를 투기하는 사람들은 그리 많지 않다고 한다. 무의식적으로 밖으로 내던지는 사람들이 대

부분이라는 것인데, 이러한 점에서 DMWT 캠페인은 소비자들의 주의를 환기시켜 줌으로써 무단투기 행위를 막아 내는 실천적 효과를 거둘 수 있었다는 점에서 매우 효과적인 사회마케팅 캠페인으로 평가할 수 있다. 캠페인의 적극적인 후원자로서 7-Eleven은 지역사회의 현안을 적극적으로 지원하는 책임 있는 기업이라는 이미지를 제고할 수 있었고, 이를 통하여 치열한 편의점 업계의 경쟁상황에서 자사 매장과 제품에 대한 선호도를 제고하는 효과를 거둘 수 있었던 것으로 평가된다.

03 사회마케팅의 주요 기획 요소

일반 대중에게 특정 행동의 중요성을 인식시키고 전파하여 사회적 차원의 행동 변화를 이끌어 내는 사회마케팅 활동의 실질적인 효과를 얻기 위해서는 앞의 사례에서 나타났듯이 다음의 2가지를 충분히 고려해야 할 것이다.

첫째, 사회마케팅은 다른 유형의 참여활동과 비교하여 마케팅 측면의 효과를 얻는데 적합한 활동이라는 점이다. 앞서 소개한 서브웨이와 7-Eleven의 사례에서 볼 수 있듯이 지원하고자 하는 사회문제의 해결이 소비자들의 자발적인 참여를 통하여 이루어질 수 있는 경우, 인식 확산이나 정보 제공을 필요로 하는 경우에 비하여 소비자와의 감정적 유대관계를 형성하는 데 더욱 효과적이며 그 결과 기업이나 브랜드에 대한 강한 선호도로 연결될 수 있다는 점이다.

둘째, 사회마케팅은 기업의 상품과 소비자의 행동이 자연스럽게 맞물릴 수 있고 상품의 특징, 가격요소, 유통, 홍보활동 등이 사회문제 해결과 연계될 때 더욱 큰 효과를 얻을 수 있다는 점이다. 서브웨이의 경우 '7 Under 6'라는 제품과 유통망을 활용한 메시지 확산을 통하여 캠페인의 효과를 제고할 수 있었다. 7-Eleven의 경우에도 제품 자체의 소비가 쓰레기 투기라는 사회문제와 직접적인 관련이 있었고, 매장을 홍보매체로 적극 활용하여 캠페인의 효과를 높일 수 있었다.

위의 2가지 점을 고려하여 사회마케팅 캠페인을 기획할 때에는 일반적인 마케팅 캠페인의 기획요소와 함께 특히 구체적인 행동변화 목표와 촉진전략에 중점을 두어야 한다. 기획요소를 정리하면 다음과 같다.

1. 상황분석: 경쟁상황, 조직 내부의 역량, 외부환경의 기회와 위협요소

2. 캠페인 핵심전략
   - 메시지 및 행동변화의 대상(표적집단) 선정
   - 목표 설정(인식 제고 및 행동변화의 구체적 목표)
   - 핵심 메시지 선정

3. 행동변화 유발의 방해 요인 확인

4. 마케팅 4P 실천전략
   - 상품: 행동변화를 쉽게 유발하는 수단/서비스의 제공
   - 대가: 목표행동의 실천에 따른 보상
   - 장소: 목표행동을 실천할 수 있는 장소 선택
   - 홍보: 메시지 전달을 위한 매체 선정

5. 캠페인 과정 감독 및 평가

6. 예산 설정

사회마케팅 전략 수립을 위한 핵심 포인트 04

1) 사회문제의 선정

사회마케팅은 무엇보다 대중의 행동변화를 목적으로 한다는 점에서 다른 CSR마케팅 활동과 차이가 있다. 따라서 일반 대중의 전반적인 행동변화 또는 실천이 요구되는 사회문제를 선정하는 것이 적합하다. 가장 흔히 등장하는 예로 청소년의 흡연 방지라든지 음주운전 금지 등을 들 수 있다. 그러나 다른 유형의 CSR활동과 마찬가지로 사회마케팅의 주제 역시 기업의 핵심역량, 사업분야, 제품/서비스 등과 관련성이 있어야 소비자들의 긍정적인 반응을 얻을 수 있고 나아가 원하는 마케팅 효과를 얻을 수 있다. 예를 들면, 전자제품 기업이 유방암 예방을 위한 자가진단 캠페인을 실시하는 것은 유방암 문제에 대한 여성소비자들의 인식을 확산하고 자가진단 행동을 유발할 수는 있지만 해당 기업에 대한 차별적인 브랜드이미지를 구축하거나 제품에 대한 선호도를 높이는 데 그다지 도움이 되지 않을 것이다.

캠페인의 구성요소나 세부 활동에 기업의 제품, 유통망, 촉진 등의 요소가 제대로 연결되기 힘들고, 기업과 사회문제 간의 연계 정도(fit)가 약하여 책임 있는 사회공헌이라는 선행의 이미지가 해당 기업 또는 제품으로 전이되기 어렵기 때문이다. 따라서 기업은 자사의 기업철학, 사명, 핵심가치는 물론 사업영역, 핵심역량, 제품 등을 종합적으로 고려하여 사회문제를 선정함으로써 해당 사회문제의 해결과 마케팅 효과의 달성이라는 2가지 목표를 동시에 달성할 수 있을 것이다.

이렇듯 사회문제의 선정은 CSR마케팅 활동에 참여하는 기업에는 가장 중요한 의사결정이라고 해도 과언이 아닐 것이다. 그동안 수행되었던 사회마케팅의 사례를 통하여 코틀러와 리(2007)는 사회문제 선정에 따르는 어려움을 다음과 같이 제시하고 있다.

첫째는 진정성의 문제로서 사회문제 자체가 기업과 어울리지 않을 수 있다는 점이다. 예를 들면, 담배회사가 청소년의 흡연을 방지하겠다고 부모들에게 자녀들의 흡연 예방 교육을 권장하는 캠페인을 수행한다면 소비자들의 반응은 그다지 호의적이지 않을 수 있다. 마찬가지로 어린이의 비만 증가에 책임이 있는 패스트푸드 기업이 비만 방지를 위한 운동을 권장하는 캠페인을 벌일 경우 그다지 진정성 있는 사회참여활동으로 인식되지 않을 것이다.

둘째, 단순한 금연이나 금주, 쓰레기 투기 금지, 음주운전 금지 등과 같은 행동변화에 비하여 당뇨 예방, 에이즈 예방, 콜레스테롤 경감과 같이 건강, 보건과 관련한 실천행동을 권장하는 캠페인의 경우에는 해당 분야의 전문지식을 갖춘 공익기관이나 협회, NGO 등과의 제휴가 필요하다는 점이다. 기업이 갖고 있는 자체 인력이나 설비로 해결하기 쉽지 않으며 공신력이 떨어지기 때문이다. 따라서 해당 사회문제와 관련하여 외부의 공신력 있는 기관과의 효과적인 연계가 가능한지에 따라 선정 여부를 결정해야 한다.

셋째, 사회문제 해결을 위한 행동변화는 대부분 며칠 또는 몇 달 안에 이루어지지 않는다는 점을 고려해야 한다. 예를 들면, 세계적인 생활용품기업 P&G가 실시한 '크래스트 건강한 웃음 2010(Crest Healthy Smiles 2010)' 캠페인의 경우 2010년까지 빈곤층, 소수민족을 타깃으로 지역사회 및 NGO들과 협력하여 구강위생을 통하여 삶의 질을 향상시키고 지역적 불균형을 해소한다는 목표 하에 수행된 대규모 CSR마케팅 캠페인이다(〈그림 6-12〉). 2000년 5월 캠페인을 시작하여 10년이라

그림 6-12 '크래스트 건강한 웃음 2010' 캠페인 로고

영문로고 스페인어 로고

는 기간을 목표달성을 위한 타임라인으로 설정한 장기 캠페인이다. 비전과 사명을 공유한 공중위생국, 보이스앤걸스클럽(Boys & Girls Club) 등 제휴기관들과의 전략적 연계 하에 10년 동안 세부 실천단계를 설정하고 단계별로 목표를 세워 그 달성 여부를 확인하는 과정을 통하여 성공적으로 캠페인을 완결했다는 평가를 받고 있다. 이처럼 사회마케팅을 통한 행동변화는 단시간에 이루기가 힘들기 때문에 기업은 장기간에 걸친 투자 가능 여부, 경영층의 인내심, 연계기관과의 꾸준한 협력관계 유지 여부 등을 고려하여 사회문제 선정에 임해야 할 것이다.

넷째, 사회마케팅은 단순 기부, 기증이나 자원봉사 등의 CSR마케팅 활동에 비하여 많은 시간과 물리적인 노력을 필요로 하기 때문에 이를 지원할 수 있는지 사전에 꼼꼼히 점검해야 한다. 전략기획은 물론 제휴단체와의 협력관계, 매체 및 유통채널의 활용, 캠페인 성과의 측정 및 평가 등에 더 많은 집중력이 요구되며, 행동변화를 지속적으로 파악하는 근면성도 요구된다.

2) 사회마케팅 성공을 위한 핵심 포인트

일반적인 마케팅활동과 마찬가지로 사회마케팅도 표적시장에 대한 심층적인 사전조사를 바탕으로 메시지와 매체전략을 수립해야 한다. 즉 치밀한 계획 하에 전략적 요소를 계획하고, 단계별로 실천목표를 설정하며, 효과적인 실행수단을 마련해야 한다. 주요 마케팅 기법과 수단이 모두 동원되어야 하는데, 추가적으로 다음의 사항을 고려한다면 성공적으로 캠페인을 수행하는 데 도움이 될 수 있을 것이다.

첫째, 사회문제는 기업의 핵심역량과 마케팅 전략, 그리고 구성원들의 정서에 부합되는 것을 선정하는 것이 효과적이다. 핵심역량이란 기업의 구성원들이 보유하고 있는 독자적 기술이나 지식의 조합체로서 구체적으로는 경쟁사보다 몇 단계 뛰어난 수준에서 고객에게 이익을 제공할 수 있는 힘, 구성원의 힘을 결집하여 새로운 기술을 만들어 내는 힘, 그것을 다양한 상품에 응용·발전시키는 힘, 구성원이 하나가 되어 환경변화에 재빠르게 대응하는 힘 등을 말한다. 즉 기업활동의 여러 측면에서 최고의 자리를 확보하게 하는 능력으로서 미래 성장의 견인차 역할을 할 수 있는 기업 내부에 공유되고 있는 특유의 총체적인 능력, 기술, 지식, 문화를 의미한다. 핵심역량은 매우 본질적이고 근원적이기 때문에 특정 사업 분야뿐만 아니라 이것을 활용하여 다른 유관사업으로의 진출도 성공을 보장해 주는 특성을 가지고 있다. 예를 들면, '커피믹스'로 대표되는 동서식품은 핵심역량이 인스턴트커피 제조에 있고, 일본의 전자제품 기업 소니의 핵심역량은 기기의 소형화에 있다고 할 수 있으며, 자동차 기업 혼다는 엔진 관련 기술이라는 핵심역량을 보유하고 있다. 사례를 통하여 살펴 본 '서브웨이'는 경쟁사보다 건강에 덜 해가 되는 패스트푸드를 만드는 데 핵심역량을 갖고 있었기 때문에 이와 관련된 '심장건강' 또는 '몸에 좋은 다이어트' 등의 실천행동을 유도하는 사회마케팅 활동을 성공적으로 수행할 수 있었다.

한편 종업원들이 조직활동에 종사하면서 경험하는 다양한 감정, 생각, 행동과 관련된 정신적 또는 생리적 상태를 의미하는 정서는 대개 기분, 기질, 성격 등과 관련이 있는 개념이다. 종업원들의 참여와 지원이 필수적으로 요구되는 사회마케팅이 성공적으로 수행되기 위해서는 이들이 사회문제에 대하여 갖고 있는 정서 상태에 따라 기여 정도가 달라질 수 있다. 보다 적극적인 참여를 이끌어 내기 위하여 종업원들의 관심도와 참여의지가 높은 사회문제를 선정하는 것이 효과적일 것이다.

둘째, 캠페인을 함께 수행할 제휴기관의 선정은 기관의 전문성, 신뢰도, 영향력 등을 종합적으로 고려하여 이루어져야 한다. 해당 사회문제에 대한 전문성이 높아야 대중을 설득하고 실천행동을 이끌어 내기 쉬울 것이며, 기관의 신뢰성 역시 같은 효과를 얻는 데 영향을 미칠 것이다. 또한 제휴기관의 규모나 공신력, 사회적인 영향력 등 지역사회에 미치는 영향력도 종합적으로 고려하여 선정해야 할 것이다. 2003년 미국 애리조나주에서 실시되었던 건축자재 및 인테리어 도구 유통체인인

그림 6-13 홈디포의 '물 절약' 캠페인: 웹사이트(100가지 물 절약 방법)

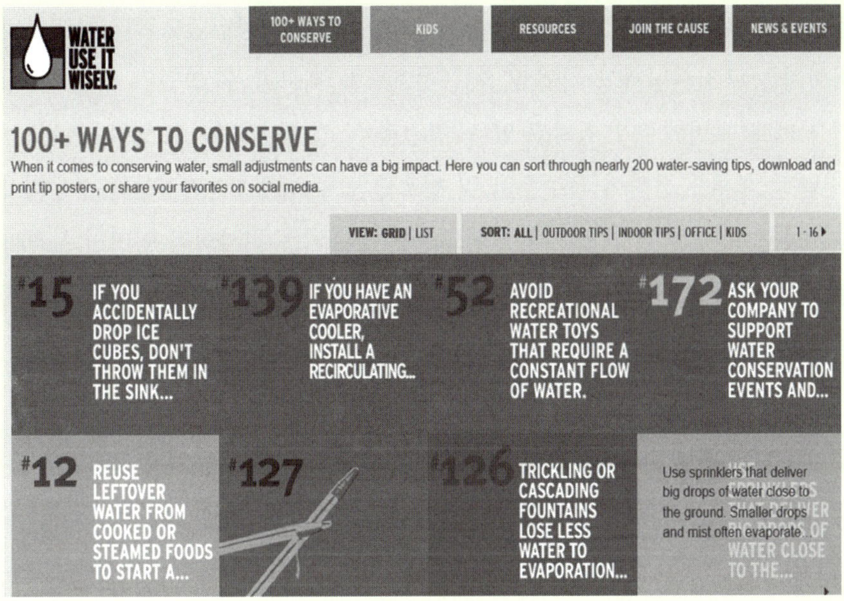

출처: '현명한 물사용 방법' 운동본부 웹사이트. http://wateruseitwisely.com

홈디포(Home Depot)사의 '물 절약' 캠페인의 경우가 좋은 사례이다(〈그림 6-13〉). 이 캠페인은 지역의 생수업체인 솔트리버(Salt River)가 제휴업체로 참여하였고 지방자치단체, 방송사, 프로야구 구단, NGO 등이 각자의 영역에서 물 절약 행동을 이끌어 내는 데 필요한 전문가, 교육, 홍보, 광고, 제품, 설비 등을 지원하였다. 이들과의 연계와 지원이 없었더라면 기업만의 힘으로는 대대적인 실천행동을 이끌어 내는 데 한계가 있었을 것이다.

셋째, 사회마케팅의 효과를 극대화하기 위해서는 기업의 상품과 행동요소가 직접적으로 연계되거나 상품의 특성, 가격, 유통망, 홍보활동 등이 행동요소와 자연스럽게 연계되는 문제를 다루는 것이 좋다. 홈디포 '물 절약' 캠페인의 경우, 물 호스, 절수 샤워기, 변기절수기 등 매장에서 다루는 제품들이 캠페인에 활용되었고, 홈디포 매장에서는 주말 워크숍의 장소로 활용되었으며, 캠페인의 주요 홍보수단이었던 24쪽 분량의 물 절약 안내서와 표어, 현수막 등도 홈디포의 매장을 통하여 배포되었다.

05 사회마케팅 사례

일반 대중의 바람직한 행동변화를 유도하여 사회에 공헌함으로써 차별화된 기업이미지를 포지셔닝하고 기업 및 제품선호도를 제고할 수 있었던 사회마케팅 캠페인 사례로 오비맥주가 펼치고 있는 '건전음주' 캠페인을 들 수 있다. 유관단체와의 전략적 제휴를 통하여 음주운전 및 청소년 음주 예방 등 건전한 음주문화 조성에 기여함으로써 경쟁 기업이나 브랜드와 차별화되는 친사회적 이미지 부각에 성공한 사례라고 평가되는 '건전음주' 캠페인의 목표와 활동 내용, 성과 등에 대하여 자세히 살펴보기로 한다.

오비맥주: '건전음주(Healthier World)' 캠페인

오비맥주는 1933년에 태동하여 80년 이상 주류업계를 이끌어 온 우리나라 유일의 맥주 전문기업으로서 이천, 청주, 광주 등 3개 공장에서 고품질의 맥주를 생산할 수 있는 자동화 설비를 갖추고 있다. 톡 쏘는 상쾌한 맛이 특징인 젊음의 맥주 '카스'를 비롯하여 깊고 풍부한 맛의 '프리미어 OB', 저칼로리 맥주 '카스라이트', 6.9도 고발효 맥주 '카스레드', 천연레몬 과즙을 함유하여 상큼한 맛을 낸 '카스레몬', 토종 프리미엄 맥주 '카프리' 등을 생산하고 있다. 또한 고급 화이트밀 맥주 '호가든'과 글로벌 맥주브랜드 '버드와이저', 세계시장에서 가파른 성장세에 있는 '스텔라 아르투아', 맥주 종주국인 독일의 라거맥주 '벡스', 800년 전통의 수도원 맥주 '레페', 세계 수출량 1위인 '코로나', 일본 프리미엄 맥주 '산토리 프리미엄 몰트' 등 다양한 수입제품으로 우리나라 프리미엄 맥주시장을 주도하고 있다. 최근에는 점차 고급화, 다양화되어 가는 소비자들의 기호를 충족시키기 위하여 정통 독일 밀맥주인 '프리미어 OB 바이젠', 우리나라 첫 블랙라거 맥주로 겨울 한정제품인 '프리미어 OB 둔켈', 맥아를 발효시켜 제조한 병 칵테일 '믹스테일' 등과 같은 다양한 신제품을 선보이고 있다. 또한 우리나라 맥주 수출 1위 기업으로서 몽골을 비롯하여 세계 30개국에 30여 종의 맥주 제품을 수출하는 등 매년 수출물량이 꾸준히 증가하고 있으며 2012년에는 우리나라 주류업계 최초로 수출 1억 달러를 달성하기도 하였다.

오비맥주의 꾸준한 성장은 10가지로 구성되어 있는 경영원칙 또는 비전이 뒷받침하고 있다. 크게 꿈, 사람, 문화로 구분되는데, 꿈은 우리 모두가 하나의 꿈을 공유하고 하나의 목표를 향해 나아가자는 것이며, 사람은 훌륭한 인재들이 각자의 속도에 발맞추어 성장하고 그에 따라 보상을 받는다는 것과 더 나은 인재를 채용하고 육성하며 유지한다는 것이다. 문화는 7개의 세부 영역으로 구성되어 있는데 차례로 살펴보면 다음과 같다. '현재의 성과에 만족하지 않고 노력을 경주한다', '우리의 지속적인 경쟁 우위의 기반은 집중력과 현실에 안주하지 않는 태도', '고객은 왕이며 우리는 건전한 음주문화를 통하여 고객의 삶에서 의미 있는 브랜드 경험을 선사한다', '주인의식을 갖고 자신의 성과에 책임을 진다', '상식의 힘과 단순함은 불필요한 정교함이나 복잡함보다 우수한 가이드라인이다', '지속가능하고 수익성 있는 매출성장을 위한 자원의 확보를 위하여 엄격하게 비용을 관리한다', '말한 것을 반드시 행동에 옮기는 솔선수범을 통한 리더십', '지름길을 택하기보다는 정직, 근면, 품질, 책임의식으로 업무에 임한다' 등이다.

이와 같은 경영원칙 하에서 오비맥주는 '더 나은 세상(A Better World)'이라는 큰 주제로 크게 건전음주, 환경경영, 지역상생 등 세 분야로 나누어 다양한 사회공헌 활동을 펼치고 있다. 우리나라 대표 주류회사로서 건전한 음주문화 조성에 앞장서기 위한 건전음주 캠페인, 물을 핵심원료로 사용하는 기업으로서 미래세대에게 지구촌 물 환경문제 인식을 제고하고, 지속가능한 친환경 재생 에너지 사용 관련 목표를 선언하는 등 자원의 낭비를 줄이며 깨끗한 세상을 만들기 위해 노력하는 환경경영, 그리고 우리의 삶의 터전이자 사업의 기반이 되는 지역사회와의 상생발전에 기여하는 사회공헌활동이 포함된다. 이 중에서도 특히 2014년 이후 꾸준히 수행하고 있는 '건전음주' 캠페인은 우리 사회의 올바르고 책임 있는 음주문화 조성을 위하여 실시하고 있는 사회마케팅의 좋은 사례라고 할 수 있다.

건전음주 캠페인의 구성

건전음주 캠페인은 크게 세 가지의 세부 수행운동으로 구분할 수 있다. 첫째는 스마트 드링킹(Smart drinking)으로서 글로벌 본사인 AB인베브와 2015년 '글로벌 스마트 드링킹 목표(Global Smart Drinking Goal)'를 수립하여 2025년까지 미성년자 음주, 폭음, 음주운전 등 무분별한 음주를 줄일 수 있도록 실질적인 행동 방안을 제시하였다. 즉 음주에 대한 사회적 규범을 정립하고 소비자 스스로 음주와 관련한 올바른 선택을 할 수 있도록 돕는 등 건전음주에 대한 인식 제고 차원에서 한 걸음 더 나아가 측정 가능한 접근 방식으로 소비자들의 실질적인 음주행동의 변화를 이끌어 내기 위해 지원하는 캠페인이라고 할 수 있다. 이를 위하여 전 세계 9개 시범 도시의 알코올 오남용률을 10% 감소시킨다는 목표 아래 무분별한 알코올 소비를 줄이기 위한 소셜마케팅 캠페인과 건전음주 교육프로그램에 10억 달러를 투자하며, 소비자의 제품 선택의 폭을 넓혀 알코올 소비를 조절할 수 있도록 무알코올, 저알코올 제품을 글로벌 맥주 생산의 20% 이상으로 확대 구성하며, 모든 제품에 음주와 관련한 건강안내문을 부착하고 있다.

둘째는 '글로벌 건전음주의 날(Global Be(er) Responsible Day)' 행사이다. 건전음주의 날은 글로벌 본사인 AB인베브가 바람직한 음주문화 확산을 위하여 2010년 제정한 날로서 매년 이 날이 되면 전 세계 임직원들이 소비자와 주류판매자를 대상으로 청소년 음주 및 음주운전 예방과 관련한 다양한 건전음주 캠페인을 실시하고 있다. 예를 들어, 2019년에는 전국의 27개 운전면허시험장에서 음주운전 타파 차량 스티커를 무료로 배포하고 자가용, 영업차량, 택시 등에 부착하게 하여 책임 있는 음주 실천을 다짐하는 행사를 거행하였고(〈그림 6-14〉), 전국모범운전자연합회 회원들의 차량에 스티커를 단계적으로 부착하였으며, 주차장 앱 배너를

그림 6-14 오비맥주의 음주운전 타파 차량 스티커 배포식

통하여 음주운전 타파 캠페인을 소개하고 스티커 무료 배포처를 안내하였다. 이 행사의 연장선상에서 도로교통공단과 연계하여 2016년 이후 교통안전 증진을 위한 범국민적 '음주 예방 캠페인'도 공동으로 펼치고 있는데, 예를 들면 운전면허시험장에서 새내기 운전자를 대상으로 한 '음주운전 예방 캠페인'을 실시하여 신규 운전면허 취득자들이 '음주운전 안하기 다짐 서약 스티커'에 서명하도록 하는 행사도 펼치고 있다. 이와 함께 음주운전 예방과 단속에 공을 세운 경찰관 등을 위한 '음주운전 예방 유공자 시상식', 운전면허시험장에서 운전면허 신규 취득자를 대상으로 '음주운전 안하기' 캠페인, '음주운전 타파 차량 스티커 공모전' 등을 실시하고 있다.

다른 예로는 2014년부터 부모와 자녀 간의 대화를 통하여 미성년 음주를 예방하자는 '패밀리토크(Family Talk)' 캠페인을 실시하고 있으며, 특히 음주와 흡연 등이 민감한 가족문제인 만큼 이해하기 쉬운 연극을 자체 제작하여 대화의 장을 제공하고 있다. 2015년 제작한 '링 위의 가족'이라는 연극은 2016년까지 10여 차례 전국 순회공연을 실시하였고, 2017년에는 연극 '가족사진'으로 개편하여 관련 프로그램을 지속적으로 실행하고 있다(〈그림 6-15〉). 이와 함께 2015년부터는 매년 전국 대리기사협회와 연계하여 음주운전 예방을 위한 건전음주 캠페인을 서울, 광주, 이

그림 6-15 오비맥주의 패밀리토크 연극 캠페인

그림 6-16 오비맥주의 건전음주 캠페인

천, 청주 등 대도시 주요 상권에서 펼치고 있다(〈그림 6-16〉). 2019년 8월에는 제2윤창호법(개정 도로교통법) 시행 한 달을 맞아 '음주운전 타파 차량 스티커 공모전'을 개최하고 수상작을 서울 지하철 9호선의 주요 5개 역을 순회하며 전시하여 일반 시민과 승객들에게 음주운전 근절 메시지를 전파하기도 하였다.

세 번째는 청소년 음주 예방 캠페인이다. 청소년들의 올바른 음주문화 정착을 위하여 사내 임직원들로 구성된 건전음주문화 봉사단을 결성하고 관할 관공서, NGO 단체, 한국스카우트연맹 등과 연계하여 매년 수학능력시험 당일 저녁에 '청소년 음주 예방 캠페인'을 펼치고 있다. 수능시험을 마친 수험생들을 대상으로 음주와 일탈행위로 인한 안전사고를 예방하고자 가두 캠페인과 금주서약 이벤트 등을 실시하고 있다. 〈그림 6-17〉은 오비맥주 임직원들이 2017학년도 수학능력시험일에 서울 강남구 일대의 수능시험장 부근에서 한국스카우트연맹과 함께 청소년 음주 예방 캠페인을 벌이고 있는 장면으로서 'SNS인증 청소년 금주 서약'에 참여한 수험생들이 금주 다짐의 슬로건이 적힌 피켓을 들고 금주서약 및 SNS 인증을 하고 있다. 또한 영업직원들도 주류판매 업소를 방문해 젊은이들에게 술을 판매할 때 반드시 신분증을 확인하자는 취지의 게시물을 나눠주는 'Show ID' 캠페인도 벌이고 있다. 또한 회사의 임직원으로 구성된 건전음주 봉사단은 2019년 12월 수능시험장인 서울 영동고등학교 앞에서 국제교류문화진흥원 산하 청소년문화단 단원들

그림 6-17 오비맥주의 청소년 금주서약 캠페인

과 함께 '청소년 음주 타파! 성인 돼 당당하게!'라는 슬로건을 내걸고 청소년을 대상으로 음주 예방 캠페인을 펼친 바 있다.

이처럼 다양한 세부 활동을 통하여 오비맥주는 주류를 판매하는 회사이지만 청소년을 비롯한 소비자들에게 일상생활에서 과다하고 무분별한 음주가 가져다 줄 수 있는 위험성을 인식시키는데 그치지 않고 실제로 건전한 음주문화 조성에 적극적으로 동참하게 하는 데 기여하고 있다. 건전음주 또는 음주운전 방지는 제조사, 판매자, 소비자가 모두 함께 만들어야 하는 문화이고, 단기간에 획기적인 성과를 내기 어려운 행태변화 캠페인이라는 점에서 기업의 지속적인 노력이 필요하다. 이러한 점에서 오비백주는 2014년 이후 현재까지 꾸준히 관심을 갖고 적극적으로 지원함으로써 실질적인 성과를 내는 데 기여하고 있는 것으로 평가할 수 있다. 우리나라의 주류업계를 선도하며 90년 가까이 소비자들과 함께한 기업으로서 다양한 건전음주 캠페인을 지속적으로 전개하여 우리 사회에 성숙한 음주문화 정착, 더욱 살기 좋은 세상을 만드는 데 일조하겠다는 기업의 진정성이 담긴 캠페인이라고 할 수 있다.

아직 오비맥주 '건전음주' 캠페인의 성공 여부를 논하는 것은 무리가 있겠지만 현재까지 전개된 캠페인의 성공적인 수행에는 다음의 2가지 요인이 기여를 한 것으로 볼 수 있다. 첫째, 기업의 핵심역량을 효과적으로 활용하여 건전한 음주의 실천이라는 행동변화를 유발하는 데 기여하고 있다는 점이다. 청소년을 포함한 대부분의 소비자들이 무절제한 음주가 가져다 주는 해악에 대해서는 잘 인식하고 있지만 절제된 음주로 이어지기는 쉽지 않다고 볼 수 있다. 그러나 건전음주 캠페인을 구성하는 3가지 세부 전략과 다양한 형태의 전술을 통하여 80년 이상 오랜 기간 동안 축적되어 온 회사의 경험과 역량이 제대로 발휘되어 실제의 실천효과를 이끌어 낼 수 있었던 것으로 평가된다.

둘째, 제휴기관으로 캠페인에 함께 참여한 도로교통공단, 전국모범운전자연합회, 한국스카우트연맹, 국제교류문화진흥원 등은 음주와 청소년 문제와 관련하여 전문성을 갖춘 공신력 있고 사회적인 영향력을 갖춘 기관들이었다. 이들 기관의 전문성, 공신력으로 인하여 건전한 음주문화 정착에 대한 소비자들의 긍정적인 인식 제고는 물론 실천행동을 유도하는 데 설득효과를 얻을 수 있었다고 볼 수 있다.

키워드(Keywords)

- 사회마케팅의 개념
- 사회마케팅의 정의
- 사회마케팅의 목표
- 사회마케팅의 마케팅 효과
- 사회마케팅 기획
- 사회문제 선정

생각해 볼 문제(Review Questions)

- 사회마케팅과 공익캠페인의 차이는 무엇인가?
- 사회마케팅이 추구하는 행동변화의 유형에는 어떤 것들이 있는가?
- 사회마케팅의 대상이 되는 사회문제에는 어떤 것들이 있고, 어떻게 분류할 수 있는가?
- 서브웨이가 '심장건강' 캠페인을 통하여 얻을 수 있었던 마케팅 효과에 대하여 생각해 보자.
- 7-Eleven이 참여한 쓰레기 투기 방지 캠페인의 성공요인은 어떻게 요약할 수 있는가?
- 사회마케팅 캠페인을 기획할 때 포함되는 기획요소와 과정에 대하여 생각해 보자.
- 사회마케팅의 대상이 되는 사회문제를 선정할 때 따르는 어려움에는 어떤 것들이 있는가?

참고문헌

신현암, 김연성 (2016). '패스트캐주얼' 장르를 창조한 '치폴레' 의 성공요인 분석. *Asia-pacific Journal of Multimedia Services Convergent with Art, Humanities, and Sociology*, 6(1), 333-344.

치폴레 웹사이트 (2016). www.chipotle.com/scarecrow-video

코틀러와 리 (2007). CSR마케팅 (남문희 역). 리더스북.

Meischke, H. (2008). *Social Marketing Theory*. www.scribd.com

Kotler, P. & Zaltman, G. (1971). Social Marketing: An Approach to Planned Social Change, *Journal of Marketing*, 35(July), 3-12.

Chapter 07

공익연계마케팅(Cause-related Marketing)

01 공익연계마케팅의 개념 및 특성
02 공익연계마케팅의 등장 배경
03 공익연계마케팅의 효과
04 공익연계마케팅의 기획 요소 및 핵심 고려사항
05 성공적인 공익연계마케팅을 위한 지침
06 공익연계마케팅의 핵심 포인트
07 공익연계마케팅 해외 사례
08 우리나라의 공익연계마케팅 사례

학습 목표

아프리카를 비롯한 제3세계의 몸이 아파 고생하는 어린이들을 돕자는 공익단체의 메시지를 TV에서 자주 접하는 요즘이다. 얼마 안 되는 액수이지만 정말 마음이 아파서, 때로는 동정심에, 때로는 사회를 위하여 뭔가 도움이 되고픈 마음에 '나도 한번 해보자'라는 생각이 든다. 그런데 기부 자동안내전화를 돌려야 하거나 계좌이체를 해야 하는 게 번거로워서 다음에 하자고 미루는 사람들이 많다고 한다. 좀 더 손쉬운 방법은 없는 것일까? 공익연계마케팅은 바로 소비자들의 이러한 번거로움을 덜어주는 사회공헌 캠페인이다. 편의점에서 필요한 물건을 사면서, 신용카드를 한번 사용할 때마다, 인터넷을 즐기다 SNS에 클릭 한번 꾹… 일마든지 간편하고 쉽게 사회공헌에 동참할 수 있게 해 준다. 이번 장에서는 아메리칸 익스프레스의 자유의 여신상 복원 캠페인으로 대표되는 공익연계마케팅의 개념, 목표, 특성 등을 알아보고, 구체적인 기획 방법과 마케팅 효과 등을 살펴보기로 한다. 여러 성공사례를 통하여 얻을 수 있는 마케팅 시사점도 함께 살펴보기로 한다.

그림 7-1 아메리칸 익스프레스의 'Charge against Hunger' 캠페인 지면광고

'상상해 보세요. 신용카드로 식료품을 사거나, 차에 기름을 넣거나, 가족을 위한 선물을 살 때마다 여러분은 누군가를 도울 수 있습니다. 배고픔에 하루하루를 고통 속에 보내는 어린이들을 위해 아메리칸 익스프레스 카드를 사용해 보세요.'

존 레논의 노래 'Imagine'이라는 곡이 배경음악으로 흘러나오면서 그의 부인인 오노 요꼬의 보이스오버로 전파를 탄 이 메시지는 1996년 크리스마스 시즌을 맞이하여 미국의 대표적인 신용카드 기업 아메리칸 익스프레스가 SOS(Share Our Strengths)라는 공익단체와 NBC, CBS, ABC 등 공중파 방송사와 제휴하여 실시한 미국 내의 결식아동 문제의 해결을 위한 캠페인, 'Charge against Hunger'를 알리는 광고메시지이다(〈그림 7-1〉).

공익연계마케팅(Cause-related Marketing)은 소비자들의 구매를 통하여 사회문제의 해결을 촉진하고자 하는 기업의 마케팅활동을 말한다. 즉 기업이 상품이나 서비스의 판매를 통하여 얻은 수익이나 판매금액의 일부를 사회문제 해결을 위한 기부금으로 제공하는 방식의 CSR마케팅 활동이다. 영어로는 'Cause Marketing', 'Social Issues Marketing', 'Corporate Social Marketing', 'Mission Marketing', 'Cause Branding' 등과 같이 다양한 명칭으로 불리기도 한다(Adkins, 1999). 1983년 아메리칸 익스프레스사의 마케팅 담당자였던 제리 웰시(Jerry Welsh)에 의하여 기획된 '자유의 여신상 복원(Statue of Liberty Restoration)' 프로젝트가 실행된 이후 월스트리트 저널을 통하여 기업의 마케팅활동에 사회적 책임이 결합된 형태를 공익연계마케팅으로 표현한 것에서 유래되었다.

1990년대에 들어서면서 기업의 사회적 책임활동을 더 이상 자발적인 것이 아니라 의무적인 활동으로 인식하는 소비자들이 늘어나면서 사회적 책임성과 비용의 효과성이라는 두 가지 목적을 달성하기 위하여 사회공헌을 소비자의 상품구매와

연계시키는 공익연계마케팅 활동이 본격적으로 도입되었다. 즉 공익연계마케팅은 제품구매나 서비스 이용을 자선행위 또는 사회적 공익을 위한 기금모금 행위와 결합시킴으로써 마케팅 효과를 제고하는 동시에 사회공헌을 실현하는 것을 목적으로 하는 마케팅활동이다. 반드시 소비자가 기업과의 교환행위에 참여한 대가로 창출된 수익의 일부를 특정 공익이나 비영리기구를 지원하는 데 사용되어야 한다는 점에서 일반적인 자선행위나 후원활동, 쿠폰 등을 통한 단순한 판매촉진 활동과 구별된다. 사회문제에 대한 인식 제고와 실천행동에 초점을 두는 공익캠페인이나 사회마케팅과도 구분된다. 또한 공익캠페인과 사회마케팅 활동의 경우 기업이 자율적으로 참여수준(기부, 기증, 자원봉사, 커뮤니케이션 캠페인 등)을 결정하는 것과는 달리 공익연계마케팅은 제품의 판매량에 의하여 기업의 사회참여 수준이 결정되는 방식으로서 여러 CSR마케팅 유형 중에서 유일하게 소비자의 참여수준에 따라 기업의 공헌 정도가 결정된다는 점이 특징이라고 할 수 있다.

그러나 공익연계마케팅은 순수한 이타심에서 행해져야 하는 자선활동을 기업의 수익창출을 위해 이용하려 한다는 의도의 진정성에 대한 비판이 있는 것도 사실이다. 사회적 책임을 위하여 소비자를 기만하는 상술에 불과하다는 혹평도 제기되고 있다. 1980년대 후반 이후 학계에서 진행된 연구결과들에 의하면, 공익연계마케팅을 수행하는 세부 전략에 따라 소비자들의 반응이 크게 차이가 나는 것을 알 수 있다. 예를 들면, 공익캠페인을 지원하는 광고메시지에서 기부금액을 표시하는 방법이나 크기, 자선단체와 기업의 적합성, 제품유형, 물품과 재정지원 방법 등에 따라 기업의 진정성에 대한 소비자의 인식이 다르게 나타날 수 있다는 것이다(엄지윤·구장옥, 2013). 즉 공익연계마케팅에서 활용되는 세부 전술에 의하여 소비자들이 갖게 되는 기업이나 제품에 대한 태도나 구매의도가 달라질 수 있으므로 기업은 적절한 사회문제를 선택하여 진정성과 일관성 있는 캠페인을 실행함으로써 소기의 마케팅 효과를 얻을 수 있다는 것이다.

공익연계마케팅의 효시는 1983년 미국의 신용카드기업 아메리칸 익스프레스가 실시했던 '자유의 여신상 복원' 캠페인으로 알려져 있다. 이 캠페인의 성공을 계기로 테스코(Tesco), 리즈클레어본(Liz Claiborne), 에이본(Avon) 등 서구의 많은 기업들이 참여하게 되었고, 삼성전자나 SK텔레콤을 비롯한 우리나라 기업들도 2000년대 중반 이후 적극적으로 이 캠페인에 뛰어들고 있다. 공익연계마케팅은 소비자의 참여가 필수이기 때문에 고객층이 폭넓은 대규모 시장을 가진 기업이나 다양한 유통채널을 보유한 기업에 유리한 CSR마케팅 방식으로 알려져 있다. 예를 들면, 은행이나 신용카드사와 같은 금융서비스, 편의점이나 통신서비스, 항공 및 여행서비스, 대형마트 및 할인점 등의 유통서비스와 같은 분야의 기업들에 유리한 활동이라고 할 수 있다.

이번 장에서는 공익연계마케팅에 대한 개념적 정의와 특성, 발전과정 등에 대하여 알아보고, 효과적인 공익연계마케팅을 통하여 얻을 수 있는 마케팅 효과를 살펴 보고자 한다. 또한 공익연계마케팅의 기획과 실행을 위하여 고려해야 할 전략적인 요소들과 사회문제의 선정, 실행수단 등에 대하여 알아보고, 그동안 집행된 대표적인 사례를 분석함으로써 성공적인 공익연계마케팅 캠페인을 위한 핵심 포인트를 알아보고자 한다.

01 공익연계마케팅의 개념 및 특성

공익연계마케팅(Cause-related marketing)은 용어 그대로 풀어 쓰자면 공익(cause)과 연계한 마케팅활동이라고 할 수 있다. 즉 기업이 공공의 이익을 위하여 상품이나 서비스의 판매를 통하여 얻은 수익이나 판매금액의 일부를 공익단체에 기부금으로 제공하는 형식의 마케팅활동을 말한다. 판매액이나 수익의 일부를 기부하는 방식으로 기업이익을 사회에 환원함으로써 '지속가능한 사회발전'이라는 CSR의 기본가치 달성이라는 CSR마케팅 활동의 근본적인 목표와 가장 잘 부합하는 방식이라고 할 수 있다.

공익연계마케팅은 기업이 단독으로 수행하기보다는 사회문제와 관련이 있는 자선단체들과 제휴를 통하여 소비자의 상품구매 또는 서비스 이용을 촉진하고 동시에 미리 정해 놓은 비율로 판매 또는 수익금액의 일정부분을 해당 자선단체에 기부함으로써 상호이익이 되는 방법으로 사회문제의 해결을 지원하는 활동이다(〈그림 7-2〉). 공익연계마케팅 활동을 통하여 기업은 경제적 목표인 매출, 점유율 등의 목표와 사회적 목표인 사회공헌이라는 2가지 목표를 동시에 추구할 수 있고, 기부의 수혜자인 비영리 공익단체는 자선활동에 대한 인지도 향상과 기부금 모금의 효과를 얻을 수 있으며, 공익연계마케팅에 참여하는 소비자들은 기부가 주는 긍정적인 감정을 얻을 수 있으므로 기업, 공익단체, 소비자 모두에게 혜택을 주는 마케팅 방식이라고 할 수 있다. 사회문제와 관련 있는 공익단체와의 유기적인 협력이 요구된다는 점에서 다른 유형의 CSR마케딩 활동과 다르지 않지만, 공익캠페인이나 사회마케팅의 경우 장기간에 걸쳐 사회문제에 대한 인식의 확산과 실천행동을 유발하고자 하는데 비하여 공익연계마케팅은 6개월 또는 1년 등 미리 기간을 정해 놓고 특정 상품이나 서비스의 판매촉진과 자선단체의 기금 마련을 꾀한다는 점에서 차이가 있다. 또한 캠페인의 결과를 즉각적으로 확인할 수 있다는 점에서 다른 유형에 비하여 유리하다는 장점이 있다.

그림 7-2 공익연계마케팅의 기본 구조

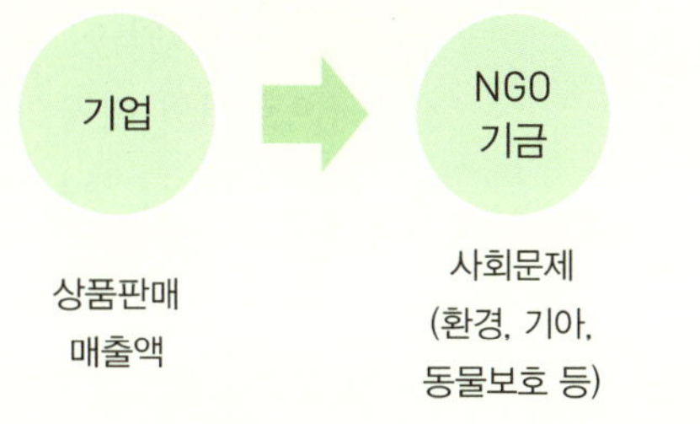

CSR마케팅 활동 가운데 기업의 참여수준이 소비자의 동참 정도에 따라 달라지는 유일한 방식인 공익연계마케팅은 다음과 같은 특성을 갖고 있다.

첫째, 공익연계마케팅은 상품(서비스), 사회문제, 자선단체 등 3가지의 기본요소로 구성된다. 가장 기본적인 요소는 마케팅의 목적인 동시에 판매촉진의 대상인 상품이다. 신용카드 기업이나 항공사 등과 같은 서비스 기업의 경우에는 제공하는 서비스가 기본요소가 된다. 상품이 판매되거나 서비스가 이용될 때마다 미리 정해진 비율에 의하여 기업의 기부금액이 결정된다. 둘째 요소는 기업이 지원하고 해결하고자 하는 사회문제, 즉 캠페인의 대상이다. 다른 유형과 마찬가지로 사회문제는 건강, 질병, 보건 문제는 물론 환경, 기아, 복지 등 다양한 문제를 포함한다. 셋째 요소는 기부금의 수혜대상인 공익단체이다. 다른 유형의 CSR마케팅 활동과 마찬가지로 기업이 직접 사회문제 해결에 나서는 것보다 해당 문제에 대한 전문성과 경험, 공신력을 갖춘 공익단체와 제휴관계를 맺는 것이 문제해결 및 지원에 효과적이므로 공익단체는 공익연계마케팅의 필수적인 요소라고 할 수 있다.

이러한 3가지 요소가 적절히 결합되어 소기의 마케팅 효과를 달성할 수 있었던 대표적인 캠페인으로는 공익연계마케팅의 효시로 알려져 있는 아메리칸 익스프레스사의 '자유의 여신상 복원' 캠페인을 들 수 있다. 이 캠페인이 시작되었던 1980

년대 미국은 무역적자와 재정적자라는 일명 쌍둥이 적자에 시달리는 총체적인 위기상황이었다. 사회 양극화와 교육 불균형과 같은 사회문제들은 심각성을 더해 갔고, 국제사회에서도 신흥국들의 부상과 세계 곳곳에서 반미국 정서가 확산되는 등 강대국으로서의 미국의 입지가 예전 같지 않았던 시기였다. 이에 따라 사회, 공공부문에서 정부의 영향력은 급속도로 약화되었고, 정부의 빈자리를 사회단체나 일반기업들이 메우게 되었다. 사회문제의 개선을 위하여 기업의 마케팅활동에 공공의 이익을 연관시키는 수단이 동원되기 시작했는데, 기업이 이윤극대화와 단순한 사회봉사 개념을 넘어 브랜드와 기업이미지를 활용하여 사회와 공공문제들을 해결해 나가는 자본주의와 기업 역사상 유례가 없던 일들이 벌어지기 시작한 것이다. 그 대표적인 활동 중의 하나가 바로 '자유의 여신상 복원' 캠페인이다.

1850년 뉴욕의 주도인 알바니에서 우편서비스 회사로 시작한 아메리칸 익스프레스는 미국을 상징하는 조형물인 '자유의 여신상'과 120년이라는 오랜 기간의 인연을 갖고 있다. 자유의 여신상은 미국과 프랑스 국민들 간의 친목을 기념하고, 미국의 독립 100주년을 기념하기 위하여 프랑스인들이 모금운동을 통하여 증정한 조형물이다. 횃불을 들고 위풍당당하게 솟아 있는 단호한 여인의 모습은 19세기 이후 끊이지 않고 세계 각지에서 자유와 행복을 찾아 수만리 물길을 헤쳐 온 미국이민자들에게는 신천지에서의 밝은 미래를 약속하는 상징이자 미국의 자유와 민주주의의 표상이라고 할 수 있는 조형물이다. 아메리칸 익스프레스는 자유의 나라, 이민의 나라인 미국을 상징할 뿐 아니라 억압으로부터의 해방을 의미하는 역사적인 상징물인 자유의 여신상을 1885년 프랑스로부터 선물 받을 당시 받침돌 건립에 필요한 자금을 기부하였고, 1976년에는 독립 200주년을 맞이하여 자유의 여신상 기념 다큐멘터리 프로그램의 제작을 지원한 바 있다.

아메리칸 익스프레스는 1983년 창사 이후 지속적으로 추진해 온 '역사의 보존(Historic Preservation)'이라는 사회공헌활동의 큰 틀 안에서 자유의 여신상의 복원을 위하여 기념비적인 공익연계마케팅을 실시하였다. '역사의 보존'이란 지역사회에 위치하고 있는 역사적 현장이나 건물, 기념물과 같은 문화유산을 잘 보존하고 유지함으로써 관광객 유치와 지역경제를 활성화하자는 데 목적이 있는 활동으로서 '자유의 여신상 복원' 캠페인도 이러한 맥락에서 실행되었던 것이다. 자유의 여신상이 갖는 역사적 의미와 문화유산 보존의 필요성을 대중들에게 인식시킴으로써 지역사회의 지속가능한 관광산업의 발전에 기여하고자 기획된 캠페인이었다.

캠페인은 1983년 아메리칸 익스프레스의 국제마케팅 담당자였던 제리 웰시(Jerry Welsh)가 자신의 사무실 창 너머에 위치한 자유의 여신상을 매일 바라보다가 떠오른 아이디어를 현실화하면서 시작되었다. 그는 100여년 전 시민들의 성금에 의하여 받침돌이 세워졌던 것처럼 보수공사에도 시민들의 자발적인 참여를 유도하는 것이 좋겠다는 생각을 하게 되었고, 그 방법으로 소비자들이 아메리칸 익스프레스 카드를 사용할 때마다 일정 금액을 적립하여 기부하는 방식을 고안하게 되었던 것이다. 'National Arts Marketing Project'라는 프로젝트의 일환으로 진행된 캠페인은 고객이 아메리칸 익스프레스 카드를 사용할 때마다 1센트, 신규카드를 발행할 때마다 1달러를 자유의 여신상 재단(The Statue of Liberty-Ellis Island Foundation)에 기부하고, 이를 자유의 여신상 복원에 사용하도록 하는 방식으로 진행되었다. 자유의 여신상을 보수한다는 프로젝트는 전반적으로 침체되었던 미국 사회에서 미국의 자존심을 회복한다는 의미로 받아들여지게 되었고, 시민들은 아메리칸 익스프레스 카드를 사용하는 것으로 호응하였다. 캠페인을 통하여 아메리칸 익스프레스는 총 170만 달러의 기금을 모으는 데 성공하였고, 카드 사용은 28%, 신규가입 건수는 10% 이상 증가하는 성과를 거두었다.

그림 7-3 자유의 여신상 복원 캠페인에 사용된 홍보물

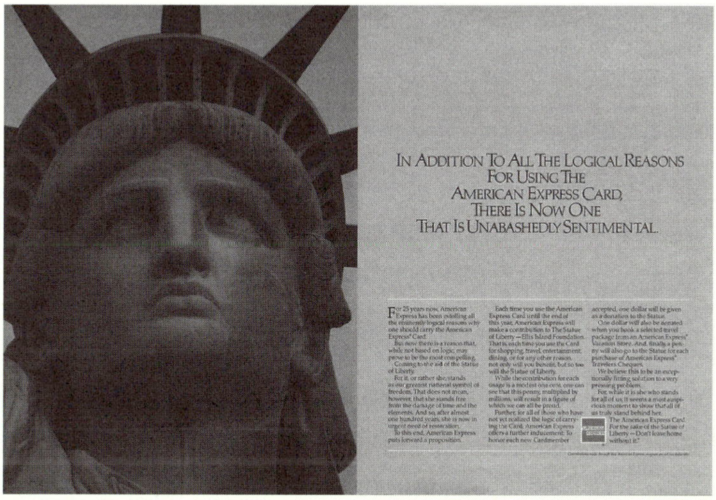

그로부터 20년이 지난 2003년 아메리칸 익스프레스는 2차 캠페인을 전개하였다(〈그림 7-3〉). 9·11사태 이후 뉴욕 중심부의 재건을 위하여 뉴욕에서 펼쳐지는 다양한 사회참여 사업을 지원하기로 한 아메리칸 익스프레스는 2001년 9월 11일 이후 대중들에게 공개되지 않고 있는 자유의 여신상이 노후화됨에 따라 이의 보수자금으로 300만 달러를 기부하겠다고 약속하게 된다. 2003년 12월부터 2004년 1월 말까지 시행된 2차 캠페인에서는 카드 사용 시 2센트, 신규가입 시 10달러를 기부하여 250만 달러를 조성하고 나머지 50만 달러는 직접 기부를 통하여 조성하였다.

이와는 별도로 아메리칸 익스프레스는 1992년부터 1996년까지 SOS(Share of Our Strengths)라는 공익단체와 제휴하여 아동들의 결식문제 해결을 위한 캠페인을 전개하였다. '결식문제 해결을 위해 카드를 사용하세요(Charge Against Hunger)'라고 불리는 이 후속 캠페인에서는 매년 11월 추수감사절부터 12월의 크리스마스 쇼핑 기간 동안 카드 이용금액의 3%를 전국의 결식퇴치 운동단체에 기부하였다. 기부금액은 매년 약 5백만 달러가 조성되어 4년 간 총 2천만 달러에 이르렀다. 또한 2001년 9·11사태 이후 침체된 뉴욕 경제를 되살리기 위하여 지역의 다양한 축제행사를 후원하였고, 재난기금을 마련하여 피해지역과 주민들을 돕는 데 사용하기도 하였다.

아메리칸 익스프레스의 자유의 여신상 프로그램은 단순한 1회성 이벤트가 아니었다는 점에서 의미를 갖는다. 아메리칸 익스프레스와 자유의 여신상은 모두 뉴욕의 맨해튼 남쪽에 위치하고 있다는 점 외에도 '자유'라는 가치를 공유하고 있었다. 100여년 동안 아메리칸 익스프레스는 꾸준히 자유의 여신상과 관련된 프로그램을 직접 수행하거나 지원하고 있다. 겉으로 보기에는 카드를 사용하는 소비자들이 참여하기 쉬운 단순한 구조이지만, 그 이면에는 100년이라는 오랜 시간에 걸쳐 가치와 비전을 공유한 아메리칸 익스프레스와 자유의 여신상 간의 보이지 않는 교감이 있었던 것이다. 지금도 미국인들은 아메리칸 익스프레스 하면 자유의 여신상을 떠올릴 만큼 아메리칸 익스프레스는 지속성 있고 일관성 있는 콘셉트로 캠페인을 전개해 오고 있다. 아메리칸 익스프레스의 사례는 공익연계마케팅의 3요소인 상품(신용카드 서비스), 사회문제(자유의 여신상 복원), 제휴기관(자유의 여신상 재단)의 적절한 조화가 캠페인 성공에 기여한 것으로 평가된다.

둘째, 공익연계마케팅은 소비자의 참여 정도에 따라 기업의 참여 수준이 결정되는 유일한 CSR마케팅 활동이다. 즉 기업이 자율적으로 기부액이나 지원방식을 결정하는 것이 아니라 소비자의 참여수준(구매행위)에 따라 기업의 기부수준이 결정되는 방식이다. 사회문제에 대한 대중의 인식, 관심, 참여를 확산시키려 한다는 점에서는 공익캠페인이나 사회마케팅과 다르지 않지만, 구매행위라는 소비자의 반응을 근거로 하여 기부수준이 책정된다는 점에서 차이가 있다. 기부금을 적립하는 방식은 크게 3가지로 분류할 수 있다. 첫째, 상품구매나 서비스 이용 시 일정 금액을 적립하는 방식이다. 앞의 아메리칸 익스프레스의 1983년 캠페인의 경우 카드 이용 때마다 1센드, 신규가입 시에는 1달러를 기부한 것이 이에 해당된다. 2006년 SK에너지가 실시한 '엔크린 소년소녀가장돕기' 캠페인의 경우에는 소비자들이 SK 주유소나 충전소를 이용할 때마다 1회당 회사가 10원씩을 적립하여 700명에게 교복을 지원하고 제주도에 거주하는 50명에게 선물을 전달하였는데, 이 경우도 일정금액 적립방식에 해당된다. 둘째는 판매금액의 일정 비율을 적립하는 방식이다. 풀무원이 환경보전에 대한 실천의지를 다지기 위하여 1993년부터 실시했던 '지구사랑기금' 캠페인이 이에 해당된다. 풀무원은 자연환경을 보존하여 쾌적하고 깨끗한 생활환경을 만들고 이웃사랑 운동에 사용하기 위해 매월 총매출액의 0.1%를 지구사랑기금으로 적립하여 공익단체에 전달할 기부금을 마련하였다(〈그림 7-4〉). 셋째는 전체 순이익금액의 일정 비율을 적립하는 방식이다. 유한킴벌리가 크리넥스 판매로 얻은 순이익금액의 0.1%를 나무심기에 기부한 경우가 이에 해당된다. 이 외에도 상품이나 서비스의 유형이나 소비자의 참여방식에 따라 다양한 형태의 기부금 적립방식이 사용될 수 있다. 예를 들면, 2007년 KB국민은행이 실시했던 '이승엽홈런 정기예금' 캠페인에서는 이승엽 선수가 홈런을 1개 칠 때마다 백만원의 기부금을 적립하여 난치병환자를 비롯한 불우이웃 돕기에 사용하는 방식으로 진행되었다. SK텔레콤이 실시한 2003년 '아름다운 통화' 캠페인에서는 고객들이 기분 좋은 전화(예: 취업, 합격 등)를 받은 경우 통화를 마치고 기부금 적립서비스에 접속하여 기부에 동의하면 자동으로 기부금이 적립되고 SK텔레콤도 동

그림 7-4 풀무원의 지구사랑기금 캠페인

일한 금액을 적립하여 희귀질환 환자를 돕는 운동에 기부하는 방식을 이용하였다.

셋째, 공익연계마케팅은 다른 유형의 CSR마케팅 활동에 비하여 직접적인 마케팅 효과(판매 및 점유율 상승)를 얻는데 더 유리한 방식이다. 공익캠페인이나 사회마케팅의 경우에도 브랜드 이미지를 강화를 통하여 상품판매나 선호도의 제고 효과를 기대할 수 있지만, 공익연계마케팅은 소비자의 구매를 전제로 하는 캠페인 방식의 특성상 새로운 고객을 유치하고, 목표시장 내에서 점유율을 높이며, 상품판매를 증가시키는 직접적인 마케팅 효과를 얻는데 가장 유리한 유형이라고 할 수 있다. 그러나 단기의 경영성과를 올리기 위하여 성급하게 접근하는 것보다는 중·장기적인 관점에서 일관성 있고 꾸준하게 캠페인을 이끌어 나가는 것도 중요하다고 할 것이다. 아메리칸 익스프레스의 사례에서 볼 수 있듯이 일회성이 아닌 장기적으로 실천 가능한 사회문제를 선정하고 명확한 콘셉트를 설정하여 캠페인을 수행한다면 마케팅 목표 달성에 가장 효과적인 방식이 공익연계마케팅이라고 할 수 있다.

넷째, 공익연계마케팅은 상품판매의 촉진을 통하여 기부금을 조성하는 방식의 프로그램이기 때문에 다른 유형의 활동에 비하여 기업의 마케팅 부서의 역할이 가장 중요시된다. 촉진활동 중에서도 특히 광고와 홍보 등 매스미디어를 활용한 커뮤니케이션 활동을 통하여 폭넓은 대중의 참여를 이끌어 내야 하며, 사회문제나 공익단체와의 공동브랜딩 활동도 효과를 발휘할 수 있을 것이다. 아메리칸 익스프레스의 캠페인이 마케팅 담당자였던 제리 웰시에 의하여 탄생된 것처럼 그동안 수행되었던 공익연계마케팅 캠페인들은 마케팅 부서의 주관 하에 이루어진 경우가 대부분이다.

02 공익연계마케팅의 등장 배경

공익연계마케팅 활동의 효시라고 할 수 있는 미국 아메리칸 익스프레스의 '자유의 여신상 복원' 캠페인이 수행되었던 1980년대는 기업의 무제한적 이익창출과 시장지배가 가능했던 초창기 자본주의를 지나 정부의 시장통제와 관리 속에서 기업

간의 경쟁이 첨예화되는 시기를 거쳐 따뜻한 자본주의와 행복한 성장이 요구되기 시작했던 시기였다. 자본주의의 변화과정 속에서 기업의 사회공헌활동에 대한 요구가 어느 때보다 커지고 있던 시기였는데, 이러한 시대적 변화는 기업의 마케팅 활동에도 반영되었다. 제품 차별화를 통하여 소비자의 이성적 판단에 호소하는 마케팅활동에서 감정적 유대관계를 통한 소비자의 감성적 선택이 중시되는 감성의 시대를 지나 영혼과 가치에 호소하는 단계로 발전하였고, 결국 기업과 사회의 상생을 도모하는 따뜻한 가치를 내세우는 시대로 들어서는 시기였다.

미국의 경우를 예로 들자면, 1980년대의 경기침체기를 지나면서 타인에 대한 배려와 나눔의 가치가 중시되면서 '타인을 배려하는 1990년대(The Caring 90's)'가 도래하였고 정신적, 윤리적 가치를 존중하는 사회적 분위기가 지배하는 시대로 접어들게 되었다. 세계적으로도 기업의 구조조정, 환경오염, 노동착취 등의 문제로 인하여 기업에 대한 소비자들의 불신이 심화됨에 따라 사회, 환경문제보다 이윤을 생각하는 기업들에 대한 비판의 목소리가 점차 커지게 되었다. 이에 대응하는 반응적 차원에서 기업들은 사회공헌활동에 관심을 갖고 경영전략 차원에서 CSR활동을 적극 도입하기 시작하였다. 그것이 마케팅 기능 영역에 반영된 수행전술 중의 하나가 바로 공익연계마케팅이라고 할 수 있다.

즉 1990년대 이후 소비자들의 구매행위가 단순히 제품의 특성이나 기업의 이미지에 의하여 결정되는 것이 아니라, 기업의 사명이나 비전, 추구하는 핵심가치에 영향을 받게 됨에 따라 이에 대응하는 차원에서 공익연계마케팅을 비롯한 다양한 CSR마케팅 활동이 시작되었던 것이다. 또한 제품제조 기술의 발전, 인터넷의 대중화, ICT 기술의 발전과 함께 활발한 정보공유가 가능해지면서 더 이상 가격이나 품질 면에서 경쟁제품과 차별화하기 힘들어지게 되었고, 따라서 제품의 물리적 특성에 의존하기보다는 감성적 이미지를 활용하는 전략이 주효하게 되었다. 즉 소비자의 구매가 이성과 감성에 의존하기보다는 윤리적 가치를 중시하는 방향으로 변화한 것이다(〈그림 7-5〉). 치열한 경쟁상황에서 기업과 제품을 차별화할 수 있는 수단으로 브랜드 이미지의 중요성이 부각되었고 이성적, 감성적 소구보다는 정신적, 윤리적 가치를 중시하는 '착한 기업'으로서의 기업과 제품 이미지가 중요하게 된 것이다.

그러나 많은 연구들에서 밝혀진 것과 같이 기업이미지가 구매에 미치는 효과는

그림 7-5 소비자 구매동기의 변화

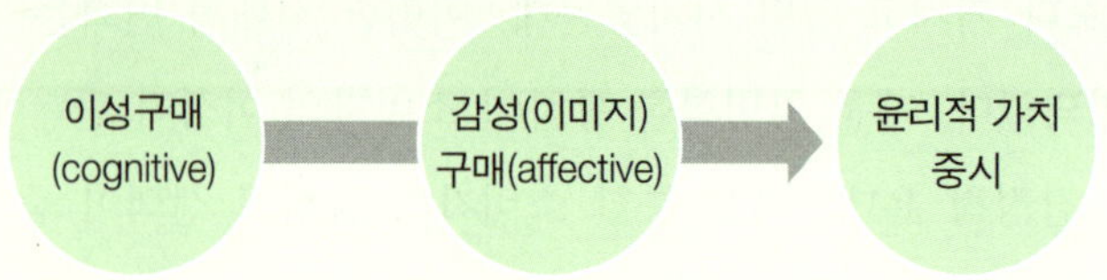

간접적일 수밖에 없다. 특정 기업에 대하여 긍정적인 태도를 갖고 있다고 하여 반드시 해당 기업제품의 구매로 이어지는 것은 아니기 때문이다. 구매상황이 되어 해당 제품이 대안제품 안으로 들어오는 경우에만 효과를 발휘할 수 있다. 이러한 이미지 마케팅의 한계를 극복하기 위하여 고안된 것이 제품판매를 통하여 사회에 공헌할 수 있는 방식인 공익연계마케팅이었던 것이다. 공익캠페인, 사회마케팅 모두 기업이미지 형성에 효과적인 활동이기는 하지만 제품판매를 직접 유도하는 방식은 아니기 때문이다.

03 공익연계마케팅의 효과

공익연계마케팅은 공익적 이슈를 제품판매에 연계하는 마케팅활동이기 때문에 다른 유형의 CSR마케팅 활동과 비교하여 판매와 점유율 향상이라는 직접적인 마케팅 효과를 얻는 데 더 효과적이다. 즉 CSR경영활동이 추구하는 3개의 책임영역인 TBL(triple bottom line) 중에서도 특히 경제적 책임 완수에 가장 근접한 방식인 것이다. 이 외에도 공익연계마케팅을 통하여 얻을 수 있는 효과는 여러 가지가 있는데 이를 경제적 효과와 사회적 효과로 나누어 요약하자면 다음과 같다.

경제적 효과로는 매출증대, 유통망 및 판촉활동의 활성화, 용이한 신제품 런칭 및 신규시장 진입 등 직접적인 효과를 얻을 수 있으며, 간접적으로는 기업과 브랜드에 대한 긍정적 연상을 강화할 수 있고, 소비자에게 정서적 만족감을 부여하여 감정적 유대관계를 강화할 수 있다. 또한 긍정적인 언론보도를 통하여 장기적인 호혜관계를 구축하는 효과를 얻을 수 있다. 한편, 사회적으로는 사회문제에 대한 소비자들의 긍정적인 인식을 제고하고, 공익활동에 소비자의 직접 참여를 유발할 수 있으며, 공익적 가치를 지키거나 문제 해결을 돕는 효과를 얻을 수 있다.

반면 공익연계마케팅 활동에 대하여 공익을 이용하여 소비자를 기만하는 얄팍한 상술이라는 부정적인 인식과 함께 캠페인의 대상으로 주로 사회적으로 이슈화되거나 가시성이 높은 문제들에 치중하기 때문에 공익 간에 불균형을 초래할 수 있다는 비판적인 시각이 존재한다(Garfield, 1993). 판매촉진에 소요되는 홍보비용이 공익단체에 기부한 금액보다 많은 경우에는 공익연계마케팅이 기업의 소비자 착취수단에 불과하다는 강도 높은 비난도 제기되고 있다.

그럼에도 불구하고 2000년대 초반 미국 소비자를 대상으로 실시된 효과조사(Cone Millennial Cause Study)에서 가격이 비슷한 경우 공익과 연계된 제품을 구매하겠다는 응답자의 비율이 약 90%에 달하는 것으로 나타난 것처럼 공익연계마케팅은 판매 및 점유율 향상이라는 가장 직접적인 마케팅효과를 얻을 수 있는 CSR마케팅 활동이라고 할 수 있다.

한편 공익연계마케팅에 참여하는 관련 기관들도 여러 가지 효과를 얻을 수 있다. 공익단체의 경우 그들이 추진하고 있는 사회문제 해결을 위하여 기업으로부터 재정적 지원을 받을 수 있고, 해당 기업 제품의 고객으로부터의 단체에 대한 지원을 얻어 낼 수 있다. 해당 사회문제를 다루게 되는 대중매체들의 경우에는 공익광고를 위하여 무상으로 제공해야 하는 방송시간과 매체의 지면을 공익연계마케팅의 유료광고로 대체하는 경제적 효과를 얻을 수 있다.

신제품의 런칭에 맞춰 매출의 증대와 유통망 및 판촉활동의 활성화라는 공익연계마케팅의 직접효과를 거둔 것으로 평가되는 우리나라의 대표적인 사례로 CJ제일제당의 '미네워터 바코드롭 캠페인'을 꼽을 수 있다. 2012년 3월 시작된 이 캠페인은 미네워터라는 생수제품이 한 병씩 판매될 때마다 소비자가 원할 경우 제조기업인 CJ제일제당과 제품을 취급하는 편의점 훼미리마트(현재는 CU), 그리고 소비자가 각각 100원씩 적립하여 아프리카 어린이들의 물 부족 문제를 해결하는 데 기부하는 방식의 공익연계마케팅 캠페인이다(〈그림 7-6〉).

판매금액의 일부를 정해진 비율에 따라 기부하는 기존의 방식과는 달리 소비자가 제품을 구매하면서 본인의 의사에 따라 능동적으로 기부에 참여할 수 있도록

그림 7-6 미네워터 바코드롭 캠페인의 구조

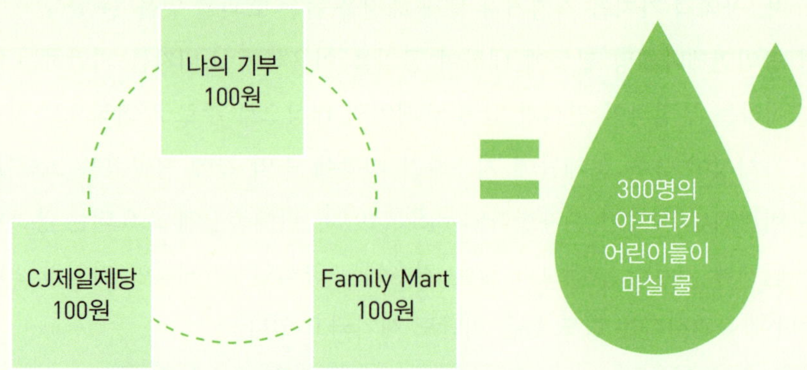

한 점이 캠페인의 차별적인 특징이라고 할 수 있다. 즉 편의점에서 판매되는 '미네워터 바코드롭' 제품을 소비자가 구매할 때 병에 있는 바코드를 찍으면 생수가격에 100원을 추가하여 지불하면 CJ제일제당과 유통점인 훼미리마트도 각각 100원씩 총 300원을 기부하는 형태로 시행되었다. 제품에 물방울 모양의 바코드와 일반 바코드 2가지를 준비하여 소비자가 기부를 원할 때 물방울 모양의 바코드를 찍는다 하여 아예 제품의 이름까지 바코드롭으로 명명하였다. 생수 한 병당 총 300원의 기부금이 마련되면 이 금액을 유니세프에 전달하여 아프리카 어린이들에게 깨끗한 물을 공급하는 데 지원한 캠페인으로서 2013년 한 해 동안만 약 1억 3,000만 원을 적립하는 성과를 달성하였다고 한다.

보통 물 500ml를 정화하는데 1원이 소요된다고 하는데, 생수 한 병의 판매로 적립되는 300원이면 약 300명의 어린이들에게 생수 한 병 분량의 정화된 식수를 제공할 수 있다고 한다. 100원이라는 금액은 소비자 입장에서 보면 거스름돈에 불과한 자그마한 액수일지 모르지만 부담 없는 금액의 참여로 수많은 어린이들의 심각한 식수문제를 해결하는 데 기여할 수 있도록 캠페인을 설계함으로써 소기의 목표를 달성할 수 있었던 캠페인으로 평가된다. 이 캠페인의 성공요인은 다음과 같이 정리할 수 있다.

첫째, 공익연계마케팅의 실질적인 목적이 기부행위에 있다는 점을 고려할 때 '미네워터 바코드롭' 캠페인의 가장 큰 성공요인은 이 행위가 쉽게 이루어질 수 있도록 고안되었다는 점이다. 이 캠페인의 핵심요소인 '바코드'를 통한 기부행위는 광고 제작을 맡았던 광고대행사 제작팀의 아이디어에서 나왔다고 한다. 그동안 실행되었던 대부분의 기부캠페인들이 고통 속에 살아가는 아이들을 자극적으로 표현하여 사람들의 즉각적인 행동을 유발하고자 했지만, 정작 기부방법으로는 모금함을 두거나, ARS전화를 걸게 하거나, 계좌이체를 하게 하는 등 귀찮은 행동을 요구하는 방식으로 진행되어 실제 참여율은 매우 낮았다. 기부를 이끌어 내기 위해서는 자극적이고, 충격적인 비주얼보다는 기부행위를 좀 더 쉽게 만들어 주는 것이 더 효과적일 것으로 판단했고, 그 결과 기부를 쉽게 만들어 실질적인 기부행위가 이루어질 수 있도록 하자는 것이 바로 '미네워터 바코드롭' 캠페인의 시작이었던 것이다. 그 열쇠는 바로 어느 제품에나 붙어 있는 '바코드'에 있었다(〈그림 7-7〉). 모든 제품에는 제품에 대한 정보 및 가격이 입력된 바코드가 붙어 있는데, 기부를 위한 바코드를 하나 더 추가하여 소비자들로 하여금 제품구매 시 기부용 바코드를 한 번 더 찍을 수 있게 하자는 아이디어가 바로 '미네워터 바코드롭' 캠페인의 핵심이었다. 소비자들은 기부하기 위하여 기부할 단체를 찾거나 전화를 걸 필요가 없어졌고, 귀찮게 계좌 이체할 필요도 없어진 것이다. 단지 미네워터를 집어 계산대에 가서 제품 바코드와 기부 바코드를 찍으면 모든 기부행위가 종료되는 것이었다. 이 작은 아이디어가 바로 바모드롭 캠페인 성공의 핵심요인이었던 것이다. 즉 아프리카 아이들을 돕자는 것은 소비자들이 흔히 볼 수 있는 주제로서 새로울 것이 없었지만 바코드 아이디어가 기부를 쉽고 간편하게 해줌으로써 높은 호응을 얻

그림 7-7 미네워터 바코드롭 생수병에 새겨진 물방울 바코드

을 수 있었던 것이다.

둘째, 캠페인 초기에는 미네워터가 건강 및 미용용품 유통점인 '올리브영'과 일부 매장에서 제한적으로 판매되었지만, 전국에 7,000여 개의 매장을 갖고 있는 훼미리마트(현재 CU)에 입점하게 됨으로써 명실 공히 전 국민을 대상으로 하는 대형 캠페인으로 전개될 수 있었다는 점이다. 자연히 많은 소비자들이 캠페인에 노출될 수 있었고 참여자의 수도 획기적으로 증가하게 되었다. 또한 단순히 제품만을 입점시키는 것이 아니라 제휴관계를 맺은 훼미리마트도 기부에 동참하게 되었고, 그것은 기업들이 공동으로 수행한 CSR 캠페인의 대표사례로서 유력언론을 통하여 자연스럽게 홍보되었다. 거의 주목받지 못했던 브랜드가 이른바 2개의 바코드라는 작은 아이디어를 통하여 새로운 빛을 보게 되었던 것이다.

셋째, 캠페인에 대한 인지도를 높이고 관심을 얻기 위하여 TV광고 및 MNET 및 CJ E&M 채널의 다양한 프로그램에 간접광고(PPL)를 집행하였고, SNS를 활용하여 소비자의 자발적인 참여와 호응, 메시지 확산을 이끌어 낼 수 있었다는 점이다. 소비자들이 귀엽고 아기자기한 패키지를 개인 SNS에 찍어서 올리기도 하였고, 캠페인에 대한 자신의 생각을 적어 다른 사람들과 공유하는 등 자발적인 메시지 확산이 이루어질 수 있었던 것이다.

이러한 소비자들의 호응과 참여로 인하여 미네워터는 일반 생수보다 2배 가까이 비싼 가격에도 불구하고 높은 매출상승을 보여주었고, 캠페인이 시작되기 전년도와 비교하여 무려 300% 이상의 성장세를 기록하였다. 기부참여율도 약 50%로 나타나 손쉬운 기부방식이 더 많은 기부를 가져올 수 있음을 증명해 주기도 하였다. 월판매 20만 개, 총 13억 원의 기금을 조성하는 결과를 얻을 수 있었다.

이 캠페인의 가장 큰 의미는 '문제점의 발견과 적절한 해결책의 제시'라고 할 수 있다. 아프리카를 비롯한 제3세계의 빈곤층 어린이를 돕자는 캠페인들은 쉽게 접할 수 있지만, 실제로 소비자들의 기부참여를 이끌어 내는 데 성공한 캠페인은 그다지 많지 않다. 소비자들의 호응과 참여가 없는 공익연계마케팅은 생색내기 정도로 그치는 경우가 대부분이다. 홍보가 잘되지 않아서도 아니고 예산이 부족해서도가 아니라 캠페인의 성공을 저해하는 걸림돌인 소비자의 호응과 참여를 제대로 이끌어 내지 못했기 때문으로 볼 수 있다. '미네워터 바코드롭' 캠페인은 바로 그 문제의 핵심을 파악하고 적절한 해결책을 제시했다는 점에서 의의를 찾을 수 있다.

공익연계마케팅의 기획 요소 및 핵심 고려사항 04

다른 유형의 CSR마케팅 활동과 마찬가지로 공익연계마케팅의 기획에도 전통적인 마케팅 기획 요소들이 포함된다. 소비자, 경쟁자, 제품 등 마케팅 환경에 대한 분석을 바탕으로 문제점을 도출하고, 그 해결을 위하여 마케팅 목표를 설정한다. 이어서 캠페인의 표적청중을 결정하고, 그들에게 전달할 핵심 메시지를 결정한 후, 구체적인 판촉전략을 수립한다. 이와 함께 예산계획이 수립되면 캠페인을 집행하고 결과를 평가하는 과정을 거치게 된다.

마케팅 전략수립 과정에서 가장 중요하다고 할 수 있는 상황분석(문제 파악) 단계에서는 고려해야 할 것은 자사의 기본적인 마케팅 방향이다. 즉 공익연계마케팅이 새로운 시장에 진입하는 제품의 시장안착에 있는지, 새로운 상품의 출시와 판매를 지원하는 것인지, 아니면 경쟁상황에서 차별적 우위를 점하기 위함인지 명확하게 파악되어야 한다. 그렇게 함으로써 목표 달성에 효과적인 전략과 실행전술을 도출하게 된다.

전략수립 과정에서의 핵심요소는 역시 사회문제의 선정이다. 어떤 사회문제를 지원할 것인지는 다음과 같은 사항을 점검한 후 결정하는 것이 좋다. 먼저, 이미 지원하고 있는 사회문제가 있는지, 만약 있다면 어떤 것인지 반드시 점검해야 한다. 이미 지원하고 있는 문제가 있다면, 이를 지속하는 것과 겹치지 않는 새로운 문제를 선정하는 것 중에서 어느 것이 더 효과적인지에 대한 결정을 내려야 하기 때문이다. 또한 목표시장에서 가장 주목받고 있는 사회문제가 무엇인지 점검해야 한다. 더욱 중요한 것은 어떤 문제가 기업의 핵심역량과 가치, 전략에 가장 잘 부합하는지에 대한 신중한 검토가 이루어져야 한다는 것이다.

지원하고자 하는 사회문제가 선정되면 제휴할 공익단체를 결정하게 된다. 이때 반드시 고려해야 할 사항은 다음과 같다. 첫째, 자사의 핵심역량이나 기업 또는 제품 이미지와 잘 부합되는 단체를 선정하는 것이 유리하다. 둘째, 해당 단체의 규모, 인지도, 공신력, 평판 등에 대한 세밀한 평가가 이루어져야 한다.

05 성공적인 공익연계마케팅을 위한 지침

다른 유형의 CSR마케팅 활동과 비교할 때 공익연계마케팅은 사회공헌을 통하여 기업 또는 제품 이미지를 제고함과 동시에 직접적인 제품판매 상승효과를 얻을 수 있는 장점을 갖고 있다. 따라서 상대적으로 큰 시장과 방대한 유통채널을 보유하고 있는 기업이나 소비자들이 관심을 갖고 있는 사회문제에 결부시킬 수 있는 상품을 보유하고 있는 기업에게 유리한 방식이다. 앞에서 살펴 본 '미네워터 바코드롭' 캠페인을 실시한 CJ제일제당이 이러한 경우에 해당된다.

또한 특정 사회문제 또는 이를 지원하는 공익단체와 지속적이고 장기적인 유대관계를 갖는 기업에도 유리한 방식이다. 예를 들면, 안전헬멧 제조업체가 수년간 지역사회의 아동병원과 제휴를 맺고 어린이들의 자전거 사고 예방을 위한 사회사업을 펼치는 경우를 들 수 있다. 기업은 자전거 사고의 위험을 알리는 공익광고를 다양한 채널을 통하여 전달하고, 사고예방을 위한 이벤트를 개최하여 불행한 사고에 대한 대중의 인식과 관심을 확산하는 공익캠페인을 실시할 것이다. 또한 병원과 제휴하여 어린이들이 도로나 집 주변에서 자전거를 탈 때 반드시 안전헬멧을 착용하도록 권장하는 사회마케팅 차원의 캠페인도 펼칠 수 있다. 여기에 공익연계마케팅 방식의 캠페인을 연계하여 안전헬멧의 판매에 따라 기부금을 적립하여 병원이나 경찰서 등에 기부하는 시업을 펼친다면 효과가 배가될 것이다. 기업은 자연스럽게 안전헬멧 제품의 판매량과 이미지 제고라는 두 가지 효과를 동시에 얻을 수 있는 것이다.

30여 년 전 아메리칸 익스프레스의 '자유의 여신상 복원' 캠페인을 고안했던 제리 웰시(Jerry Welsh)는 공익연계마케팅의 효과를 극대화하는 데 필요한 지침을 제시한 바 있는데, 그 중 우리 실정에 맞는 몇 가지 제안을 소개하자면 다음과 같다.

첫째, 지역적으로 접근하는 것이 효과적이다(Be local). '미네워터 바코드롭' 캠페인과 같이 전국의 유통매장을 활용하는 것도 대규모의 확산과 참여를 유도할 수 있는 좋은 방법이기는 하지만 캠페인 홍보예산이 많이 드는 단점이 있다. 전체적인 캠페인 범위와 예산을 고려하여야 하겠지만, 대개 지역에 특화된 사회문제를 선정하여 지역 소비자를 표적으로 하는 캠페인이 비교적 수월하게 목표를 달성할 수 있다. 예를 들면, 인천 지역의 소비자들에게는 전국적인 공익과 연계된 캠페인보다는 인천교향악단이나 지역 내의 어린이 병원을 지원하는 캠페인이 보다 효과적일 것이다. 반대로 전국 혹은 전 세계 소비자를 대상으로 한 캠페인의 경우에는 국가 또는 행정구역별로 세분화하여 지역실정에 맞는 실행전략을 수행한다면 효과가 배가될 것이다. 영국 테스코가 실행한 '학교에 컴퓨터 보내기' 캠페인의 경우가 이에 해당되는데, 지역에 거점을 두고 있는 테스코 지점을 통하여 해당 지역 학교를 대상으로 컴퓨터 실습 교육을 펼친 것이 성과를 얻는데 주효했던 것으로 볼 수 있다.

둘째, 지원하고자 하는 사회문세는 구체적인 것일수록 효과적이다(Be concrete). 현대 사회의 소비자들은 다양한 경로를 통하여 수많은 기업과 단체들이 제시하는 애매모호한 공익캠페인 메시지에 노출된다. 캠페인이 성공을 거두기 위해서는 모두 비슷해 보이는 추상적인 것보다는 구체적인 문제를 제시하는 것이 효과적이라는 것이다. 예를 들면, '빈곤층 어린이를 돕자', '교육의 질을 향상시키자'와 같은 메시지보다는 특정한 불우아동 한 명에게 배움의 기회를 주기 위해 기부하겠다는 약속이 소비자들에게 보다 효과적일 수 있다는 것이다. 마찬가지로 막연히 '자연을 보호하자'라는 구호보다는 '한강', '북한산'과 같이 명확하게 대상을 지정하여 캠페인을 수행하는 것이 소비자들의 인식과 기부행위를 유도하는 데 효과적이다.

그림 7-8 아모레퍼시픽의 '유방암 예방 핑크리본' 캠페인

셋째, 캠페인이 다루는 사회문제와 관련하여 긍정적인 측면을 부각시키는 것이 효과적이다(Be positive). 캠페인에서도 해결하고자 하는 문제점이나 문제의 부정적 측면보다는 문제해결의 결과로 얻을 수 있는 긍정적 측면, 즉 공익에의 공헌이 가져다 줄 수 있는 혜택을 강조하는 것이 소비자들의 구매를 유도하는 데 효과적이라는 것이다. 예를 들면, 화장품기업 아모레퍼시픽이 후원하고 있는 '유방암 예방' 캠페인(〈그림 7-8〉)의 경우, 유방암 발병과 조기사망 가능성이라는 문제의 부정적인 측면보다는 '핑크리본' 제품 구매를 통하여 문제의 사전예방을 도움으로써 많은 사람들에게 건강한 삶을 가져다 줄 수 있다는 기부행위의 긍정적 결과를 부각시키는 것이 효과적이라는 것이다.

넷째, 일반적인 마케팅 캠페인과 마찬가지로 공익연계마케팅의 경우에도 명확하게 규정된 완료시점이 있어야 한다. 적절한 시점에서 멈출 수 있어야 한다는 것이다(Know when to stop). 모든 마케팅 전략에는 명확하게 규정된 완료시점이 있어야 하는 것처럼 공익연계마케팅 캠페인이 영구적으로 지속되는 캠페인이라는 관념의 유희에 빠져 들어서는 안 된다는 것이다. 물론 장기간에 걸쳐 특정한 공익을 지속적으로 지원하는 기업은 일관성 있는 브랜드 이미지의 구축에 유리하겠지만, 장기적인 공헌에 필요한 주기적인 지역 프로모션, 특별행사, 종업원 참여 프로그램 등을 수행하는 데 많은 노력과 예산이 뒷받침되어야 하기 때문이다.

06 공익연계마케팅의 핵심 포인트

다른 유형의 CSR마케팅 활동과 마찬가지로 적합한 사회문제의 선정은 성공적인 공익연계마케팅을 위한 출발점이 된다. 어쩌면 당연한 것일지 모르겠지만 목표시장 소비자들에게 강력한 호소력을 갖는 사회문제를 선정하는 것이 일반 대중의 관심과 구매행위를 유도하는 데 효과적이다. 표적시장인 여성소비자들에게 높은 관심을 유발할 수 있는 유방암이라는 문제를 다루는 여성화장품 기업들의 캠페인이 좋은 예이다. 전국적으로 분포하고 있는 화장품 유통망을 활용하여 핑크리본 제품이 판매될 때마다 일정액을 기부하여 공익재단에 전달하는 방식으로 진행되었던 캠페인은 실제로 많은 화장품 기업들이 참여하고 있는데, 유방암이라는 문제가 여성소비자들에게 매우 심각하고 중요하게 인식된다는 점에서 높은 호응과 참여를 이끌어 낼 수 있었다. 이 외에도 풀무원이 실시하였던 '지구사랑마크' 캠페인의 경우에도 지구환경 보호라는 문제를 선정하여 그들의 표적시장인 30~40대 주부들의 높은 관심과 참여를 이끌어 낼 수 있었다. 그들에게는 매일 정성껏 준비하는 먹거리를 환경오염으로부터 보호함으로써 가족들에게 몸에 좋은 음식을 제공하는데 있어서 지구환경 보호는 매우 중요한 문제였기 때문이다. 그에 비하여 정유사에서 실시하는 '소녀소녀기장돕기' 캠페인이라든지 금융회사에서 실시하는 '불우이웃돕기' 프로그램 등은 대상 사회문제가 사회적으로 중요한 문제들이기는 하지만 표적시장과 직접적인 관련성이 적기 때문에 호응을 얻어내기 쉽지 않은 주제일 수 있다.

또한 다른 유형의 캠페인과 마찬가지로 사회문제는 기업의 핵심역량과 연관된 것일수록 소비자의 긍정적인 반응을 얻는데 유리하다. 앞에서 언급된 화장품회사의 유방암 퇴치 캠페인이나 생수제조업체의 물 부족 해소 캠페인 등은 기업이 갖고 있는 경쟁우위 요소를 적절히 활용하여 소비자의 적극적인 참여를 이끌어 낸 좋은 사례라고 할 수 있다.

이 외에도 성공적인 공익캠페인을 위하여 고려해야 할 사항으로는 제휴 파트너와 사회문제의 관련성, 기관의 전문성, 공신력, 지지기반 등이다. 제품판매에 의하여 적립된 기부금은 기업이 직접 지원에 나서는 것이 아니라 제휴기관에 전달되어 사회문제 해결에 집행되기 때문에 어떤 기관과 제휴하느냐에 따라 실제 문제 해결의 효과가 달라질 수 있다. 또한 제휴기관이 가지고 있는 이미지는 기업에 전이되어 기업이미지 또는 제품이미지 형성에 영향을 미치기 때문에 사회적으로 인지도가 높고 신뢰받는 기관과 제휴하는 것이 유리하다는 것이다.

'미네워터 바코드롭' 캠페인을 통하여 알 수 있듯이 공익연계마케팅은 결국 소비자의 참여(구매행위)가 이루어지지 않으면 성공할 수 없는 구조를 가진 CSR활동이다. 사회문제에 대한 관심이나 인지도, 기업에 대한 태도와 신뢰도 중요하겠지만 무엇보다 필요한 것은 효과적으로 표적시장 소비자들의 구매(기부)행위를 이끌어내야 한다는 점이다. 따라서 복잡하고 힘들지 않은 기부, 손쉬운 기부방법을 고안하는 것도 매우 중요한 요소이다.

장기적인 관점에서 동일하거나 관련성 있는 사회문제를 대상으로 지속성과 일관성 있는 캠페인을 실행한다면 단기의 마케팅 목표를 넘어 장기적으로 호의적인 기업이미지를 구축할 수 있고, 그것은 결국 제품구매로 이어지는 선순환의 고리 역할을 할 수 있다는 점이다. 아메리칸 익스프레스가 뉴욕시를 중심으로 지역사회의 '역사보존(Historic Preservation)'을 위하여 실시해 오고 있는 일련의 캠페인들이 좋은 본보기이다.

07 공익연계마케팅 해외 사례

요플레: '생명을 구하는 뚜껑을 보내 주세요(Save Lids to Save Lives)' 캠페인

'Save Lids to Save Lives(SLSL)' 캠페인은 미국의 세계적인 식품기업 제네랄밀스의 대표브랜드 중의 하나인 요플레(Yoplait)가 유방암으로 고통받고 있는 여성들을 후원하고 유방암을 예방하기 위한 활동을 지원하기 위하여 1998년부터 실시하고 있는 공익연계마케팅 활동이다. 소비자들이 요플레 제품을 구매한 후 분홍색 뚜껑(〈그림 7-9〉)을 회사에 보내면 핑크리본 캠페인으로 잘 알려진 코멘유방암재단(Susan Comen Breast Cancer Foundation)에 10센트를 기부하는 이른바 '생명구하기' 캠페인이다. 이 캠페인을 통하여 현재까지 약 3천만 달러 이상의 기부가 이루어졌고, '유방암 치료를 위한 걷기 대회'와 같이 캠페인과 연계된 다양한 기부프로그램을 통하여 코멘재단에 제공한 재정적 지원을 모두 합치면 무려 4천만 달러가 넘는 기부가 이루어졌다. 요플레는 유방암 치료를 위한 걷기 대회의 파생상품과 SLSL 캠페인 제품이 판매되는 매년 9월과 10월에는 다른 시기와 비교하여 3~4배 이상의 매출을 기록하는 직접적인 마케팅 효과도 얻고 있다.

그림 7-9 분홍색 뚜껑이 달린 요플레 제품

2014년 이후 요플레는 SLSL 캠페인의 후

속편으로 '투병 중인 친구들(Friends in the Fight)'이라는 프로그램을 운영하고 있다(〈그림 7-10〉). 핑크리본이 인쇄된 요플레 뚜껑을 잘라내어 우편으로 보내는 일이 귀찮고 부담스러울 수 있기 때문에 소비자들의 참여를 더욱 활성화하기 위하여 새로운 방법을 고안한 것이다. 뚜껑을 우편으로 보내는 대신 웹사이트를 통하여 뚜껑에 제공되는 코드를 입력하고 유방암 예방을 지원하는 3개의 공익단체(코멘스 재단, Bright Pink 재단, Living beyond Breast Cancer 재단) 중 기부를 원하는 기관을 지정하면 요플레의 기부가 이루어지는 방식으로 전환한 것이다. 소비자들에게 기부행위의 번거로움을 덜어주어 보다 쉽게 참여할 수 있도록 한 것이다. 〈그림 7-11〉은 뚜껑의 코드를 입력하고 자선단체를 지정할 수 있는 기부 웹사이트의 화면이다. 이전의 캠페인과 마찬가지로 한 번 코드가 입력될 때마다 지정된 공

그림 7-10 'Friends in the Fight' 프로그램 로고와 온라인 참여 화면

그림 7-11 요플레의 'Friends in the Fight' 프로그램 기부 웹사이트

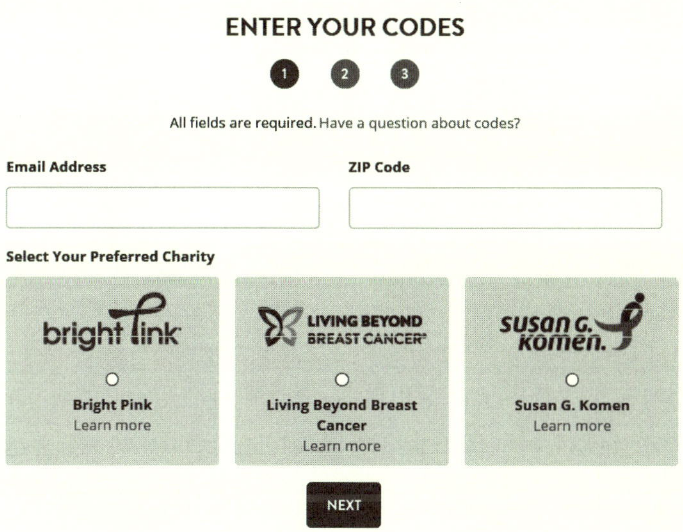

그림 7-12 빙그레의 핑크리본 에디션 제품과 유방암 예방 캠페인 행사

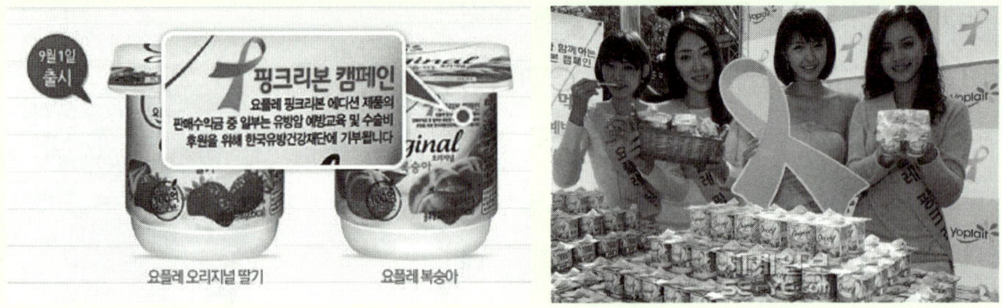

익단체로 10센트의 기부금이 적립된다. 이런 방식으로 요플레는 3개의 공익단체에 총 35만 달러의 기부금을 나누어 전달하는 것을 목표로 하여 2016년도 프로그램을 운영 중에 있다.

미국 요플레의 한국 파트너인 빙그레도 본사의 유방암 예방 캠페인을 한국 소비자들을 대상으로 실시하였다. 2008년부터 매년 9월과 유방암 예방의 달인 10월에 여성의 건강한 아름다움을 응원하기 위하여 '요플레 핑크리본 에디션'이라는 제품을 출시하여 판매액의 일부를 한국유방건강재단에 기부하는 캠페인을 실시하였다(〈그림 7-12〉). 한국유방건강재단과 아모레퍼시픽이 후원하는 핑크리본 캠페인에 빙그레도 함께 참여하는 형식으로 공익연계마케팅을 실시한 것이다. '요플레 핑크리본 에디션' 제품은 여성의 유방암 예방의식 향상과 조기 검진의 중요성을 알리기 위하여 핑크리본 디자인으로 운영하는 한정판 제품으로서, 이 제품의 판매수익금 일부를 한국유방건강재단에 기부하여 유방암으로 고통받고 있는 여성들을 위해 사용하는 프로그램이다.

탐스슈즈(TOM's Shoes): 'One for One' 캠페인

아메리칸 익스프레스의 '자유의 여신상 복원' 프로그램과 함께 성공적인 공익연계마케팅 캠페인으로 가장 널리 알려진 것 중의 하나가 탐스슈즈의 'One for One' 프로그램이다. 2006년 아르헨티나 여행 중 맨발로 다니는 아이들을 보고 영감을 얻은 미국 청년 블레이크 마이코스키가 '아이들에게 신발을 신겨 주자'는 단순한 미션으로 창업한 탐스슈즈는 '내일의 신발(Tomorrow's Shoes)'이라는 뜻의 신발회사

이다. 마이코스키는 남미 여행 중에 비교적 잘 사는 나라에 속하는 아르헨티나 아이들이 신발이 없어 발에서 물집이 잡혀 상처가 나 각종 질병에 노출된 모습을 목격하고 이를 해결할 수 있는 방법을 고민하게 된다. 기부에만 의존하기에는 신발의 수요를 맞추기 어려웠고, 아이들에게 딱 맞는 사이즈의 신발을 나눠 줄 수 없는 상황임을 인지한 마이코스키는 기부가 아니라 사업에서 해결책을 찾는 것이 장기적으로 나을 것이라는 판단을 하게 되었고 아이들에게 신발을 제공할 수 있는 영리 목적의 사업을 계획하게 된다. 그는 부드러운 캔버스천으로 만들어진 알파르가타를 튼튼하고 편안하게 개조한 후 미국인의 취향에 맞는 디자인을 더한 새로운 종류의 신발을 개발하여 신발이 한 켤레씩 팔릴 때마다 신발이 필요한 아이들에게 새 신발을 한 켤레씩 나눠 주는 캠페인을 실시하기로 계획하였다. 신발사업에 문외한이었던 그는 아르헨티나인 친구와 함께 여기저기를 수소문한 끝에 개량 알파르가타를 제작할 수 있는 제화공을 찾아 낼 수 있었고, 모두 250켤레의 새 신발을 만들게 되었다. 제조된 신발을 가지고 미국으로 돌아간 그는 주변 사람들의 도움으로 같은 해 10월, 모두 1만 켤레의 신발을 판매하여 아르헨티나 아이들에게 같은

그림 7-13 탐스슈즈의 'One for One' 캠페인

One for One 캠페인 수혜 어린이들의 모습

수의 신발을 기부할 수 있었다. 이것이 바로 'One for One' 캠페인의 시작이었던 것이다(〈그림 7-13〉).

이로부터 7년 뒤인 2013년 7월 탐스는 '한 켤레의 신발로 인한 아이들 삶의 긍정적인 변화'를 모토로 하여 대상국가의 공익단체와 'Giving Partner' 계약을 체결하여 아프리카를 포함한 제3세계 어린이들에게 1,000만 켤레가 넘는 신발을 기부하게 된다. 전 세계에서 무려 1,000만 켤레가 넘는 탐스슈즈가 팔린 것인데, 이를 금액으로 환산하면 약 2,700억 원에 이른다. 즉 2,700억 원 이상의 매출을 올린 셈이 되는데, 이후 'One for One', 하나를 위한 하나로 불리는 탐스슈즈 공익연계마케팅 프로그램을 모방한 공익사업의 유행을 불러올 정도로 캠페인의 파급효과가 컸던 것으로 평가된다.

많은 소비자들은 회사의 기부행위를 이끌어 내기 위하여 탐스 신발을 구매하지는 않았을 것이다. 보기 좋은 디자인, 편한 착용감과 함께 '생각 있는 사람'으로 비춰진다는 이미지로 인하여 구매했을 가능성이 높다. 결국 '신발을 신지 못하는 저개발국 아이들에게 신발을 보내 주자'는 탐스의 메시지가 많은 소비자들로부터 공감을 얻은 결과로 볼 수 있다. 이 캠페인을 통하여 탐스슈즈는 제품홍보 효과는 물론 수혜자들의 스토리를 SNS를 통하여 소비자들과 공유함으로써 소비자의 동일제품 사용에 대한 연대감을 조성하는 등 감정적인 유대관계를 구축할 수 있었으며, 자연히 매출 상승과 기업이미지 제고, 사회공헌이라는 일석삼조 효과를 얻을 수 있었다.

P&G 팸퍼스: 'One Pack One Vaccine' 캠페인

세계적인 생활용품 기업인 P&G 계열의 팸퍼스는 아기 기저귀로 대표되는 회사이다. 팸퍼스는 자신들의 주력제품 사용자인 어린이들의 건강을 위하여 저개발 국가의 어린이들을 위한 공익연계마케팅 활동을 계획하였다. 비위생적인 환경으로 인하여 선진국에서는 대수롭지 않게 치료가 가능한 파상풍과 같은 질병에 많이 노출되는 저개발 국가의 어린이들을 생각한 것이다. 실제로 파상풍은 주로 신생아들에게 많이 발생하며, 저개발 국가의 경우 약 7센트에 불과한 파상풍 치료 백신이 부족하여 매년 12만 명 이상의 신생아와 3만 명이 넘는 산모들이 파상풍으로 목숨을 잃는다고 한다. 팸퍼스는 이들을 고통스러운 삶과 생명의 위협에서 벗어나게 하자는 목적으로 2006년 유니세프와 제휴하여 북미와 유럽 지역을 중심으로 기저귀 한 팩을 사면 백신 1인분을 기부하는 'One pack one vaccine' 캠페인을 전개하였다(〈그림 7-14〉).

앞에서 소개한 탐스슈즈의 'One for One' 캠페인이나 보통 대형마트에서 상품을 하나 사면 덤으로 하나를 더 주는 행사인 '원 플러스 원' 마케팅과도 동일한 방식으로 수행된 프로그램이다. 단지 팸퍼스를 한 팩 구매하면 한 팩을 더 주는 것이 아니라 파상풍 백신을 회사가 기부하는 방식이라는 점이 차이이다. 즉 팸퍼스가 판매액의 일부를 기부하는 방식이 아니라 특정 제품 하나를 사면 특정 약이 필요한 한 사람에게 혜택을 주는 공익연계마케팅 방식을 채택한 것이다.

이 캠페인을 통하여 팸퍼스는 아기 기저귀라는 제품의 핵심 구매층인 아이를 가진 20~30대의 젊은 주부들에게 자신들과 비슷한 상황의 저개발 국가의 아이와 산모를 위하여 무엇인가를 할 수 있다는 뿌듯한 감정을 유발하고 적극적인 공감대를 형성할 수 있었다. 즉 'One pack one vaccine'의 혜택을 받는 저개발 국가의 신생아와 산모들이 바로 출산과 육아에 대하여 같은 관심을 갖고 있는 팸퍼스 제품의 소비층의 감성을 자극할 수 있었던 것이다. 제품의 표적시장인 주부들로 하여금 '내가 팸퍼스 제품 하나를 구매함으로써 나와 비슷한 산모, 내 아이와 비슷한 아이를 위험에서 구할 수 있다'라는 생각을 유발함으로써 적극적인 참여를 이끌어 낼 수 있었던 것이다.

팸퍼스는 2008년 한 해 북미에서만 진행된 'One pack one vaccine' 캠페인을 통하여 모두 4,500만 명 분의 파상풍 백신약을 산모와 신생아들에게 제공할 수 있었

그림 7-14 P&G 팸퍼스의 'One Pack One Vaccine' 캠페인

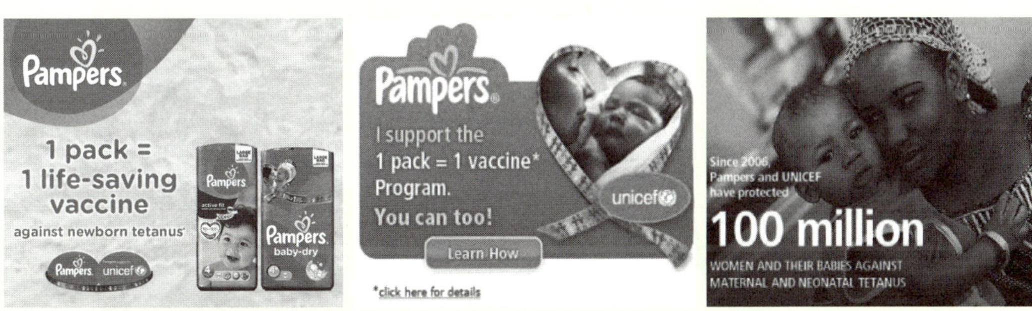

다. 4,500만개의 팸퍼스 제품을 판매한 것으로서, 단일 브랜드가 수행한 최대의 공익연계마케팅 프로그램으로 기록되고 있다. 이를 통하여 팸퍼스는 매출상승이라는 경제적 이익뿐만 아니라 제품의 이미지와 가치를 상승시키는 효과를 얻을 수 있었다.

성공사례를 통하여 얻을 수 있는 교훈

요플레, 탐스슈즈, 팸퍼스 등 성공적인 공익연계마케팅 캠페인들이 갖고 있는 장점 요소들을 살펴봄으로써 얻을 수 있는 시사점은 다음과 같다.

첫째, 제품의 표적시장 소비자들이 쉽게 공감할 수 있는 사회문제를 선정해야 한다는 점이다. 공익캠페인은 소비자의 참여행동이 성공의 관건인 만큼 행위에 앞서 사회문제에 대한 긍정적인 인식과 태도, 즉 사회문제에 대한 공감이 선행되어야 한다. 요플레의 경우, 제품의 핵심타깃인 여성소비자들이 쉽게 공감할 수 있는 유방암 예방이라는 주제를 제시하였고, 팸퍼스의 경우에도 20~30대 주부들에게 자신들과 비슷한 상황에 있는 개발도상국 주부들과 어린이들의 문제 해결이라는 주제를 제시함으로써 참여의지를 높일 수 있었다. 유투브를 비롯한 매체광고를 통하여 해당 사회문제에 대한 소비자와의 사전교감을 나눈 것도 공감을 이끌어 내는 데 중요한 요소로 작용하였다.

그림 7-15 탐스슈즈를 직접 기부하고 있는 창업자 마이코스키의 모습

둘째, 해당 사회문제에 대한 기업의 관점을 발전시키는데 기꺼이 협력해 줄 단체와 제휴하는 것이 효과적이라는 점이다. 요플레의 경우 유방암과 관련하여 전문성과 공신력을 인정받고 있는 코멘유방암재단(Susan Comen Breast Cancer Foundation)과 약 20년에 걸쳐 제휴관계를 유지함으로써 캠페인 효과를 제고할 수 있었다. 핑크리본으로 소비자들에게 널리 알려진 공익재단인 코멘재단과의 제휴관계는 소비자들에게는 신뢰감을 줄 수 있었고, 기업 입장에서는 캠페인의 실행에 직접적인 도움을 받을 수 있었다.

셋째, 소비자를 기다리지 말고 찾아가는 노력이 필요하다는 점이다. 세 캠페인 모두 소비자의 참여를 유도하기 위하여 다양한 방법을 동원하였는데, 특히 2000년대 중반 이후 대중매체 이상의 영향력을 보이고 있는 인터넷 플랫폼을 통한 소비자와의 적극적인 양방향 커뮤니케이션을 활용했다는 점은 주목할 만하다. SNS와 블로그, 웹사이트 등을 효과적으로 활용하여 소비자들의 자발적인 정보 공유와 확산을 이끌어 냄으로써 캠페인의 효과가 배가될 수 있었던 것이다. 탐스슈즈의 경우, 신발을 기부하는 영상(〈그림 7-15〉)을 자원봉사자들이 직접 찍어 유튜브나 블로그에 올리게 하거나, 기부가 이루어지는 전 과정을 공개하여 소비자들에게 충분한 신뢰감을 심어 줄 수 있었다.

08 우리나라의 공익연계마케팅 사례

2010년대 중반 이후 우리나라에서도 많은 기업들이 공익단체와 연계하여 다양한 방식으로 공익연계마케팅을 실시하고 있다. 이제는 소비자들이 조금 식상하게 느낄 수 있을 만큼 흔하게 볼 수 있는 것도 사실이지만 제품의 유형이나 캠페인 수행방식 또는 기업의 기부방식 등에 따라 성과에 차이가 나기도 한다. 〈표 7-1〉에는 가장 최근에 수행되었거나 현재 진행 중인 우리나라 기업들의 공익연계마케팅 캠페인의 내용을 정리하였다.

표 7-1 우리나라 공익연계마케팅 캠페인 사례

수행기업/제품(연도)	수행방식/연계기관/성과	비고
라이온코리아 '아이깨끗해' 항균 비누 (2020)	롯데마트 및 킴스클럽에서 고객이 '아이깨끗해' 항균 폼 핸드솝을 구매하면 동일한 수량을 이랜드재단, 한국소아암재단, 초록우산어린이재단 등을 통해 한국한부모가족복지시설협회와 소아암 환우, 미혼모자 가정, 아동시설 및 위생취약계층 전달. 2020년 초 현재 약 1억 5천만 원 지원.	코로나 바이러스 감염증의 확산으로 손씻기가 중요한 시기에 위생용품 제조회사로서 감염병 예방 지원
㈜맥스원이링크 셀렉토커피 (2016~2018)	'하와이안 셀렉토 코나' 커피 한 잔이 팔리면 결식아동에게 우유 한 팩 기부. 굿네이버스와 연계하여 좋은마음센터, 지역아동센터, 아동복지센터, 가정위탁지원센터, 나눔인성교육센터 등 아동 복지 시설 총 72곳을 통하여 기부. 2016년 첫해 3만 팩, 2018년 4월 현재 총 7만 팩 기부	가정의 달, 연말과 같은 소외시기에도 기부가 이어짐. 손쉬운 기부로 접근성을 낮춰 고객의 참여도와 만족도 높음
이마트 (2019)	전국의 이마트 매장에서 데이즈(Daiz) 아동 양면 내의 세트를 구매하면 동일 수량만큼을 이마트가 지원. 아이들과미래재단, 한국그룹홈협회를 통하여 전국의 보육원, 영아원, 아동센터 등에 아동당 내의 2벌씩 기부.	미래 주역인 아이들을 위한 다양한 사회공헌 활동 지속 수행 계획
비타민엔젤스 (2013~2020 현재)	판매한 비타민 개수만큼 기부하는 'Buy One, Give One'이라는 기업철학을 바탕으로 2013년 7월부터 2020년 6월 현재 약 38만 3천 개(약 47억 6천만 원)의 '나눔비타민' 판매 및 기부. 국내 및 해외의 결식아동, 미혼모, 독거노인 등 소외계층에 월 약 1만 개의 비타민 정기 기부.	비타민엔젤스는 '당신이 건강해지는 만큼 세상도 건강해집니다'라는 슬로건 아래 비타민 기부 목적으로 탄생한 기업
LPG 전문기업 E1 (2010~2020 현재)	E1의 오렌지카드 회원을 대상으로 서포터즈 등록 후 LPG 충전 실적에 따라 고객의 이름으로 기부. 약 5,000여 명의 서포터즈 참여, 고객이 월 100ℓ 이상을 충전하면 E1이 해당 고객의 이름으로 1,000포인트 기부, 고객이 홈페이지에 희망충전 메시지를 남길 경우 메시지당 3,000 포인트를 E1이 기부, 고객이 보유 포인트를 기부할 시 E1이 그만큼 더해 2배로 기부. 1포인트 1원의 가치, 한국장애인복지시설협회가 추천한 21개 복지시설에 약 2억 원 이상 기부	2010년부터 10년 이상 지속되고 있는 소비자 참여형 캠페인으로서 장애인 재활 및 자립을 지원하기 위한 프로그램

키워드(Keywords)

- 공익연계마케팅의 개념
- 공익연계마케팅의 목표
- 공익연계마케팅의 특성
- 공익연계마케팅의 마케팅 효과
- 공익연계마케팅 기획
- 기부금 적립방식
- 소비자 구매동기

생각해 볼 문제(Review Questions)

- 공익연계마케팅이 사회마케팅이나 공익캠페인과 다른 점은 무엇인가?
- 공익연계마케팅의 세 가지 특성에 대하여 생각해 보자.
- 공익연계마케팅의 기부금 적립방식에는 어떤 것들이 있는가?
- 공익연계마케팅이 등장한 이유는 무엇인가?
- CJ제일제당 '미네워터 바코드롭' 캠페인의 성공요인은 무엇인가?
- 공익연계마케팅의 창시자인 제리 웰시(Jerry Welsh)가 제시한 공익연계마케팅을 위한 지침에는 어떤 것들이 있는가?
- 요플레, 탐스슈즈, 팸퍼스 등 성공적인 공익연계마케팅 캠페인들이 제시하는 전략적 시사점은 무엇인가?

참고문헌

엄지윤, 구장옥 (2013). 한국 공익연계마케팅 연구에 대한 내용분석: 2000년부터2012년까지 게재된 논문의 내용분석을 중심으로. 기업경영연구, 20(4), 155-174.

Adkins, S. (1999). *Cause Related Marketing: Who Cares Wins*. London: Butterworth Heinemann.

Garfield, B.(1993). This Heavy-Handed Ad Exploits Someone Anew. *Advertising Age*, 64(20), 50.

Chapter 08

공유가치창출 마케팅(CSV Marketing)

01 공유가치창출 마케팅(CSV Marketing)의 개념 및 특성

02 공유가치창출 마케팅의 효과

03 공유가치창출 마케팅의 주요 적용분야

04 공유가치창출 마케팅의 기획 요소 및 핵심 고려사항

05 성공적인 공유가치창출 마케팅을 위한 지침

06 공유가치창출 마케팅 성공사례

학습 목표

버려지는 페트병을 재활용하여 생산된 옷과 과자를 생각해 보았는가? 사회와 환경에 도움이 되어 좋고, 기업은 수익을 올릴 수 있어서 좋고, 소비자들은 뭔가 좋은 일을 했다는 자긍심을 얻을 수 있어서 좋은, 그야말로 모두가 함께 좋은 사회를 만들고 싶다면 그 선택은 공유가치창출 마케팅이다. 기업과 사회, 소비자가 함께 나눌 수 있는, 공유할 수 있는 가치가 바로 공유가치이다. TV광고에서 거창하게 사회공헌과 가치를 논할 필요도 없고, 특별한 이벤트도 그다지 중요하지 않다. 제품에 사회적 가치를 부여하면 그것으로 충분한 것이다. 이렇듯 공유가치창출 마케팅은 사회와 환경 문제를 비즈니스 기회로 포착하여 사회문제 해결에 공헌하고, 동시에 기업은 수익을 증대시키는 매력적인 CSR마케팅의 수단이다. 이번 장에서는 공유가치 와 공유가치창출 마케팅의 개념과 목표, 특성, 마케팅 효과 등에 대하여 알아보고, 특히 제품관리 측면에서 공유가치 마케팅의 실현을 위한 전략을 살펴보기로 한다. 성공사례도 분석하여 실무에 적용할 수 있는 시사점도 논의해 보기로 한다.

그림 8-1 (주)오뚜기 '씻어 나온 쌀'

매일 집에서 밥을 짓기 위하여 쌀을 씻을 때 나오는 쌀뜨물이 하수구를 타고 하천으로 흘러들어가 수질오염의 주범이 된다는 사실을 아는 소비자들은 그렇게 많지 않다. 보통 1kg의 쌀을 씻는 데 약 20kg의 쌀뜨물이 발생하는데, 쌀뜨물은 쌀의 주성분인 녹말을 포함하고 있어 이것이 하천에 방류되면 호기성 미생물이 녹말을 분해하기 위하여 산소를 과다소모하게 되므로 하천의 다른 생명체들이 살아가는데 필요한 산소가 부족해지게 된다. 오염된 물을 다시 정화시키려면 쌀뜨물의 약 480배에 가까운 물이 더 들어간다고 한다. 우리가 무심코 씻는 쌀이 심각한 하천오염과 물 낭비를 초래하는 것이다. 이렇듯 우리가 거의 하루도 거르지 않고 소비하는 주식, 쌀로 인하여 발생하는 환경오염 문제에 주목한 식품기업 오뚜기는 집에서 따로 쌀을 씻지 않아도 되기 때문에 소비자들의 시간과 노력을 줄여 주고, 물의 사용량을 감소시킴으로써 쌀뜨물로 인한 하천오염을 방지하는 데 도움을 줄 수 있는 쌀, '씻어 나온 쌀'을 출시하였다(〈그림 8-1〉).

2011년 출시된 '씻어 나온 쌀'은 기업과 지자체 간 상생의 대표제품이라고도 할 수 있는데, 전국의 주요 쌀 산지의 농민이 수확한 신선하고 품질 좋은 쌀을 충북 음성에 위치한 제조공장에서 세척한 제품이다. 이때 발생하는 쌀뜨물을 자체 정화처리시설을 통하여 녹말 성분을 제거한 후 하수처리를 하고 있다. 엄격한 공정처리로 그대로 물만 부어서 밥을 지을 수 있기 때문에 쌀 씻는 시간과 물을 절약할 수 있고, 쌀을 씻을 필요가 없기 때문에 쌀뜨물에 의한 수질오염을 막을 수 있는 환경친화적인 제품이다. 소비자 입장에서는 편리함이라는 가치와 환경보호에 동참한다는 자부심을 얻을 수 있고, 기업은 환경을 생각하는 책임 있는 기업이라는 이미지와 매출증대의 효과를 얻을 수 있기 때문에 소비자와 기업, 환경 모두에게 이익이 되는 말 그대로 '공유가치(Shared Value)'를 창출한 제품이라고 할 수 있다(〈그림 8-2〉).

만약 오뚜기가 단순히 제품을 소외계층에게 기부했다면 그것은 자선활동에 불과했을 것이다. 하지만 '씻어 나온 쌀'이라는 형태의 제품을 출시함으로써 우리 사회의 환경문제 해결과 물을 아껴 쓰자는 의식을 고취하는 데 기여하고, 소비자들에게는 편익을 제공함과 동시에 기업이미지 쇄신과 매출증대라는 다양한 효과를 얻을 수 있었던 것이다. 이 제품은 2012년 4월 '제품생산 – 수송 – 사용 – 폐기' 등 전 과정에서 발생하는 온실가스 배출량을 제품에 표기하는 탄소성적표지 인증을 받기도 하였다. 또한 제품을 만드는 과정에서 나온 물을 다시 분말로 만들어 가축사료로 활용함으로써 '생산부터 소비까지 친환경'이라는 기업가치를 실현할 수 있었다.

그림 8-2 오뚜기 '씻어 나온 쌀'이 갖는 공유가치

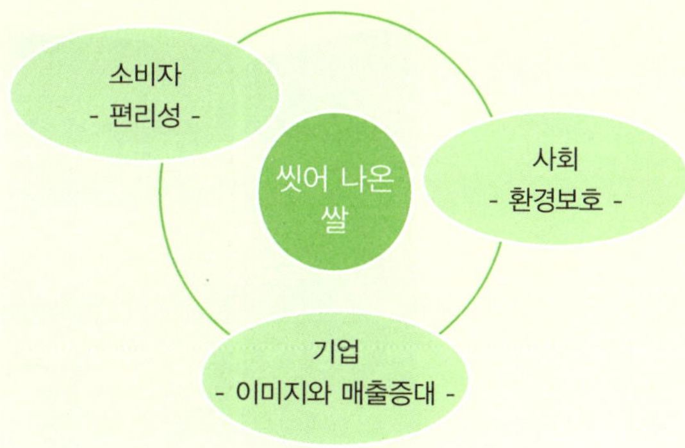

오뚜기의 '씻어 나온 쌀'은 비즈니스의 가치를 사회공헌과 연결함으로써 기업이 추구하는 경제적 가치와 사회/환경적 가치를 동시에 달성하는 것을 목적으로 하는 공유가치창출(Creating Shared Value: CSV) 마케팅활동의 좋은 예라고 할 수 있다. CSR마케팅 활동의 큰 틀에서 보면 공유가치창출 마케팅은 공익캠페인, 사회마케팅, 공익연계마케팅 활동과 같이 기업이 사회적 책임을 이행하기 위하여 특정 사회문제의 해결을 지원하는 마케팅활동 중의 하나이다.

공유가치창출(CSV)이라는 개념은 2011년 마이클 포터(Michael Porter)와 마크 크레이머(Mark Kramer)가 공동 집필한 논문을 통하여 처음 소개되었다. 그들은 사회 및 환경의 가치와 기업의 경제적 가치를 동시에 실현하는 것을 공유가치의 창출이라고 표현하였다(Porter & Kramer, 2011). 즉 사회문제를 비즈니스의 기회로 포착하여 기업의 경쟁력을 향상시키고, 동시에 사회적 과제의 해결을 위한 공헌을 실현하는 것을 공유가치의 창출이라고 할 수 있는데, 그 방법으로 다음의 3가지를 제시하였다.

첫째, 고객의 변화하는 욕구를 바탕으로 상품과 시장을 재구성하는 방식이다. 즉 사회문제를 사업기회로 포착하여 새로운 제품이나 서비스를 디자인하는 것이다. '착한 광물을 쓰자'는 캠페인과 투명한 공급망(Transparent Supply Chain)으로 잘

그림 8-3 네덜란드 페어폰사의 'Fairphone'

알려진 네덜란드 기업 '페어폰'이 인권과 환경파괴 등을 고려하여 '미분쟁광물'만을 사용하여 제조한 휴대폰인 페어폰(Fairphone)을 출시한 것이 좋은 예이다(〈그림 8-3〉). 우리나라의 경우, BC카드가 에너지 절약, 녹색소비, 대중교통 이용 등 친환경 소비활동에 대한 소비자의 욕구를 충족시킬 수 있는 새로운 개념의 신용카드인 '그린카드'를 출시한 것도 이에 해당된다.

둘째, 가치사슬의 생산성(productivity in the value chain)을 새롭게 정의하는 방식이다. 가치사슬이란 고객에게 가치를 제공하는 기업의 활동과 이 활동을 가능케 하는 생산과정이 밀접하게 연결되어 고객의 욕구를 충족시키는 전체 과정이라고 할 수 있다. 원자재의 입고에서 생산 및 처리, 출고, 마케팅 및 판매, 서비스에 이르는 과정을 의미한다. 이러한 가치사슬 과정 전체를 통하여 기업은 에너지 이용의 효율화, 자원의 효율적 이용, 물류 효율화 및 혁신, 공급업체의 육성이나 지원, 종업원의 안전위생 향상 등과 같이 다양한 분야에서 사회와 환경 문제를 해결함으로써 경쟁력 강화를 도모하게 된다. 대표적인 사례로 세계 27개국의 1만여 개의 매장에서 220만 명의 종업원을 보유하고 있는 세계 최대의 유통기업인 월마트를 들 수 있다. 월마트는 다음과 같은 네 가지 방법으로 가치사슬 전반에 걸쳐 공유가치를 창출하였다. 우선 생산과 판매과정에서 발생하는 폐기물을 감축하기 위하여 종이, 알루미늄, 비닐백 등 각종 폐기물을 재활용 또는 재생하거나 필요한 단체에 기

그림 8-4 월마트의 지속가능성 지표를 구성하는 15개 문항

Walmart Sustainability Index 15Qs

Energy and Climate: Reducing Energy Costs and GHGs
1. Have you measured your corporate greenhouse gas emissions (GHGs)?
2. Have you opted to report your GHGs to the Carbon Disclosure Project (CDP)?
3. What is your total annual GHGs reported in the most recent year measured?
4. Have you set publicly available GHG reduction targets? What are they?

Material Efficiency: Reducing Waste and Enhancing Quality
1. Total amount of solid waste from facilities that produce product(s) for Walmart?
2. Have you set publicly available solid waste reduction targets? Target?
3. Total water use from facilities that produce product(s) for Walmart?
4. Publicly available water use reduction targets? If yes, what are those targets?

Natural Resources: High Quality; Responsibly-Sourced Raw Materials
1. Public sustainability purchasing guidelines for your direct supplier(s)?
2. 3rd party certifications for any of the products that you sell to Walmart?

People and Community: Ensuring Responsible and Ethical Production
1. Location of 100% of the facilities that produce your product(s)?
2. Evaluate the quality of, and capacity for, supplier manufacturing & production?
3. Process for managing social compliance at the manufacturing level?
4. Do you work with your supply base to resolve compliance issues?
5. Invest in community development in markets you source from / operate within?

부하였고, 폐기물을 감축함에 따라 물류차량이 한 번에 더 많은 양의 제품을 운송하게 됨으로써 연료를 절감하고 온실가스 배출을 감축하였다. 또한 '지속가능성 지표(Sustainability Index)'를 활용하여 공급업체 제품의 친환경성을 강화하였고(그림 8-4), 지역농장과의 거래를 확대하고 지속가능한 농법에 대한 교육을 강화하여 친환경 농산물을 공급받음으로써 운송비 절감, 폐기되는 식료품 감소, 지역사회 소득 개선 등의 효과를 얻었다.

셋째, 기업이 거점을 둔 지역을 지원하는 산업 클러스터를 구축하는 방식이다. 기업이 기반으로 하고 있는 지역공동체의 교육수준을 향상시키고, 공중위생을 개선하며, 필요한 인프라를 정비하고, 공급업체와의 투명한 거래질서를 구축하는 데 공헌함으로써 결국 자사의 생산성을 높일 수 있다는 것이다. 미국의 세계 최대 무기비료 생산 기업인 야라(Yara)가 자신들의 작물이나 비료의 수송을 위하여 항만과 도로 정비에 적극 투자하였고, 그 결과 농업 클러스터가 형성되어 지역고용을 창출할 수 있었던 것이 좋은 예이다.

종합해 보면, 공유가치창출(CSV) 전략이란 생산, 물류, 마케팅, 판매, 서비스 등

기업 경영의 모든 기능적 영역에서 새로운 사업기회를 포착하여 경제적 책임은 물론 사회적, 환경적 책임을 완수하는 새로운 기업경영 패러다임으로 이해할 수 있다. 따라서 전반적인 기업경영 전략을 기획하는 전략총괄 부서가 관장하는 것이 합당할 것이다. 이것을 기업경영의 여러 기능영역 중에서 특히 마케팅 영역에 반영하여 구체적인 전략과 전술로 실체화시키는 활동을 공유가치창출 마케팅이라고 할 수 있다. 즉 공유가치창출 마케팅은 기업목표 달성을 위하여 기업과 사회에 공유될 수 있는 가치를 창출하기 위한 마케팅활동이라고 할 수 있다.

이번 장에서는 공유가치창출 마케팅에 대한 개념적 정의와 특성, 효과적인 공유가치창출 마케팅을 통하여 얻을 수 있는 마케팅 효과를 살펴보고자 한다. 또한 사회문제의 선정 시 고려해야 할 사항과 그동안 집행된 대표적인 사례를 분석함으로써 성공적인 캠페인을 위한 핵심 포인트를 제시한다.

01 공유가치창출 마케팅(CSV Marketing)의 개념 및 특성

공유가치창출 마케팅이란 기업이 자사의 주력상품(제품, 서비스)이나 사업에 사회적 가치를 부여하여 사회문제의 해결에 기여하는 마케팅활동이라고 정의할 수 있다. 마케팅의 가장 강력한 도구인 제품 자체에 사회·환경적 혜택을 부여함으로써 공공의 이익을 도모하는 동시에 판매와 이윤 증대와 같은 직접적인 마케팅 효과를 얻고자 하는 사회참여활동이다.

페트병을 재활용한 소재를 사용하여 만든 친환경제품을 제조하는 대만의 공익기업 다아이(DA'AI)가 좋은 예이다. 2008년 설립된 다아이(DA'AI)는 '사람을 사랑하고 환경에 감사하자'는 기업사명을 실천하기 위하여 버려지는 페트병을 재활용하여 생산한 폴리에스터를 주원료로 가방, 인형, 의류제품 등(〈그림 8-5〉)을 생산함으로써 이산화탄소 배출량을 줄이고, 에너지 소비를 절약할 수 있었다(글로벌마켓리포트, 2013). 일반 원료를 사용할 때보다 에너지 소비량 66%, 탄소배출량 33%를 절약하고 있다고 한다. 또한 물 소비와 수질오염을 줄이기 위하여 최대한 염색을 하지 않는 흰색, 검은색, 회색 등의 제품 색상을 고수하고 있다. 이와는 별도로 자사의 홈페이지 하단에 에너지 절약 현황을 알아보기 쉬운 통계로 집계하여 환경보호의 실천과 환경에 대한 의식을 개선할 수 있는 활동도 전개하였다. 또한 상품별로 QR코드를 제작하여 상품을 구매한 소비자들이 페트병 회수부터 제품 생산까지 일련의 과정을 직접 확인할 수 있도록 했으며, 이를 통해 환경보호 의식 개선에도 기여하였다. 이러한 활동을 통하여 소비자에게는 다아이 제품을 구매하는 것만으로도 환경보호에 기여한다는 자부심을 줄 수 있었고, 회사 입장에서는 환경보호에 대한 사회의 의식 개선에 기여하는 동시에 매출증대 효과를 얻을 수 있었다. 무엇보다 에너지 절감과 이산화탄소 배출 감소를 실천함으로써 환경에 기여하는 기업으로서 이미지를 제고할 수 있었다.

그림 8-5 다아이(DA'AI)의 페트병 재활용 제품들

우리나라 기업의 예로는 게임기업 엔씨소프트가 2011년 출시한 기능성 게임 '프리라이스' 캠페인을 들 수 있다(〈그림 8-6〉). '프리라이스(Free Rice)'는 마약, 알코올, 도박과 함께 4대 중독이라는 비난까지 받고 있는 온라인 게임을 통하여 세계의 빈곤문제 해결에 기여할 수 있도록 고안된 게임이다. 대부분 소비자의 동정이나 감정에 호소하는 방식으로 수행되고 있는 기존의 기부캠페인에서 탈피하여 자신들의 제품에 사회적 가치를 부여함으로써 자연스럽게 소비자들의 게임 참여와 기부를 유도한 캠페인이었다.

게임은 교육과 기부를 접목한 독특한 방식으로 진행되는데, 이용자가 게임 속 문제를 풀면 그 때마다 10톨의 쌀알이 적립되어 후원기업을 통하여 기아 난민들에게 기부되는 방식이다. 간단한 영어, 산수, 문학, 역사 등 초등학교 교과서 수준의 문제들이 출제되었고, 초등학교 수준의 쉬운 난이도이기 때문에 가족끼리 즐기기에도 적당하게 설계되었다. 영어퀴즈는 우리나라 포털사이트의 사전서비스와 연계하여 단어 뜻을 즉시 확인할 수 있도록 디자인하였고, 문제를 맞힐수록 밥그릇

그림 8-6 엔씨소프트의 '프리라이스' 게임 화면

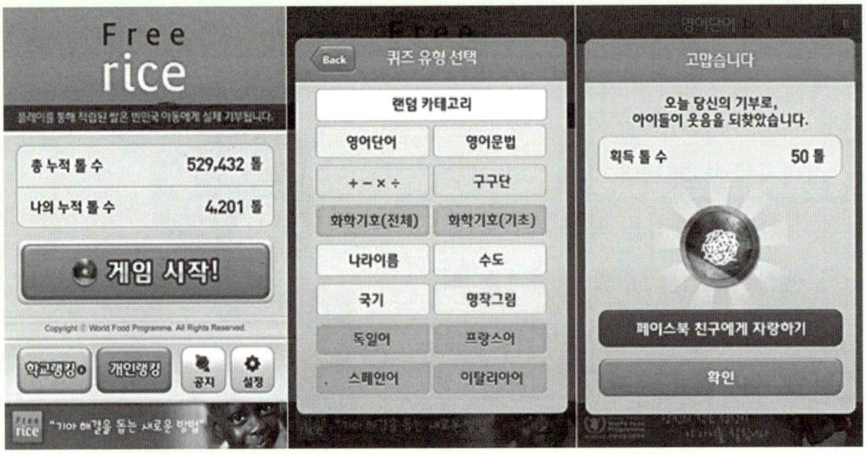

에 쌀알이 쌓이면서 자신이 얼마나 기부를 했는지를 확인할 수 있도록 재미있게 게임 화면을 구성하였다.

이와는 별도로 엔씨소프트는 유엔세계식량계획과 협력하여 기아 난민 구제를 소재로 한 '푸드포스'를 국내에 서비스하는 등 게임을 통하여 제3세계 기아문제를 해결하려는 노력을 다각도로 펼쳐 왔다. '프리라이스' 게임은 전화를 걸어 기부하는 ARS방식보다 보다 적극적인 참여를 유도할 수 있는 혁신적인 방식이라는 평가와 함께 홈페이지에 접속하여 바로 즐길 수 있도록 하여 이용자에게 편리성을 제공함으로써 많은 이용자의 참여를 유도할 수 있었다는 호평을 받았다. 이용자들에게는 기아문제 해결에 기여한다는 자부심과 함께 교육기회를 얻는 일석이조의 효과를 제공하였고, 기업 입장에서는 게임 사용자 증가를 통한 매출 증대라는 마케팅 효과를 얻는 데 기여한 공유가치창출 마케팅의 좋은 사례로 평가할 수 있다.

다른 유형의 CSR마케팅 활동과 비교하여 공유가치창출 마케팅이 갖고 있는 가장 큰 특성은 마케팅의 가장 기본적인 도구인 제품 자체에 초점을 맞춘 활동이라는 점이다. 따라서 제품관리 측면에서 공유가치창출 마케팅의 특성을 살펴볼 필요가 있다.

제품은 소비자에 의하여 획득, 사용, 처분되는 대상물로서 시장의 욕구를 충족시키는 수단이라고 할 수 있다. 단순하게 생각하면 제품은 유형적인 제품속성들로 구성된 재화이다. 우리가 자주 마시는 맥주의 예를 들어 보자. 맥주는 분위기 좋은 카페에서 오랜만에 만난 친구들과 함께 지난 이야기를 나누면서 즐기기도 하고, 퇴근 후 포장마차에서 동료들과 함께 하루의 스트레스를 풀기 위하여 마시기도 한다. 더운 여름 날 동네 구멍가게 앞 파라솔에서 시원하게 갈증을 해소하기 위하여 마시기도 하며, 취업에 성공한 졸업생이 집에서 가족들과 기쁨을 나누면서 들이키기도 한다. 이와 같이 맥주는 적당한 도수의 알코올과 갈증 해소, 시원함과 같은 본원적 기능을 제공한다. 그러나 소비자들은 맥주를 마시면서 즐거움, 스트레스 해소, 기쁨 등과 같이 눈에 보이지 않는 무형적 욕구를 충족시키기도 한다. 즉 맥주를 즐기면서 물리적 속성뿐만 아니라 심리적이고 추상적인 속성까지도 소비하고 있는 것이다. 따라서 유형적 속성뿐만 아니라 무형적 속성까지 고려한 제품관리가 이루어져야 한다.

제품은 소비자들이 충족시키고자 하는 욕구의 유형에 따라 크게 3가지로 분류할 수 있다. 첫째는 기능적 제품(functional goods)이다. 정확한 시간을 알기 위하여 구매하는 시계, 편리하게 먼 곳까지 이동하기 위하여 이용하는 자동차, 신체를 감싸주는 의류 등과 같이 소비자의 기능적 욕구를 만족시켜 주는 제품을 말한다. 둘째는 사용 중에 느끼는 즐거움, 상쾌함 등과 같은 감각적 욕구를 충족시켜 주는 감성적 제품(emotional goods)이다. 성능 좋은 컴퓨터를 이용하면서 느끼는 쾌감, 상쾌한 향기의 치약, 뽀송뽀송한 화장지의 산뜻함 등이 이에 해당된다. 셋째는 자신의 정체성과 특정 집단에의 소속감을 표현하거나, 자신의 위상을 강화하는 것과 같은 상징적 욕구를 충족시켜 주는 상징적 제품(symbolic goods)이다. 흔히 명품이라고 불리는 제품들이 이에 해당되는데, 몽블랑 만년필, 벤츠 자동차, 버버리 코트 등을 들 수 있다.

즉 제품관리는 제품의 기능적 특성은 물론 눈에 보이지 않는 감성적, 상징적 특성까지 고려하여 이루어져야 한다. 이러한 관점에서 보면, 공유가치창출 마케팅은 핵심수단인 제품에 사회공헌이나 환경보호와 같은 긍정적인 의미를 부여하여 사회를 위한 공익활동에 기여한다는 자부심과 즐거움 등 소비자들의 감성적 욕구를 만족시키는 활동이라고도 할 수 있다. 기업이 자사의 주력상품의 기능적 특성에 사회적 가치라는 감성적 가치를 추가함으로써 높은 수준의 소비자 만족을 이끌어 내는 방식이라고 할 수 있다. 간접적이긴 하지만 자신이 사회를 위하여 무엇인가 기여할 수 있는 사람이라는 정체성 또는 위상을 확인시켜 주는 상징적 가치도 부여함으로써 소비자의 상징적 욕구도 충족시켜 줄 수 있는 방식이다.

제품에 초점을 맞추어 공유가치를 창출함으로써 사회공헌을 실현하고, 마케팅 목표를 달성하는 공유가치창출 마케팅 활동은 비단 대기업뿐만 아니라 중소기업이나 Start-Up 기업에도 매력적인 전략이라고 할 수 있다. 2006년 설립된 스웨덴의 작은 기업 피푸풀AB(Peepoople AB)을 예로 들 수 있다. 회사 이름을 제품의 이름과 동일하게 명명한 이 회사의 주력제품은 바로 '피푸풀(Peepoople)'이라는 이름의 일회용 변봉투이다. 영어로 소변은 pee, 대변은 poo라고 하는데서 착안된 브랜드로서 대소변 처리 시 사용하는 1회용 위생봉투이다. 재난지역이나 제3세계의 빈민가 주민의 위생과 환경에 심각한 위험을 초래할 수 있는 화장실과 배설물 처리 문제 해결을 위하여 변기 대용으로 사용할 수 있도록 개발되었다(〈그림 8-7〉). 이 회사는 현재 스웨덴 스톡홀름에 본사를 두고 있으며, 케냐와 방글라데시 등에 생산라인과 보급을 담당하는 지사를 통하여 '피푸풀'을 생산, 보급하는 사업을 진행하고 있다.

피푸풀사가 이 사업을 시작하게 된 계기는 화장실 부족으로 인하여 환경오염과 위험을 최소화해야 할 필요성에 대한 인식에서 비롯되었다. 오늘날 세계인구의 약 40%인 26억 명이 화장실 부족으로 곤란을 겪고 있다고 하는데, 화장실이 없을 경우 인간의 배설물이 지하수 등 주변 생태계를 오염시킬 뿐만 아니라 배설물에서 나오는 유해 병원균들이 각종 질병을 유발할 수 있다고 한다. 지진이나 수해 등을 겪은 재난지역의 경우에도 사망자의 50%가 오염된 물로 인한 콜레라 발병이 원인일 정도로 화장실 부족은 주변 환경의 오염은 물론 생명에 위협을 주는 심각한 사회문제라는 것이다. 실제로 매년 약 200만 명의 어린이가 설사로 고통받고 있다는 사실이 이를 증명해 주고 있다. 또한 재난지역이나 빈민가에 거주하는 여성들이 근처에 화장실이 없어 멀리 떨어진 외딴 곳의 공중화장실을 사용하는 경우 성폭력과 성희롱에 노출되는 상황이 다반사라는 것이다. 따라서 이에 대한 대처방법으로 피푸풀사는 제품 자체를 통하여 환경오염을 줄이고, 여성들의 안전을 지키는 데 도움이 되는 일회용 변기봉투를 개발하게 된 것이다.

'피푸풀'은 2006년 출시된 지 7년 만에 약 100만 개 이상이 판매되었다. 국가적으로도 관심과 지원이 뒤따라 스웨덴의 주요 경제계 인사들이 재정지원을 약속하는

그림 8-7 '피푸풀(Peepoople)' 제품과 사용법

가운데 출시 후 약 3억 원의 연매출에서 2014년에는 10배가 넘는 35억 원을 달성하여 사상 처음으로 흑자로 전환되었다고 한다. 이 제품을 구입하여 재난지역이나 빈곤국가에 조달하고 있는 국제연합(UN)과 같은 국제 원조기관과 민간 원조기관이 제품의 주요 고객이다. 일반 소비자들의 구매도 증가하고 있는데, 최근에는 홍수 재난지역인 파키스탄에 5,000명이 사용할 수 있는 제품을 무상으로 지원하기도 하였다. 사업 초기에는 다른 중소기업과 마찬가지로 자금부족으로 인하여 가내수공업 방식으로 소량 생산되었다고 한다. 그러나 사업 취지에 공감한 스웨덴의 대기업(예: H&M, Nefab, Altitun, Intentia 등)으로부터 약 20억 원의 지원을 받아 연간 1억 5천만 개의 제품을 자동화방식으로 생산하는 대량생산체제로 전환될 예정이다.

이 제품이 성공적으로 시장에 안착할 수 있었던 것은 제품 자체의 친환경적 특성이 큰 역할을 한 것으로 볼 수 있다. '피푸풀'을 사용할 경우 간단하면서도 효율적으로 배설물을 처리할 수 있고, 살균된 상태에서 토양에 흡수되어 식물의 에너지원으로도 사용될 수 있기 때문에 인간과 환경 모두에 친화적인 제품이었다는 것이다. 비단 재난지역이나 빈민가뿐만 아니라 많은 국가에서 자국 내 낙후지역의 환경보호를 위하여 사용하는 방안이 고려될 정도로 시장에서 제품의 친환경성과 기능성에 대한 높은 평가를 받고 있다. 또한 재난지역이나 빈민가에서 빈번히 발생하는 여성 성폭행 피해를 방지할 수 있었던 점도 기여한 바가 크다고 할 수 있다. 이와 함께 함께하는 사회를 표방하는 '친구에게 마음을 전하고, 세계에 메시지를 보내세요!'라는 메시지(〈그림 8-8〉)를 슬로건으로 한 커뮤니케이션 캠페인도 소비자들의 인식과 참여를 이끌어 내는 데 일조한 것으로 볼 수 있다. 관련 공익단체와 제휴하여 일반 소비자들도 개인적으로 지원을 희망하는 경우에는 누구나 동참

그림 8-8 '피푸풀' 커뮤니케이션 캠페인 슬로건과 트위터 광고 메시지

할 수 있음을 알리는 SNS 캠페인도 지속적으로 진행하고 있다.

2000년대 초반 이후 공유가치창출 마케팅활동이 뚜렷한 증가세를 보이고 있는 주된 이유는 기업 입장에서 실제 판매와 이익 증대에 도움이 되기 때문이다. 앞의 몇 가지 사례를 통하여 살펴보았듯이 제품 자체에 공익적 가치가 부여될 경우 간접적이긴 하지만 소비자들에게 손쉬운 방법으로 사회문제 해결에 참여할 수 있는 기회를 제공함으로써 구매행위를 유도하는 데 효과적이기 때문이다. 사회와 환경을 배려하는 기업경영과 사회참여에 대한 소비자의 평가가 구매결정에 결정적인 영향을 줄 수 있기 때문이다.

공유가치창출 마케팅활동이 증가하는 또 다른 이유로는 상품에 대한 정보공개 기준이 높아져 성분, 재료, 제조과정, 가격 등에 대한 소비자들의 정보요구가 증가하고 있기 때문이다. 상품 원료로 환경파괴를 유발하는 물질을 사용한다거나 생산과정에서 유해물질을 배출하는 경우에 소비자단체의 거센 압력과 반발을 야기할 수 있고, 패스트푸드점과 같이 제품 자체가 아동비만과 같은 사회문제를 야기할 가능성이 있는 경우에도 소비자들의 비난에서 벗어나기 어렵기 때문이다.

또한 2000년대 중반 이후 인터넷이 대중화되면서 온라인상에서 제보가 증가하면서 기업의 일거수일투족이 미디어와 대중에 노출되는 확률이 높아지고 있는 것도 이유 중의 하나이다. 특히 부정적인 내용일수록 정보공유와 확산이 급속하게 이루어지는 경향이 있기 때문에 기업들은 자신들이 사회적 책임을 성실히 이행하고 있다는 것을 대중들에게 긍정적으로 부각시킬 필요성이 커지고 있다. 반대로 그렇게 하지 않을 경우에는 일반 소비자, 소비자단체, 시민단체 등의 거센 비난과 압력으로 인하여 기업의 존폐에까지 영향을 받을 수 있기 때문이다.

공유가치창출 마케팅의 효과

02

공유가치창출 마케팅은 다양한 방법으로 제품에 사회적 가치를 부여함으로써 기업과 사회가 공유할 수 있는 가치를 창출하는 방식의 마케팅활동이다. 이를 통하여 얻을 수 있는 마케팅 효과는 사회문제에 대한 인식을 제고하고 개선을 위하여 소비자의 참여를 권장하는 공익캠페인이나 사회마케팅, 공익적 이슈를 제품판매에 연계하는 공익연계마케팅과 비교할 때 크게 다를 것이 없겠지만, 제품과 기업의 사회공헌적 이미지를 부각하는 효과는 다른 유형의 CSR마케팅 활동과 비교하여 가장 크다고 할 수 있다. 즉 브랜드 포지셔닝과 판매효과가 가장 두드러지게 나타나는 방식이라고 할 수 있다.

앞에서 소개한 오뚜기의 '씻어 나온 쌀'이나 미분쟁광물만을 원료로 사용한 '페어폰'(Fairphone)과 같이 자사 브랜드를 차별화하기 힘든 치열한 경쟁 상황에 있는 제품군의 경우 특히 차별화의 효과가 배가될 수 있다. 경쟁 상황에서 가격이나 물리적 특성 등 다른 조건이 동일한 경우 사회에 공헌하는 제품을 구매하겠다는 소비자들의 성향을 고려할 때 소비자의 마음속에 사회와 환경에 공헌하는 제품이라는 연상을 보다 명확하게 심어 줌으로써 브랜드 선호도의 제고는 물론 소비자의 선택 가능성도 높아지기 때문이다. 또한 사업의 가치사슬 과정에서 어떤 형식으로 사회문제와 연계하고 가치를 창출하느냐에 따라 제품품질의 개선, 지역사회의 호감도 세고, 종업원의 이직률 감소, 영향력 있는 공익기관과의 제휴관계와 같은 부가적인 효과도 얻을 수 있다.

우리사회의 고령화 문제에 주목하여 CJ대한통운이 도입한 '실버택배'라는 택배 서비스는 공유가치창출 마케팅을 통하여 얻을 수 있는 차별적인 브랜드 포지셔닝 효과를 보여주는 좋은 사례라고 할 수 있다. '실버택배'는 노인세대를 위한 양질의 일자리 창출을 통하여 기업과 사회가 함께 경쟁력을 강화할 수 있는 상생의 가치를 실현한다는 목표 아래 2013년부터 전개된 물품 배송서비스이다. 아파트 단지나 전통시장에서 노인들이 전동카트를 이용해 물품을 배송하는 사업으로서 인천, 파주, 서울 은평구·성북구, SH공사, LH공사, 대한노인회, 시니어클럽 등 지자체를 비롯한 다양한 기관과의 연계 하에 전개되고 있다. 사회적으로 이슈가 되고 있는 노인들의 일자리 창출 효과를 내는 동시에 기업으로서는 택배 네트워크를 확대하는 공유가치를 창출하기 위한 마케팅활동이다.

즉 '실버택배' 서비스는 CJ대한통운이 회사의 핵심사업인 택배서비스를 사회문제와 연계하여 실시하고 있는 대표적인 공유가치창출 마케팅활동이라고 할 수 있다. 2016년 현재 서울, 인천, 부산, 경남 등 11개 시, 70여개 거점에서 500여 명의 노인인력이 전동카트, 전동자전거와 같은 친환경 배송장비를 이용하여 택배 서비스를 제공하고 있다(〈그림 8-9〉). 배송거점을 아파트 단지 내 주차장이나 공터, 주택 밀집지역의 상가에 위치시키고, 노인들은 거점을 중심으로 택배차량을 통해 운반된 물품을 분류하여 최종목적지에 배송하게 된다. 노인들을 위해 특별히 제작된 친환경 배송장비는 전기로 작동되기 때문에 온실가스로 인한 환경오염의 염려가 없고, 작동이 쉽고 이동이 자유로워 노인들의 부담을 줄여 준다.

이와 함께 우리나라 최대 전통시장인 부산의 부전마켓 타운에 물류센터를 구축하면서 '전통시장 실버택배' 사업도 진행하고 있다. 전통시장의 물류 선진화를 통하여 시장 상인들에게는 원활한 택배 서비스를 제공하고, 노인들을 위한 안정적인 일자리를 창출할 뿐만 아니라, 서비스 물량도 증가하는 효과를 내고 있다는 평가

그림 8-9 CJ대한통운의 '실버택배' 서비스

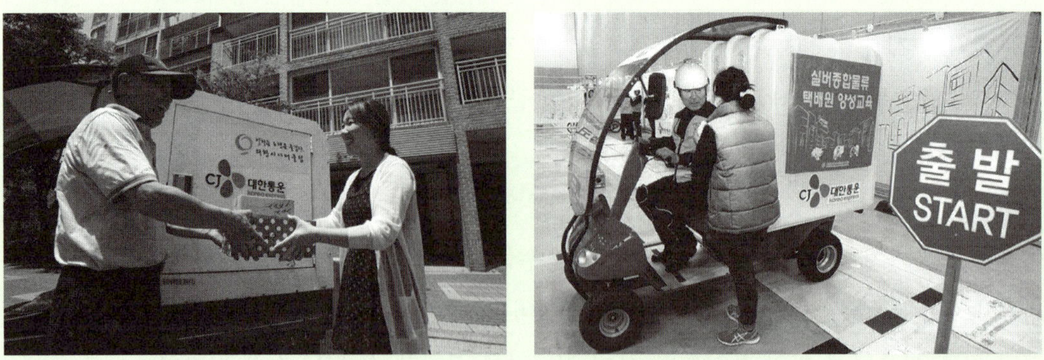

를 받고 있다. 이 밖에도 문화 관광 해설 프로그램인 '이바구 자전거', 노인들이 직접 운영하는 택배 터미널 내 편의점 '은빛누리카페' 등 다양한 방식으로 노인들의 일자리 창출 영역을 넓혀 나가고 있다.

2016년 추가적으로 노인 일자리 1,000개를 제공하겠다는 목표를 갖고 있는 CJ대한통운의 '실버택배' 서비스는 노년층 복지문제의 해결과 환경오염을 방지하는 동시에 경쟁사와 구별되는 차별적인 포지셔닝을 확보함으로써 회사의 매출을 증대시키는 일석삼조의 효과를 얻고 있는 전략적인 공유가치창출 마케팅활동으로 평가할 수 있다. 부산지역에서는 지역시회의 호감도를 제고하는 효과도 얻고 있는 CJ대한통운은 앞으로도 실버택배 사업에 초점을 두고 노인세대에게 양질의 일자리를 제공한다는 목표로 일관성 있는 공유가치창출 마케팅활동을 전개할 것으로 기대된다.

공유가치창출 마케팅의 주요 적용분야 03

2000년대 이후 전개된 공유가치창출 마케팅활동의 사례들을 종합해 보면, 다양한 방법으로 사회문제를 제품과 연계하여 공유가치를 창출하고 있다. 이들은 크게 다음과 같은 세 가지 방식으로 요약된다.

- 제품 생산과정에서 에너지 효율성이나 유해물질 배출 감소 등 환경오염을 방지하는 방식
- 사회문제 해결에 직접적으로 도움이 되는 제품이나 서비스를 출시하는 방식
- 상품 및 포장 재료로 친환경 물질을 사용하는 방식

첫 번째 방식은 제품생산 과정에서 환경과 사회에 미치는 해를 최소화하는 방식이다. 앞서 소개한 '씻어 나온 쌀'의 경우 쌀뜨물로 인한 수질오염을 방지하기 위한 생산방식을 채택함으로써 제품생산 과정에서 환경오염 방지에 직접적으로 기여할 수 있었다. 또한 월마트가 '지속가능성 지수(sustainability index)'에 부합하는 농작물을 원료로 사용한 제품만을 구매함으로써 환경적 가치와 경제적 가치를 동시에 구

현한 것도 이 경우에 해당된다. 월마트는 유통과 판매 과정에서 발생하는 폐기물과 포장재를 줄이고, 물류의 효율화를 통하여 온실가스 배출 감축이라는 환경적 효과와 함께 경비절감의 경제적 효과까지 얻는 공유가치를 창출하고 있다.

둘째는 사회문제의 해결에 직접적으로 기여하는 제품이나 서비스를 출시하는 방식이다. 페트병을 재활용하여 의류 등의 제품을 생산하는 대만의 공익기업 '다아이'의 경우가 이에 해당된다. 또한 '미분쟁광물'만을 사용하여 제조한 휴대폰을 출시한 페어폰의 사례도 여기에 해당된다. 무장세력의 협박 하에 기본적인 인권을 빼앗긴 노동자들이 채굴한 광물을 '분쟁광물(conflict minerals)'이라고 하는데, 이렇게 하여 얻어진 수익은 무기제조에 재투자되면서 분쟁상황을 악화시키는 악순환이 발생하게 된다. 기업들은 비난받을 위험을 감소하기 위하여 그 지역(주로 아프리카 콩고의 동부지역)에서 채굴되는 모든 광물이 '분쟁광물'이 아님에도 불구하고 모든 광물의 구매를 중지했다. 이는 지역경제에 매우 부정적인 영향을 끼쳤고 근본적인 문제 해결에는 도움을 주지 못하였다. 이에 페어폰은 분쟁광물 지역에서 생산되고는 있지만 '분쟁광물'이 아닌 광물들을 사용한 제품을 생산하기로 결정한다. 실제 제품을 통하여 회사의 메시지를 효과적으로 소비자들에게 전달하였던 것이다.

세 번째 방식은 쓰레기를 줄일 수 있고, 재활용이 가능하며, 유해물질을 포함하지 않는 친환경물질을 상품과 포장 재료로 사용하는 방식이다. 1990년대 중반 나

그림 8-10 Nike Grind로 제조된 운동장과 트랙

그림 8-11 나이키의 '신발재활용' 캠페인의 광고와 재활용 운동화 수거함

'신발재활용' 캠페인을 알리는 잡지광고

재활용 신발 수거함

이키의 환경실천팀(NEAT: Nike Environmental Action Team)이 실시하였던 '신발재활용(Reuse-A Shoe)' 프로그램이 이 방식에 해당된다. 목표시장 소비자들에게 많은 관심을 받고 있는 재활용 문제를 해결하기 위하여 기획된 캠페인으로서 오래 사용하여 버리게 되는 신발을 수거하여 재활용하는 프로그램이다. 재활용 가능한 재료로 만든 신발이 수명을 다하여 헌 신발이 되면 재활용수거함을 통하여 수거하고 이를 사용하여 Nike Grind라고 불리는 물질을 생산하여 트랙, 인조잔디, 농구장 바닥(〈그림 8-10〉) 등을 제조하는 데 사용하였다. 이 캠페인은 〈그림 8-11〉에서 볼 수 있듯이 잡지광고 등 대중매체 광고를 통하여 소비자들에게 전달되었고, 운동시설이나 학교 등에 재활용운동화 수거함을 설치하여 소비자의 참여를 유도하였다.

공유가치창출 마케팅의 기획 요소 및 핵심 고려사항 04

다른 유형의 CSR마케팅 활동과 마찬가지로 공유가치창출 마케팅의 경우에도 전통적인 마케팅 기획 과정이 포함된다. 소비자, 경쟁자, 특히 제품과 관련하여 환경분석을 먼저 실시한다. 이어서 마케팅 목표를 설정하고, 적절한 사회문제를 선정

그림 8-12 공유가치창출 마케팅 기획 과정

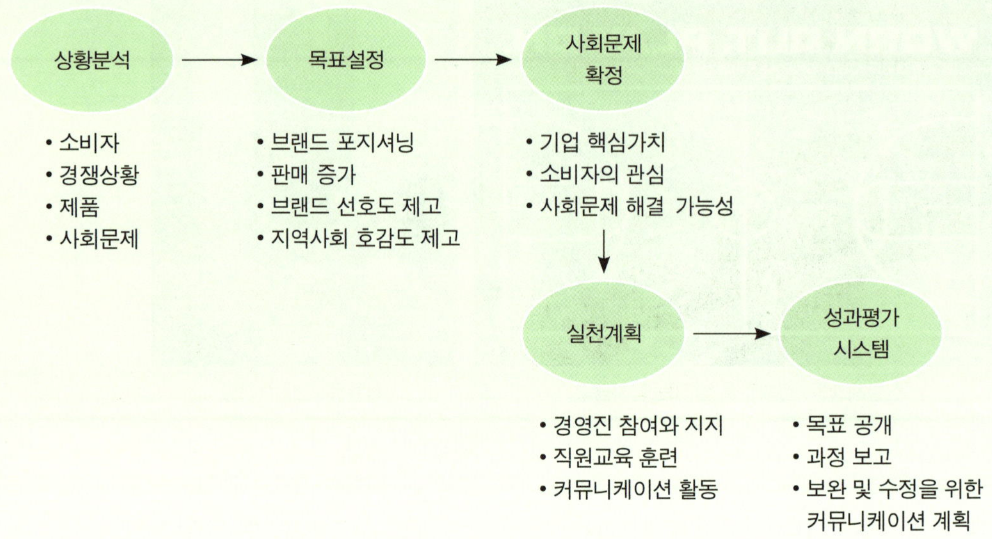

하여 제품을 통한 공유가치창출의 기회를 포착한다. 이어서 사내의 공감대 형성과 소비자 커뮤니케이션 활동을 포함하는 구체적인 실천계획을 세우고 마지막으로 성과평가를 위한 계획을 수립하게 된다(〈그림 8-12〉).

상황분석 단계에서는 자사의 기본적인 마케팅 방향과 함께 경쟁사에 대한 분석이 이루어져야 한다. 그리고 전반적인 소비자 트렌드 변화와 부각되고 있는 사회문제를 파악하고, 그에 대처한 마케팅활동의 목표를 수립하여야 한다. 공유가치창출 마케팅이 새로운 제품의 출시와 판매를 지원하는 것인지, 새로운 시장에 진입하는 기존 제품의 시장 안착에 있는지, 경쟁상황에서 차별적 우위를 점하기 위함인지 명확한 목표를 세워야 한다. 이어서 설정된 목표를 달성을 위한 전략과 실행전술을 계획하고, 마지막으로 결과를 측정하고 보고하기 위한 메커니즘을 마련한다. 사회참여 사업의 목표를 공개하고, 그 과정을 보고하며, 공개한 목표를 달성하지 못한 경우 보완 및 수정을 위한 커뮤니케이션 계획을 수립하게 된다.

공유가치창출 마케팅은 목표시장의 경쟁이 치열하면서도 동종 상품들 간에 차별화가 어려운 경우에 일반적인 마케팅활동이 요구하는 제품수정전략 차원에서 이상적인 효과를 발휘할 수 있는 CSR마케팅 활동이다 따라서 제품수명주기 상에서 성숙기 시장에 진입한 제품에 적합한 활동이라고 할 수 있다.

일반적으로 성숙기 시장에 진입한 제품은 경쟁우위 확보를 위하여 시장수정전략, 제품수정전략, 마케팅믹스 수정전략 등을 사용하게 된다. 시장수정전략은 비사용자를 자사 제품의 사용자로 전환하도록 시도하는 비사용자 전환을 시도하거나 자사 제품은 아니지만 해당 제품을 사용하는 새로운 세분시장으로 진출하는 방법을 구사할 수 있고, 공격적인 방법으로 경쟁사 고객을 자사 제품 상표로 전환하는 전략을 구사하기도 한다. 또한 현재 자사 제품 사용자들의 사용빈도와 양을 증가시키는 전략을 펼칠 수 있다.

제품수정전략은 제품의 특성을 수정하여 현재 사용자들의 재구매 빈도를 늘리거나 신규사용자를 유인하는 방법이다. 예를 들면, 성숙기 대용량 대체시장으로 전환되고 있는 냉장고 시장에서 경쟁사 대비 우위를 확보하기 위하여 인공지능에 의한 신선도를 강력 고지하여 상표전환을 유도했던 대우전자의 전략이 이에 해당된다. 즉 제품의 내구성, 신뢰성 , 속도, 맛 등 기능이나 품질을 개선하여 경쟁우위를 확보하는 전략이 제품수정전략이라고 할 수 있다. 이 외에도 제품에 다용도성, 안전성 또는 편의성 등 새로운 특성을 추가시키는 특성개선전략도 사용된다. 단, 타사가 모방할 수 있으므로 차별화 또는 지속적인 특성개선이 이루어져야 한다. 제품수정은 제품의 심리적 소구력을 높이는 스타일 개선 전략을 통해서도 이루어질 수 있다.

마케팅믹스 수정전략은 하나 이상의 마케팅믹스 요소를 수정함으로써 경쟁우위를 얻고자 하는 방식이다. 즉 가격, 유통, 광고, 판촉, 인적판매, 서비스 등 제품 외적인 요소에 대하여 면밀히 검토하고 수정하는 전략이다. 예를 들면, 가격과 판촉의 경우 적정가격의 수준, 가격인하의 수준, 특별가격, 수량할인 또는 추가구매 할인, 운반비 공제 또는 초기신용조건 등이나 품질향상을 위하여 가격인상이 필요한지에 대한 검토를 통하여 수정전략을 구사하는 방법이다.

공유가치창출 마케팅은 성숙기 시장 제품의 차별화를 위한 3가지 수정전략 중에서 제품수정전략 차원에서 효과적인 전략이라고 할 수 있다. 공유가치창출 마케팅을 적용하여 제품의 품질 또는 성능을 개선시킬 수 있다면 경쟁제품 대비 차별적 우위를 확보하는데 직접적인 효과를 얻을 수 있는 방법이다. 따라서 마케팅 담당자들은 상황분석을 통하여 제품의 제품수명주기 상 위치와 경쟁상황, 소비자들의 인식 등을 종합적으로 고려하여 공유가치창출 마케팅의 도입을 판단해야 할 것이다. 그리고 그에 기반한 목표설정이 이루어져야 할 것이다.

환경분석을 통한 목표설정과 함께 전략수립 과정의 핵심요소는 역시 사회문제의 선정이다. 다른 유형의 CSR마케팅 활동과 마찬가지로 기업의 핵심가치 및 사명과 부합하는 문제, 소비자뿐만 아니라 직원들이 높은 관심을 갖고 있는 문제, 제품을 통하여 실질적으로 해결이 가능한 문제를 선택하는 것이 마케팅 목표 달성에 효과적이다.

이어서 경영진과 직원들의 참여와 지지를 받을 수 있는 잘 조직된 치밀한 실천계획을 마련해야 한다. 새로운 마케팅 방식을 성공적으로 적용하기 위해서는 직원들의 책임감과 적극적인 참여가 필수적으로 요구되는 만큼 이들에게 그 내용을 제대로 알리고 관련 교육 및 훈련도 적극적으로 실시해야 한다.

마지막으로 여타 마케팅활동과 마찬가지로 성과를 측정하고 이를 공개, 보고하여 필요한 경우 적절한 수정과 보완이 이루어질 수 있는 시스템을 마련해야 한다. 이를 위한 조직 내의 커뮤니케이션 계획은 기획단계에서부터 이루어져야 한다.

05 성공적인 공유가치창출 마케팅을 위한 지침

다른 유형의 CSR마케팅 활동과 비교하면 공유가치창출 마케팅은 기업의 제품에 모든 초점이 맞추어진 사회공헌 마케팅활동이다. 일반적으로 목표시장의 경쟁이 치열하면서도 동종 제품들 간의 차별화가 이뤄지지 않은 상황에서 제품의 품질 또는 성능을 개선함으로써 경쟁우위를 확보하는 데 효과적인 CSR마케팅 활동이다. 기업이나 제품이 직면하고 있는 상황이나 경쟁상황에 따라 적용방법은 다를 수 있지만 1990년대 말 환경오염과 불공정행위로 언론매체와 시민단체들로부터 비난의 표적이 된 바 있었던 다국적기업 '치키타(Chiquita)'의 사례를 통하여 몇 가지 시사점을 얻을 수 있다. '치키타'는 위기에서 벗어나기 위하여 엄격한 환경인증제도를 실시하고, 노조들과 노동협약을 체결하는 등 효과적인 공유가치창출 마케팅을 통하여 위기에서 벗어날 수 있었다. 그들은 성공의 핵심요소로 다음과 같은 '5C'를 제시하였다(코틀러와 리, 2007).

1. 신념(Conviction): 기업이 사회공헌의 책임을 이행하는 것은 대외적으로 알리기 위함이 아니라 실질적인 사업의 성과를 향상시키기 위함이라는 확신을 가져야 한다.
2. 책임감(Committment): 기본적인 윤리기준을 마련하고 구성원들에게 이를 자발적으로 지켜야 하는 책임을 부여하여 반드시 실천에 옮긴다.
3. 커뮤니케이션(Communication): 기업의 모든 구성원들과 솔직하고 개방적인 커뮤니케이션을 실시한다.
4. 일관성(Consistency): 사회문제 해결을 위하여 꾸준하게 실천하며 그것을 필수적인 기업문화의 요소로 정착시킨다.
5. 신뢰(Credibility): 사회참여 노력과 그 성과에 대하여 대중의 신뢰를 얻어야 한다.

이와 같은 다섯 가지 요소는 공유가치창출 마케팅을 적용하고자 하는 많은 기업들의 전략 수립을 위한 개념적 가이드라인으로 활용될 수 있을 것이다. 여기에 덧붙이자면, 기업은 자신들의 참여노력을 적극적으로 홍보하여야 하며, 일회용이 아닌 장기적으로 협력관계를 맺을 수 있는 파트너를 선정하여 캠페인을 지속해야 한다는 것이다.

공유가치창출 마케팅 성공사례 06

영국의 슈퍼잼(Super Jam)

설탕 없는 잼으로 잘 알려진 영국의 '슈퍼잼'의 역사는 2002년 프레이저 도허티(Fraser Doherty)라는 14세의 학생이 자신의 할미니가 만드는 잼의 비법을 진수받으면서 시작되었다. 그는 기존의 잼이 설탕 함유량이 높아 몸에 좋지 않다는 문제점을 해결하기 위하여 고등학교 진학을 포기하고 설탕을 전혀 넣지 않은 과일로만 만든 잼을 만드는 방법을 연구하기 시작했다. 사람들이 잼을 먹고 나서 행복할 수 있었으면 좋겠다는 단순한 생각을 바탕으로 수백 번의 시도 끝에 과일과 과일즙만으로 만든 100% 과일잼을 마침내 완성하게 되었다. 제품의 이름은 '슈퍼맨'에서 착

그림 8-13 '슈퍼잼'과 슈퍼잼 레시피

안하여 '슈퍼잼'이라고 붙였는데, '과일과 다량의 설탕을 놓고 조려서 만든 저장식품'이라고 정의되는 기존의 잼과는 달리 슈퍼잼은 천연 포도즙과 레몬즙을 사용하여 단맛을 낸 그야말로 몸에 좋은 잼이라고 할 수 있다(〈그림 8-13〉).

16세가 되던 해 프레이저 도허티는 대기업들이 장악하고 있는 잼시장이 성숙기로 접어들어 더 이상의 성장이 정체되는 상황에서 그들과 유사한 제

그림 8-12 공유가치창출 마케팅 기획 과정

프레이져 도허티의 무설탕잼 레시피

단호박잼(300g 분량, 3병 기준)

단호박 1개(900g), 청포도즙 1.5L(청포도 약 2kg을 착즙 또는 무가당 청포도 주스 사용), 레몬즙 1작은술, 펙틴(필요에 따라 1작은술 미만), 얼음물 적당량

1. 냄비에 청포도즙을 넣고 중간 불로 50분 정도 끓인다.
2. 청포도즙의 양이 1/4를 졸아들면 불을 끄고 차게 식혀 천연 과당을 완성한다.
3. 단호박은 반으로 가르고 속을 파낸 후 10~15분 정도 쪄서 식힌다.
4. 단호박의 껍질을 벗기고 적당한 크기로 자른다.
5. 냄비에 2의 천연 과당과 4의 단호박을 담고 레몬즙을 섞는다.
6. 약한 불로 30분 동안 서서히 끓이다가 중간 불로 더 끓인다.
7. 잼이 끓기 시작하면 5분 정도 더 끓이면서 잘 뭉쳐졌는지 확인한다.
8. 만약 잘 뭉쳐지지 않았다면 중간 불에서 더 졸인다(이때 펙틴을 사용할 수 있다).
9. 잼을 차갑게 식힌 후 소독한 병에 담고 마개를 꼭 닫는다.

사과잼(300g 분량, 2병 기준)

사과 3개(500g), 청포도즙 1.5L(청포도 약 2kg을 착즙 또는 무가당 청포도 주스 사용), 레몬즙 1작은술, 펙틴(필요에 따라 1작은술 미만)

1. 냄비에 청포도즙을 넣고 중간 불로 40분 정도 끓인다.
2. 청포도즙의 양이 1/4로 졸아들면 불을 끄고 차게 식혀 천연 과당을 완성한다.
3. 사과는 껍질을 벗기고 씨를 제거한 후 약 0.5cm 크기로 잘게 다진다.
4. 냄비에 2의 천연 과당과 3의 사과를 담고 메론즙을 섞는다.
5. 약한 불로 25분 동안 졸이다가 중간 불로 더 끓인다.
6. 잼이 끓기 시작하면 5분 정도 더 끓이고 잘 뭉쳐졌는지 확인한다.
7. 만약 잘 뭉쳐지지 않았다면 중간 불에서 더 졸인다(이때 펙틴을 사용할 수 있다).
8. 잼을 차갑게 식힌 후 소독한 병에 담고 마개를 꼭 닫는다.

* 천연 잼은 개봉하면 반드시 냉장 보관하며 유통기한은 1달 정도이다. 개봉하지 않으면 10개월 정도 보관 가능하다.

품이 아닌 획기적인 제품이 필요하다고 판단하였다. 할머니에게서 전수받은 레시피(〈그림 8-14〉)를 가지고 설탕이 전혀 들어가지 않은 건강에 좋은 잼, '슈퍼잼'을 출시하여 시장 공략에 나섰던 것이다. '몸에 좋은 무설탕 잼'은 시장에서 대부분의 경쟁제품들과 명확하게 차별화된 제품이었다. 설탕을 넣지 않아 소비자들의 건강에 도움이 되는 사회적 가치까지 실현하는 일석이조의 효과를 얻을 수 있는 제품이었다.

예상대로 시장에서는 소비자들의 열렬한 호응을 얻었고, 영국의 총리가 관저에 초청하여 식사를 같이할 만큼 사회적으로도 화제가 되었다. 또한 스코틀랜드의 대표 브랜드로 선정되어 국립박물관에 상품이 전시되었고, 러시아의 교과서에도 실리고, 중국의 뉴스에도 등장하게 되었다. 월마트와 테스코와 같은 세계적인 대형마트에도 납품을 하게 되었고, 이후 영국 왕실이 인정한 프리미엄 마트인 웨이트로즈의 전 매장에 판매되면서 '최연소 납품사장'이라는 기록을 남기기도 하였다. 22세가 되던 해 억대의 매출을 달성하며 '슈퍼잼'은 100만 달러 이상의 가치가 있는 기업으로 성장하였다.

제품의 성공에 힘을 얻은 프레이저 도허티는 2007년 4월 혼자 사는 외로운 노인들을 위한 이벤트를 열기로 결심하고 동네 주민센터에서 '티파티'를 개최하였다. 영국에서만 100만 명이 넘는 노인들이 크리스마스를 혼자 보낸다고 하는데, 음악과 춤, 따뜻한 차가 있는 낭만의 장을 그들에게 마련해 주었던 것이다. '슈퍼잼'은 이 이벤트에 스콘이라는 스코틀랜드 스타일의 작은 빵과 슈퍼잼을 제공하였다. 많은 소비자들이 이 이벤트에 감동과 고마움을 표시하였고, 1년 뒤 영국 전역에서 100여 차례가 넘는 행사가 치러지게 되었다. 이런 좋은 행사가 알려지면서 회사 차원에서뿐만 아니라 소비자들이 자발적으로 주최하는 행사도 개최되었다. '슈퍼잼'은 이들 행사를 위한 지원금으로 이벤트 당 100파운드를 지원하였다. 자발적으로 티파티를 개최한 소비자들은 인터넷을 통하여 행사 동영상을 전파하였고, '슈퍼잼' 페이스북에서도 사진을 공유하였다. 이를 본 다른 소비자들도 행사에 관하여 문의하는 등 사회에 조그만 변화를 이끌어 낼 수 있었다. 조그마한 티파티 행사가 사회적 혁신의 기폭제 역할을 한 셈이다. '슈퍼잼'의 사례는 제품을 통하여 사회적 가치를 실현하고 동시에 브랜드 차별화를 통하여 시장에 안착할 수 있었던 소규모 기업의 작지만 의미 있는 프로그램으로 평가할 수 있다.

스웨덴의 SPA 브랜드 H&M

1980년대 중반 최초로 등장한 SPA(Specialty Store of Private Label Apparel)는 이제는 '패스트패션'이라고 더 잘 알려진 의류사업 형태를 말한다. 하나의 회사가 제품의 기획, 생산, 물류, 유통, 서비스 등을 모두 책임지는 형태의 전문 소매점을 의미하는데, 저렴한 가격과 유행을 선도하는 새로운 상품으로 젊은 층의 인기를 끌고 있다. 스페인의 자라, 일본의 유니클로와 함께 스웨덴을 대표하는 H&M 등이 세계 3대 SPA기업으로 불리고 있다.

가격이 워낙 저렴하다 보니 소비자들 중에는 SPA기업들이 개도국의 노동인력을 착취하거나 환경에 유해한 원료를 사용하는 건 아닌지 의심하는 경우가 많다. 하지만 H&M은 적정 임금을 지불하는 회사만을 파트너로 삼고, 제품소재에 유기농 면이 사용된 정도를 주요 지표로 관리하는 등 근로자 복지와 환경보호를 적극적으로 실행하고 있다. 특히 헌 옷을 수거하여 체계적으로 재활용하는 캠페인과 친환경 소재를 활용하여 만든 제품으로 패션 행사를 펼치는 등 공유가치창출 마케팅에도 적극적으로 임하고 있는 모범적인 기업으로 알려져 있다.

H&M이 전 세계적으로 실시하고 있는 '헌옷수거' 프로그램은 패스트패션 기업이 '한 철만 입고 버릴 수밖에 없는 옷을 판매하여 낭비를 조장한다'는 소비자들의 부

그림 8-15 H&M '헌옷수거' 캠페인 쿠폰과 수거함

정적인 시각을 바꾸려는 노력에서 비롯되었다. 소비자들이 헌옷을 가져오면 새 옷을 구입할 때 사용할 수 있는 할인 쿠폰을 제공하는 프로그램으로서, 우리나라에서는 소비자가 쇼핑백에 헌옷을 담아가지고 오면 나중에 H&M에서 4만원 이상을 구매할 때마다 사용할 수 있는 5,000원 할인 쿠폰을 제공한다(〈그림 8-15〉). 헌옷은 어느 회사의 제품이라도 상관없다고 한다.

사실 헌옷을 수거하여 쿠폰을 제공하는 캠페인은 대부분의 패스트패션 업체들이 유사하게 실시하고 있는 캠페인이다. 그러나 H&M은 다른 회사들과는 차별적인 방식으로 수거된 옷을 활용하였다. 헌옷의 상태에 따라 재착용, 재사용, 재활용, 에너지원의 용도로 세분화하는 방식으로 활용하였던 것이다. 한 집안에 여러 명의 아이들이 있는 경우에는 대물림이라도 하지만 한 가구 한 자녀가 대세인 요즘 그렇게 하는 것이 쉽지 않다. 사촌동생에게 물려 입히는 것도 눈치가 보인다. H&M은 누군가 다시 입는 데 전혀 문제가 없는 상태의 제품은 따로 수거하여 전 세계 중고시장을 통하여 유통시키는 재착용 전략을 사용하였다. 그러나 다른 사람이 입기 힘든 상태의 제품은 청소도구 등 다른 제품으로 개조하여 사용하는 재사용전략을 구사하였다. 이마저도 힘든 경우에는 원사로 사용하거나 자동차의 절연소재로 활용하는 재활용전략을 사용하였고, 이것도 곤란한 경우에는 에너지원으로 재활용하는 전략을 구사한 것이다. 어느 하나라도 그냥 버리는 법 없이 제품의 상태에 따라 그에 맞는 용도로 재활용하였던 것이다. 실제로 2013년 한 해 동안 H&M은 무려 티셔츠 1,500만 장을 만들 수 있는 양인 3,000톤 정도의 헌옷을 수거하여 재활용하였다고 한다.

이 외에도 H&M은 근로자의 노동복지 분야에서도 주목할 만한 사회공헌활동을 전개하고 있다. H&M의 제품은 무려 1,900개의 생산 공장에서 근무하는 16만 명의 손을 거쳐서 생산된다고 한다. 이들의 복지를 위하여 H&M은 적정임금을 지불하는 하청업체만을 파트너로 삼고 있다. 또한 환경문제와 관련하여 H&M은 제품소재에 유기농 면이 사용된 정도를 주요 지표로 관리하고 있다. 2011년에는 '의식 있는 컬렉션(Conscious Collection)'이라는 패션 행사를 개최하였다. 이 행사는 친환경 소재를 원료로 만든 옷만을 사용하는 패션쇼라고 한다. 이후 매년 같은 이름의 행사를 개최함으로써 유기농 면을 쓰는 생산자들에게는 화학비료 값을 절약할 수 있게 해 주고, 농장 근로자의 건강에도 도움을 주며, 환경보호도 자연스럽게 실천하고 있는 것이다. 소비자들에게 진정성 있게 다가가는 환경보호 활동을 꾸준히 실천하고 있는 것이다. H&M은 2020년까지 유기농 면 소재 100% 사용을 목표로 하고 있다. 면을 주요 소재로 사용하다 보니 면화재배 농장과 가까워졌고 그들에게 농약과 물 사용량을 줄일 수 있는 교육도 실시하고 있다.

H&M은 '의식 있는 활동(Conscious Action)'이라는 슬로건과 함께 공유가치창출 마케팅 활동을 실행하고 있다. 환경보호에 적극적인 의식 있는 고객에게 패션의류를 제공한다는 기업사명을 실천하기 위하여 공유가치창출 마케팅활동을 적극적으로 펼치고 있는 것이다. 그 덕택으로 유한킴벌리 하면 '우리강산 푸르게 푸르게'가 떠오르듯이 H&M 하면 자연스럽게 '의식 있는 회사'가 소비자의 머릿속에 각인되어 가고 있다.

성공사례를 통하여 얻을 수 있는 교훈

영국의 '슈퍼잼'과 스웨덴의 H&M 등의 사례를 통하여 성공적인 공유가치창출 마케팅활동에 도움이 될 수 있는 시사점을 제시하자면 다음과 같다.

첫째, 제품의 소비로 야기되는 사회문제의 해결에 도움을 주는 제품이나 프로모션 아이디어를 통하여 소비자의 적극적인 참여를 이끌어 내야 한다는 점이다. '슈퍼잼'의 경우 단맛이 제품의 핵심요소인 점에 착안하여 설탕을 줄이는 대신 같은 맛을 낼 수 있는 과일즙으로 대체함으로써 건강에 좋은 잼이라는 콘셉트로 소비자의 선택을 받을 수 있었다. H&M의 경우에는 다양한 방법으로 헌옷을 재활용하여 환경오염을 줄이고 회사 입장에서는 원자재 비용을 감소시키는 효과를 얻을 수 있었다. 또한 소비자들에게는 긍정적인 기업 이미지를 제고하는 마케팅 효과를 얻을 수 있었다.

둘째, 제품과 직접적으로 관련되는 동시에 소비자들이 쉽게 공감할 수 있는 사회문제를 선택해야 한다는 점이다. '무설탕 잼'과 '헌옷 재활용' 모두 제품과 직접적으로 연계되는 사회문제를 대상으로 한 캠페인이었기 때문에 소비자의 호응을 얻기 쉬웠고, 잼과 옷 모두 우리 일상생활의 필수품이라는 점에서 소비자들의 공감을 얻는 데 큰 어려움이 없었던 것으로 볼 수 있다. 복잡한 에너지 문제, 기후변화 문제, 물류 효율화와 같은 문제들은 문제의 규모나 해결의 복잡성 등 소비자들의 공감을 얻거나 참여를 유도하는 데 어려움이 따를 수 있고, 기업 입장에서는 많은

그림 8-16 슈퍼잼의 영국 티파티 모습

비용과 노력이 요구되는 사회문제라고 할 수 있다. 우리 일상생활 속에서 흔히 접할 수 있고 경험할 수 있는 문제들은 해결방법도 간단하고 쉽게 소비자들의 공감을 얻을 수 있다는 점에서 공유가치창출 마케팅의 매력적인 대상이 될 수 있다.

셋째, 공익연계마케팅과 마찬가지로 소비자의 참여와 구매를 증가시키기 위해서는 소비자 곁으로 다가서는 노력이 중요하다는 점이다. '슈퍼잼'은 티파티라는 형식으로 소비자에게 다가갔다. 많은 비용을 들이지 않고도 회사의 선의와 사회공헌 의지를 소비자들에게 알릴 수 있었다. 티파티 행사의 내용은 또한 SNS망을 통하여 자발적인 공유와 확산이 이루어질 수 있었다. 〈그림 8-16〉는 홀로 사는 노인이나 양로원에서 지내는 노인들을 위하여 영국에서 개최된 무료 티파티의 모습이다. 영국 각지에서 연평균 100여 차례 열리는 슈퍼잼 티파티엔 1년에 500여 명이 참석한다고 한다. 의미 있는 행사는 그것이 기업이 주최하는 상업적 목적이 있는 것일지라도 소비자의 구전을 충분히 이끌어 낼 수 있다는 교훈을 준다. '슈퍼잼' 티파티는 우리나라에서도 개최되고 있는데, 〈그림 8-17〉은 2016년 5월에 우리나라에서 개최된 '잼파티'의 모습이다. 슈퍼잼의 한국 파트너인 슈퍼잼코리아가 다양한 우리 사회 이웃들과 맛있는 음식, 즐거운 시간을 나누기 위하여 개최한 첫 번째 행사였다.

그림 8-17 우리나라에서 개최된 슈퍼잼 티파티의 모습

키워드(Keywords)

- 공유가치 및 공유가치의 창출
- 공유가치창출 마케팅의 개념
- 공유가치창출 마케팅의 목표
- 공유가치창출 마케팅의 특성
- 공유가치창출 마케팅의 마케팅 효과
- 공유가치창출 마케팅 기획
- 제품과 제품의 유형
- 제품관리

생각해 볼 문제(Review Questions)

- 공유가치창출 마케팅의 핵심요소는 무엇인가?
- 마이클 포터와 마크 크레이머(Mark Kramer)가 제시한 공유가치 창출의 세 가지 방법은 무엇인가?
- 피푸플의 공유가치창출 마케팅의 성공요인은 무엇인가?
- 2000년대 초반 이후 공유가치창출 마케팅활동이 뚜렷한 증가세를 보이고 있는 주된 이유는 무엇인가?
- 공유가치창출 마케팅을 기업경영활동에 적용하는 세 가지 방식에 대하여 생각해 보자.
- 공유가치창출 마케팅의 성공사례인 H&M, '슈퍼잼' 등을 통하여 얻을 수 있는 전략적 시사점은 무엇인가?

참고문헌

글로벌마켓리포트 (2013). 기업에 공유가치를 입혀라: 창조경제를 만든 해외기업의 CSV 사례.

코틀러와 리 (2007). CSR마케팅 (남문희 역). 리더스북.

Porter, M. & Kramer, M. (2011). The Big Idea: Creating Shared Value. *Harvard Business Review*, January-February, 64-77.

PART

03

CSR마케팅의 미래

CSR마케팅

Chapter 09

SNS를 활용한 CSR마케팅

01 SNS의 기본 개념 및 특성

02 우리나라 및 해외의 SNS 이용현황

03 마케팅 커뮤니케이션 도구로서 SNS의 특성

04 SNS의 마케팅 커뮤니케이션 활용방안

05 SNS를 활용한 CSR마케팅 캠페인

06 SNS를 활용한 CSR마케팅 캠페인 성공사례

07 사례에서 배우는 교훈

학습 목표

이제는 스마트폰으로 카카오스토리나 페이스북, 트위터, 유튜브, 밴드, 인스타그램과 같은 서비스를 이용할 줄 모르면 시대에 한참 뒤떨어졌거나, 세상에 무슨 일이 있는지 도대체 관심이 없는 사람으로 취급당할지도 모른다. 많은 사람들이 인터넷과 SNS가 없는 하루 일상은 상상하기 힘든 세상이 되었다. 친구들과 일상의 대화를 주고받기도 하고, 좋아하는 스포츠 스타의 근황을 찾아보기도 하고, 노트북 컴퓨터를 새로 장만하려고 제품정보를 찾기도 하며, 어제 먹은 요리, 휴가 때 놀러갔다 온 남태평양 바닷가의 모습을 사진으로 찍어 자랑하기도 한다. 해외에 있는 가족, 친구는 물론 생면부지의 사람들과도 실시간으로 이런저런 소통도 하고, 그야말로 참 소통하고 어울리기 좋은 세상이다. 소비자 입장에서는 그다지 반가운 일은 아니지만 기업들도 SNS에서 소비자들과 소통하기 위하여 발벗고 나섰다. 개인들 간의 소통창구인 SNS가 기업의 마케팅활동의 장으로 이용되는 것 같아 씁쓸하기도 하지만, 한 가지 반가운 일도 있다. 바로 사회공헌의 창구로서 SNS가 활용되고 있다는 사실이다. 이번 장에서는 무슨 이유로 어떻게 SNS가 CSR의 창구로 활용되고 있는지 알아보기로 한다. 구체적으로 SNS의 개념과 특성을 알아보고, CSR마케팅 도구로서 SNS의 가치와 활용방안을 살펴보기로 한다. 다양한 사례분석을 통하여 SNS의 전략적 활용방안도 함께 살펴보기로 한다.

2015년 7월 현재 전 세계 인터넷 이용률이 30%를 넘어섰고, 우리나라의 경우에도 전체 인구의 85%인 약 4,200만 명이 일상생활의 일부분으로 인터넷을 사용하고 있다(한국인터넷진흥원, 2016). 가구당 인터넷 접속률은 거의 100%에 근접하여 인터넷이 일상생활 전반에 깊숙이 자리잡게 되었다. 특히 최근 몇 년 사이 스마트폰이 보편화되면서 인스턴트 메신저, SNS, 인터넷쇼핑, 인터넷뱅킹, 클라우드 서비스의 이용률도 전반적으로 급증하고 있다. 이제 소비자들의 삶의 중심에 들어선 인터넷은 2000년대 중반 이후 기업의 마케팅활동에 커다란 영향을 미치고 있다.

인터넷은 개인 간의 소통을 위한 이메일은 물론 정보검색, 금융, 주식, 쇼핑, 엔터테인먼트, 오락, 매체 이용 등 다양한 목적으로 사용된다. 특히 소비자들이 자신의 의견, 생각, 경험, 관점 등을 공유하기 위하여 사용하는 온라인 서비스인 SNS(Social Networking Services)는 사용자수가 급증하면서 이를 활용한 기업의 마케팅 커뮤니케이션 활동이 활발하게 전개되고 있다. SNS는 일반 사용자들이 지인과의 인간관계를 강화하거나 새로운 인맥을 형성함으로써 폭넓은 인적 네트워크를 형성할 수 있도록 해주는 온라인 서비스이지만, 이를 활용하여 소비자 간의 정보 공유와 확산이 급속도로 증가하고 있고, 소비자를 상대로 한 기업의 커뮤니케이션이 긍정적인 효과를 발휘하면서 대부분의 기업들이 마케팅활동에 적극적으로 활용하고 있다.

TV나 종이신문으로 대표되는 전통매체의 일방향적 소통과는 달리 SNS는 매체의 개방성, 공유, 확산, 즉시성 등의 특성을 갖고 있어 소비자와의 양방향 커뮤니케이션이 가능하고, 자발적인 메시지 공유와 확산이 이루어질 수 있기 때문에 기업 입장에서는 매우 효과적인 커뮤니케이션 채널이라고 할 수 있다. 또한 급격히 이용자수가 증가하고 있어 도달력 측면에서도 전통매체에 뒤지지 않으며, 비용도 적게 들기 때문에 매체로서 영향력이 증대되고 있다. 이에 따라 글로벌 100대 기업 중 80% 이상이 적어도 한 개 이상의 SNS를 활용하고 있는 것처럼, 많은 기업들이 SNS를 활용한 마케팅활동을 전개하고 있다. 미국의 SNS 관련 웹진인 소셜미디어 이그재미너(Social Media Examiner)의 조사에 의하면, 소규모 자영업자들과 B2B기업을 포함한 3,500여 기업 중 95%가 SNS를 마케팅에 활용하고 있다. 인터브랜드가 선정하는 2015년 세계 최대 브랜드인 애플은 물론 코카콜라, 포드자동차, 버거킹, 델컴퓨터, 벤츠 등 업종을 망라한 세계적인 브랜드들이 적극적으로 SNS마케팅 활동에 뛰어들고 있고, 우리나라의 삼성전자, KT, 현대차, 기아차, SK텔레콤 등 대형 마케터들도 SNS를 적극 활용하여 마케팅활동을 전개하고 있다.

SNS는 기업의 CSR마케팅 활동에도 적극적으로 활용되고 있다. CSR 관련 시장조사기관인 영국의 Sustainly(www.sustainly.com)의 조사결과에 의하면, 2015년 현재 전 세계 475개 글로벌 기업 중 283개 기업이 CSR활동에 SNS를 활용하고 있는 것으로 나타났다. 조사가 처음 시작된 2010년에 비해 4배 늘어난 규모로서, CSR활동이 우리 사회에서 차지하고 있는 비중이 그만큼 커졌음을 의미하는 동시에 SNS의 폭발적인 성장이 반영된 추세라고 할 수 있다. 즉 기업들이 SNS를 통하여 자신들이 추구하는 지속가능성과 사회공헌을 주제로 한 소비자와의 소통에 많은 관심을 기울이기 시작했음을 의미한다. 또한 유형에 따라 다소 차이는 있지만 대부분의 CSR 마케팅 활동의 목표가 사회문제에 대한 인식을 고취하고, 사회적인 공감대를 형성함으로써 문제해결을 위한 자발적인 실천행동을 이끌어 내는 데 있다고 본다면, SNS가 갖고 있는 본원적 특성이자 장점요소인 메시지의 공유와 확산, 참여행동의 효과에 대한 기업들의 인식이 널리 자리잡혀 가고 있는 것으로도 볼 수 있다.

예를 들면, 2014년 미국의 식품기업 제네럴밀스(General Mills)는 치리오(Cheerio)라는 시리얼 제품에서 인공의 맛과 색을 내기 위하여 사용하는 원료를 모두 사용하지 않기로 하였고, 글루틴이 들어 있지 않은 제품을 출시하면서 부모들을 대상으로 한 캠페인을 실시하였다. 약 4년 간에 걸친 준비 끝에 새로운 제품을 출시하

그림 9-1 치리오 페이스북 커버 사진(글루틴 없는 치리오)

면서 공유가치창출 마케팅을 전개한 것이다. 제품 홍보를 위한 커뮤니케이션 활동의 일환으로 아이들에게 몸에 좋은 식품만을 고집하는 좋은 부모를 제네럴밀스와 연계하는 내용의 기업광고 캠페인을 실시하였다. 캠페인의 확산과 효과 제고를 위하여 치리오와 트릭스(Trix) 등 개별 브랜드 수준에서 페이스북 페이지(〈그림 9-1〉)를 활용하였다. SNS를 대중매체와 적절히 조화하여 회사의 사회공헌 노력을 알리는 캠페인을 전개하여 성공적인 런칭을 이뤄 낼 수 있었다.

우리나라의 경우에도 많은 기업들이 SNS의 장점을 활용하여 CSR마케팅 활동을 전개하고 있다. 대표적인 사례로 CJ도너스캠프(CJ Donors Camp)를 들 수 있다. '교육의 기회가 적어 가난이 대물림되어서는 안 된다'는 최고경영자의 나눔철학에 따라, '더 큰 꿈을 키우고, 꿈꾸는 아이들을 위한 더 큰 사랑을 실천합니다'라는 슬로건을 내걸고 진행되고 있는 '도너스캠프' 캠페인은 2005년 시작되어 현재 전국 4천여 개의 공부방(지역아동센터), 그룹홈, 농어촌 분교 등을 중심으로 소외계층 어린이들의 교육을 지원하고 있다. 도너스캠프의 특징은 단순한 기업의 기부가 아니라 소셜댓글 서비스 플랫폼인 라이브리(LiveRe)를 통하여 소비자들이 직접 기부에 참여할 수 있도록 하는 SNS 기반의 소셜방식 기부 캠페인이라는 점이다. 기업이 CSR 활동을 하고 있다는 것을 알리는 것에 그치지 않고, 소비자들이 직접 사회문제 해결에 참여하게 함으로써 유대관계를 강화하는 캠페인이다. 소셜댓글이란 SNS의 아이디로서 특정 사이트의 게시판에 댓글을 달면 본인의 SNS에 관련 댓글과 URL이 함께 전송되는 서비스를 말하는데, 온라인 상의 소통 확대에 효과적인 서비스이다. 도너스캠프의 소셜 기부의 경우에는 매주 공부방 아이들의 소원이 미션으로 주어지고, 나눔기부 혹은 나눔알리기를 통하여 고객들이 직접 참여하도록 함으로써 함께 미션을 완료시키는 형태로 진행되고 있다(〈그림 9-2〉). 댓글을 올리면 기부가 이루어지는 방식으로 참여가 간편하고, 운영이 투명하며, 기금 사용 목적이 분명한 기부 모델과 매칭펀드 방식 덕분에 다른 기업이나 공공기관 등의 단체와 저명인사들도 도너스캠프의

그림 9-2 CJ도너스캠프의 소셜 기부 미션의 한 장면

기부에 동참하고 있다고 한다.

이처럼 많은 기업들이 CSR 캠페인에 개인 간의 소통창구인 SNS를 적극적으로 활용하고 있는 이유는 무엇일까? SNS의 기본적인 개념, 특성 및 장점을 살펴봄으로써 그에 대한 답을 구할 수 있을 것이다. 이번 장에서는 기업의 일반적인 마케팅 활동에 SNS를 어떻게 활용한 것인지에 대하여 알아보고, CSR마케팅 활동의 실제 적용사례들을 살펴봄으로써 SNS를 활용한 효과적인 CSR마케팅 전략 수립과 실행에 필요한 시사점을 제시한다.

SNS의 기본 개념 및 특성 01

SNS(Social Networking Services)는 인터넷 상에서 이용자들이 인적 네트워크를 형성할 수 있게 해주는 서비스라고 간략하게 정의할 수 있다. 즉 인터넷 상에서 친구, 동료 등 지인들과의 인간관계를 강화하거나 새로운 인맥을 형성함으로써 폭넓은 인적 네트워크를 형성할 수 있게 해주는 서비스로서 미니홈피, 블로그, 마이크로블로그, 프로필 기반 서비스, 커뮤니티 등을 포함한다. 엄밀히 얘기하자면, SNS는 공유, 개방, 참여를 표방하는 웹 2.0을 기반으로 하여 이용자들이 자신의 의견, 생각, 경험, 관점 등을 공유하기 위해 사용하는 온라인 툴과 플랫폼을 모두 포함하는 소셜미디어의 한 유형이다(안대천·김상훈, 2012). 현재 우리나라에서는 페이스북이 가장 널리 사용되고 있고, 북미 지역에서는 페이스북, 마이스페이스, 트위터, 링크트인, 유럽에서는 비보, Hi5, 마이스페이스, dol2day, Tagged, XING, Skyrock, 중남미 지역에서는 오르컷(Orkut)과 Hi5, 아시아 및 태평양 연안에서는 시나웨이보, Friendster, Multiply, 오르컷, Xiaonei 등이 인기를 얻고 있다.

위키피디아의 분류기준에 의하면, 소셜미디어는 크게 커뮤니케이션 모델, 협업 모델, 콘텐츠 공유 모델, 엔터테인먼트 모델 등 네 가지로 구분할 수 있다. 그 중 SNS는 블로그, 마이크로블로그 등과 함께 커뮤니케이션 모델에 포함된다. 즉 크기에 차이는 있지만 다양한 형태의 콘텐츠를 이용자 간의 네트워크를 활용하여 공유할 수 있는 커뮤니케이션 서비스를 말한다. 친구, 직장동료, 가족, 동호회 회원, 정치인, 연예인, 운동선수와 같은 연예인과의 정보공유를 통하여 인맥관계를 형성하고, 이를 유지하고 강화하는 등 인적 네트워크와 인간관계를 형성하게 해주는 서비스이다. SNS는 서로 모르는 사람들 간의 관계형성이라기보다는 오프라인 상의 연관성 있는 사람들 간의 연결 서비스(Boyd & Ellison, 2008)이기 때문에 인터넷을 기반으로 이용자들이 자신의 프로파일을 구축하게 해주며, 관계를 공유하는 이용자들 간에 연관된 리스트를 구축할 수 있게 해주며, 다른 이용자들이 구축한 리스트에 접근도 가능하게 해주는 서비스이다. 지금은 유명무실해졌지만 우리나라의 '싸이월드'나 미국의 '페이스북'이 대표적인 제한적 네트워크형 SNS서비스라고 할 수 있다. '자기표출'과 '관계맺기'와 같이 이용자들과의 네트워크 기능이 강조되는 서비스이다.

이후 온라인 상에서 콘텐츠 유통기능이 강화되면서 콘텐츠 생산과 공유를 주된 목적으로 하는 '블로그'와 '유튜브'가 등장하였다. 네트워킹을 통하여 콘텐츠 공유를 가능하게 해주는 서비스로서, 이용자 자신이 메시지를 자유롭게 업/다운로드하거나, 다른 사람이 감상할 수 있도록 하며, 검색기능을 통하여 다른 사람의 메시지, 정보에 접근할 수 있다. 콘텐츠와 운영방식이 네트워크 중심의 SNS와 차이가 있고 외부 서비스와 연동될 수 있기 때문에 네트워킹 서비스에 비하여 적극적인 상호작용이 이루어진다고 할 수 있다.

이와 함께 간단한 내용을 실시간으로 포스팅하면서 타 이용자와 마치 대화를 하듯이 상호작용이 가능한 마이크로블로깅 서비스도 SNS에 포함된다. 다른 유형의 SNS가 대부분 상대적으로 많은 양의 콘텐츠 생산과 공유를 위한 것들이라면 마이크로블로깅 서비스는 일상적이고 간단한 메시지들을 주고 받는 형태를 취하고 있다. 대표적인 서비스로 '트위터', '인스타그램', '미투데이', '시나웨이보' 등을 들 수 있다. 실시간 소통이 중요한 만큼 지속적인 온라인 상태의 유지를 지원하기 위하여 웹브라우저 이외에 실시간 모바일서비스, 사진포스팅 기능과 같이 다양한 외부 애플리케이션을 통하여 서비스가 제공된다.

종합해 보면, SNS는 그 특성에 따라 표현형, 관계형, 공유형, 혼합형 등 4가지로 구분할 수 있다. '트위터'와 '미투데이'는 누구나 불특정 타인의 게시글을 열람하거나 검색할 수 있고, 해당 서비스에 가입하지 않은 상태에서도 사용이 가능한 표현형 SNS라고 할 수 있다. '페이스북'은 타인과의 관계형성과 친목유지가 주목적이며, 모든 게시글이나 정보에 대하여 공개 또는 비공개 여부와 공개대상을 설정할 수 있는 관계형 SNS로 분류된다. 불특정 다수와 네트워크를 형성할 수 있는 개방형과 지인들 위주로 네트워크를 형성하는 폐쇄형(미니홈피, 밴드, 카카오스토리 등)으로 다시 구분되기도 한다. 한편 '유튜브'는 콘텐츠 공유에 초점을 둔 서비스로서 이용자의 게시판이나 블로그와 연동이 가능한 장점이 있는 공유형 SNS라고 할 수 있다. 무제한의 콘텐츠를 생산할 수 있고, 다양한 채널을 통하여 확산할 수 있으며, 자기 주장이나 표현을 공유할 수 있는 '블로그'는 혼합형 SNS이다.

02 우리나라 및 해외의 SNS 이용현황

2015년 7월 실시된 한국인터넷진흥원의 조사결과에 의하면, 우리나라 만 3세 이상 인구 중 인터넷 이용자수는 4,194만 명으로 전체 인구의 85.1%인 것으로 나타났다(한국인터넷진흥원, 2016). 인터넷 이용목적은 이메일, SNS, 인터넷 전화와 같은 커뮤니케이션이 91%로 가장 높게 나타났고, 자료 및 정보획득(89%), 여가활동(86%)의 순인 것으로 조사되었다. 또한 인터넷 이용자의 절반 이상인 54%가 최근 1년 이내 인터넷쇼핑 이용자인 것으로 나타났다. 인터넷 접속기기로는 스마트폰이 86%로 가장 높게 나타났고, 이어서 데스크탑 컴퓨터(67%), 노트북 컴퓨터(30%)의 순으로 나타났다. 특히 인터넷 이용자 중에서 스마트폰을 포함한 스마트기기(넷북, 태블릿PC, MP3플레이어 등)의 보유율이 93%로 나타나 스마트기기를 이용한 인터넷 이용이 점점 더 가속화되고 있다.

인터넷 이용자의 약 65%는 최근 1년 이내에 SNS를 이용한 경험이 있는 SNS 이용자인 것으로 나타났다. SNS 이용자의 88%가 페이스북이나 카카오스토리와 같은 프로필 기반 서비스를 이용하는 것으로 나타났고, 온라인 카페 및 클럽과 같은 커뮤니티(41%), 블로그(25%), 미니홈피(15%)의 순으로 SNS서비스 이용도가 높은 것으로 조사되었다. 이들의 90%가 주 1회 이상 업무 외의 개인 용도로 SNS를 이용하는 것으로 나타났고, 스마트폰을 통하여 SNS를 이용하는 비율이 최근 3년 간 대폭 상승하여 약 93%에 달하는 것으로 나타났다. SNS를 이용하는 목적은 친교 및 교제

(77%), 취미와 여가활동(54%), 개인적 관심사 공유(49%), 일상생활의 기록(41%), 전문 정보나 지식 공유(37%)의 순으로 조사되었다.

이상과 같은 조사결과를 종합해 보면, 언제 어디서나 인터넷 접속이 가능한 스마트기기의 사용자가 급증하면서 성인 소비자들의 대부분이 인터넷을 이용하고 있는 것을 알 수 있다. 이들의 주된 인터넷 사용목적은 커뮤니케이션과 정보획득으로서 이전과 비교하여 큰 차이가 없는 것으로 나타났지만, 인터넷 쇼핑과 함께 SNS의 이용이 급증하고 있는 점에 주목할 필요가 있다. 특히 주변인들과의 인맥관계, 친교, 교제를 위한 관계형 SNS의 이용이 꾸준히 증가하고 있음을 알 수 있다.

그렇다면 우리나라 인터넷 사용자들은 어떤 SNS채널을 주로 이용하는 있을까? 인터넷마케팅 회사인 DMC미디어가 발표한 '2015년 디지털 소비자 및 한국인의 디지털 라이프스타일 분석 보고서'에 의하면(DMC미디어, 2015), 우리나라 인터넷 이용자가 가장 많이 사용하는 SNS는 페이스북(60%)인 것으로 나타났다. 이어서 카카오스토리(17%), 인스타그램 (10%), 밴드(8%), 트위터(2%)의 순으로 이용률이 높은 것으로 나타났고, 이용자의 성별과 연령, 직업에 따라 SNS채널 선호도에 차이가 있는 것으로 나타났다. 페이스북은 상대적으로 남성, 저연령층, 전문직 종사자들의 사용률이 높은 반면, 카카오스토리나 인스타그램은 여성과 고연령층의 사용률이 높았다.

이용자수를 기준으로 하면 2015년 현재 이용자수가 가장 많은 SNS는 카카오스토리인 것으로 나타났다(모비인사이드, 2015). 카카오스토리는 카카오톡과 연동되어 텍스트는 물론 사진과 동영상 정보를 공유할 수 있는 서비스로서, 월간 기준 약 2,400만 명이 이용하고 있는 것으로 조사되었다. 우리나라 스마트폰 사용자의 대다수가 카카오톡을 사용하고 있기 때문에 높은 이용자 수치를 기록한 것으로 볼 수 있는데, 특히 30~50대의 사용률이 높게 나타나 다른 SNS에 비하여 중장년층의 이용이 활발한 것으로 볼 수 있다. 반면, 페이스북, 인스타그램, 트위터와 같은 해외의 SNS들의 월간 이용자수도 매우 높은 것으로 나타났다. 페이스북 1,400만, 인스타그램 440만, 트위터 200만 등 꾸준하게 이용하고 있는 것으로 나타났는데, 특히 사진기반의 인스타그램은 20대, 마이크로블로그 기반의 트위터는 10대의 이용률이 높게 나타났다. 그 밖에 Tumblr나 Pinterest 등은 아직까지 페이스북, 인스타그램, 트위터에 비하여 이용률이 낮은 것으로 나타났다.

그림 9-3 우리나라 SNS 이용현황(MAU 기준)

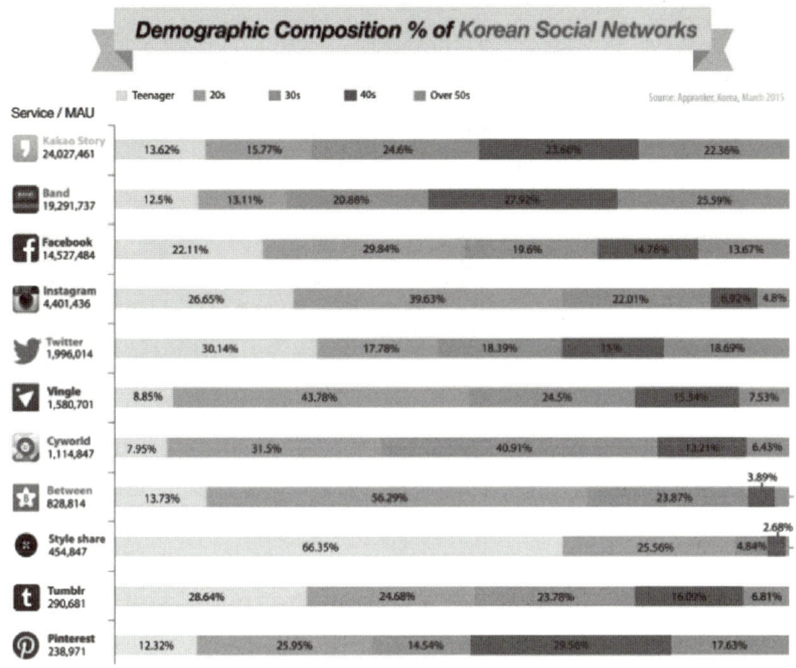

출처: 모비인사이드, 2015, www.mobiinside.com

이 밖에 1999년 세계 최초로 소셜네트워킹 서비스를 시작한 바 있는 싸이월드는 30대 이용자를 중심으로 약 110만 명이 이용 중인 것으로 나타났고, 사랑하는 연인끼리 채팅, 사진공유, 기념일 확인 등을 할 수 있는 폐쇄형 커플 SNS인 비트윈은 20대를 위주로 80여만 명이 이용하고 있는 것으로 나타났다. 또한 패션에 관심이 있는 사람들과 정보를 공유할 수 있는 SNS인 스타일쉐어는 여성과 10대를 중심으로 약 45만 명이 이용하는 것으로 나타났다.

주목할 만한 것은 SNS채널의 이용과 선호가 연령대별로 뚜렷하게 구분된다는 점이다. 10~20대의 젊은 층에서는 페이스북과 인스타그램의 이용이 두드러진 반면 30~40대와 그 이상에서는 카카오스토리와 네이버밴드의 사용률이 매우 높게 나타나고 있다. 이와 함께 인스타그램이나 스냅챗 등과 같이 많은 이들의 관심을 끌 수 있는 사진과 동영상 등 생생한 멀티미디어 콘텐츠를 주고받을 수 있는 서비스의 이용도 빠르게 증가하고 있다. 다음카카오나 네이버 등 우리나라 IT기업들이

그림 9-4 전 세계 인터넷 및 SNS 이용자 현황

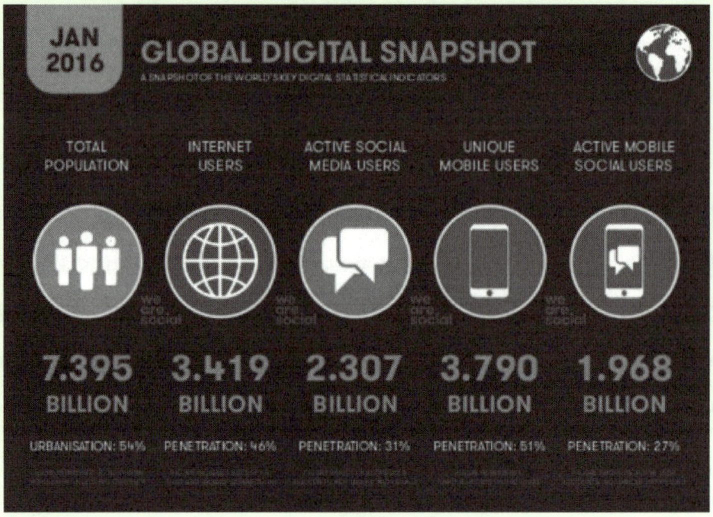

재빠르게 멀티미디어 기반의 SNS를 출시한 것과 같이 향후 사진, 동영상 및 각양 각색의 콘텐츠로 정보를 공유할 수 있는 SNS가 이용자들의 관심을 끌 것으로 예상된다.

그렇다면 해외의 SNS 이용현황은 어떠한가? SNS 전문조사회사인 WeAreSocial Singapore가 Global Web Index(GWI)의 데이터를 이용하여 분석한 최근의 조사결과(〈그림 9-4〉)에 의하면, 2016년 3월 현재 전 세계 SNS 이용자수는 약 23억 명에 달하는 것으로 나타났다. 전 세계 인구 74억 명의 31%에 해당되는 수치인데, 아프리카와 동남아시아 등 개발도상국의 인터넷 접속률이 낮은 점을 감안하여, 34억 명 인터넷 이용자를 기준으로 할 때 약 68%에 해당되는 높은 비율이다. 모바일기기를 통한 SNS 이용 증가에 힘입어 2015년에 17%의 증가를 보였다. 지역적으로는 아시아, 태평양 지역의 증가세가 다른 지역에 비하여 높은 것으로 나타났다.

한편, 세계적으로 가장 많이 이용되는 SNS 플랫폼은 페이스북인 것으로 나타났다(〈그림 9-5〉). 전체 SNS 이용자의 63%가 페이스북을 사용하는 것으로 나타났고, 이어서 인스타그램이 27%, 트위터 22%, 구글플러스 17%의 순으로 나타났다. 이들을 모두 합치면 약 17억 명에 해당된다. 실제 계정수와 사용빈도를 기준으로 하면, 페이스북, 유튜브, 구글플러스, 트위터, 링크트인의 순으로 나타났다(〈그림 9-5〉).

그림 9-4 SNS 유형별 사용률

	Penetration Percent who have accessed the app	Engagement Average days accessed monthly
Facebook	63%	15.0
FB Messenger	47%	7.9
Instagram	27%	11.0
Twitter	22%	7.5
Google Plus	17%	3.2

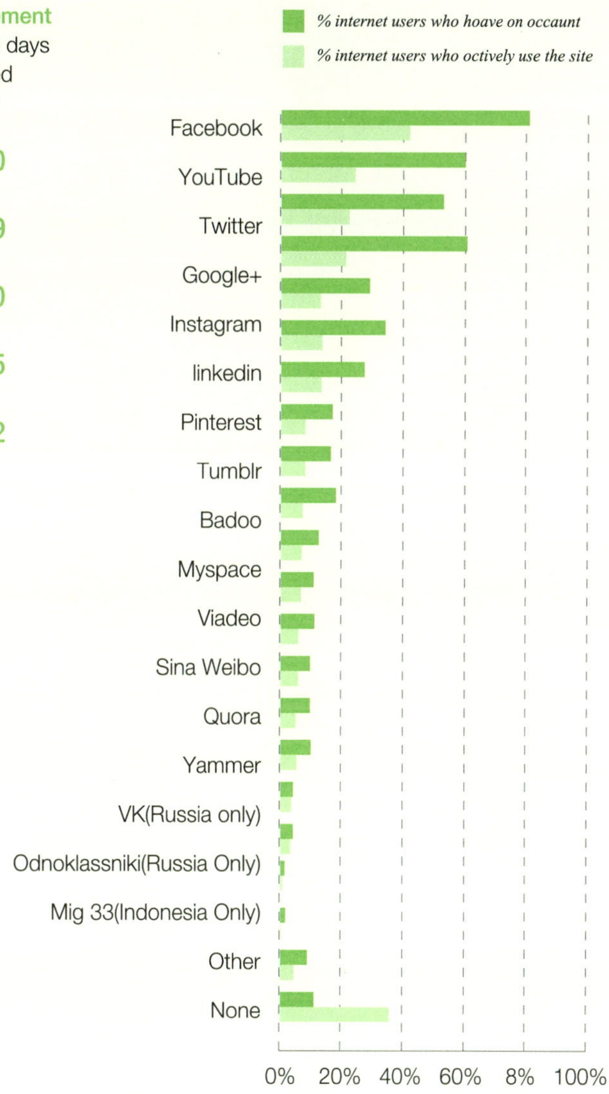

03 마케팅 커뮤니케이션 도구로서 SNS의 특성

이용자수의 급격한 증가와 함께 새로운 플랫폼이 속속 개발되면서 SNS를 활용한 마케팅활동이 활발하게 전개되고 있다. 통계자료를 통하여 알 수 있듯이 현재 가장 영향력 있는 SNS채널은 미국의 페이스북과 우리나라의 카카오스토리라고 할 수 있다. 페이스북은 많은 기업들이 공식계정을 갖고 활용하고 있는 가장 대표적인 SNS마케팅 채널이다. 하나의 마케팅 플랫폼이라고 해도 좋을 만큼 기업은 물론 개별 브랜드, 정부기관, 지자체, 공익기관 등 다양한 조직이 마케팅활동에 활용하고 있다. 그러나 30~40대 여성 이용자가 많아 흔히 '엄마들의 페이스북'이라고도 불리는 카카오스토리는 친구들에게만 공개되는 폐쇄적인 채널이기 때문에 기업이 마케팅 목적으로 활용하는 데 어려움이 있다. 네이버 밴드도 오프라인 네트워킹에 기반을 두고 있어 마케팅활동이 쉽지 않은 채널이다. 한편 최근 이용자수가 빠르게 증가하고 있는 인스타그램은 마케팅에 최적화된 채널이라는 평가를 받을 정도로 가능성을 인정받고 있지만 아직까지 활용하는 기업이 많지는 않다. 블로그는 전 연령층이 고르게 이용하고 있고 검색광고의 효과가 큰 만큼 많은 기업들이 활발히 이용하고 있다.

이와 같이 SNS는 플랫폼에 따라 운영방식과 서비스가 다르고, 이용자의 특성이나 이용목적에 차이가 있기 때문에 기업의 마케팅 커뮤니케이션 활동에 획일적으로 사용될 수는 없다. 마케팅 목표, 목표시장, 경쟁상황, 마케팅 전략 등을 종합적으로 고려하여 적합한 플랫폼을 선정하고, 그에 맞는 전술적 요소를 구사함으로써 효과적인 활용이 가능하다. 마케팅 커뮤니케이션 채널로서 SNS의 특성과 전통매체와 비교할 때 갖고 있는 장점들을 정리하자면 다음과 같다.

첫째, TV, 신문 등 전통매체와는 달리 SNS는 시간과 공간을 초월하여 실시간, 24시간 커뮤니케이션이 가능하다. 스마트폰이나 태블릿PC 등 휴대용 스마트기기의 보급으로 인하여 접근성이 대폭 강화되어 전통매체로는 상상하기 힘든 '언제, 어디서나'의 소통이 가능하게 되었다. 트위터나 페이스북 등을 통하여 실시간 프로모션 정보를 제공하거나 각종 제품정보, Q&A와 같은 고객서비스 등을 인터랙티브하게 제공할 수 있어 프로모션 효과와 소비자만족을 제고하는 효과를 얻을 수 있다.

둘째, 전통매체의 푸시방식 일방향적 커뮤니케이션에서 이제는 풀방식, 즉 소비자와의 교감과 신뢰관계를 기반으로 상호작용적 커뮤니케이션이 가능하게 되었다. 매체가 누구에게나 개방됨으로써 소비자의 메시지의 생산이 자유롭게 이루어지게 되었고, 생산된 메시지는 자발적으로 다른 소비자들과 공유가 가능한 획기적인 변화가 이루어졌다. 기업 입장에서는 오락적 요소와 금전적 인센티브를 적절히 제공하면서 소비자의 자발적인 참여와 메시지 공유 효과를 얻을 수 있게 되었다.

셋째, 연결된 네트워크를 통하여 메시지가 단계적, 지속적으로 전파되는 형태의 확산 커뮤니케이션이라는 점이다. 트위터의 RT 기능, 블로그의 RSS, 댓글 등이 그에에 해당된다. 기업이 의도하지 않더라도 소비자들이 자발적으로 메시시를 전파하기 때문에 메시지의 설득효과와 신뢰도 측면에서 전통매체와 비교하기 힘든 긍정적 결과를 얻을 수 있게 되었다. 세계 47개국 소비자를 대상으로 실시한 닐슨의 조사결과에 의하면, 소비자들은 TV, 신문을 포함한 광고메시지에 비하여 다른 소비자의 의견을 더 신뢰하며, 블로그나 페이스북을 통하여 올라오는 제품 후기에 더 신뢰감을 보이는 것으로 나타났다. 즉 SNS를 통한 온라인 입소문은 기존의 전통적인 광고메시지에 비하여 신뢰도가 높고 영향력도 크다는 장점이 있다.

SNS의 마케팅 커뮤니케이션 활용방안 04

현재 기업의 마케팅 커뮤니케이션 활동에 널리 이용되고 있는 SNS로 페이스북, 유튜브, 트위터, 블로그 등을 들 수 있다. 이들 플랫폼들의 특성과 장점, 적절한 활용방안 등을 2011년 ICT Forum에서 발표된 소비자조사 결과를 중심으로 정리하자면 다음과 같다(김상훈·안대천, 2011). 이 조사는 SNS 이용자를 대상으로 실시된 온라인 설문소사로서 선국의 성인 남녀 약 500명이 잠여하였다.

1) 페이스북(Facebook)

페이스북은 현재 가장 뜨거운 반응을 얻고 있는 SNS서비스라고 할 수 있다. 이용층은 주로 20대의 젊은 층이지만 40대 남성과 고소득층의 비중도 높은 편이다.

주이용층 소비자들은 개인적인 여가활용이나 관심사, 취미활동에 적극적이며, 온라인 이용에도 능숙하지만, 모르는 타인과의 관계에서 다소 폐쇄적인 성향을 갖고 있는 것으로 나타났다. 페이스북을 통하여 소통하는 주요 상대는 가까운 지인이나 학교동창, 친구, 연인 등이었으며, 이들과 최신 근황을 주고받거나, 실시간 소통을 통하여 누군가와 연결되어 있다는 본능적 만족감을 얻기 위하여 이용하는 것으로 나타났다. 기업이나 브랜드 메시지와의 접촉은 비의도적인 경우가 대부분이었고, 주로 프로모션이나 이벤트와 관련된 메시지에 높은 관심을 보이는 것으로 나타났다. 기업의 광고성 메시지에 대한 반응은 비교적 긍정적이었고, 메시지의 정보적 측면과 재미, 흥미 요소에 대하여 호의적인 반응을 보이는 것을 알 수 있다.

현재 많은 기업과 브랜드들이 페이스북을 활용하여 마케팅활동을 전개하고 있지만 보다 나은 효과를 얻기 위한 전략(〈그림 9-6〉)을 제시하자면, 첫째는 소비자와의 맞춤형 상호작용이다. 타깃팅 기능을 활용하여 이용자의 프로파일에 맞는 제품과 서비스 메시지를 배너광고를 통하여 제공하고, 기업의 홈페이지, 페이스북 내의 브랜드 팬페이지, 앱페이지, 이벤트 페이지로 유인하는 전략이 효과적일 것이다. 둘째, 이용자에게 어필할 수 있는 인센티브나 오락적 요소를 적절히 활용하여 참여를 유도하는 것이다. 개인 간의 관계와 소통이라는 페이스북의 기본 틀 내

그림 9-6 페이스북의 마케팅 활용방안

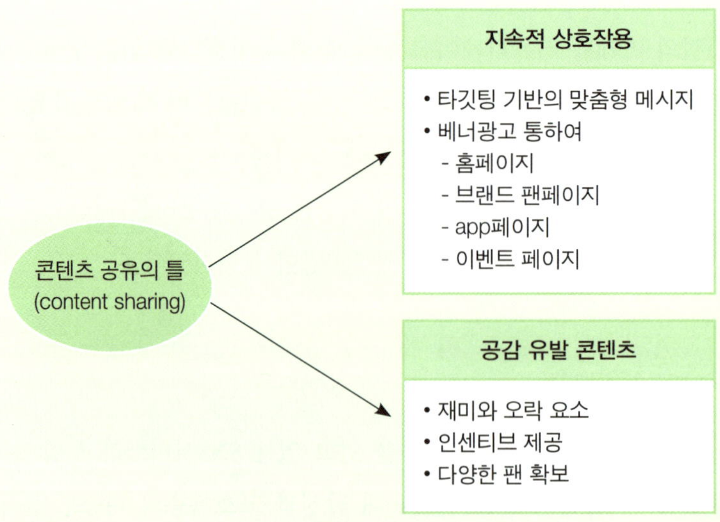

에서 기업이 목적을 달성하기 위해서는 마치 초대된 파티에서 모르는 남과 대화를 시작할 때 중요한 공통 관심사를 통하여 공감대를 형성하거나 호감을 주는 것이 중요하듯이 소비자의 관심과 호감을 이끌어 낼 만한 '미끼'가 제공되어야 한다. 금전적 인센티브나 재미를 주는 오락적 요소가 될 수도 있다. 스웨덴의 DYI 가구전문점인 '이케아(IKEA)'가 좋은 예이다. 신규점포 오픈에 맞추어 페이스북에 브랜드 페이지를 개설하고 방문자 중 점포에 디스플레이된 가구의 사진을 캡처하여 메시지와 함께 포스팅하면 해당 가구를 선물로 증정하는 이벤트를 펼쳐 매장 인근 지역의 수십만 명의 소비자들에게 개장을 알리는 효과를 얻을 수 있었다.

2) 유튜브(YouTube)

유튜브는 이용자들과의 관계 강화와 소통보다는 콘텐츠의 생산과 공유를 핵심으로 하는 서비스이다. 이용자의 연령대와 소득수준이 가장 낮은 편이고, 중고생 이용자의 비중이 높고, 적극적인 관계확장 성향을 갖는 것으로 나타났다. 주요 소통 상대는 연예인, 운동선수, 정치인 등 유명인의 비율이 높았고 동호회, 여가활동을 공유하는 사람들도 포함된다. 이용동기는 콘텐츠를 생산하거나 다른 이용자의 정보나 소식을 얻기 위한 것으로 나타났다. 상업메시지에 대한 접촉도가 낮은 편이고, 우연에 의한 비의도적 접촉이 높았으며, 메시지의 오락적 측면과 유용성 측면에 대한 평가가 긍정적이었다. 따라서 동영상 광고 또는 영상효과를 이용한 이벤트 정보 전달과 같은 기본적인 커뮤니케이션 활동과 함께 재미있고 특이한 소재를 제공하여 화젯거리를 생성하여 이용자 간의 자발적인 확산을 유도한다면 효과가 극대화될 수 있는 매체이다(〈그림 9-7〉). 즉 이슈 생성과 그에 대한 바이럴 효과를 유도할 수 있는 최적의 매체라고 할 수 있다. '윈저' 위스키의 동영상 광고나 '레드불'의 동영상 이벤트 등이 성공사례라고 할 수 있다. 그러나 상대적으로 이용률이 낮은 점을 감안할 때, 다른 SNS와의 연동이 필요하며, 동영상 콘텐츠와 같이 오직 유튜브를 통해서만 전달할 수 있는 메시지를 개발하여 이슈를 생성하는 것이 핵심 포인트라고 할 수 있다.

그림 9-7 유튜브의 마케팅 활용방안

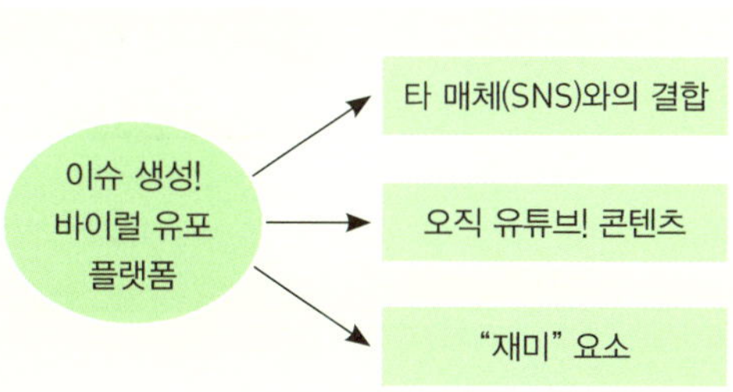

3) 트위터(Twitter)

트위터는 비교적 고소득층 이용자가 많았지만 연령대는 10대부터 40대까지 고른 분포를 보였다. 트위터 이용에 강한 충성도를 갖고 있으며, 인터넷 이용에 적극적이며 다른 매체의 이용도 활발한 적극적인 관계확장자로 볼 수 있다. 주요 소통 상대는 학교동창이나 가까운 지인, 친구, 유명인 등이었고, 실시간 소통을 통하여 최근 동정과 변화를 파악하고 정보를 교류하는 것이 가장 중요한 이용동기로 나타났다. 마케팅 메시지에 대한 반응은 SNS서비스 중 가장 긍정적이었으며, 특히 광고메시지의 오락적 요소와 정보제공력 등에 대한 반응이 좋았다. 이와 같은 이용행태를 감안한다면 크게 두 가지로 트위터 활용방안을 제시할 수 있다(〈그림 9-8〉). 첫째, 소비자와의 실시간 소통창구로서의 활용이다. 미국 항공기의 허드슨강 불시착 사건이나 서울의 홍수사태, 명절 교통상황 전달의 예에서 알 수 있듯이, 트위터의 강점은 실시간 정보전달력, 즉시성, 확산력, 파급력 등에 있으므로 신제품 정보나 프로모션 정보의 신속한 전달 통로로 활용할 수 있다. 부정적 소문에도 신속히 대처하는 위기관리 수단으로도 활용 가능하다. 둘째, 소비자와의 감정적 애착 형성의 도구로 활용하는 방안이다. 인간의 기본적인 애착본능과 '항상 연결된(always in touch)'이라는 트위터의 핵심가치를 활용하여 고객의 TPO(time, place, occasion)에 맞는 서비스를 제공한다면 소비자와의 감정적인 애착을 형성할 수 있을 것이다.

그림 9-8 트위터의 마케팅 활용방안

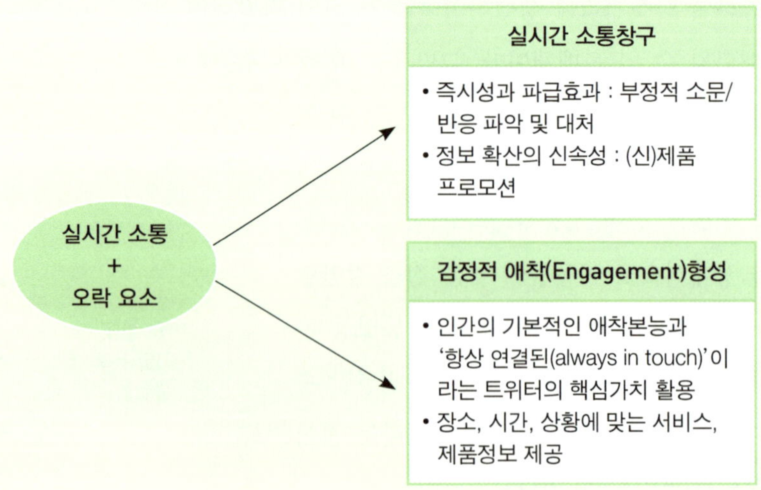

4) 블로그(Blog)

블로그는 비교적 고소득층과 전문직 종사자들이 주로 이용하는 것으로 나타났다. 연령대는 20~30대의 비중인 높은 편으로 인터넷을 통하여 잘 모르는 타인들과도 폭넓은 관계확장을 꾀하는 적극적 관계확장 성향을 갖고 있고, 여가활용이나 취미생활보다는 자신의 일을 가장 중시하는 이른바 '워커홀릭' 성향이 매우 높았다. 주요 이용동기는 정보와 뉴스, 소식을 얻거나 지인들의 최근 변화를 파악하는 것이었고, 기업/브랜드의 최신 정보, 프로모션이나 이벤트에 참여하거나, 상품교환, 예약구매 등과 같은 서비스 이용을 위하여 마케팅 메시지에 관심을 보이는 것으로 나타났다. 그러나 직접적인 광고메시지에 대해서는 기피성향이 매우 높은 것으로 나타났다. 이러한 이용특성을 감안하여 블로그의 마케팅 활용방안을 제시하자면 다음과 같다(〈그림 9-9〉). 첫째, 기업이나 브랜드의 자체 블로그에서 관심을 끌 수 있는 콘텐츠를 제공함으로써 자연스럽게 보도자료나 신상품 정보, 이벤트에 노출시키는 방법이다. 이용자들이 원하는 질 높은 콘텐츠를 제공할 수 있는가가 중요하다고 할 수 있다. 둘째, 파워블로거를 홍보대사로 활용하여 콘텐츠의 생산을 유도하거나, 브랜드 리뷰그룹이나 체험단을 운영하는 방법이다. 파워블로거의 블로그를 통하여 마케팅 메시지를 전달하거나 그들의 네트워크를 활용하고, 광고(배너)를 통하여 기업/브랜드의 블로그로 유인하는 방법도 효과적이다.

그림 9-9 블로그의 마케팅 활용방안

종합해 보면, 소비자의 이용행태와 마케팅 메시지에 대한 반응이 플랫폼에 따라 차이가 있기 때문에 SNS를 모든 마케팅활동에 획일적으로 사용해서는 안 될 것이다. 마케팅과 커뮤니케이션 목표 달성을 위하여 플랫폼의 주요 기능, 서비스 운영 방식과 이용방식의 차이를 감안하여 활용해야 할 것이며, 이용자들의 인구통계적 특성과 사회심리적 특성도 고려한 세밀한 타깃팅 작업이 이루어져야 할 것이다.

05 SNS를 활용한 CSR마케팅 캠페인

1) CSR마케팅 활동의 도구로서 SNS

커뮤니케이션 채널로서 SNS는 관심과 친분을 기반으로 소비자와의 상호작용적 소통이 가능하기 때문에 메시지에 대한 신뢰도가 높고, 타인과의 공유, 확산 등 파급효과가 탁월하며, 소비자가 어디에 있든지 소통이 가능하다는 장점을 갖고 있다. 따라서 소비자의 참여(customer engagement)를 통하여 공감을 형성하고 직접적인 참여를 이끌어 내는 데 최적의 매체라고 할 수 있다. 정보생산 → 정보소비라는 일방적인 메커니즘에서 탈피하여 양방향성을 바탕으로 이용자들이 능동적으로 정보를 생산, 공유하고, 자발적인 참여를 통하여 이용자와의 관계를 만들어 나가는 '자발적인 참여' 방식라고 할 수 있다. 이러한 장점은 공익캠페인과 같이 사회문제에 대한 인식을 제고하거나, 사회마케팅과 같이 사회문제의 실천행동을 목표로 하는 기업들의 CSR마케팅 활동에 정확히 부합된다. 또한 공익과 제품판매를 연계하는 공익연계마케팅이나 제품에 사회적 가치를 부여하여 사회와 기업의 지속가능한 성장에 모두 기여하고자 하는 공유가치창출 마케팅활동의 행위목표 달성에도 직접적으로 기여할 수 있다.

커뮤니케이션 효과 관점에서도 SNS는 CSR마케팅 활동에 매우 적합한 매체라고 할 수 있다. 대부분의 CSR마케팅 캠페인은 대상이 되는 사회문제에 대한 소비자들의 인식을 제고하는데서 출발하며, 문제인식을 확산하고 공유하는 과정을 거쳐 실제 행동이 이루어지면서 완성된다. 즉 인지 – 감정 – 행동이라는 기본적인 커뮤니케이션 효과 과정을 통하여 목적을 달성하는 마케팅활동이다. 인지(cognition)효과는 인지(awareness)와 정보 또는 지식(knowledge)을 포함하는데, SNS는 사회문제에 대한 인지도를 높이고 캠페인 내용을 알리는 데 효과적으로 사용될 수 있다. 감정(emotion) 단계에서 SNS는 CSR활동을 수행하는 기업에 대한 감정적인 유대관계를 형성하는 데 기여함으로써 기업이나 제품에 대한 호의적인 태도(attitude)와 선호도(preference)를 높이는 데 도움이 된다. 마지막으로 행동(action) 단계에서 SNS는 소비자의 자발적인 참여를 유발하여 사회참여 또는 그것을 위한 구매행위를 이끌어 내는 데 효과를 발휘할 수 있다. 하게 된다.

이 외에도 SNS는 목표소비자와 시간, 공간의 제약 없이 소통이 가능하며, 선통매체와 비교하여 메시지 확산속도와 저비용의 장점이 있기 때문에 CSR마케팅의 촉진활동 효율성을 제고하는 데 기여할 수 있다. 또한 신뢰관계를 기반으로 하는 CSR기업과 소비자 간의 감정적 애착을 이끌어 내는 데에도 효과적으로 활용될 수 있다.

2) LG유플러스의 '행복한 세상 만들기' 캠페인

위와 같은 이유로 2000년대 중반 이후 많은 기업들이 SNS를 적극 활용하여 CSR 마케팅 활동을 전개하고 있다. 해외의 경우 유니레버(Unilever)의 프로젝트 선라이트 캠페인, 치폴레(Chipotle)의 허수아비(Scarecrow) 동영상과 쌍방향 게임, 이케아(IKEA)의 '원더풀 에브리데이(Wonderful Everyday)' 캠페인 등을 예로 들 수 있다. 우리나라의 경우에도 효성의 '사랑의 참치&햄', LG전자의 '사랑의 온도를 높여 주세요!', 코오롱의 '드림팩 코인 기부' 등 많은 캠페인에 SNS가 활용되었다.

수많은 사례들 가운데 SNS의 여러 가지 장점요소들을 적절히 결합하여 소비자의 공감과 자발적인 참여를 이끌어 내는 데 성공한 LG유플러스의 '행복한 세상 만들기' 캠페인을 소개하고자 한다. 2019년 한국마케팅협회가 주관한 디지털 고객만족도 조사결과에서 SNS 우수기업으로 선정된 바 있는 LG유플러스는 페이스북, 트위터, 인스타그램, 유튜브 등과 같은 다양한 SNS채널을 통하여 고객과의 감성적 소통을 성공적으로 수행하고 있는 기업이다. SNS채널들을 효과적으로 활용하여 소비자들에게 자사의 핵심 서비스는 물론 사회공헌활동에 대한 정보전달과 참여 유도를 이끌어 내는 마케팅 효과를 거두고 있는데, 특히 '행복한 나라 만들기' 캠페인은 기업의 핵심역량인 차별화된 통신기술을 활용하여 소외계층에게 실질적인 도움을 주고자 기획된 CSR캠페인이다. AI와 IoT 기술을 가장 필요로 하는 소외계층에게 서비스를 제공함으로써 생활 속 고충을 해결하고 세상과의 연결을 도와 그들의 삶의 질을 높이기 위하여 지난 2016년 시작되었다. 청각장애인, 다문화가정, 독거노인, 지체장애인, 위탁가정 아이들을 수혜대상으로 하여 생활 속 곳곳에서 실질적인 도움을 주기 위하여 AI스피커를 제공하였다. 이와 함께 LG유플러스의 AI기술이 사용되는 모습을 영상에 담아 유튜브를 통하여 온에어(on-air)함으로써 소비자들의 공감을 이끌어 냄으로써 사회 전반에 걸쳐 소외계층에 대한 관심을 제고하고 배려하는 마음을 전파하고자 하였다. 예를 들면 시각장애인 가정에 AI스피커를 전달하고, 시각장애인 전용서비스인 '소리세상'을 출시하였으며, 척수장애인협회에도 AI스피커를 보급하였으며, 시각장애인 전용 앱인 '설리번+'를 출시하여 실생활에 필요한 다양한 서비스를 제공하는 캠페인을 전개하고 있다.

캠페인 배경 및 목표

'행복한 나라 만들기' 캠페인은 '장애인, 아동, 노인 등 사회적 약자가 행복한 나라를 만들겠습니다'라는 모토 아래 LG유플러스의 기술은 사람을 향한다는 기업사명의 실천을 위하여 탄생하였다. 통신기업이 가진 핵심역량을 적절히 활용하여 모두가 함께 행복한 세상을 만들겠다는 목표에서 시작된 것이다. 즉 기술은 날로 발전하고 있지만 기술의 혜택을 받기 어렵고 일상생활에서 불편을 겪고 있는 사회적 약자층의 행복한 삶을 위하여 LG유플러스가 가지고 있는 기술력을 어떻게 활용할 수 있을까라는 고민 끝에 기획된 캠페인이라고 할 수 있다. 기본적으로 기술에 사회적 가치를 담아 사람과 사람을 연결할 수 있도록 해 주는 캠페인으로서 LG유플러스가 보유하고 있는 핵심역량, 즉 첨단 통신기술을 활용하여 장애인을 포함한 우리 사회의 여러 소외계층 소비자들의 어떻게 도움을 줄 수 있을까? 누구나 기술의 혜택을 누릴 수 있도록 소외계층과 지역사회의 아픈 곳을 돌봄으로써 기술에 소외된 사람들이 없이 우리 모두가 행복한 나라를 만들기 위하여 그들에게 필요한 것이 무엇인가? 이와 같은 질문에 대한 답을 얻기 위하여 가장 먼저 장애인의 이야기에 귀를 기울이는 데에서부터 시작되었다. 약 만 명의 장애인과 가족들을 대상으로 인터뷰와 설문조사를 실시하여 그들이 일상생활에서 불편을 겪고 있는 일들을 파악하고 도움이 되는 서비스가 무엇인지 함께 고민하였다. 그 결과 소외계층의 실생활에 도움이 되는 생활편의와 안전과 관련된 서비스가 무엇인지 도출하였고 5G, IoT, AI와 같은 혁신기술을 활용하여 소외계층의 삶의 질을 향상시킬 수 있는 서비스를 모색하였다. 이를 위하여 AI, IoT 기술이 담긴 스마트 홈 기기들을 통하여 서비스를 출시하고 실제로 사용자들의 이용후기와 일상생활 속의 불편한 부분들을 분석하여 도움을 주고자 하였다.

캠페인 구조 및 실행요소

대규모 사전조사의 결과를 토대로 하여 2018년 5월 장애인 전용 AI서비스를 시작으로 캠페인이 전개되었다(〈그림 9-10〉 참조). 전국의 시각장애인 가정에 U⁺ 우리집AI를 제공하기 시작하여 2020년 3월 현재 2000여 대가 보급되었다. 이어서 2018년 9월에는 네이버 AI 플랫폼 클로바가 적용된 U⁺ 스마트 홈 스피커를 통하여 '소리세상' 등 시각장애인 전용서비스를 제공하였으며, 같은 해 9월에는 척수장애인 300가구에 AI스피커 및 IoT 기기를 기증하여 이용활성화에 주력하였다. 이듬해인 2019년 3월에는 교통약자용 지하철정보 및 장애인 콜택시 음성호출 서비스를 제공하여 이동 시 편의를 도왔으며, 4월에는 시각장애인 전용 음성안내 앱인 '설리번+'를 출시하여 정보 접근성 향상을 지원하였다. 동시에 장애인 콜택시 이용고객 300명에게 AI스피커를 추가 보급하여 지체장애인들의 이동권을 넓히는 계기를 마련하였다.

청각장애인들은 소리가 들리지 않아 TV나 헤어드라이어를 켜 놓고 외출하는 경우가 있는데 과열로 인해 위험에 처하게 될 수 있다. 이때 IoT가 있으면 불안감을 해소해 줄 수 있고 화재를 방지해 줄 수 있으므로 생활에 꼭 필요한 기술인 것이다. 또한 지체장애

그림 9-10 시각장애인의 AI스피커 사용소감

그림 9-11 시각장애인의 AI스피커 사용소감

실제 사례

세상에 한 발 더 가까이 다가가게 해준 AI스피커

"안녕하세요, 저는 시각장애 1급 여성입니다. 서울점자도서관과 LG U$^+$를 통해 클로바를 만나게 되었습니다. 저는 평소에 도서관 앱으로 녹음도서를 즐겨 듣는 편인데요. 소리세상을 통해 소파에 앉아 쉴 때 좋아하는 책을 마음껏 들을 수 있었습니다. 목소리로 도서명을 찾고 소파에 편안하게 앉아서 좋은 음질로 책을 들으니 행복했습니다. 클로바를 통해 들으니 귀도 편하고 음질도 좋아서 정말로 만족스러웠습니다. 처음에는 작은 장난감이었던 클로바가 이제는 제 생활 깊숙이 침투해 없어서는 안 될, 꼭 필요한 존재가 되었습니다."

– 시각장애인 전용 AI스피커 사용 고객 소감 –

출처: LG 유플러스 지속가능경영보고서, 2018

인이 신체적 불편함으로 이동과 위급상황 대처에 어려움을 겪고 있는 점을 고려하여 AI스피커를 이용하여 말 한마디로 장애인 콜택시를 부르고, 외출 전 지하철 역사 내 장애인 화장실과 엘리베이터 위치를 확인할 수 있도록 도움을 준 것이다. 시각장애인들에게도 전용서비스인 '소리세상'을 제공하였으며(〈그림 9－11〉 참조), LG상남도서관 서비스인 '책 읽어주는 도서관'을 추가하였고, 시각보조 제휴 앱인 '설리번$^+$'를 소셜벤처기업과 함께 개발하였다.

장애계층에 대한 서비스의 제공과 함께 일반 소비자들과의 공감을 얻어내기 위하여 LG유플러스는 자사의 SNS계정을 통하여 서비스와 관련한 정보제공은 물론 각종 이벤트를 개최하여 소비자들의 참여를 유도하였다. 자체 페이스북 페이지와 트위터를 통하여 다양한 경품 이벤트에 댓글로 참여할 수 있도록 하였으며, LG유플러스 앱 리뷰 이벤트를 통하여 서비스 이용과 관련한 팁과 혜택을 제공하였다. 또한 2019년 11월부터는 글로벌 OTT서비스 기업인 넷플릭스와 제휴하여 넷플릭스 추천작 소개와 고객이 직접 추천작을 소개하는 이벤트도 함께 진행하였다. 이러한 노력 덕분에 LG유플러스의 페이스북과 트위터의 팔로워수는 각각 107만명, 10만 6천명을 넘어서고 있다.

메시지 확산 및 공유

위와 같은 지원활동을 널리 알리고 일반 소비자들의 공감을 이끌어 내고 장애인에 대한 사회적 관심과 동참을 제고하기 위하여 LG유플러스는 SNS를 주요 플랫폼

그림 9-12 청각장애인 윤혜령씨의 이야기를 담은 동영상 이미지

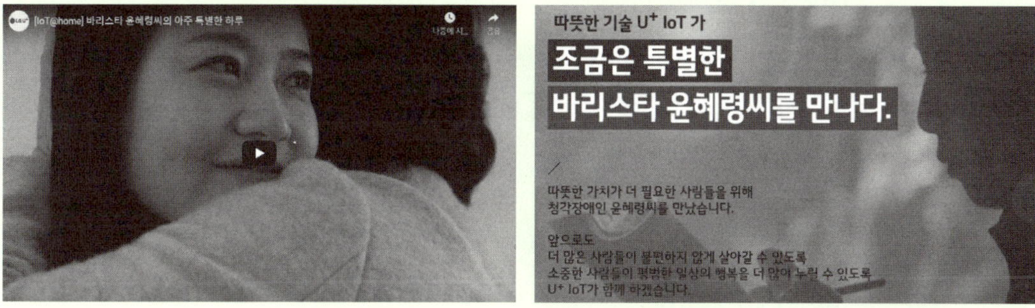

으로 활용하여 일반 소비자들과의 소통을 시작하였다. AI와 IoT가 소외계층에게 꼭 필요하며 그들의 생활 속 고충을 해결해 줌으로써 세상과의 연결을 도울 수 있다는 내용의 메시지를 개발하여 영상으로 담아 전파하였다. 2016년 2월 청각장애인 바리스타 윤혜령씨에 대한 이야기를 광고를 통하여 전달하여 우리 사회의 관심과 공감을 이끌어 내었다(〈그림 9-12〉).

2016년 7월에는 다문화가정의 이야기를 담은 유튜브 동영상 광고 '엄마의 수업'을 통하여 언어와 문화적 차이를 극복하고 행복하게 살게 된 실제 사연을 전달하였다. 이 이야기도 많은 소비자들의 호응을 불러일으켰으며, 조회수가 무려 1,000만

그림 9-13 '엄마의 수업' 인도네시아 신문 기사

OPINI PUBLIK

Mendukung Cara Baru Mengurai Kemacetan

LG Uplus Mendobrak Tembok Perbedaan Budaya

그림 9-14 '고마워, 나에게 와줘서' 광고 영상과 흰 지팡이 기부 릴레이 이미지

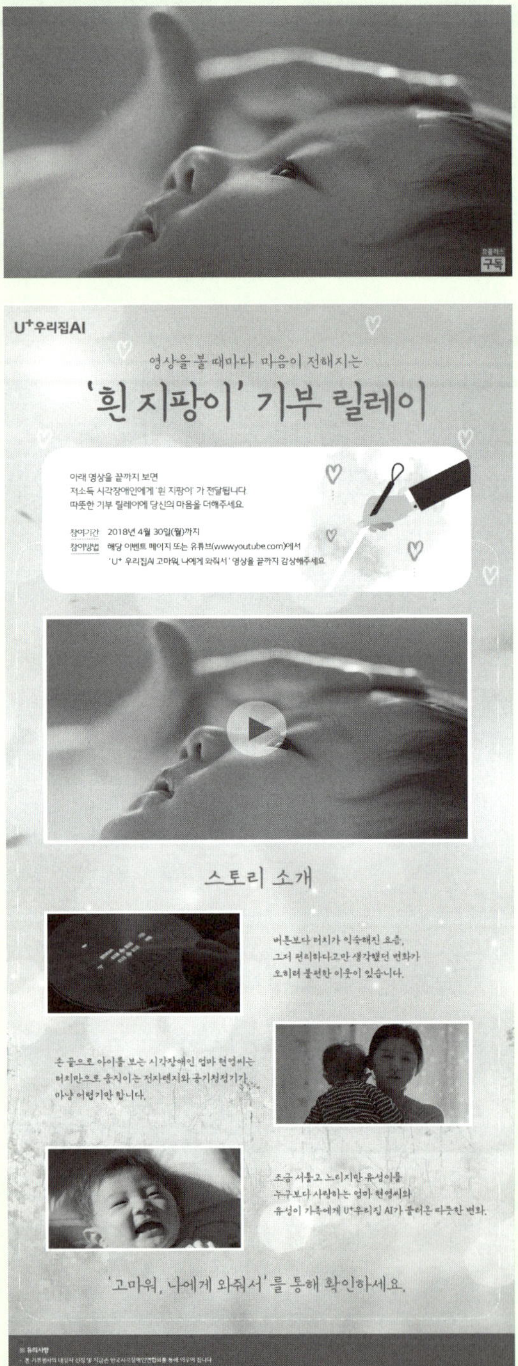

건에 이르는 성과를 거두었다. 그들의 고향인 인도네시아 현지 언론에도 소개되면서 다문화가정에 대한 우리 사회의 관심을 제고하는 계기가 되었고(〈그림 9-13〉), 많은 블로거들에 의하여 포스팅되면서 사회적인 이슈로 떠오르기도 하였다.

이어서 2016년 10월에는 독거노인 김순남 할머니의 실제 사연을 담은 '할머니의 뜨개질' 편을 통하여 우리 사회에 독거노인에 대한 관심과 사랑을 호소하였다. 역시 유튜브에 소개되어 약 1,000만 이상의 조회수를 기록하였고, 많은 사람들의 공감을 이끌어 냈다. 어르신들의 전기사용량을 모니터링하고, 큰 변화가 있을 경우 생활관리사에게 즉각 알려서 위급상황을 대비할 수 있는 내용으로서 홀몸 어르신들을 위한 IoT기술 활용법을 전달하였다.

2018년 2월에 소개된 '고마워, 나에게 와줘서' 편은 시각장애인에게 편의를 제공하는 우리집 AI를 담은 동영상으로서 디지털기업협회가 주관하는 디지털광고제인 '2018 앤어워드'에서 IT디바이스 부문 그랑프리 최고상을 수상하였고, 한국광고학회가 선정하는 '제26회 올해의 광고상', 광고주협회가 주최한 '제27회 국민이 선택한 좋은 광고상', 대한민국광고대상 동영상 부분 '금상'을 수상하였다. 유튜브 누적 조회수는 무려 1,310만 건을 넘기도 하였다. 소비자들에게 시각장애인에 대한 관심을 제고하였고, 특히 광고 동

영상을 끝까지 보면 시각장애인들의 흰 지팡이를 지원하는 아름다운 기부가 될 수 있도록 하여 직접 참여를 유도하였다(〈그림 9-14〉 참조).

2018년 9월에는 지체장애인의 손과 발이 되어주는 AI스피커와 IoT 지원 서비스를 다룬 '괜찮아 아빠가 할 수 있어'라는 동영상 광고를 통하여 7년 전 사고로 척수장애인 판정을 받은 이원준씨가 'U$^+$우리집AI'와 'U$^+$AI리모컨'을 사용하여 딸과 함께 평범한 일상 속 행복을 누리는 모습을 소개하였다(〈그림 9-15〉). 이 동영상 역시 많은 누리꾼들에게 감동을 선사하였고, 이듬해 한국광고학회가 주관한 '올해의 광고상' 그랑프리, 한국광고주협회가 선정하는 '국민이 선택한 좋은 광고상' 온라인 부문 최고상을 수상하는 성과를 거두었다. 이 캠페인의 참여를 독려하는 마이크로사이트를 네이버와 함께 개설하여 척수장애인의 어려움을 이해해보는 공감의 문제를 풀면 ID당 1회 콩 1개 지급, 500원의 매칭 기부금을 적립하였고, 스킵 없이 영상을 끝까지 확인하면 장애 이웃을 위한 1,000원의 매칭 기부금을 적립하였다.

그림 9-15 '괜찮아 아빠가 할 수 있어' 동영상 이미지

2019년 4월에는 입으로 그림을 그리는 지체장애인 구필화가 임경식 작가의 이야기를 다룬 '아버지… 당신이 웃고 있어 행복합니다' 편을 소개하였다(〈그림 9-16〉).

그림 9-16 구필화가 임경식 작가 동영상 이미지와 전시회

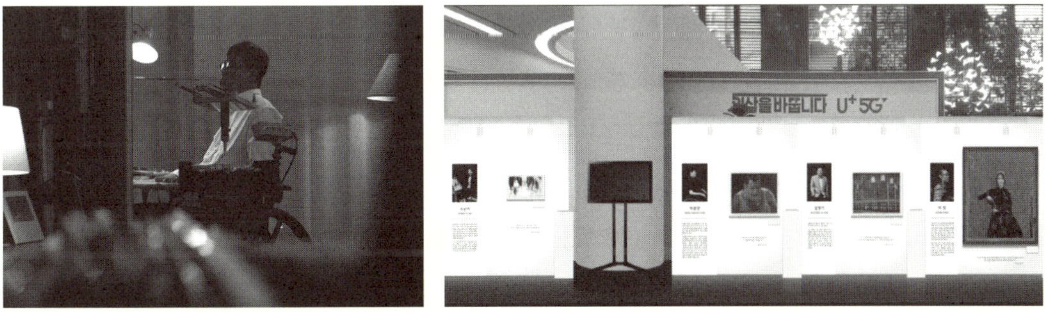

이 영상은 공개 한 달 만에 1만 3,000여 명의 응원을 받으며, 구족화가 특별전이 열리는 계기를 마련하였다. 영상에서 작가는 지체장애인을 위한 음성 명령, 교통약자용 지하철 정보 확인 AI서비스로 나이 든 아버지의 도움 없이 외출해 세상과 만난다. 이러한 장애를 가진 사람들에게 기술의 도움으로 생활하는 모습이 많은 이들의 공감을 이끌어 냈으며, 임경식 작가와 한국구족화가협회 소속 구족화가 4명 등 모두 5명이 전시회를 열기도 하였다.

캠페인 성공요인

LG유플러스의 '행복한 나라 만들기' 캠페인의 주된 성공요인을 하나만 꼽자면 역시 기업의 핵심역량을 십분 살린 사회공헌활동이라는 점일 것이다. 많은 기업들이 우리 사회의 소외계층을 대상으로 한 공헌활동을 전개하고 있지만 단순한 금전 기부나 자원봉사 형식의 활동이 대부분인 점에 비하여 '행복한 나라 만들기' 캠페인은 그들의 삶에 직접적으로 도움을 줄 수 있는 서비스를 LG유플러스가 보유하고 있는 핵심역량을 십분 활용하여 효과를 극대화할 수 있었다. 즉 자사의 기술력을 바탕으로 하여 일상의 작은 불편함을 조금이나마 줄여 줌으로써 삶의 질을 높이는 데 실질적인 기여할 수 있었다는 점이다. 앞에서 소개되었듯이 시각장애인에게 AI 스피커를 제공하여 책읽기, 소리듣기 등의 전용서비스를 제공하였고, 자기계발·취미, 가정·육아·건강, 인문·사회과학, 시나리오, 육성 도서, 기타 분야 등 12개 분야 1만 1천여 권의 음성도서를 제공함으로써 정보에 뒤처지지 않도록 도와주고 있다. 한편 지체장애인에게는 '장애인 콜택시' 서비스를 제공하였고, 재활병동에 '스마트홈'을 구축하여 거동이 불편해 집 밖에 나서는 것을 두려워하는 지체장애인에게 실질적인 혜택을 제공하였다. 스마트홈 서비스는 지체장애인뿐만 아니라 시각장애인, 척수장애인 등에게도 제공되어 요긴하게 활용되고 있다. 실례로 양산의 부산대학교병원 재활병동에 설치된 '트랜짓 하우스'라는 U⁺스마트홈 서비스는 일반 가정집과 유사한 환경으로 구성된 병실을 제공하여 환자들이 퇴원 후 집안 생활에 빠르게 적응할 수 있도록 훈련하는 곳이다. 환자들은 트랜짓 하우스 내에 설치된 IoT 멀티탭, 스위치, 간편 버튼, 홈 CCTV 등 IoT 서비스 5종, 블라인드, 공기청정기, 로봇청소기 등 제휴 IoT 가전 5종과 U⁺스마트홈 스피커를 이용하여 말 한마디로 쉽고 간편하게 스마트홈 기기와 가전제품을 제어해 볼 수 있다. 일종의 맞춤형 AI서비스라고도 할 수 있는데, 그들이 필요로 하는 도움을 적재적소에서 제공해 줌으로써 장기적으로 사회적인 공감과 참여를 이끌어 낼 수 있는 활동이라고 평가할 수 있다. 이러한 적합성 높은 유형의 캠페인은 일반 소비자들에게도 다른 기업들처럼 우리도 한다는 이른바 '보여주기식' 공헌활동이 아니라 기업의 진정성이 깃든 일관성 있는 활동으로 인식될 수 있다는 점에서 높게 평가된다.

또 다른 성공요인을 추가하자면, 단순히 AI와 IoT 서비스를 통하여 장애인들에게 직접적인 도움을 제공하는 데에서 그치지 않고 감성적인 동영상 메시지를 제작하여 사회적인 공감을 이끌어 낼 수 있었다는 점이다. '기술에 사람을 담는다'는 슬로건 아래 장애인의 디지털 불평등에 주목하여 다양한 방식으로 그들을 도울 수 있음을 제시하여 사회적인 관심과 공감을 유발하기 위하여 서비스별로 그들의 기술력이 어떻게 장애인을 도울 수 있는지와 어떠한 실질적 혜택을 제공할 수 있는지 다양한 감성적 메시지로 풀어 냈으며, 이 메시지들은 역시 공유와 확산의 플랫폼 SNS를 통하여 전파됨으로써 소비자들의 자발적인 공유와 확산, 그리고 공감을 이끌어 낼 수 있었다.

LG유플러스의 사회공헌활동은 코로나19 바이러스로 어려움을 겪고 2020년 봄에도 지속되고 있다. 큰 위기에 빠져 있는 우리나라 공연예술계를 지원하기 위하여 무관중 공연 프로젝트를 전개하고 있다. '서울연극협회', '한국뮤지컬협회', '한국공연프로듀서협회'와 연계하여 대학로 소극장 연극과 뮤지컬 등 다양한 종류의 공연을 동영상으로 제작해 주고 있으며, 이를 무료 배포하여 코로나19 시대의 공연예술 문화를 새롭게 만들어 내고 있다. 또한 교육계의 온라인 개학을 지원하기 위하여 전국 15개 교육청과 지자체에 태블릿PC 10,000대를 기증하고 태블릿이나 PC가 없어 온라인 수업 참여가 어려운 저소득층 및 다문화가정에 무상 전달케 하여 향후 지속될 디지털 교육의 격차 해소에 도움을 주고 있다.

06 SNS를 활용한 CSR마케팅 캠페인 성공사례

여러 사례를 통하여 살펴 본 것과 같이 CSR마케팅 캠페인에 SNS를 이용하는 이유는 기업의 사회공헌활동에 대한 공감을 이끌어 내고 참여를 유도하는 데 효과적이기 때문이다. SNS를 활용함으로써 기업의 CSR활동을 마치 소비자들 자신의 활동인 것처럼 '동일시'하는 효과를 높일 수 있다는 것이다. '동일시' 효과를 얻기 위하여 가장 흔히 이용되는 SNS 활용 방식은 '댓글'이나 페이스북의 '공감', '좋아요' 숫자만큼 미리 정한 기부액을 공익단체나 지원 대상에 전달하는 방식이다. 예를 들면, 세계 최대 커피 전문점인 스타벅스는 2014년 'Share you like'라는 캠페인을 통하여 자사의 페이스북 팬페이지에 '좋아요'를 클릭하면 개당 1,500원씩 총 1억 5천만 원을 지역사회나 NGO에 기부하는 활동을 펼친 바 있다. 지인들과 내용을 공유하면 추첨을 통하여 무료 음료 쿠폰을 제공하는 등 소비자들의 참여를 유도한 결과, 무려 10만 명의 소비자들이 참여하여 목표한 금액의 기부가 이루어졌다고 한다. SK텔레콤도 유사한 방식으로 SNS를 활용하여 기부 캠페인을 전개한 바 있다. 2011년 전개된 'SK텔레콤과 함께하는 행복한 소셜 기부'라고 불리는 캠페인에서는 SK텔레콤이 운영 중인 트위터, 페이스북, 미투데이 등 SNS에 매월 1건의 수혜자 사례를 소개하고 팔로워들이 남기는 응원 댓글이나 리트윗(RT) 1개 당 500원을 적립하여 기부하는 방식이 이용되었다. 팔로워가 수혜자에게 직접 기부를 원할 경우에는 캠페인에 링크된 'T투게더' 홈페이지를 통하여 레인보우 포인트나 OK캐시백 포인트, 현금, 신용카드 등 다양한 방법으로 기부가 가능하도록 진행하였다.

단순히 사회문제 혹은 도움이 필요한 이웃이나 단체에 대한 이야기를 접하고 인식하는 것에서 끝나는 것이 아니라, 기부라는 실제 참여행동을 유도하기 위하여 SNS가 갖고 있는 서비스 특성을 효과적으로 활용하고 있음을 알 수 있다. 그러나 많은 기업들이 유사한 방식의 기부 캠페인을 전개하다 보니 소비자들이 식상하게 느낄 수도 있고, 기대한 만큼의 캠페인 효과를 얻는 것도 쉽지 않다는 비판이 제기되고 있다. SNS채널들이 제각기 갖고 있는 고유한 특성을 활용하여 보다 독창성 있게 다가갈 수 있는 캠페인의 필요성이 대두된다. 이러한 점에서 유한킴벌리가 젊은 세대를 타깃으로 2014년부터 전개하고 있는 '우푸푸' 캠페인은 기존의 캠페인과는 차별적인 방식을 활용한 독창성 있는 캠페인으로 평가할 수 있다. 캠페인의 내용은 다음과 같다.

1) 유한킴벌리 '우푸푸' 캠페인

유한킴벌리는 우리 모두에게 너무나 잘 알려진 공익캠페인 '우리강산 푸르게 푸르게'가 시작된 지 30년을 맞이하여 젊은 세대가 숲과 더 친해지고, 숲과 함께하는 푸르른 일상을 즐길 수 있도록 하기 위하여 '우리청춘 푸르게 푸르게'라는 SNS기반의 CSR캠페인을 전개하였다. 숲에 대한 관심이 상대적으로 적은 젊은 층을 대상으로 2014년 시작된 이 캠페인은 SNS를 활용하여 젊은 층의 눈높이에 맞는 캠페인을 전개함으로써 그들의 자발적인 참여와 공유, 확산을 이끌어 내고자 기획된 캠페인이다. 젊은 층이 즐겨 사용하는 줄임말 형태로 '우푸푸' 캠페인이라고도 불린다. 대중매체가 아닌 블로그, 페이스북, 인스타그램 등 3개의 SNS채널(〈그림 9-17〉)을 주매체로 활용하는 동시에 다양한 오프라인 행사를 겸함으로써 20~35세의 재기발랄한 청춘들이 우리 곁의 작은 숲에서 많은 것을 알아가고, 그 가치를 통해 더 많은 것들을 이뤄갈 수 있도록 독려하는 방식으로 진행된 캠페인이다. 홍보전문지 '더피알'지에 소개된 내용을 중심으로 캠페인의 배경, 목표, 의미 등을 정리하자면 다음과 같다(더피알, 2014).

그림 9-17 '우푸푸' 캠페인의 SNS 페이지

- 우푸푸 블로그
  http://woopoopoo.net

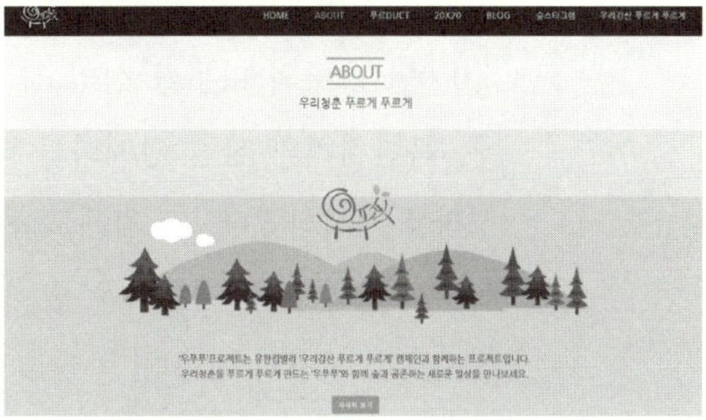

- 우푸푸 페이스북
  https://www.facebook.com/woopoopoo.net

- 우푸푸 인스타그램
  https://instagram.com/woopoopoo_net

(1) 캠페인의 배경 및 목표

'우푸푸' 캠페인은 기업이익의 사회환원이라는 창업주의 기업 경영철학과 기업 사명을 기반으로 유한킴벌리가 1984년부터 지속적으로 전개하고 있는 '우리강산 푸르게 푸르게' 캠페인의 연장선 상에서 기획된 캠페인이다. '우리강산 푸르게 푸르게' 캠페인은 우리나라의 최장수 공익캠페인으로서 지난 30년 간 '숲'을 주제로 한 다양한 활동을 전개하여 환경보호와 숲가꾸기와 관련한 사회 전반의 의식 개선과 실천행동을 이끌어 내는 데 커다란 기여를 하였다. 지금까지 우리 숲에 약 5,000만 그루의 나무를 심었고, 사막화 방지를 위하여 동북아 지역에 1,000만 그루, 북한지역의 산림 황폐화를 막기 위하여 약 1,200만 그루 이상의 나무를 심는 성과를 기록하였다. 그 외에도 신혼부부 나무심기, 여고생 그린캠프, 학교숲 조성, 녹색서울 만들기, 아름다운 숲 발굴과 같이 환경과 숲을 주제로 한 프로그램이 지속적으로 실시되고 있다.

그러나 캠페인의 장기화에 따라 소비자들이 느끼는 신선도가 떨어짐에 따라 관심도와 참여가 줄어들고 있고, 특히 우리 사회의 중심세대인 20~30대 소비자들의 관심과 참여가 저조함에 따라 캠페인에 활력을 불어넣을 수 있는 뭔가 새롭고 참신한 아이디어가 필요하게 되었다. 여기에 '우리강산 푸르게 푸르게' 30주년을 맞이하며 발표된 새로운 기업 비전인 '숲과 인간의 공존을 통한 더 나은 생활 구현'을 실천하기 위한 새로운 방안도 필요하게 되었다. 이에 따라 그동안 등한시되었던 이른바 '청춘'세대에게 다가갈 수 있는 캠페인을 기획하게 되었던 것이다. 인터넷과 SNS의 이용을 주도하는 젊은 층의 공감과 참여를 바탕으로 전체 사회로 확산될 수 있는 프로젝트로 '우리청춘 푸르게 푸르게' 캠페인이 탄생한 것이다. 캠페인을 함께 기획하고 진행한 유한킴벌리와 광고대행사 SK플래닛은 우선적으로 핵심타깃인 2035세대가 상대적으로 숲에 대한 관심이 적다는 점에 주목하여 이들에게 숲과 자연의 중요성을 인식시키고 숲과의 친밀감을 조성하는 것을 1차적인 목표로 설정하였다. 새롭게 발표된 비전에 맞추어 젊은 층과의 유대 강화를 위하여 기존의 일반적인 온라인 캠페인의 틀에서 벗어나 젊은이들이 직접 숲을 즐길 수 있는 틀을 마련하고자 하였다.

(2) 캠페인의 실행요소

실행수단으로 크게 세 가지 전술을 펼쳤다. 첫째, 페이스북, 블로그, 인스타그램 등 SNS채널을 통하여 '20대가 숲을 즐기는 20가지 방법'을 뜻하는 '20×20' 콘텐츠(〈그림 9-18〉)를 개발하여 전파하였다. 20가지 방법 중의 하나인 '숲에서 데이트하

그림 9-18 '우푸푸' 캠페인의 20대가 숲을 즐기는 20가지 방법

기'를 예로 들자면, 매일 똑같은 데이트 레퍼토리에서 벗어나 뭔가 새로운 변화가 필요하다면 숲에서 데이트를 즐기며 '여러분의 사랑을 더욱 푸르게 푸르게 가꿔보라'는 내용의 메시지를 제시하여 관심을 유도하였다. 이어서 숲에서 즐길 수 있는 구체적인 데이트 방법으로 산뜻한 공기를 맡으며 함께 조깅하기, 피크닉 도시락으로 서로의 애정 확인하기, 숲과 함께 커플 사진 찍기 등 재미있고 공감할 수 있는 내용을 전달하고 있다. 여기에 그치지 않고 서울숲, 안산자락길, 양재 시민의 숲 등 서울 주변의 데이트하기 좋은 숲을 추천까지 해주었다.

둘째, 블로그를 통하여 '가을 소풍', '인증샷 캠페인', '우푸푸 꿀잠 경연대회', '나뭇잎 셀프 화관 만들기', '올림픽 공원 출사 – 사진 잘 찍는 방법' 등 젊은 층이 재미있게 참여할 수 있는 다채로운 이벤트를 운영하였다. 예를 들면, 2016년 6월에 열린 '우푸푸 꿀잠 경연대회'(〈그림 9 – 19〉)는 시험공부, 취업준비로 밤잠을 제대로 이루지 못하는 젊은 세대에게 하루만이라도 걱정 없이 잠깐이라도 숲의 기운을 느끼면서 아주 편안하게 잘 수 있는 기회를 주자는 취지에서 개최되었다. 지원자가 4,000명을 넘을 정도로 호응이 높았고 참가자 전원에게는 숲픽, 의식 있는 팔찌, 숲을 닮은 에코백, 나무 친구 돗자리 등 '푸르DUCT'를 증정하기도 하였다. 이 행사의 일환으로 꿀잠을 자는 데 도움이 되는 아이템을 선정하는 이벤트를 함께 개최했는데, 블로그를 통하여 접수된 꿀잠 아이템 6가지(잠옷, 인형, 안대, 부채, 팩, 침낭) 중에서 가장 마음에 드는 아이템과 그 이유를 페이스북, 블로그에 댓글로 남기면 1

그림 9-19 '우푸푸 꿀잠 경연대회' 참가자들의 모습

등 참가자와 추가로 10명의 당첨자에게 선물을 증정하는 방식으로 진행되었다.

셋째, 젊은 층이 숲과 가까워질 수 있도록 도와주는 디자인 제품을 뜻하는 '푸르DUCT(푸르게+Product)'를 출시하여, 판매와 함께 젊은 층의 숲과 숲 보호에 대한 인식을 제고하고자 하였다. 푸르DUCT는 현재까지 모두 6종의 제품으로 구성되어 있다. 별도의 나무 자리가 있어 나무 바로 아래에서도 구김 없이 앉을 수 있는 '나무친구 돗자리', 나무 형태의 과일꽂이로 여러 개를 함께 꽂으면 작은 숲이 연출되는 '숲픽', 컵 홀더로 사용할 수 있는 액세서리 '의식 있는 팔찌', 휴대폰 뒤에 부착해 폰을 뒤집어 놓으면 나무를 심은 효과를 주는 휴대폰 액세서리 '스마트 트리', 펼치면 우산 안쪽에 숲 사진이 나타나는 '숲을 품은 우산', '숲을 닮은 에코백' 등 숲을 생각하는 아이디어를 담은 제품이다(〈그림 9-20〉). 이 제품들은 모두 디자인 활용도가 높은 독특한 디자인 제품들일 뿐만 아니라 숲을 꼭 닮았고, 숲을 즐기고 숲과 함께 하는 생활의 필수품이며, 숲과 대화하고, 숲을 사랑하는 마음이 담긴 제품들이다. 블로그에는 이 제품들을 제대로 활용하는 방법들도 소개하고 있다. '푸르DUCT' 제품들은 판매뿐만 아니라 이벤트를 통해 무료로 배포함으로써 20대들이 기분 좋고 재미있게 숲을 경험할 수 있도록 하였다. 제품들은 작지만 세계적으로 주목받는 디자인 업체와 협업하여 생산하고 있는데, 숲과 소통하는 소비자의 건강한 생활을 돕고, 숲과 숲 보호에 대한 사회적인 인식을 제고하는 동시에 협력업체의 수익과 제품 판매효과도 얻을 수 있는 공유가치창출 마케팅의 일종이라고도 할 수 있다.

그림 9-20 6종의 '푸르DUCT' 제품

(3) 캠페인의 의의 및 성과

'우푸푸' 캠페인은 기존의 SNS기반 CSR마케팅 활동과 차별적인 특성을 갖는다. 첫째, 기존의 공익캠페인들이 주로 사용하는 TV나 신문과 같은 대중매체를 배제하고 순전히 SNS만을 이용하여 캠페인의 가치와 소비자의 인식, 실천행동을 유발한 캠페인이라는 점에서 의의가 있다. 물론 대중매체에 비하여 SNS는 메시지의 도달력이나 사회적 영향력에서 열세일 수 있지만, 표적시장이 20~30대 젊은 층이었기 때문에 그들에게 전통매체 이상의 효과를 얻기에 부족하지 않았다. 둘째, '댓글달기'나 '리트윗', '좋아요' 등 이제는 식상해진 남들이 다 하는 방식에서 탈피하여 블로그, 트위터, 인스타그램 등 플랫폼의 특성에 맞게 SNS채널을 활용하였다는 점이다. 주력 매체인 블로그를 통하여 캠페인의 내용과 소비자들에게 필요한 정보를 집중적으로 전달하였고, 트위터를 이용하여 메시지의 공유와 확산을 이끌어 냈으며, 사진정보 공유의 장점을 갖고 있는 인스타그램을 효과적으로 활용하여 각종 이벤트를 홍보하고 소비자의 공감을 유도하였다. '우푸푸' 캠페인은 한정된 타깃층을 상대로 짧은 기간 동안 이루어진 캠페인이었지만, 유한킴벌리의 기업가치와 CSR활동의 의미를 숲을 통하여 알림으로써 젊은이들이 숲과 더욱 친해지고, 가까운 작은 숲을 자주 찾아 즐기며, 나아가 '숲과 인간의 공존'이라는 유한킴벌리의 기업 경영철학이 고스란히 배어 있는 '우리강산 푸르게 푸르게' 캠페인에 대한 지속적인 관심과 참여를 유도하는 데 부족함이 없었던 캠페인으로 평가할 수 있다.

07 사례에서 배우는 교훈

마케팅 커뮤니케이션 채널로서 SNS의 등장은 기업의 CSR마케팅 활동에 매력적인 기회인 동시에 위협요인일 수도 있다. 현대자동차 '기프트' 캠페인이나 유한킴벌리의 '우푸푸' 캠페인과 같이 SNS채널들이 갖고 있는 차별적인 장점요소를 극대화한다면 기존의 그저 그런 캠페인에서 달성하기 힘든 커뮤니케이션 효과를 얻을 수 있는 반면, 그렇지 못할 경우에는 캠페인의 효과를 기대하기 어려운 것은 물론 경쟁상황에서 뒤처지는 결과가 초래될 수 있기 때문이다. 누구나 다 하니까 나도 한다는 식의 무분별한 활용보다는 경쟁상황 및 마케팅 목표에 부합하는 적절한 SNS의 활용이 성공의 열쇠이다. 그렇다면 CSR마케팅에서 SNS는 어떻게 활용하는 것이 효과적인가? 캠페인의 목표 또는 커뮤니케이션 목표에 따라 다음의 네 가지 방식으로 활용할 수 있다.

첫째, 사회문제에 대한 정보전달, 인식 제고 및 확산을 위한 소비자와의 소통창구로서 활용하는 것이다. 블로그의 정보전달력, 트위터의 즉시성(real-time), 페이스북의 공감효과, 유튜브의 콘텐츠 전파효과 등을 메시지 특성에 맞게 적절히 활용한다면 소통의 효과를 높일 수 있다는 것이다. 많은 양의 텍스트 정보는 블로그를 통하여 전달하는 것이 효과적일 것이고, 한정된 시간에 단문 형식의 짧은 메시지를 전파하고자 할 때는 트위터가 적합하다고 할 수 있다. 오락적 요소가 가미되거나 흥미를 유발할 수 있는 동영상 정보는 유튜브가 제격이며, '당신만을 위한' 메시지는 페이스북을 통하여 전달되는 것이 효과적이다. 단순한 정보보다는 테마와 감동이 있는 스토리를 창조하여 소비자의 몰입(engagement)을 이끌어 낼 수 있다면 효과가 배가될 수 있다.

둘째, 캠페인이 요소로서 소비자의 직접참여를 높이기 위하여 개최하는 이벤트나 각종 프로모션 활동의 도구로 활용될 수 있다. '우푸푸' 캠페인에서는 많은 소비자들이 '꿀잠자기 경연대회'와 같은 이벤트에 참여할 수 있도록 블로그의 정보 확산성을 적절히 활용하여 홍보하였고, SK텔레콤의 '행복한 소셜기부' 캠페인에서는 기부 참여를 활성화하기 위하여 사례마다 트위터와 미투데이에 사연을 남기게 하여 추첨을 통하여 기프티콘을 제공하는 이벤트를 진행하였다. 또한 소셜기부 홈페이지에 공부방 어린이들에 대한 격려 댓글을 남기면 댓글 10개 당 공부방 아동 1명을 후원하는 방식으로 우리나라 최초의 기부 캠페인을 전개하였던 'CJ도너스캠프'의 경우에도 나눔알리기라는 프로그램을 실시하여 SNS를 통하여 3,000명 이상과 사연을 나누면 CJ가 3,000명의 어린이들에게 추석음식을 제공하는 방식을 활용하였다. IBK의 '참 좋은 기부' 캠페인에서도 SNS를 통하여 기부 내용을 공유하면 'wing'이라는 기부 아이템을 적립받을 수 있는 프로그램을 운영하였다.

셋째, 직접적인 사회문제 참여행위를 창출하는 수단으로서 활용이다. 댓글, RT, 좋아요 등 앞에서 소개한 대부분의 사례에 해당된다고 할 수 있다.

넷째, 소비자와의 감정적 애착을 형성하고 강화하는 도구로서 활용할 수 있다. 15초짜리 TV광고에 우연히 노출되는 것과 관심 있는 기업의 의미 있는 CSR활동에 노출되거나 손쉽게 동참하는 것은 커뮤니케이션 효과에서 커다란 차이가 있다. 소비자들이 처한 장소, 시간, 상황 등에 맞는 맞춤형 서비스나 정보를 제공한다면 그들이 SNS 이용을 통하여 얻고자 하는 핵심가치인 누군가와의 소통, 연결, 애착본능을 만족시킬 수 있고, 감정적 유대관계도 형성할 수 있을 것이다. 트위터의 'Points of interest' 서비스가 대표적인 예라고 하겠다.

키워드(Keywords)

- SNS(Social Networking Services)
- SNS의 개념 및 특성
- SNS의 유형
- 마케팅 도구로서의 SNS의 특성
- SNS 마케팅 활용방안

생각해 볼 문제(Review Questions)

- 마케팅 커뮤니케이션 도구로서 SNS의 특성은 무엇인가?
- 커뮤니케이션 채널로서 전통매체와 비교하여 SNS가 갖고 있는 장점은 무엇인가?
- 기업의 마케팅활동에 널리 이용되고 있는 SNS에는 어떤 것들이 있는가?
- 페이스북, 트위터, 유튜브, 블로그는 어떤 방식으로 마케팅에 활용할 수 있는가?
- CSR마케팅 활동의 수단으로서 SNS의 활용방안에 대하여 생각해 보자.
- LG유플러스의 '행복한 나라 만들기' 캠페인의 성공요인은 무엇인가?
- SNS를 활용한 CSR마케팅의 성공사례를 통하여 얻을 수 있는 전략적 시사점은 무엇이 있는가?

참고문헌

더피알 (2014). [케이스스터디] 유한킴벌리 '우푸푸' 캠페인.

DMC미디어 (2010). SNS에 대한 사용자 의식조사 보고서. www.dmcreport.co.kr

DMC미디어 (2015). 2015년 디지털 소비자 및 한국인의 디지털 라이프스타일 분석 보고서. www.dmcreport.co.kr

모비인사이드 (2015). 대한민국 SNS 이용현황. www.mobiinside.com/kr/index.php/2015/04/15/korea-sns/

안대천, 김상훈 (2012). SNS유형별 광고속성 평가 및 태도에 관한 연구: 블로그,트위터, 페이스북, 유튜브의 비교, 광고학연구, 23(3), 53~84.

LG유플러스 (2018). 지속가능경영보고서.

우푸푸 홈페이지 (2016). http://woopoopoo.net/

한국인터넷진흥원 (2016). 2015년 인터넷이용실태조사 최종보고서.

Boyd, D. & Ellison, N. (2008). Social Network Sites: Definition, History, and Scholarship. *Journal of Computer-Mediated Communication*, 13(1), 210-230.

Dave Chaffey (2016). *Global Social Media Research Summary 2016*.

www.smartinsights.com

Sustainly (2016). The 6th Annual Social Media Sustainability Index. https://sustainly.com/

Chapter 10

CSR마케팅의 현재와 미래

01 우리나라 기업들의 CSR활동 현황

02 CSR마케팅 활동의 미래

03 위기를 기회로 만드는 경제불황기의 CSR마케팅

학습 목표

2008년 미국발 금융위기 이후 세계적인 경기침체가 계속되고 있다. 새로운 투자처를 찾지 못하고 쌓여만 가는 기업의 유보금, 청년실업의 지속, 수출둔화, 저성장 기조 등 우리나라 경제도 좀처럼 불황에서 회복할 기미가 보이지 않는다. 엎친 데 덮친 격으로 2020년 코로나19 사태가 지구촌을 강타하였다. 너무나도 좋지 못한 상황에서 기업의 CSR마케팅 활동은 지속되어야 하는가? 만약 그렇다면 어떤 방향으로 나아가야 하는가? 이 두 가지 문제에 대한 답을 구하기 위하여 이번 장에서는 최근 우리나라 CSR활동의 동향과 경제불황기의 CSR을 기회로 활용하기 위한 미래형 CSR마케팅 활동의 방향을 짚어 보고자 한다. 크게 진정성, CEO의 인식전환, 공유가치 창출, 그리고 Z세대에 대한 주목 등 네 가지 주제를 중심으로 살펴보기로 한다.

2008년 금리 인상을 시작으로 미국의 부동산 버블이 붕괴되고 서브프라임 모기지 사태가 일어나면서 리먼 브라더스의 파산과 매릴린치의 매각으로 서막을 알린 세계적인 불황은 아직도 지속되고 있다. 자본주의 시장경제의 틀을 근본적으로 뒤흔든 글로벌 경제위기로 인하여 국내외 경제의 저성장, 저금리 기조가 고착화되는 소위 '뉴노멀(New Normal)' 시대가 본격화되고 있다. 대공황까지 우려되던 글로벌 경제위기가 각국 정부의 대규모 유동성 투입과 경기부양책, 그리고 중국 등 신흥시장 경제의 선전 덕에 최악의 상황은 면했지만, 유럽 및 일본 경제의 저성장 기조는 수년간 지속될 전망이다. 여기에 2020년 전세계를 뒤덮은 신종 코로나 바이러스 감염증의 확산에 따라 세계 경제가 장기 침체 가능성에 대비해야 하는 상황으로 악화되고 있다. 각국 정부가 내놓는 경기부양책의 효과도 예상되기는 하지만 코로나 재확산 우려로 봉쇄(lockdown)와 경제활동 재개(reopen)가 지속적으로 반복되고 있다. 이러한 상황에서 최근 기업의 CSR활동은 어떠한 모습으로 전개되고 있으며 향후에는 어떠한 방향으로 나아가야 하는가? 답을 구하기 쉽지 않은 문제이지만 우리나라 기업들의 최근 CSR활동의 추세를 살펴보고, 학계와 업계에서 논의되고 있는 내용을 중심으로 저성장 시대의 CSR마케팅이 나아가야 할 방향을 가늠해 본다.

01 우리나라 기업들의 CSR활동 현황

1) CSR활동 지출규모

최근 최악의 실적 부진을 겪고 있음에도 불구하고 우리나라 기업들은 사회공헌활동을 지속적으로 수행하고 있다. 전국경제인연합회가 발표한 '기업의 사회적 가치 보고서'에 의하면(전국경제인연합회, 2018), 기업들이 CSR활동에 투여한 총비용은 2016년에 잠시 주춤한 것을 제외하면 2014년 이후 5년간 꾸준히 유지 또는 증가하고 있으며, 2019년에 약 2조 6,060억 원을 지출한 것으로 나타났다. 일반적으로 기업의 사회공헌활동 지출규모는 대내외 경제상황이나 기업실적에 영향을 받아 왔고, 특히 2019~20년에는 미국과 중국 간의 무역분쟁, 수출감소, 코로나 바이러스 확산 등으로 인하여 경제여건이 악화되면서 사회공헌활동도 전반적으로 위축될 것이라는 예측도 있었지만 대부분의 기업들이 경영실적과는 무관하게 CSR활동 예산을 유지 또는 확대하고 있는 것으로 나타났다. 조선일보 더나은미래가 국내 상위 10대 그룹을 대상으로 실시한 2020년 사회공헌활동 소사에 의하면, 대부분의 기업들이 경영실적과는 무관하게 CSR 예산을 유지 또는 확대할 계획인 것으로 나타났다(〈그림 10-2〉). 기업의 사회적 책임이 더욱 강조되는 상황에서 경영실적에 따라 사회공헌 예산을 줄이는 것이 시대적 흐름에 맞지 않는다는 판단을 한 것으로 볼 수 있다. 한편 2013년 이후 5년 간 CSR활동 지출규모를 분야별로 살펴보면 〈표 10-1〉에 정리된 것과 같이 '취약계층 지원'에 37.6%의 예산이 사용되었으며, 이어서 '교육, 학교, 학술' 활동에 대한 지원이 14.7%, '문화예술, 체육' 분야에 11.0%, '창업지원'에 10.9%의 예산이 사용된 것으로 나타났다.

그림 10-1 우리나라 기업의 CSR활동 지출 규모

최근 5년간 기업 사회공헌 지출 규모

(지출 총액/조사 기업 수)

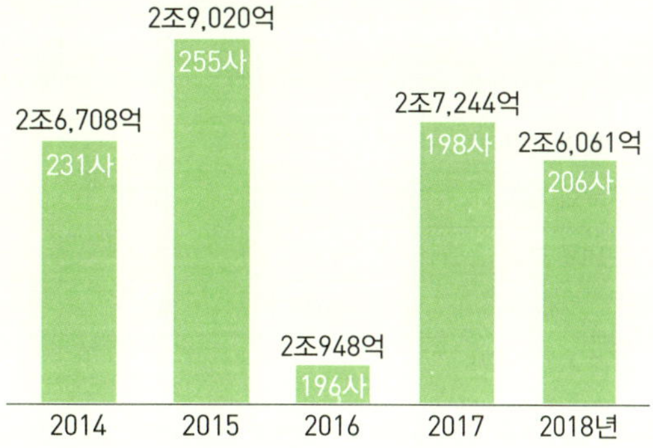

출처: 전국경제인연합회

그림 10-2 2020년도 우리나라 10대 기업 CSR활동 전망

국내 10대 그룹 사회공헌 현황

※ 공정거래위원회 기업집단 매출액 기준

기업	향후 관심 분야	2020년 신설 예정 사업	최장수 사회공헌 프로그램	내년 예산 전망
삼성	미응답	미응답	미응답	미응답
현대자동차	❶ 사회적경제조직·창업생태계 지원 ❷ 해외지원 ❸ 환경보전	3개 이상	2008년 해피무브 글로벌 청년봉사단	유지
SK	❶ 사회적경제조직·창업생태계 지원 ❷ 교육·학교·학술 ❸ 취약계층 지원	3개 이상	1973년 장학퀴즈	유지
LG	❶ 취약계층 지원 ❷ 교육·학교·학술 ❸ 사회적경제조직·창업생태계 지원	3개 이상	1995년 저신장 아동 유트로핀 지원사업	유지
롯데	❶ 취약계층 지원 ❷ 문화예술·체육 ❸ 해외지원	2개	2013년 mom편한 공동육아 나눔터	유지
포스코	❶ 취약계층 지원 ❷ 교육·학교·학술 ❸ 문화예술·체육	2개	1988년 자매마을 활동	유지
한화	❶ 인재 육성 ❷ 사회적 경제조직·창업생태계 지원 ❸ 취약계층 지원	3개 이상	2000년 사랑의 점자달력, 교향악축제 지원	유지
GS	❶ 취약계층 지원 ❷ 의료보건 ❸ 사회적경제조직·창업생태계 지원	3개 이상	2013년 저소득층 교복 지원	유지
농협	❶ 농업·농촌 ❷ 교육·학교·학술 ❸ 취약계층 지원	3개 이상	1995년 농업인 무료법률구조사업	확대
현대중공업	❶ 교육·학교·학술 ❷ 문화예술·체육 ❸ 취약계층 지원	1개	1991년 사랑의 김장 담그기	유지

표 10-1 우리나라 기업의 분야별 CSR활동 지출 비율 (단위: %)

	2013	2014	2015	2016	2017	2018
취약계층 지원	33.9	29.5	33.5	41.2	31.3	37.6
교육, 학교, 학술	23.7	18.2	17.5	21.9	13.1	14.7
문화예술 및 체육	12.7	15.3	16.4	20.5	21.6	11.0
환경 보건	1.4	4.1	3.7	1.2	1.3	0.9
해외 지원	6.5	1.7	1.3	3.0	1.9	1.5
의료 보건	0.8	1.1	1.6	0.4	9.4	0.4
기타	21.0	30.1	26.0	11.8	21.4	23.0
창업 지원(신규)	–	–	–	–	–	10.9

2) CSR활동의 내용적 특성

전국경제인연합회가 발표한 우리나라 주요 기업들의 사회적 가치 보고서(2019)에 의하면, 우리나라 기업들의 사회공헌활동의 특징은 'UPGRADE'라고 요약할 수 있다. 장기간에 걸쳐 CSR활동을 추진하면서 축적된 노하우를 기반으로 활동의 질적인 업그레이드(Upgrade)와 사회적 가치 창출의 확대를 위하여 다양한 고민을 지속하고 있음을 알 수 있다. 'UPGRADE'의 구체적 내용을 요약하자면 다음의 〈표 10-2〉와 같다.

첫째, 'U'는 글로벌 기업시민으로서 UN이 제시한 지속가능한 발전을 위한 국제적인 약속(Sustainable Development Goals: UN SDGs)의 앞글자이다. 즉 UN이 제시한 지속가능한 발전을 위한 국제적인 약속의 취지에 맞는 경영활동과 사회공헌 사업을 활발하게 추진한다는 것이다. 자사의 지속가능경영 보고서와 홈페이지 등에 UN SDGs를 소개하고, 사업특성을 고려하여 연관성이 높은 사회적 가치 창출 활동을 전개한다는 것이다. 대표적인 예로 아모레퍼시픽의 '뷰티 인사이드'를 들 수 있다.

둘째는 P로서 'Problem-solving'을 의미한다. 기업이 보유하고 있는 역량을 활용하여 사회문제의 해결에 기여하고, 다양한 주체들이 사회문제의 해결을 위하여 아이디어를 제안하고 실행할 수 있는 플랫폼을 구축하는 것이다. 복합적인 사회문제를 해결하기 위하여 분야별, 시기별로 기업의 보유역량을 활용하는 CSR활동은 이

표 10-2 우리나라 기업 CSR활동의 특징–'UPGRADE'

구분		특징
U	UN SDGs(지속가능발전목표)	UN의 지속가능발전목표를 지지하고 자사 활동에 연계
P	Problem-solving(문제해결)	사회문제 해결을 위하여 고민하고 지역사회에 공헌
G	Green(친환경)	환경친화적 경영 및 관련 활동 추진
R	Relationship(관계개선)	지역사회 및 협력사 등 이해관계자 관계개선 지향
A	Analysis(가치분석)	사회적 가치 창출 효과에 대한 다면적 분석 시도
D	Donation(기부)	다양한 기부 플랫폼 마련과 활발한 물적, 인적자원 기부
E	Education(교육)	미래 인재 양성을 위한 교육 사회공헌활동 지속 및 다양화

출처: 2019 주요 기업의 사회적 가치 보고서, 전국경제인연합회, 2019.

미 대세로 자리잡고 있는데, 대표적인 사례로 BGF리테일의 '아이 CU'를 들 수 있다. 아동, 지적장애인, 치매환자들의 실종 문제를 해결하기 위하여 지역사회의 안전망을 구축하는 활동이다. 전국의 CU편의점 13,500여 개소를 거점으로 하여 미아 예방 또는 미아 찾기 네트워크를 구축하여 지점의 POS를 통하여 신고접수를 받고 실시간으로 안전하게 인계하는 활동이다.

셋째는 환경을 의미하는 Green의 G이다. 그동안 지속적으로 전개해 오던 환경보전 및 정화 활동뿐만 아니라 건강한 사회를 위한 친환경 경영, 환경성 질환 예방, 환경 교육 등의 활동을 포함한다. 기업활동이 야기하는 환경영향 요소들, 에너지, 용수, 온실가스, 폐기물, 대기/수질/토양오염, 소음 관련 문제 해결 및 자원재활용 확대 등이 해당된다. CJ제일제당의 '햇반가드닝' 캠페인이 좋은 예이다. 생활폐기물을 저감하여 환경보호를 실천하고 임직원들의 환경인식을 개선하는 것을 목적으로 하는 캠페인으로서 자사 제품 사용 후 발생하는 용기폐기물을 회수하고, 용기 및 폐목재를 활용하여 화분을 만들거나, 햇반가드닝으로 세삭한 수식 목재 정원을 지역아동센터에 기부하고 있다.

넷째는 기업의 다양한 이해관계자들과의 관계(Relationship)에서 따온 R이다. 지역사회, 소비자, 협력사, 비영리 단체등 다양한 이해관계자와 소통하고 상생하는 생태계를 구축하기 위하여 그들과의 관계지향적 CSR활동을 활발히 추진하고 있다. 예를 들면, 지역사회 밀착형 CSR활동을 하는 기업으로 신한카드를 들 수 있다.

'을지로 3가 프로젝트'를 통하여 신한카드 본사가 위치한 지역사회의 발전과 상생을 모색하는 것을 목적으로 하는 캠페인이다. 을지로 3가 일대를 다양한 테마별로 정리한 컬처맵을 제작하여 배포하거나, 을지로 3가에 위치한 시립서울청소년수련관 환경개선사업을 실시하고, 지역주민 및 인근 직장인을 위한 편의공간(북카페 등)을 마련하고 있다.

다섯째는 가치분석을 의미하는 Analysis에서 따온 A이다. 기업의 사회공헌활동의 목표와 추진전략에 따른 사업성과를 면밀히 분석하고 정량적, 정성적인 가치창출 성과를 도출하여 이해관계자와 공유하는 것을 말한다. CSR활동의 효과 측정과 개선점 모색을 위하여 평가지표를 마련하거나 제3자의 평가를 참고하여 효과를 실증적으로 분석하는 것이다. 두산인프라코어의 '2018 Sustainable Value Creation 측정'이 대표적인 예라고 할 수 있다.

다음은 기부를 의미하는 Donation의 D이다. 임직원들의 기부활동을 권장하고 기부자의 선택권을 존중하는 사내제도와 실제 기부를 실행할 수 있는 공개 플랫폼을 마련하거나, 다양한 영역과 조직에 대한 물적, 인적자원의 기부활동을 말한다. 임직원들의 기부금에 맞춘 기업의 매칭 그랜트, 가맹점주/소비자/일반시민의 기부활동을 지원하는 온/오프라인 플랫폼 제공을 통하여 기부문화의 확산을 꾀하는 활동을 포함한다. 카카오의 '카카오같이가치'가 좋은 사례이다. 온라인 상에 많은 사람들이 일상적으로 공익활동에 참여할 수 있는 플랫폼을 제공하고, 소비자들이 다양한 공익캠페인에 접하고 모금함에 응원하거나 공유할 때마다 카카오가 100원씩 대신 기부하거나 시간 기부, 공익증진 서비스와 연계하는 방식이다.

마지막은 교육(Education)의 E이다. 미래인재의 양성을 지원하는 활동은 가장 오랫동안 기업이 주력해 온 분야로서 기업의 전문성과 개성을 살린 프로그램을 통하여 교육사업을 꾸준히 추진하고 있다. 그동안 추진해 온 교육분야 사회공헌사업의 정체성을 확립하거나 고유의 네이밍으로 브랜드화, 또는 리뉴얼하거나, 대상자를 세분화한 맞춤형 프로그램을 새롭게 설계하고 접근하고 있다. 교육시설, 도서, 교구, 용품 등 하드웨어의 지원은 물론 임직원의 프로보노 활동, 지자체, 비영리단체, 해외국가와 협력한 프로그램을 운영하는 등 소프트웨어의 지원도 복합적이고 다방면으로 이루어지고 있다. 포스코ICT의 '유튜브 크리에이터 양성 프로그램'을 최근의 대표적인 사례로 들 수 있다. 있다. 직업적 경제활동의 블루오션으로 각광

받고 있는 유튜브 크리에이터의 양성을 통하여 장애청소년의 잠재력을 발굴하기 위한 프로그램이다. 현대모비스의 '어린이 양궁교실' 프로그램은 우리나라 어린이 양궁 인재 육성을 위하여 자사 양궁단의 전·현직 선수들이 재능기부에 참여하거나 어린이 양궁 체험교실을 운영, 지원하고 있다.

CSR마케팅 활동의 미래

02

1) 진정성 있는 CSR마케팅

지속가능경영과 사회공헌을 위하여 노력하고 주주, 종업원, 소비자, 협력업체 등 다양한 이해관계자에게 그 성과를 밝힘으로써 돈독한 신뢰관계를 구축하기 위하여 기업은 지속가능경영 보고서를 발간한다. 재무성과를 위주로 한 연례보고서는 장기적인 수익성과 성장성, 즉 '지속가능성'을 보여주기에는 부족하기 때문에 UN의 협력단체인 GRI(Global Reporting Initiative)의 지침에 맞춰 경제적 성과와 함께 환경적, 사회적 성과 및 기업지배구조에 관한 정보를 담아 공개하고 있다. 예를 들면, 환경오염 사고 등을 막기 위해 기업이 어떤 노력을 기울이고 있는지, 환경친화적인 공정을 채택한 성과가 있는지 등을 보고하거나, 직원들의 부패, 직장 내 차별, 불량품 생산 등 기업경영활동과 직접적인 관련이 있는 사회문제 등을 방지하기 위해서 어떤 노력을 하고 있고, 어떤 성과를 거두고 있는지 등을 적시한다. 또한 지배구조와 관련하여 계열사 간 지분관계나 투명한 자금거래 체제를 구축하고 있는지 공개하고 있다. 이러한 지속가능경영 보고서를 발간하는 기업의 수가 2012년 117개, 2013년 103개, 2014년 91개, 2015년 76개로 지속적으로 감소하고 있다. 이해관계자와의 소통, 투명성을 위하여 CSR의 기본임에도 불구하고 지속가능경영 보고서를 발간하지 않거나 콘텐츠 없이 사진만 붙여 발간하는 기업이 늘고 있는 것이다. 기업의 CSR활동이 뒷걸음질치고 있는 것이다.

또한 역대 최악으로 기억될 폭스바겐의 배출가스 조작 및 불법행위 사건에서 볼 수 있듯이 아무리 경영성과가 좋은 기업이라고 하더라도 사회적인 물의를 일으키거나 환경을 오염시켜 이미지가 훼손되고 매출이 급감하는 사례가 적지 않게 발생하고 있다. 인터브랜드가 평가하는 글로벌 브랜드 가치 순위에서 매년 세계 30위권을 유지하던 파워브랜드 폭스바겐은 특히 환경 분야에서 눈에 띄는 CSR활동을 전개하여 시장의 호평을 받던 기업이었지만 모든 게 거짓으로 밝혀지면서 한 순간에 신뢰를 잃고 말았다. 우리나라에서도 CSR을 홍보수단으로 어설프게 포장하는 이른바 '그린워싱(green washing)'의 폐해가 적잖이 드러나고 있다. 비교적 모범적으로 CSR활동을 전개하고 있다는 평가를 받고 있는 모 재벌기업도 관계사의 청년인턴 투신자살, 담합에 따른 공정위 과징금, 불법 리베이트 사건 등으로 빛이 바래고 있고, 모범적인 CSR기업을 상징하는 지표라고 할 수 있는 유엔글로벌콤팩트(UNGC)에 가입하지 않아 따가운 눈총을 받는 재벌기업도 있다.

이러한 현상들은 장기적인 불황과 저성장 기조 속에서 특히 CSR활동의 진정성이 결여된 데서 비롯된 것이라고 볼 수 있다. 진정성이란 사전적으로 '사실에 근거한 것', '본질적으로 진실한 것' 등을 의미한다. 비진정성이 다른 사람들과의 관계에서 진정한 자아를 숨기고 거짓된 행동을 보여주는 것을 말한다면, 진정성은 복제나 유사성에 대응되는 의미로서, 진정한 자아 그 자체를 말한다. 심리학에서는 진정성을 '내면상태와 행동의 일치'라고도 정의하고 있다. 따라서 진정성이란 '의무감이나 책임감이 아니라 상대를 위하여 진심으로 배려하는 마음에서 행위를 수행하는 것'이라고 할 수 있다. CSR활동의 진정성은 기업이 사회와 환경문제의 해결을 위하여 진심에서 우러나는 사회공헌활동을 하고 있는지에 관한 것이다. 다시 말하면, 다른 목적(동기)을 배제하고 순수하게 사회문제의 해결이라는 동기에 의하여 수행되는 활동인지에 대한 것이다. 이것이 결여됐다고 하는 것은 일종의 '꼬드김'이라고도 할 수 있는데, 영리해진 소비자들은 더 이상 그러한 꼬드김보다는 진정성이 담긴 CSR활동을 원하고 있다. 특히 우리나라 소비자들은 심리적으로 대기업에 대한 부정적인 정서가 팽배해 있기 때문에 CSR활동에 담긴 기업의 진정성에 대한 의구심이 높은 편이라고 할 수 있다.

학계의 다양한 연구들에 의하면, 기업 CSR활동의 진정성은 CSR활동에 대한 소비자들의 전반적인 인식과 효과에 영향을 미치고 있음을 알 수 있다(Becker-Olson et al., 2005; Webb et al., 2006; Menon & Kahn, 2003; 구윤희 외, 2015; 안대천 외, 2019). 진정성은 또한 기업이 윤리경영을 제대로 실천하고 있는지에 대한 이해관계자들의 평가에도 영향을 미치고 있다(Liedtka, 2007). 중요한 것은 마케팅 효과 측면에서도 CSR활동의 진정성이 매우 중요한 요인으로 작용한다는 점이다. 앞 장에서 살펴 본 바와 같이 최근 들어 기업의 브랜드 관리는 브랜드의 감정적, 상징적 의미에 초점이 맞춰지고 있고, 소비자와의 감정적 유대관계 구축에 있어서 CSR마케팅 활동의 역할이 중시되고 있다(Greyser, 2009). 따라서 CSR활동의 진정성에 대한 소비자들의 인식은 기업이나 브랜드의 감정적, 상징적 이미지 구축에 결정적인 역할을 할 수 있다는 것이다. 호텔이나 공항과 같은 서비스의 접점에서 소비자들이 원하는 것은 진정성 있는 서비스인 것처럼, 하루 일상생활에서 수백, 수천 개의 상업용 메시지에 접하게 되는 현대의 소비자들이 찾는 것은 진정성이 느껴지는 기업의 메시지일 것이다. 내면에서 우러나는 진정함이 보일 때 비로소 차별화된 CSR활동으로 인식하게 되며, 평가도 긍정적이기 때문이다. 소비자와 사회를 진정으로 배려하는 따뜻한 마음을 느낄 수 있을 때 기업과 브랜드에 대한 호의적 감정과 평가가 이루어지기 때문에 진정성 있는 CSR활동은 경쟁우위를 점하는 데 중요한 역할을 하게 된다. 세계적으로 기업에 대한 의구심이 많은 국민성을 가진 것으로 알려진 칠레의 경우, 소비자들이 느끼는 CSR활동의 진정성은 성공과 실패를 결정하는 중요한 요인으로 입증되기도 하였다(Beckman et al., 2009). 대기업에 대한 부정적인 정서가 팽배한 한국에서도 CSR활동의 진정성은 CSR활동 자체에 대한 전반적인 인식은 물론 긍정적인 기업이미지를 형성하는 데 매우 중요한 요인이 될 것이다.

그렇다면 CSR활동의 진정성은 구체적으로 무엇을 의미하는가? 그리고 CSR마케팅 활동을 통하여 어떻게 소비자들에게 전달할 수 있는가? 실무에 그대로 적용시키기에는 무리가 있을 수 있지만 진정성의 개념적 의미를 체계적으로 파악하고, 시사점을 얻기 위하여 학계의 논의를 중심으로 소개하고자 한다. 실제로 CSR활동의 진정성, 즉 기업이 사회와 환경문제의 해결을 위하여 진심에서 우러나는 사회공헌활동을 하고 있는지를 소비자가 외부에서 평가하기란 쉽지 않은 일이다. 따라서 여러 가지 단서에 의존하여 판단하게 되는데, 그러한 단서로는 CSR활동 동기의 순수성, 기업의 핵심역량과의 적합성, CSR캠페인의 일관성 등을 들 수 있다(〈그림 10-3〉). 이 외에도 다른 기업의

그림 10-3 CSR캠페인의 진정성 요인

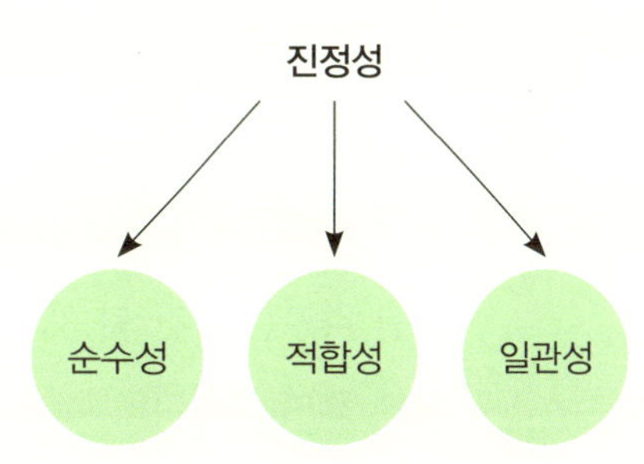

CSR활동과의 차별성이나 소비자와 기업 간의 친밀성도 진정성 판단에 영향을 줄 수 있지만 직접적인 영향은 그리 높지 않아 보인다. 따라서 순수성, 적합성, 일관성 등 세 가지 요인을 중심으로 개념적 의미와 적용 사례 등을 살펴보고자 한다.

순수성

대부분의 소비자들은 기업이 이윤추구를 최우선으로 하는 조직이기 때문에 사회공헌이라는 순수한 동기를 갖고 CSR활동을 수행하는 것으로 믿지 않는 경향이 있다. 세금을 감면받거나 판매를 증진시키는 등 다른 의도가 있을 것이라고 생각하게 된다. 순수성은 CSR활동의 의도나 동기가 무엇인가를 파악하는 추론과정을 통하여 파악되는데, 소비자들은 CSR활동이 상업적 의도가 높다고 추론되면 순수성이 낮은 것으로 판단하여 부정적인 반응을 보이는 반면, 상업적 의도가 낮다고 추론될 경우에는 긍정적인 평가를 하게 된다(Becker-Olson et al., 2005). 예를 들면, CSR활동 자체보다 광고나 홍보에 더 많은 비용을 지출하거나, 사회문제를 앞세워 관련 제품의 판매에 더 열을 올릴 경우, 순수성이 낮은 것으로 받아들여지기 때문에 오히려 부정적인 결과를 초래할 수 있다는 것이다(이한준·박종철, 2010). 따라서 기업이 어떠한 목적(동기)을 가지고 CSR활동을 수행하는가에 대한 소비자의 인식에 따라 CSR활동의 결과는 많은 차이를 보이게 된다. 그러나 CSR활동 동기의 순수성에 대한 추론은 항상 이루어지는 것은 아니고, CSR활동의 규모나 빈도, 대상, 또는 상황적 특성(예: 기업과 관련된 특정 사건 직후 CSR활동 전개)에 따라 달라진다. 이타적인 동기로 해석하느냐, 아니면 기업의 자기중심적인 동기로 해석하느냐에 따라 양면(긍정 또는 부정)적인 반응을 보이게 된다.

폭스바겐이 2012년 영국 등에서 전개하였던 '운전 중 화장하지 마세요!(Don't make up and drive!)'라는 캠페인의 예를 들어 보자. 이 공익캠페인은 여성운전자의 교통사고 중 약 50만 건이 운전 중의 화장 때문에 발생한다는 점에 주목하여 이를 방지하고자 기획되었다. 유튜브를 캠페인의 메인채널로 활용하였고, 메이크업 전문가이자 유튜브의 파워채널 운영자인 니키(Nikkie)라는 인물을 등장시켜 아이쉐도우를 바르는 순간 뒷 차와의 충돌장면을 마치 눈앞에서 사고가 벌어진 것처럼 실감나게 보여 주었다(〈그림 10 - 2〉). 니키의 채널은 정기구독자 20만, 조회수 3천만 이상의 유튜브 파워채널이었기 때문에 메이크업 강의를 보러 온 여성 소비자들에게 최적의 채널이었고, 단지 화장품 메이크업 강의를 하는 동영상으로만 알고 편하게

그림 10-4 폭스바겐의 'Don't Make Up and Drive' 캠페인 유튜브 동영상

시청하던 사람들에게 갑작스러운 교통사고를 당하는 니키의 엔딩컷을 보여 줌으로써 임팩트를 얻을 수 있었다. 유튜브 동영상을 보러 온 방문객들이 사전에 폭스바겐의 홍보성 광고인 것을 전혀 모르게 했던 점이 캠페인의 핵심 포인트였다.

마케팅 효과 측면에서 보면 타깃 소비자들이 자주 이용하는 유튜브 파워채널과 임팩트 있는 동영상을 전달하여 캠페인의 핵심 메시지를 실감나게 전달함으로써 사회문제에 대한 인식을 확산시키고 동시에 기업의 이미지를 제고하는 데 효과적인 캠페인이었던 것으로 평가할 수 있다. 그러나 과연 얼마나 많은 소비자들이 이 캠페인을 순수하게 공익을 위한 캠페인으로 인식하였을까? 동영상의 끝 부분에 매우 선명하게 등장하는 회사의 로고가 없었더라면 어떠했을까? 동영상의 대부분을 화장하는 방법에 할애하여 마치 교육용 메시지처럼 보였지만, 결국 기업의 홍보영상임을 자처할 수밖에 없는 캠페인의 한계가 엿보였다. 물론 많은 CSR 캠페인들이 이와 같은 한계에 부딪히기는 한다. 자동차회사와 교통사고, 얼핏 보면 매우 관련이 높은 것으로 비춰질 수 있다. 그러나 화상으로 인한 교통사고를 막자는 것이니 화장품회사의 캠페인이었더라면 동기의 순수성이 더하지 않았을까? 소비자들에게 비춰지는 캠페인의 동기에 대한 고려가 있었더라면 하는 아쉬움이 남는 캠페인이다. 결과론이긴 하지만 폭스바겐이 그동안 진행해 왔던 많은 공익캠페인들은 최근에 터진 연비조작 사건으로 인하여 이제 진정성, 특히 그 동기의 순수성 측면에서 소비자들의 외면을 받을 수밖에 없는 상황에 놓여 있다.

적합성(Company-cause Fit)

적합성(Fit)은 CSR활동의 주제(사회문제)와 기업의 핵심역량이나 사업분야 또는 주요 제품과의 연관성을 의미한다. 현대자동차가 차가 필요한 소외계층에게 차를 기부하는 캠페인을 전개한 것이나, 아모레퍼시픽이 표적시장인 여성들의 건강하고 아름다운 삶을 위하여 유방암 예방 캠페인을 실행한 것은 기업과 CSR 캠페인 주제 간의 적합성이 높은 예라고 할 수 있다. 학계의 연구결과에 의하면, 기업이 자신들의 주요 제품이나 핵심역량과 연관성이 높은 사회문제를 선정하여 CSR마케팅활동을 전개할 때 그렇지 않은 경우보다 소비자들의 반응이 더 호의적으로 나타남을 알 수 있다(Becker-Olsen et al., 2005). 반대로 연관성이 떨어질 경우에는 부정적인 반응이 나타날 수도 있다(Forehand & Grier, 2003). 이것은 소비자들이 CSR활동의 진정성을 평가할 때 적합성이 하나의 기준으로 작용하기 때문인 것으로 볼 수 있다. 즉 기업이 자신의 사업과 부합되는 분야에서 CSR마케팅을 전개하는 경우, 소비자들은 기업의 전문성이 사회공헌에 활용되고 있는 것으로 판단하게 되므로 진정성이 높게 평가된다는 것이다.

또한 적합성은 기업이 지원하는 사회문제에 대한 소비자들의 인식과 수용이 쉽게 이루어질 수 있도록 도움을 준다(Sen & Bhattacharya, 2001). CSR마케팅의 주체와 지원 이슈 간의 적합도가 높은 경우, 소비자들은 해당 기업에 대하여 갖고 있는 기존의 지식, 연상을 보다 쉽게 활용할 수 있어서 그 지식, 연상들을 강화시키게 된다. 반면, 적합성이 낮은 경우에는 소비자들의 기존 지식이나 연상과 상치되기 때문에 CSR마케팅 활동과 관련된 정보의 수용을 방해하게 된다는 것이다(Becker-Olsen et al., 2005). 다시 말하면, 기업의 CSR활동이 진정성이 있다는 평가를 받으려면 명확하게 기업의 정체성이 반영되어야 하고, 기업의 정체성이 사회문제와 관련성이 높을 때 더욱 진정성 있게 평가된다는 것이다. 하나의 대상에서 다른 대상에게로 지식이나 감정이 전이되는 것은 두 대상의 특징이 일치할수록 용이하기 때문이다.

〈표 10-3〉에 요약한 것처럼 기존의 CSR마케팅 활동 중에서 성공적인 것으로 평가되는 캠페인들은 대부분 기업과 사회문제 간에 적합성이 높은 경우이다. 우리나라의 경우, 삼성생명이 생명보험이라는 사업의 특성과 잘 부합되는 자살 방지라는 사회문제를 지원하는 '생명의 다리' 캠페인을 전개하여 높은 효과를 얻은 바 있

표 10-3 기업과 CSR활동 간의 적합성

우리나라 CSR 캠페인

기 업	사회문제	캠페인 내용	캠페인 유형
삼성생명	자살 방지	'생명의 다리'	공익캠페인
유한킴벌리	숲의 중요성, 숲 보호	'우리강산 푸르게 푸르게'	
풀무원	어린이의 올바른 식습관	'바른 먹거리'	
BC카드	친환경 소비문화	'그린카드'	사회마케팅
CJ제일제당	물 부족 문제 해결	'미네워터 바코드롭'	공익연계마케팅
오뚜기	수질오염 방지	'씻어 나온 쌀'	공유가치창출 마케팅
엔씨소프트	빈곤문제 해결	'프리라이스'	
CJ대한통운	고령화문제 노인고용	'실버택배'	

해외 CSR 캠페인

기 업	사회문제	캠페인 내용	캠페인 유형
페츠마트	동물 보호	'애완동물 입양'	공익캠페인
월마트	아동건강	'기적의 아동병원'	
벤앤제리	지구온난화 방지	'One Sweet Whirled'	
서브웨이	심장건강	'심장건강'	사회마케팅
홈디포	물 절약	'물 절약'	
아메리칸 익스프레스	자유의 여신상 복원	'자유의 여신상 복원'	공익연계마케팅
요플레	유방암 예방	'Save Lids to Save Life'	
탐스슈즈	신발 부족, 발건강	'One for One'	
페이폰	인권 및 환경파괴	'페어폰'	공유가치창출 마케팅
다아이	친환경제품	'페트병 재활용'	
피푸플	환경오염 방지	'피푸플'	
슈퍼잼	건강 무설탕	'슈퍼잼'	

고, 식품기업인 풀무원은 자신들의 세품과 식결되는 식생활 개선이라는 문제를 선택하여 진정성 있는 캠페인을 실행하였다. 그 외에도 유한킴벌리 – 숲 보호, BC카드 – 친환경소비 등 연관성이 높은 사회문제를 대상으로 CSR마케팅 활동을 전개하여 소비자들의 호응을 이끌어 낸 바 있다. 외국기업의 경우에도 애완동물 용품 전문점인 페츠마트가 자신들의 사업과 직접적으로 관련되는 애완동물의 입양 문제를 대상으로 진정성 있는 공익캠페인을 전개하였고, DIY용품 전문 유통업체인 홈디

포는 물호스, 스프링클러 등 매장에서 판매되는 제품과 직접적인 관련이 있는 '물아껴쓰기' 캠페인을 전개하여 지역별로 큰 성과를 거둔 바 있다.

그러나 학계에서는 사회문제와 기업 간의 적합성이 너무 높으면 오히려 부정적인 영향을 줄 수 있다는 연구결과도 제시된 바 있다. 기업의 사업영역과 CSR활동 영역의 적합성이 너무 높으면 소비자들이 기업이 자신의 이익을 위하여 CSR활동을 한다고 생각하기 쉽기 때문에 기업에 대하여 좋은 이미지로 이어지지 않을 수도 있다는 것이다(김자경·김정현, 2001). 제품과 CSR활동 간의 관련성이 지나치게 명백하고, 이를 통하여 기업이 얻을 수 있는 이득이 쉽게 부각되는 경우에는 진정성이 떨어져 소비자들의 반응이 부정적이 될 수 있다는 것이다.

학계의 연구결과를 종합해 보면, 적합성이 너무 높거나, 너무 낮을 경우에는 CSR활동의 진정성에 대하여 부정적인 인식을 유발할 수 있음을 알 수 있다. 적합성이 적정수준일 경우 가장 진정성 있는 CSR활동으로 인식된다는 것으로서, 적합성과 CSR의 진정성 간의 관계는 역U자의 형태를 띤다고 볼 수 있다. 어디까지가 적합성이 높고 어디까지가 낮은지에 대한 판단은 매우 주관적일 수 있기 때문에 적정수준의 적합성은 소비자들의 반응을 통하여 알아보는 것이 중요하다고 할 수 있다. 따라서 사전 기획단계에서 세밀한 소비자조사를 통하여 점검할 필요가 있다.

일관성(Consistency)

일관성은 대상의 행위가 시간이나 상황에 따라 달라지지 않고 항상 일정하게 나타나는가에 관한 것이다. CSR마케팅 상황에서 일관성이란 기업이 CSR활동에 시간과 자원을 지속적으로 투입하는 것, 즉 얼마나 오랜 기간 동안 CSR활동을 수행했는지를 의미한다(김재휘·신상화·김수정, 2005). 소비자들은 CSR활동에 투입된 시간을 단서로 기업의 동기를 인식하는 경향이 있기 때문에 장기적으로 많은 시간을 들여 CSR활동을 수행하는 기업은 사회공헌의 동기가 강한 것으로 인식하는 반면, 일회성 또는 단기적으로 CSR활동을 수행하는 경우에는 제품판매나 기업이미지 제고를 위한 동기가 더 큰 것으로 인식하게 된다(Ellen et al., 1998).

학계의 연구결과에 의하면, CSR활동을 포함한 기업의 일반적인 마케팅활동은 일관성 있게 수행될 때 그렇지 않은 경우에 비하여 소비자들의 반응이 긍정적으로 나타난다. 예를 들면, 제품에 대한 여러 가지 정보가 일관성 있게 제시되지 않으면 소비자의 사고가 정교화되고, 일관적이지 않은 정보들이 서로 충돌을 일으켜 반감을 유발하게 된다. 반대로 일관성 있는 정보가 주어지게 되면 소비자의 정보탐색이나 정교화의 노력이 줄어들고 반감도 그만큼 줄어들게 된다. 소비자들은 하나의 대상에 대한 다양한 정보가 주어지게 되면, 그것들을 통합하여 처리하고 대상을 평가하려는 성향이 있기 때문이다. 따라서 기업이 같은 의제를 가지고 장시간에 걸쳐 수행하는 CSR활동일수록 소비자들의 긍정적인 반응을 얻을 수 있다. 실제로 몇몇 실증연구를 통하여 CSR활동의 일관성은 기업의 의도에 대한 소비자들의 긍정적인 평가를 유발하는 것으로 입증되기도 하였다(김재휘 외, 2005). 상황에 따라 그때그때의 관심과 유행에 편승하지 않고 동일한 사회문제를 대상으로 장기적인 해결과 실천행동을 유발하기 위하여 지속적으로 캠페인을 실시한다면 CSR활동의 진정성에 대한 소비자들의 평가가 더욱 긍정적으로 나타날 것이다.

장기적인 CSR마케팅 활동의 대표적인 사례로 꼽히는 유한킴벌리의 '우리강산 푸르게 푸르게' 캠페인은 일관성 있는 캠페인이 얻을 수 있는 CSR 캠페인의 성과를 잘 보여준다. 우리나라의 황폐화된 산림 복구를 위하여 무려 30년 이상 지속적으로 나무를 심고 숲을 가꾸기 위한 캠페인을 전개한 결과, 우리나라 인구수보다 많은 무려 5천만 그루의 나무를 심었고, 북한과 동북아 지역에서도 약 2천만 그루가 넘는 식목이 이루어졌다. 그 외에도 신혼부부 나무심기, 여고생 숲체험캠프, 학교숲 만들기, 아름다운 숲 발굴 등 한결같이 숲과 관련된 다양한 프로그램을 상황과 트렌드에 맞춰 일관성 있게 전개하여 젊은 층을 포함한 전 국민들의 인식 제고와 실천행동을 이끌어 내는 데 커다란 공헌을 하였다. 이들 프로그램은 2020년 현재에도 지속되고 있다.

해외의 예로는 미국의 아메리칸 익스프레스사의 캠페인을 들 수 있다. 앞 장에서 살펴 본 것처럼 자유의 여신상이라는 역사적 상징물을 테마로 무려 120년이라는 오랜 기간 동안 관련된 캠페인을 전개하고 있다. 1885년 프랑스로부터 선물받을 당시 받침돌 건립에 필요한 자금을 기부하였고, 1976년에는 자유의 여신상 기념 다큐멘터리 프로그램의 제작을 지원한 바 있으며, 1983년에는 공익연계마케팅의 효시라고 일컬어지는 '자유의 여신상 복원' 프로젝트를 추진하였고, 그로부터 20년이 지난 2003년에 2차 캠페인을 전개하였다. 아메리칸 익스프레스의 CSR마케팅 활동은 장기적으로 펼쳐진 캠페인의 지속성과 함께 '역사의 보존'이라는 사회문제에서 벗어나지 않는 일관성을 유지한 대표적인 캠페인으로 평가할 수 있다.

이상과 같이 CSR마케팅 활동은 캠페인의 순수성, 적합성, 일관성 등에 대한 소비자의 평가와 그에 따른 진정성 인식수준에 따라 효과에 많은 차이가 있음을 알 수 있다. 장기적인 불황과 저성장 시대에서 CSR마케팅 활동은 이 세 가지 요소를 효과적으로 반영함으로써 소비자의 호응과 참여를 이끌어 낼 수 있고, 기업의 마케팅 목표를 달성하는 데 기여할 수 있을 것이다. 안팎에서 요구되는 이익창출의 압박 속에서 당장의 이익으로 계산하기 힘든 CSR활동의 성과를 감안한다면 기업이 장기에 걸쳐 진정성 있는 CSR 캠페인을 전개하는 것은 자금여력이 충분한 대기업이라 할지라도 그리 쉬운 일이 아닐 것이다. 또한 기업사명과 경영철학, 사업영역 등을 모두 고려하여 장기적으로 접근할 수 있는 사회문제를 찾아내는 것도 쉽지 않은 일이다. 그러나 CSR마케팅 활동이 기업 경영활동의 기반을 제공하는 사회와의 공생을 통하여 결국 기업 자신의 지속가능한 성장을 도모하기 위한 CSR활동의 일환으로 수행되어야 한다는 기본전제에서 본다면, 그 본연의 의미는 진정성에서 찾을 수 있을 것이다.

2) 미래의 CSR마케팅: CEO의 인식전환

CSR마케팅 활동의 장기적인 목표는 기업사명과 경영철학에 바탕을 둔 기업의 핵심가치를 구현하는 데 있다. 즉 단기적 마케팅 성과보다는 사회에 공헌하는 기업, 사회적 가치와 경제적 가치를 동시에 추구하는 책임 있는 기업이라는 기업평판을 제고하고 브랜드 자산을 구축하기 위하여 일관성과 진정성 있게 수행되어야 하는 장기적인 활동이다. 따라서 기업의 장기적인 안목이 요구된다. 또한 CSR마케팅 활동이 단순히 어려운 이웃을 돕는 자선이나 기부가 아니고 사회와의 동반성장, 이해관계자와의 소통, 위기관리 등을 아우르는 전방위적인 경영활동의 일환인 만큼 담당하는 조직의 체계적인 구성과 전문성이 요구된다. 그럼에도 불구하고 아직도 많은 기업들이 CSR마케팅을 기업홍보나 판매증가와 같은 단기적인 성과에 초점을 두고 홍보팀이나 인사부서의 주관 하에 전개하고 있는 것이 사실이다.

CSR과 관련한 온라인매체 운영과 교육컨설팅, 연구조사 등을 실시하는 공익단체인 더나은미래(betterfuture.kr)가 2013년 우리나라 100대 기업의 CEO를 대상으로 실시한 조사결과에 의하면, CSR활동에 대한 전반적인 인식수준이 높아져 기업들의 사회책임경영 추세가 강화되고 있고, CSR 조직과 시스템을 체계화하기 위한 노력을 하고 있는 것을 알 수 있다. 그럼에도 불구하고 여전히 많은 기업들이 CSR 업무를 홍보나 경영지원, 마케팅 부서에서 분담하고 있다. 심지어는 타 부서의 신입사원이 담당하고 있는 기업도 있고, CSR 전담부서가 있는 경우에도 조직의 규모나 전담인력이 매우 부족하거나 일반공채로 선발된 직원 중 순환보직으로 관련 업무를 맡고 있는 등 전문성도 떨어지고 있다. 그나마 100대 기업은 지속적으로 CSR 체계를 갖춰 나가기 위한 노력을 기울이고 있지만 중견기업이나 중소기업은 아직도 CSR에 대한 이해조차 매우 부족한 상황이다. 그러다 보니 성인 소비자의 약 60%가 기업의 CSR활동에 대하여 관심이 없거나 제대로 인지하고 있지 못하는 게 현실이다.

또 다른 문제점은 아직도 많은 기업들이 CSR에 대하여 잘못된 인식을 갖고 있다는 점이다. CSR활동을 단순한 기부나 자원봉사와 같은 사회공헌활동 정도로 인식하고 있다는 것이다. CSR마케팅 활동을 수행할 때 전반적인 시장상황이나 환경요인을 고려하지 않은 채 이론과 기술적인 부분으로 접근함으로써 진정성 측면에서 한계를 드러내고 있다. 그 원인은 여러 가지가 있지만 직책에 따라 CSR에 대한 인식이 상이하다는 점이 가장 크다고 볼 수 있다. 단기성과를 중시하는 임원들과 장기적 성과를 꿈꾸는 실무자들 사이의 간극이 너무 크기 때문에 진정한 CSR마케팅 활동을 지속적으로 전개하는 데 한계가 있다는 것이다.

이러한 몇 가지 문제점들을 극복하기 위하여 시급히 필요한 것은 기업 최고경영자의 CSR활동에 대한 인식전환일 것이다. 임원급으로 운영되는 CSR 전담부서를 갖추고 있고, CSR을 비용지출이 아닌 투자라고 인식한다 하더라도 기업의 장기적인 전략과 정책이 CSR 프로그램에 반영되어야 하기 때문이다. 좋은 사례로 우리에게는 다소 생소하지만 미국의 세계적인 카펫회사 인터페이스(Interface)를 들 수 있다. 소비자들에게 '늘 깨끗한(Evergreen)' 카펫을 리스해 주고 지속적으로 교체해 주고 재활용하는 것으로 유명한 이 회사는 버려지는 폐어망을 재활용하여 카펫을 생산함으로써 세계 각지의 가난한 연안지역 환경을 보호하는 동시에 경제적 혜택도 창출할 수 있는 공유가치창출 마케팅활동을 전개하고 있다. 해변이나 바다에 버려진 그물들은 수십 년 동안 계속 남아 환경과 해양생물에 해로운 영향을 미친다는 점과 어망에 쓰이는 나일론의 대부분이 카펫 원사를 만들기 위해 사용되는 것과

그림 10-5 폐어망을 재활용하여 만든 카펫타일

동일한 소재라는 점에 착안하여 폐어망을 재활용한 것이다(〈그림 10-5〉). 이른바 '네트웍스(Net-Works)'라고도 불리는 사업으로서 지역사회에 폐어망 공급체인을 구축하여 회사는 카펫타일 제조에 필요한 재활용 자재를 공급받고, 현지의 어업종사자들은 수익을 얻게 되는 사업이다.

인터페이스는 이 사업을 위하여 런던동물원협회와 제휴하고 지역사회와 협력하여 폐어망을 수집하기 위한 인프라를 우선적으로 구축하였다. 시작 첫 달에만 1톤의 폐어망을 수집하였고, 환경오염으로 위협받고 있는 산호초들이 밀집해 있는 필리핀의 해변 네 곳을 깨끗이 청소했다고 한다. 현재는 수집한 폐어망들을 결합시켜 시장에 내놓을 카펫타일을 개발하기 위해 그 규모를 확장시키고 있다. 최소 15곳 이상에서 폐어망을 수집할 수 있는 시스템을 구축하여 지역사회 경제를 활성화하고, 어업종사자들에게는 수입원을 마련해 주는 동시에 회사는 폐어망 나일론을 재사용함으로써 원재료의 사용량을 줄일 수 있어 이익을 올릴 수 있게 된다. 향후 세계 여러 국가들과 협력관계를 맺기 위하여 기회를 모색하고 다양한 단체와의 제휴를 통하여 네트웍스의 공급허브를 구축하고자 전력을 기울이고 있다고 한다.

폐어망을 재활용하는 인터페이스의 공유가치창출 마케팅활동은 지금은 고인이 된 창업주 레이앤더슨(Ray Anderson)의 투철한 경영철학과 추진력의 바탕 위에서 실현되었다는 점에서 의의가 있다. 1973년 창업한 인터페이스를 세계 카펫시장을 선도하는 글로벌 기업으로 성장시킨 장본인인 레이앤더슨은 한 강연에서 자신이 지구의 약탈자였음을 청중들 앞에서 고백하였다. 인터페이스의 주력 제품인 카펫의 원료가 석유였기 때문이다. 부를 축적하기 위한 현재의 사업이 결국 자식과 손자들이 살아갈 수조차 없는 땅을 만드는 데 일조하고 있다는 것과 그동안 자신의 사업방식이 얼마나 단기적인 사고에서 비롯됐는지를 대중 앞에 고백했던 것이다. 이후 '선을 베풀며 수익 내기(Doing well by doing good)'를 기업철학으로 선언하고 그것을 성과로 증명하였던 것이다.

환경과 인류를 생각한 비즈니스를 어떻게 할 수 있을까라는 그의 사회공헌 철학은 이제 '미션제로'라는 CSR활동으로 이어지고 있다. 최근 아시아 시장의 사무용 카펫의 수요가 증가하면서 태국과 중국에 제품의 생산과 제조공정을 통째로 바꾼 LEED(Leadership in Energy and Environmental Design) 인증 제조공장을 설립한 것이다. LEED는 미국의 그린빌딩위원회(US Green Building Council)에서 개발하여 시행하고 있는 친환경 건축물 인증제도이다. 이 인증체제는 건물에 사용된 재료, 공기질, 수자원 보호, 에너지 사용성능과 같은 여러 요인들을 점수화하고 건물이 획득한 점수의 총합에 따라 일반(Certified), 중(Silver), 상(Gold), 그리고 최상(Platinum)의 네 가지 등급을 부여하고 있다. 인터페이스는 LEED 인증공장을 통하여 폐기물 매립량, 산업용수 사용량, 에너지 사용량, 화석연료 사용량 등을 획기적으로 감소시켰고, 중고 카펫을 대부분 재활용하기도 하였다. 2020년까지 환경에 미치는 부정적인 영향을 모두 제거한다는 미션제로(Mission Zero) 프로젝트의 일환으로 실행되었던 것이다.

최고경영자의 인식전환과 함께 필요한 것은 기업철학이 담긴 CSR마케팅 활동이다. 많은 최고경영자들의 인식이 바뀌어가고는 있지만 여전히 현장에서는 기업의 소유주나 CEO의 개인적인 기호나 취향에 따라 CSR마케팅 활동의 방향이 결정되는 경향이 있다. 일부 기업은 홍보회사나 컨설팅회사에 외주를 주어 결정하기도 한다. 왜냐하면 CSR활동을 기업이익의 사회환원이라는 자선의 개념이나 대내외 홍보를 위한 수단으로 가볍게 여겨지기 때문이다. 그러다 보니 언론홍보용이나 기업이미지 광고의 소재, 홍보효과를 올리기 위한 수단 정도로 바라봤던 게 사실이다. 앞서도 살펴 본 것과 같이 기업철학이 밑바탕이 되지 않은 CSR 방식은 장기적으로 실패할 가능성이 높다. 기업의 경영철학은 대부분 창업주 또는 최고경영자의 식견과 견해, 의지가 반영된다. CSR마케팅은 경영철학에 부합하고 지역사회와 소비자, 기업 모두에게 혜택이 갈 수 있는 목표를 설정하고, 일회성이 아니라 장기적인 관점에서 꾸준히 추진해야 한다. 기업의 미래전략과 부합하며 최신 소비자 트렌드가 반영된 활동이라면 더욱 바람직할 것이다. 자선과 홍보가 아니라 기업철학에 바탕을 둔 경영활동의 일부로서 지속가능성과 고객만족의 목표를 위한 진정한 의미의 CSR마케팅 활동이 추진되기 위하여 CEO의 역할이 중요한 이유이다.

3) 미래의 CSR마케팅: 공유가치 창출

공유가치 창출(Creating Shared Value)이란 사회와 환경문제를 비즈니스의 기회로 포착하여 문제를 개선하는 동시에 기업의 경쟁력을 강화하고자 하는 기업정책이자 경영활동 전략이라고 할 수 있다. 기업은 활동의 터전인 사회와 분리되어 성장하거나 이윤을 창출하기 힘들기 때문에 경영활동을 통하여 사회와 공유할 수 있는 가치를 창출함으로써 사회와 더불어 지속적으로 발전할 수 있다는 것이다. 2011년 〈하버드비즈니스리뷰(HBR)〉에 실린 마이클 포터 교수의 논문을 통하여 소개된 이후 학계는 물론 업계의 큰 관심을 불러 모은 개념으로서 〈포브즈(Forbes)〉지와 〈이코노미스트〉지는 공유가치 창출을 2012년의 가장 중요한 메가트렌드로 선정한 바 있고, 다양한 매체를 통하여 400번 이상 인용될 만큼 산업 전반에 걸쳐 큰 반향을 가져왔다.

공유가치창출 전략은 미국의 금융위기와 유럽의 재정위기, 그로 인한 전 세계적인 경기침체와 저성장 기조 속에서 기업이 단기적인 이익을 가장 중요한 우선순위로 하는 경영방식에서 탈피하여 기업과 사회가 공존하고 발전하는 새로운 경영방식을 지향하자는 것이다. 흔히 줄여서 CSV라고도 불리는 공유가치 창출은 일반적인 CSR활동이나 사회적 책임, 자선활동 등과 차이가 있다. 일반적인 사회공헌활동이나 자선활동은 기업이 도움이 필요한 사람들이나 단체에 재원, 인력, 시간 등을 지원하는 활동이고, CSR활동은 기업이 사회의 책임 있는 구성원으로서 사회적 규범과 법규를 준수하고 투명하고 윤리적인 기업활동에 임해야 한다는 점을 강조한다. 그에 비하여 공유가치 창출은 기업의 성장과 발전이 사회의 발전과 밀접하게 연결되어 있다는 점을 중시하고, 기업활동을 통하여 기업 스스로를 위한 경제적 가치를 창출하는 동시에 사회적 가치도 제고하여야 기업의 경쟁력이 유지되고 지속될 수 있다고 본다. 이렇게 보면 공유가치 창출은 사회공헌이나 사회적 책임보다 더 적극적인 개념이라고 할 수 있다.

공유가치창출 전략은 마케팅이라는 경영활동의 기능영역에서 보면, 앞 장에서 살펴 본 공익마케팅, 공익연계마케팅, 사회마케팅 등과는 달리 가장 기본적인 마케팅 도구인 제품영역에 초점을 둔 공유가치창출 마케팅활동을 통하여 구체화될 수 있다. 즉 다양한 방법으로 제품에 사회적 가치를 부여함으로써 기업과 사회 모두 이익을 주는 방식으로 CSR마케팅 활동을 실현하는 것이다. 제8장에서 살펴 본 바와 같이 공유가치창출 마케팅은 사회문제의 해결은 물론 단기 판매효과와 기업 이미지 제고, 브랜드 자산 구축과 같은 직접적인 마케팅 효과가 단기간에 가시화될 수 있는 유일한 방식이라고 할 수 있다. 따라서 CSR활동에 내재된 단기적 재무성과 달성과 장기적인 목표달성 간의 일종의 상쇄효과의 한계를 극복하는 데 효과적인 CSR마케팅 방식이라고 할 수 있다. 이와 같은 이유로 향후 대기업은 물론 중견, 중소기업들의 적극적인 활용이 예상된다.

그림 10-6 스타벅스코리아의 대학로 커뮤니티 매장의 모습

기업과 사회에게 모두 이익이 되는 공유가치창출을 통한 미래형 CSR마케팅 활동의 대표적인 사례로 세계 최대 커피전문점 기업 스타벅스(Starbucks)의 '커뮤니티 스토어(Community Store)'를 들 수 있다. 커뮤니티 스토어는 매장이 위치한 지역사회의 긍정적인 변화와 장기적인 발전에 기여하기 위하여 매장의 수익금을 지역사회에 환원하는 형태로 운영되는 '이익공유형' 매장이라고 할 수 있다. 스타벅스만의 차별화된 CSR 모델이자 마케팅 방식으로 널리 알려진 커뮤니티 스토어는 2011년 미국 뉴욕 할렘가에서 처음 개장되었고, 우리나라에서는 2014년 10월 대학로에 첫 매장이 문을 열었다(〈그림 10-6〉). 스타벅스는 주력상품으로 커피와 관련 제품을 취급하는 커피체인점이므로 매장 내에서 판매되는 개별 제품이 아니라 점포 자체를 지역사회 활성화라는 사회문제와 연

계했다는 점에서 넓은 의미의 공유가치창출 마케팅활동으로 보아도 큰 무리는 없을 것이다.

커뮤니티 스토어의 CSR마케팅 프로그램은 크게 청년인재양성(Youth Leadership) 프로그램과 지역사회의 소셜허브(Social Hub)로서의 역할로 구성된다(<그림 10-7>). 청년인재양성 프로그램은 장학금 지원은 물론 비즈니스 역량 강화 및 리더십 함양 등을 포함한 종합적인 프로그램으로 구성되어 있다. 대학진학 예정인 저소득층 학생들을 선발하여 장학금을 지원하고 유스리더십 캠프, 인턴십 프로그램, 스타벅스 글로벌 체험, 명사초청 워크숍, 멘토링 프로그램, 지역사회와 함께 하는 봉사활동 등 다양한 세부 프로그램을 병행하고 있다. 커피, 음료, 푸드, 텀블러 등 소비자들이 구매하는 모든 품목당 300원을 적립하여 기금을 조성하고 있다. 기금은 장기적인 제휴관계를 맺어 온 공익단체인 초록우산 어린이재단에 전달하여 청년인재양성 프로그램의 운영에 사용하고 있다. 1948년 설립된 국내 최대 아동복지 전문 비영리기관인 초록우산 어린이재단은 스타벅스와 지난 2006년부터 지역사회 결손가정 어린이를 지원하는 임직원 매칭 그랜트 활동인 희망배달 캠페인을 비롯하여 유스리더십 그랜트, 산타 바리스타, 희망나무 키우기 캠페인 등을 통하여 지속적인 기부 캠페인과 다양한 지역사회 봉사활동을 함께 전개해 오고 있다. 청년인재양성 프로그램의 수혜자들에게는 대학졸업 후에는 스타벅스커피 코리아 특별채용의 기회도 제공한다.

'커뮤니티 스토어'는 또한 지역사회의 열린 공간으로서 지역주민, 인근 대학생들과 소통하는 소셜허브로서의 역할도 수행하고 있다. 각종 문화특강, 고객참여 커피세미나 등을 정기적으로 개최하고, 행정기관과 연계하여 대학로 가로수 돌보미 캠페인을 전개하는 등 지역사회 참여활동을 활발히 추진하고 있다. 또한 디지털시스템으로 운영되는 '커뮤니티 보드'를 통하여 다양한 프로그램과 지역사회 소식을 지역주민에게 소개하고 있고, '인포메이션 카드, '전용 슬리브', '내부 명판" 및 '대형 환영 입간판' 등을 마련하여 매장방문 고객에게 청년인재양성에 대한 인식을 공유하는 노력도 병행하고 있다. 이를 위하여 젊음과 문화예술을 상징하는 대학로에 위치한 커뮤니티 매장은 프로그램의 콘셉트에 맞추어 실내장식과 매장운영에 차별성을 반영하였다.

스타벅스의 '커뮤니티 스토어' 프로그램은 매장과 지역사회가 공생하는 구조로

그림 10-7 커뮤니티 매장 CSR 프로그램

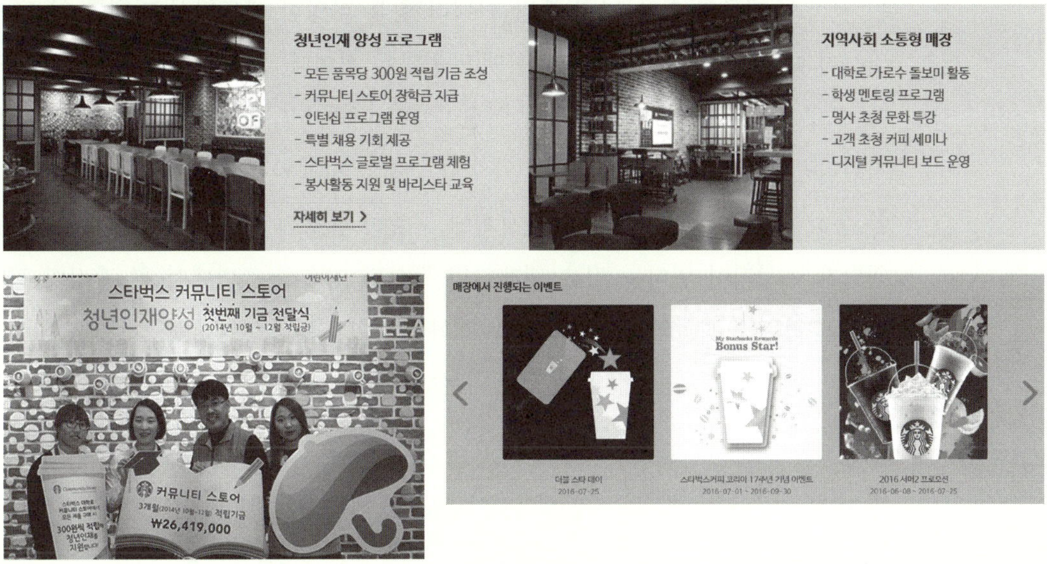

출처: 스타벅스코리아 웹사이트. http://istarbucks.co.kr/store/store_community.do

진행되고 있는 공유가치창출 마케팅의 모범적인 사례라고 할 수 있다. 신뢰받는 공익단체와의 제휴를 통하여 프로그램의 공신력을 제고하고, 매장이 위치하고 있는 지역사회의 니즈를 반영함으로써 지역사회 구성원들의 소통과 관여를 증진시키고, 소비자의 자발적인 참여와 지역사회 공헌을 실현하는 동시에 회사는 판매증가와 이미지 제고라는 마케팅 효과를 얻는 지속가능한 형태의 CSR마케팅 방식으로 평가된다.

스타벅스 '커뮤니티 스토어'가 성공적으로 운영되고 있는 첫 번째 이유는 '매장이 위치하고 있는 지역사회와의 동반성장'이라는 기업의 핵심가치와 직접적으로 연관되었기 때문이다. 지역사회 젊은이들을 위한 재정적인 지원은 물론 다양한 프로그램과 이벤트를 통하여 실질적인 도움을 줌으로써 활발한 참여와 성과를 이끌어 내고 있다. 둘째 이유는 프로그램의 자립성 또는 지속가능성이다. 공익단체를 통하여 지역사회에 공헌하기 위해서는 해당 단체가 자립할 수 있는 방식으로 프로그램이 구성되어야 한다. '커뮤니티 스토어' 프로그램은 스타벅스가 지역에서 영업하고 이윤을 창출해 내는 한 공익단체도 꾸준히 자금을 마련할 수 있는 구조로 진행되고 있는 것이다. 즉 건강한 지역사회를 만들기 위한 공익단체의 지속적인 노력이 가능하도록 설계된 프로그램, 즉 자립 가능한 모델이라는 점이다. 셋째 이유는 서비스 제공의 창을 넓힐 뿐만 아니라 향후 다양한 파트너십 기회를 창출하기 위하여 다양한 단체와 제휴관계를 맺고 있다는 점이다. 스타벅스는 '커뮤니티 스토어' 프로그램을 함께 한 초록우산 어린이재단 이외에도 사회복지공동모금회, 에너지관리공단, 문화재청 등 전국의 약 150여 개의 단체와 제휴관계를 맺고 있다. 이를 통하여 적은 비용으로도 지역사회에 꾸준히 긍정적 영향을 미칠 수 있는 네트워크가 형성되어 있다는 점은 캠페인의 확산과 지속성 측면에서 큰 장점이 된다. 공신력 있는 조직들과의 제휴관계는 기업이 실행하는 CSR마케팅 프로그램의 한계라고도 할 수 있는 진정성의 약점을 극복하는 데도 많은 도움이 된다.

4) 미래의 CSR마케팅: Z세대에 주목!

Z세대(Generation Z)는 Y세대(밀레니얼 세대)의 뒤를 잇는 인구집단으로서 알파벳의 마지막 글자인 'Z'를 따 20세기에 태어난 마지막 세대라는 의미에서 붙여진 용어이다. 세대를 가르는 통일된 기준은 없지만 일반적으로 1984년을 기준으로 이전 세대를 X세대, 그 이후를 Y세대, 1990년대 중반 이후 태어난 세대를 Z세대라고 일컫는다. 인구통계학자들은 일반적으로 1990년대 중반에서 2000년대 중반까지 출생한 세대를 Z세대로 분류하는데 이들은 2020년 약 26억 명에 이를 것으로 추정된다. 세계인구 약 76억 명의 1/3 이상을 차지하는 셈이다. 기업의 입장에서는 미래의 소비주체로 떠오르게 될 Z세대에 주목할 수밖에 없으며 따라서 이들에 대한 연구도 본격화되고 있다.

주목해야 할 점은 유행에 민감한 미래의 소비주체인 Z세대가 공공의 문제에 관심이 매우 많다는 점이다. Z세대를 부르는 새로운 이름이 '자선(philanthropy)'과 '아이들(kids)'의 합성어인 '필란스로키즈(philanthrokids)', 즉 '공공의 선을 위하여 행동하는 아이들'일 만큼 사회 공공의 이익에 반하는 다양한 문제에 관심이 많은 특성을 갖고 있다. 이들은 세계 곳곳에서 발생하는 환경파괴, 테러, 빈곤 등의 문제를 마치 자신의 일처럼 여기며, 문제를 방치하면 마치 우리 모두가 불행해질 수 있으므로 사회를 향하여 어떤 목소리라도 내야 한다는 강한 책임감을 갖고 있다. 미국의 CSR 관련 조사회사인 콘 커뮤니케이션이 실시한 2017년 '사회, 환경 사안에 대한 세대별 관심과 참여의사'라는 조사의 결과에 의하면(Cone, 2017), Z세대(94%)는 베이비부머세대(89%), 밀레니얼세대(87%), X세대(83%)에 비하여 사회, 환경에 대한 관심과 참여 의사가 가장 높은 것으로 나타났다. 또한 Z세대의 90%는 사회적으로 도움이 되는 제품을 구매하는 경향이 있고, 84%가 뜻있는 일을 위한 청원서 서명에 참여할 의향이 있으며, 77%는 사회적 사안과 관련된 정보를 SNS에 공유할 의향이 있으며, 76%는 사회에 해를 끼친다고 판단한 기업에 대한 불매운동에 적극 참여할 것이라고 응답하였다. 특히 Z세대는 빈곤과 기아, 환경 및 인권 문제에 높은 관심을 보이는 것으로 나타났다. 기업의 CSR마케팅 담당자들에게는 이러한 Z세대의 특성이 적절히 반영된 효과적인 마케팅 전략의 개발이 필요할 것이다.

그렇다면 Z세대에게 기업은 어떻게 메시지를 전달해야 할 것인가? 이전 세대가 권위나 유명세를 중요시했다면 Z세대는 또래 집단(peer group)의 평가를 훨씬 중요시하므로 SNS를 활용하여 집단 내의 호의적 여론을 형성하는 것이 효과가 클 것으로 보인다. 기업이 스스로 사회에 공헌할 수 있는 방법을 진정성 있게 실행하고 그 '진정성'을 콘텐츠에 담아 SNS를 통하여 전파한다면 빠른 입소문을 통하여 확산될 수 있을 것이다. 좋은 예로 오비맥주의 수입 브랜드 스텔라 아르투아(Stella Artois)의 '아이콘 투 아이콘(Icon To Icon)' 기부 캠페인을 들 수 있다(〈그림 10-8〉). 2019년 7월에 진행되었던 이 캠페인은 기부희망자가 인스타그램에서 '#아이콘투아이콘'이라는 해시태그와 함께 다음 기부 참여를 이어갈 참여자 3명을 지목해 포스팅

그림 10-8 스텔라 아르투아 기부 캠페인 인스타그램(좌)과 프로모션 메시지(우)

을 제시하면, 지정 해시태그와 함께 게재된 포스팅 1건당 1만원씩 적립되는 방식으로 진행되었다. 적립금 전액은 한국미혼모지원 네트워크에 전달되어 형편이 어려운 국내 미혼모 가정에 대한 출산용품 지원과 미혼모 여성이 자립할 수 있도록 교육하는 프로그램의 운영비 등으로 사용되었다. SNS 사용이 익숙한 젊은 층, 즉 Z세대를 중심으로 '입소문'을 타면서 큰 관심을 불러일으킨 대표적인 캠페인이라고 할 수 있다.

03 위기를 기회로 만드는 경제불황기의 CSR마케팅

경제불황기는 CSR마케팅의 위기인가?, 아니면 기회인가? 2008년 미국발 금융위기로 촉발된 세계경제의 침체가 최근의 코로나 사태로 더욱 악화되고 있는 상황에서 과연 기업은 어떠한 방향으로 CSR마케팅 활동을 전개해야 할 것인가? 대부분의 기업들이 비상경영체제로 돌입하여 생산효율성을 높이고 비용을 절감하려는 노력을 기울이는 상황에서 과연 CSR마케팅 활동은 지속되어야 하는가? 쉽지 않은 결정임에 틀림없지만 다음의 몇 가지 사항을 고려하여 상황에 맞는 선택을 한다면 슬기롭게 대처할 수 있을 것으로 기대된다.

첫째, 경제불황기의 CSR마케팅 활동은 동기의 진정성을 돋보이게 할 수 있는 기회가 될 수 있다는 점이다. 사회 전반적으로 가처분소득이 줄어 소비가 위축되는 경제불황기에는 상대적으로 우리 사회의 소외계층의 어려움이 더욱 가중되는 시기라고 할 수 있다. 자연히 그들에 대한 사회 전반의 관심이 증가하게 되면서 기업의 CSR활동이 좀 더 특별한 활동으로 부각될 가능성이 높아진다. 수혜자들에게 미치는 효과 또한 호황기에 비하여 크게 나타날 수 있고, 다 같이 힘든 상황에서 전개되는 CSR마케팅 활동의 진정성 또한 부각될 수 있을 것이다. 1930년대 미국 대공황 당시 작은 시리얼 회사였던 켈로그(Kellogg)가 전개했던 시리얼 무상배급 활동은 경기회복 후 극적인 효과를 나타냈다고 한다(최준혁, 2012). 암울한 대공황에 시달리던 1930년대 미국의 거리엔 가난한 사람이 넘쳐났고, 많은 기업들이 파산했다. 어려운 이웃에게 신경을 쓰는 것 자체가 사치였던 와중에 한 조그만 업체가 시리얼을 극빈층에게 무상으로 배급한 것이다. 굶주린 이들의 부족한 영양분을 채워줬던 시리얼은 이후 미국인에게 '거뜬한 한 끼의 아침식사'로 각인된다. 먹기 쉽고 영양까지 갖춘 현대인의 아침식사, 세계적인 시리얼 브랜드 '켈로그'는 이렇게 불황기의 CSR활동을 통하여 소비자들의 호감을 얻을 수 있었고, 이제는 아침식사하면 당연히 시리얼이 생각나게 하여 매출증대로 이어지는 효과를 얻을 수 있었다고 한다.

둘째, 경제불황기에는 많은 기업들이 CSR활동을 축소하거나 폐지하기 때문에 메시지 노출이나 인식 확산, 경쟁우위 확보에 호기가 될 수 있다는 점이다. 2000년대 전후와 같은 경제호황기에는 많은 기업들이 비슷비슷한 사회문제를 대상으로 유사한 활동방식을 활용하여 CSR활동에 적극적으로 임하고 있다. 마치 소비자 한 명이 하루에 수백 개의 상업용 광고메시지에 노출되어도 한두 개도 기억해 내지 못하는 상황처럼 너무나 많은 기업들이 유사한 슬로건과 메시지를 내걸고 CSR마케팅 활동을 전개하기 때문에 의도한 효과를 얻기가 쉽지 않다. 치열한 마케팅 경쟁상황에서 자신의 메시지를 소비자의 눈과 귀에 더 잘 띄게 하고 잘 들리게 하는 것이 얼마나 많은 노력과 비용을 필요로 하는지는 재론의 여지가 없을 것이다. 다른 기업들과 차별화된 사회문제를 선정하고, 소비자들의 눈에 띄는 테마를 개발하는 것이 쉽지 않기 때문이다. 그러나 불황기에는 CSR활동 자체가 눈에 띄게 줄어들기 때문에 상대적으로 적은 노력을 들이고도 호황기에 비하여 높은 효과를 얻을 수 있다는 것이다. 특별한 사회문제가 아니더라도 언론의 조명을 쉽게 얻을 수 있고, 차별화된 테마를 개발하기 위하여 많은 노력이 필요하지 않으며, 매체의 효율성도 높아지게 된다. 즉 적은 비용으로 높은 효과를 얻을 수 있는 장점이 있다. 실제로 미국에서는 CSR활동이 이미 기업의 실적이나 경제여건과 상관없는 필수적인 활동으로 자리잡았으며, 오히려 불황기에 더 많은 투자가 이루어진다고 한다(최준혁, 2012). 즉 불황기의 CSR활동은 선택이 아닌 필수라고 해도 과언이 아닐 것이다.

셋째, 기존에 진행 중인 캠페인을 불황기에도 지속함으로써 소비자들의 진정성 인식에 크게 기여할 수 있다. 호황기 때 전개하였던 이벤트성, 홍보성 CSR마케팅 활동의 진정성에 대하여 부정적인 시각을 갖던 소비자들도 불황기에도 지속되는 캠페인에 노출된다면 부정적 시각에서 벗어날 수 있을 것이다. 앞서 살펴 본 일관성, 지속성의 관점에서 쉽게 이해할 수 있다. 경제불황기에는 호황기에 비하여 상대적으로 예산을 축소해야 하는 등 적극적인 캠페인을 전개하기 힘든 것이 사실이다. 그러나 적은 노출로도 효과를 얻을 수 있는 만큼 매체전략을 축소, 수정하더라도 캠페인을 지속함으로써 성과를 얻을 수 있을 것이다. 커뮤니케이션 캠페인의 매체 스케줄링 전략 중에는 마치 '눈을 깜박거리듯이 찔끔 찔끔'이라는 뜻에서 유래된 '블링커링(Blinkering)'이라는 전략이 있다. 예산이 충분치 않지만 캠페인은 지속해야 하는 중/소기업들이 주로 활용하는 매체전략이다. 캠페인 기간 전체에 걸쳐 소량의 노출을 끊김 없이 시도하는 방식이다. 불황기에는 상대적인 노출의 기회가 커지게 되므로 적은 예산이라도 CSR마케팅 활동에 이 전략을 적절히 활용한다면 소기의 목표를 달성하는 데 도움이 될 것이다. 이렇게 하기 위해서는 장기간에 걸쳐 지속적으로 시행할 수 있는 사회공헌 주제의 선정이 물론 선결되어야 할 것이다.

요약하자면, 어느 기업에나 힘든 경제불황기에는 CSR활동의 진정성 효과와 커뮤니케이션 매체 집행의 효율성, 일관성의 이점을 살릴 수 있는 좋은 기회를 잡을 수 있다. 따라서 CSR마케팅 활동을 축소하거나 폐지하기보다는 경쟁우위를 점할 수 있는 호기로 삼는 것이 바람직할 것이다.

키워드(Keywords)

- 경제불황/저성장
- CSR활동의 진정성
- 순수성
- 적합성
- 일관성
- Z세대
- 커뮤니티 스토어(Community Store)

생각해 볼 문제(Review Questions)

- 장기적인 경제침체기에 CSR활동은 지속되어야 하는가?
- 만약 그렇다면 CSR마케팅 활동의 방향은 어디로 향해야 하는가?
- 진정성 있는 CSR마케팅이란 무엇을 의미하는가?
- 진정성의 구체적인 의미는 무엇이고, 소비자들에게 어떻게 전달할 수 있는가?

- 기업의 CSR활동의 순수성, 적합성, 일관성 등을 효과적으로 전달한 CSR마케팅 캠페인의 사례를 각각 들어 보자.
- 미래의 CSR활동을 위한 CEO의 인식전환이란 무엇을 포함하는가?
- 미래형 CSR마케팅 활동의 대표적인 사례인 스타벅스의 '커뮤니티 스토어(Community Store)'의 성공요인은 무엇인가?
- 경제불황기에 CSR마케팅을 기회로 활용하기 위하여 기업은 어떠한 방향으로 CSR마케팅 활동을 수행해야 하는가?

참고문헌

구윤희, 윤영민, 이헌율 (2015). CSR 진정성 효과 연구: CSR에 대한 기업의 실제 동기와 표현 동기 일치 여부를 중심으로. 홍보학연구, 19(4), 27-54.

김자경, 김정현(2001). 공익연계 마케팅이 소비자 반응에 미치는 효과. 광고학연구, 12(3), 31-52.

김재휘, 신상화, 김수정(2005). 기업 공익활동에 대한 일관성 및 차별성 귀인이 기업에 대한 태도에 미치는 영향. 한국심리학회: 소비자, 광고, 6(2), 27-44.

안대천, 이준우, 김종대, 서광석 (2019). 소비자 참여형 CSR캠페인의 진정성 효과에 관한 연구: 소비자의 이타주의 성향과 캠페인 유형의 조절효과를 중심으로. 소비자정책교육연구, 15(2), 125-149.

이한준, 박종철 (2010). 경제적 책임과 자선적 책임에 대한 인식이 반기업 정서에 미치는 영향. Asia Marketing Journal, 12(3), 63-79.

전국경제인연합회 (2019). 2019 주요기업의 사회적 가치 보고서.

최혁준 (2012). 존경받는 사회공헌, 비난 받는 사회공헌. 디프넷.

Becker-Olsen, K., Cudmore, B., & Hill, R. (2005). The Impact of Perceived Corporate Social Responsibility on Consumer Behavior. *Journal of Business Research*, 59(1), 46-53.

Beckman, T., Colwell, A., & Cunningham, P. (2009). The Emergence of Corporate Social Responsibility in Chile: The Importance of Authenticity and Social Network. *Journal of Business Ethics*, 86, 191-206.

Cone(2017) Gen Z CSR Study: How to Speak Z, Cone Communications Research.

Ellen, P, Webb, D., & Mohr, L. (1998). Building Corporate Associations: Consumer Attributions for Corporate Socially Responsible Programs. *Journal of the Academy of Marketing Science*, 34(2), 147-157.

Forehand, M. & Grier, S. (2003). When is Honesty the Best Policy? The Effect of Stated Company Intent on Consumer Skepticism. *Journal of Consumer Psychology*, 13(3), 349 – 356.

Greyser, S. (2009). Corporate Brand Reputation and Brand Crisis Management. *Management Decision*, 47(4), 590-602.

Liedtka, J. (2007). Strategy Marking and the Search for Authenticity. *Journal of Business Ethics*, 80, 237-248.

Menon, S. & Kahn, B. (2003). Corporate Sponsorships of Philanthropic Activities: When Do They Impact Perception of Sponsor Brand? *Journal of Consumer Psychology*, 13(3), 316-327.

Sen, S. & Bhattacharya, C. (2001). Does Doing Good Always Lead to Doing Better? Consumer Reactions to Corporate Social Responsibility. *Journal of Marketing Research*, 38(May), 225-43.

Chapter 11

CSR마케팅 기획

학습 목표

기획이란 말 그대로 생각하는 것을 그리는 일이다. 따라서 마케팅 기획은 소비자의 욕구를 만족시키기 위하여 시장에서 어떤 일을 어떻게 할 것인지를 고안해 내는 일이다. 단순히 해야 할 일을 나열하는 것은 누구나 조금만 생각하면 할 수 있다. 하지만 현재에 만족하지 않고 더 새롭고, 큰 가능성을 찾기 위하여 '창의성(creativity)'을 발현함으로써 경쟁우위를 확보할 수 있는 그림을 그리는 일은 그리 쉽지 않은 일이다. 이번 장에서는 치열한 경쟁상황에서 차별적인 우위를 전할 수 있는 CSR마케팅 캠페인을 기획하는 것에 대하여 자세히 알아보기로 한다. 이를 위하여 먼저 마케팅 기획의 의미와 프로세스, 주요 요소들을 점검해 보기로 한다. 또한 마케팅 4P믹스의 틀에서 CSR마케팅의 위치와 역할을 파악하고, 그에 적합한 CSR 캠페인 전략은 어떻게 기획해야 할지에 대하여 살펴보기로 한다. 캠페인의 중심을 잡아주는 콘셉트와 슬로건은 어떻게 개발하는지와 소비자와의 효율적인 소통을 위한 매체전략에 대해서도 함께 논의하기로 한다.

기획(Planning)이란 기업이 당면하고 있는 문제를 파악하고, 이를 해결하기 위하여 목표를 설정하고, 목표 달성에 필요한 구체적인 전략과 전술을 도출하는 과정이라고 할 수 있다. 문제 해결의 주체인 구성원들의 공통된 이해와 협력을 이끌어내기 위한 커뮤니케이션의 목적으로 작성되는 기획서는 목표와 전략, 전술 및 그와 관련한 일련의 과정을 포함하는 체계적인 제안 및 실현과정을 기술한 문서이다. 따라서 기업 경영활동의 기능영역에 속하는 CSR마케팅 활동의 기획은 기업이 당면하고 있는 문제의 해결을 위하여 사회공헌의 요소를 전략적으로 활용하기 위한 구체적인 마케팅 전략과 전술을 도출하는 과정이라고 할 수 있다. CSR마케팅은 기업목표 달성을 위한 여러 가지 경영활동의 기능영역 중의 하나인 마케팅 영역에 포함되므로 전략적인 CSR마케팅 기획의 방법을 살펴보기 전에 전체적인 기업경영활동의 틀 안에서 마케팅과 CSR마케팅 활동이 차지하는 위치를 먼저 살펴볼 필요가 있다. 이어서 일반적인 마케팅 기획의 내용과 프로세스에 대하여 알아보고, 그 틀 안에서 행해지는 CSR마케팅 기획에 관하여 자세히 살펴보기로 한다.

01 CSR마케팅의 위치와 마케팅믹스

기업 경영활동의 큰 틀에서 보면 CSR마케팅 활동은 인사/조직, 재무, 생산, 물류, 회계 등과 같은 기능영역 중에서 마케팅 영역에 포함되는 경영활동의 요소이자 기업목표 달성을 위한 마케팅 영역의 세부수단 또는 활동이다. 즉 경영믹스의 한 부분인 마케팅에 속하는 요소이기 때문에 CSR마케팅 활동의 직접적인 목적은 마케팅 목표의 달성에 있다고 할 수 있고, 4P라고 불리는 제품(Product), 가격(Price), 유통(Place), 촉진(Promotion) 요소들을 적절히 활용함으로써 효과를 극대화할 수 있다.

CSR마케팅 활동이 마케팅 영역 내에서 차지하는 위치와 다른 요소들과의 관계를 좀 더 구체적으로 살펴보면 다음과 같다. 마케팅은 시장에서의 교환을 통하여 소비자의 필요와 욕구를 충족시킴으로써 기업목표를 달성하는 일련의 활동으로서 흔히 4P라고 불리는 제품, 유통, 가격, 촉진의 요소로 구성된다. 흔히 제품은 제품의 디자인, 기능, 상표명, 로고, 포장, 포괄적 제품 특성으로 구성되며, 유통은 유통경로의 형태와 수, 통제방식(수직 vs. 수평) 등과 관련되며, 가격은 가격목표, 제품수요, 원가구조, 경쟁과 법적 요인으로 나눌 수 있고, 마지막으로 촉진은 인적판매, 판매촉진, 광고, 홍보와 같은 커뮤니케이션 활동으로 구성된다. 마케팅믹스 기획이란 이러한 4P 요소들을 적절히 활용하여 일관성, 통일성 및 시너지 효과를 얻기 위한 전략, 전술을 설계하는 것이라고 할 수 있다. 그렇다면 이러한 구조적 틀 안에서 CSR마케팅의 위치는 어디이며, 4P믹스 요소들과는 어떻게 관련되어 있는가?

앞 장에서 살펴 본 것과 같이 CSR마케팅은 마케팅 4P믹스 중에서도 특히 제품과 촉진 등 두 요소와 밀접하게 관련되어 있다. 사회공헌이라는 수단을 활용하여 소비자들의 잠재적인 욕구를 찾아내고, 새로운 가치를 창출해 냄으로써 소비자의 욕구를 만족시키는데 있어서 제품과 촉진요소가 중점적으로 활용되기 때문이다. 공익캠페인이나 사회마케팅의 경우, 사회문제에 대한 인식 확산과 참여행동 유발이라는 캠페인 목표의 달성에 촉진(커뮤니케이션)활동은 필수적인 요소이다. 또한 제품판매와 연계하여 사회문제 해결에 필요한 기금을 마련하는 공익연계마케팅의 경우, 제품과 촉진 요소의 활용이 반드시 요구된다. 제품에 사회적 가치를 부여하여 사회적 가치와 경제적 가치를 동시에 추구하는 공유가치창출 마케팅의 경우에도 제품 자체와 커뮤니케이션 활동이 캠페인의 핵심요소가 된다. 제품과 촉진 요소 이외에 유통 요소도 공익캠페인, 사회마케팅, 공익연계마케팅 활동에서 얻고자 하는 커뮤니케이션 효과 달성을 위한 채널전략의 일부로 활용된다. 〈표 11-1〉과 같이 유형에 따라 차이는 있지만 CSR마케팅 활동에 있어서 마케팅 4P 요소의 일부 또는 전체가 캠페인의 전술적 요소로 활용되는 것을 알 수 있다. CSR마케팅 활동은 표적시장 소비자들을 대상으로 사회공헌의 핵심가치를 효과적으로 전달하기 위

표 11-1 CSR마케팅의 마케팅 4P믹스 활용

4P's	공익캠페인	사회마케팅	공익연계마케팅	공유가치창출 마케팅
제품			✓	✓
가격			✓	
유통	✓	✓	✓	
촉진	✓	✓	✓	✓

하여 마케팅 4P믹스를 적절히 활용하는 마케팅활동이라고 할 수 있다. 따라서 내·외부적인 환경변화에 따른 시장기회 모색을 통하여 경쟁우위를 차지하기 위한 전략을 수립하는 마케팅 전략 기획과 바탕을 같이 한다고 할 수 있다.

02 마케팅 기획(Marekting Planning)

기획(Panning)이란 말은 문자 그대로 '생각하는(企) 바를 그리는(劃) 일'이다. 단순히 해야 할 일을 시간의 순서에 맞추어 보기 좋게 정리하여 나열하는 것, 즉 '무엇'과 '언제'에 관련된 것을 계획(Scheduling)이라고 한다면, 기획은 '왜', '어떻게' 그 일들을 해야 하는지와 관련된 것이라고 할 수 있다. 기획은 현상에 만족하지 않고 더 새롭고, 큰 가능성을 찾으려 할 때 반드시 필요한 요소이다. 계획과는 달리 더 큰 발전을 위하여 '창의성(creativity)'을 발현한다는 것이고, 모든 기능영역에서 기업의 건전한 기획활동은 창의성의 발현이 요구된다고 할 수 있다.

1) 마케팅 기획의 요소

일반적으로 기획은 문제발견 – 목표설정 – 수행전략 – 세부활동 전술에 이르는 일련의 과정을 포함한다. 특정 문제의 해결을 위한 구체적인 방안을 창조하는 목표 지향적 행동으로서 목표를 실현하기 위한 수행방법과 내용을 포함하게 된다. 기획의 내용은 기획서라는 문서의 형식을 빌려 구성원들과 공유하게 되는데, 기획서는 해당 조직 간의 원활한 업무조정과 수행을 위한 커뮤니케이션의 역할을 한다. 기획의 목적, 기본구상과 내용을 명확하고 일관성 있게 기술한 기획서는 사업목표와 내용에 대하여 구성원 모두의 공통된 인식과 이해를 도와 줌으로써 성공적으로 사업을 완수하는 데 효과적이다.

좋은 마케팅 기획서가 갖춰야 할 요소들은 다음과 같이 정리할 수 있다(〈그림 11 – 1〉). 첫째, 마케팅 목표와 내용, 핵심 등을 명확하게 제시함으로써 구성원들이 쉽게 이해하고, 내용에 대하여 동일한 인식을 갖도록 해야 한다. 둘째, 모든 아이디어나 주장, 설명 등은 누구나 납득할 수 있는 객관적인 자료가 근거로 제시되어야 한다. 통계자료, 출판물, 논문 등을 인용할 경우에는 반드시 출처를 제시해야 한다. 셋째, 마케팅 분야의 전문가가 아니어도 쉽게 이해할 수 있도록 복잡하지 않게 기술되어야 한다. 넷째, 문제의 도출과 해결을 위한 접근방식이나 수행전술 등이 일관성을 유지해야 한다.

그림 11-1 좋은 기획서가 갖춰야 할 요소

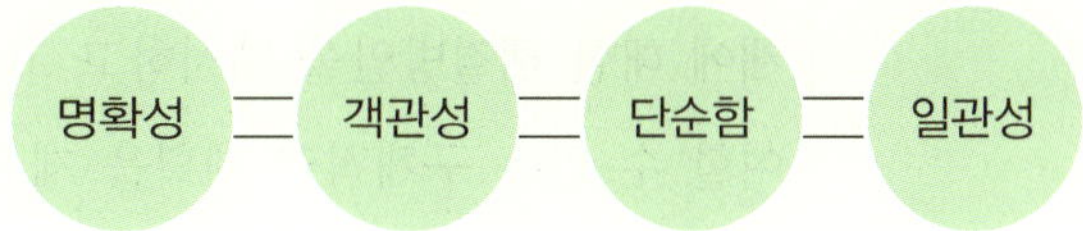

마케팅 기획서의 핵심은 시장에서 경쟁우위를 확보하기 위한 구체적인 실천전략이다. 문제를 파악하고 목표를 명확히 한 후, 그 문제를 해결하기 위한 구체적인 실행전략과 실천방안을 제시하되, 모든 제안에는 객관적인 근거가 충분히 제시되어야 한다. 따라서 개념적이거나 추상적인 내용이 아니라 구체적이고 현실적인 내용으로 구성되어야 한다. 그렇기 하기 위하여 다음과 같은 5가지 요소에 대한 사전 이해와 준비가 철저히 이루어져야 한다.

1. Why? – 기획의 배경, 의의와 함께 명확한 목표(효과)의 설정(기획의 목표)
2. What? – 실행 전략과 실천 전술(기획의 내용)
3. How? – 전략방안(어떻게, 언제, 어디서 집행하는지에 대한 실행방안)
4. Who? – 기획 집행의 주체(기획의 주체 및 관계자)
5. How Much? – 기획을 실행하고 수행하는 데 필요한 예산(기획의 예산)

좋은 마케팅 기획서는 위의 5가지 요소를 중심으로 다음의 내용을 명확하게 제시해야 하며, 각 요소들 간에 일관성 있는 흐름을 유지해야 한다.

- 체계적이고 광범위한 시장 분석: 소비자, 경쟁사, 시장 및 잠재적 미래 경쟁자에 대한 폭넓은 분석
- 시장 및 고객가치의 정의: 표적시장을 세밀하게 정의하고, 소비자에게 제공하는 합리적이면서도 새로운 가치를 제시
- 시장기회의 평가: 체계적인 분석을 토대로 기업의 내재된 리스크를 규명하고, 극복방안을 제시하며, 잠재적인 시장기회의 활용방안을 제시
- 실행방안: 전략의 구현을 위하여 시장상황에 맞는 실현 가능한 실행방안 제시

2) 마케팅 기획 프로세스

마케팅 기획은 단순한 생각이나 아이디어를 발상하는 것이 아니라 현실적인 문제에 대한 해결방안을 제시하고 고객가치를 구현함으로써 기업의 목표 달성에 기여할 수 있는 구체적인 계획을 제시하여야 한다. 따라서 기획의 입안 단계에서부터 문제해결을 위한 아이디어의 발상과 실행방안 제시, 설득 프레젠테이션, 집행에 이르기까지 일관성 있고 중심에서 벗어나지 않는 프로세스를 거쳐 완성되어야 한다. 일반적으로 마케팅 기획은 〈그림 11 – 2〉과 같은 프로세스를 거친다.

그림 11-2 마케팅 기획 프로세스

문제 및 개념의 명확화	기획의 핵심 포인트를 명확하게 결정하고 문제 해결을 위한 단서와 전개방법 도출
정보 수집 및 분석	아이디어 발상에 필요한 자료를 주제별, 내용별로 분류하고 체계적으로 분석
아이디어 발상	자료를 토대로 창의적이면서 실현 가능한 아이디어 도출
기획서 작성	구체적인 수행방법과 프로세스를 기획안으로 작성
프리젠테이션	클라이언트 또는 수행책임자에게 설득을 위한 프리젠테이션 실시
실행계획 작성	기획내용을 구체적으로 실현하기 위한 조직구성, 업무범위, 진행일정 등 실행방법에 관한 계획 작성

3) 마케팅 기획서 작성법

마케팅 전략방안이 마련되면 클라이언트나 집행주체, 최고경영층 등 다양한 사람들이 쉽게 이해할 수 있는 기획서를 작성하게 된다. 기획서는 커뮤니케이션을 위한 문서이기 때문에 명확한 논리나 일관성 있는 제안도 중요하지만, 기획문서를 공유하는 다양한 사람들을 설득할 수 있도록 간결하고 깔끔하게 작성되어야 한다.

이를 위하여 기획서의 구조, 형식, 내용 등은 다음과 사항을 고려하여 작성하는 것이 효과적이다.

첫째, 전체적으로 기획서는 문자의 양을 줄이는 대신 '비주얼' 중심의 형식으로 작성하는 것이 효과적이다. 서양의 격언 중에 '천 마디의 말보다 그림 하나가 더 설득력이 있다(A picture is worth thousand words)'라는 말이 있듯이, 시각정보를 적극 활용하는 것이 이해와 설득에 더 효과적일 수 있다. 긴 문장이나 세세한 설명보다는 크고 작은 표제어를 사용하여 내용을 구분하여 제시하는 것이 도움이 된다. 또한 페이지 전체를 빽빽하게 채우는 것보다는 직당한 여백을 설징하여 여유가 있는 레이아웃을 유지하는 것이 효과적이다.

둘째, 표지, 머리말(요약), 목차, 도표 등을 적절히 활용하여 간결하지만 꼭 필요한 내용을 명확하게 전달할 수 있도록 구성한다. 잘 작성된 표지나 머리말은 그것만으로도 전체의 내용을 파악하는 데 도움을 준다. 머리말에는 기획의 목적과 의

그림 11-3 마케팅 계획표(Timeline) 예시

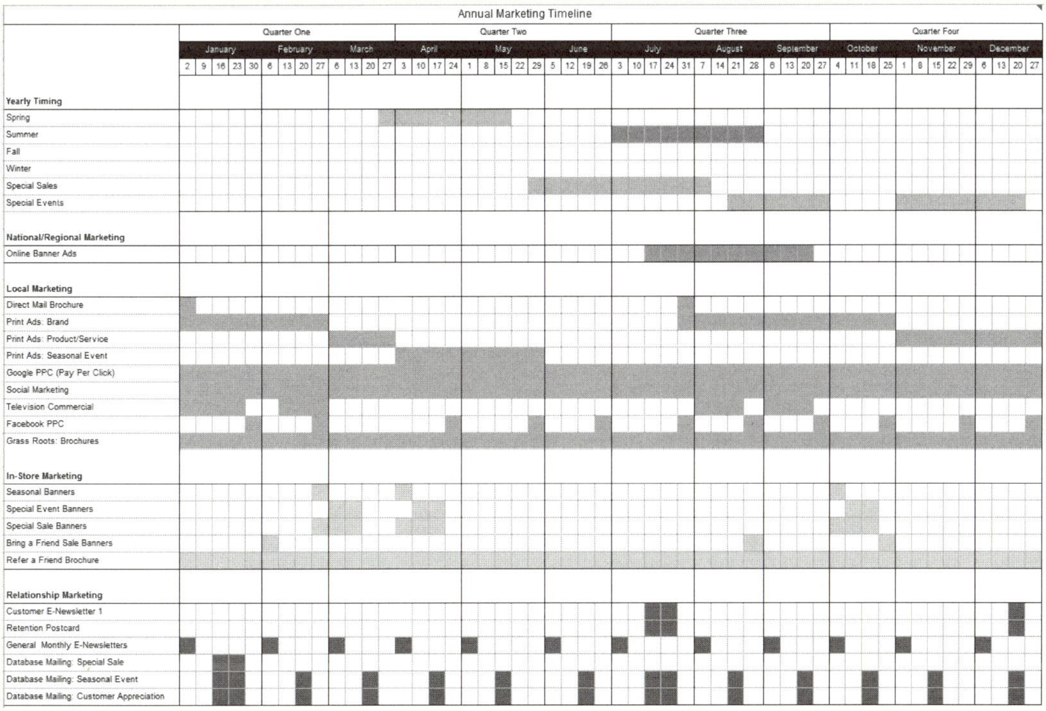

의를 명확하게 제시해야 하며, 목차는 기획서 전체를 한 눈에 파악할 수 있도록 작성한다. 또한 도표나 그림은 간단한 설명문과 함께 넣어주며, 중요한 부분을 밑줄을 치거나 글씨 모양을 바꿔준다.

셋째, 기획내용을 제시할 때는 목적을 명확하게 명시하고 기획의 필요성을 논리적으로 제시한다. 구체적인 전략방안을 제시할 때는 반드시 신뢰할 수 있는 객관적 자료를 근거로 인용하되 자신 있는 표현방법을 사용한다. 집행예산과 기대효과를 최대한 정확하게 제시하며, 모든 일정은 〈그림 11 - 3〉의 예와 같이 월, 주간 단위로 구분되는 흐름표(flow chart)의 형식으로 작성하는 것이 효과적이다.

03 CSR마케팅 전략 기획

마케팅 기획은 기업의 마케팅활동을 위한 일종의 로드맵을 수립하는 것을 말한다. 즉 표적시장 소비자와의 장기적인 관계를 형성하고 이를 유지, 강화하기 위하여 마케팅 4P 전략을 수립하는 행위 및 과정이라고 할 수 있다. CSR마케팅의 기획은 소비자를 포함한 이해관계자와의 호혜적 관계를 구축하고 이를 유지, 발전시키기 위한 활동전략을 수립한다는 점에서 마케팅 기획과 맥을 같이한다. 사회공헌이라는 핵심가치의 전달을 수단으로 한다는 점에서 차이가 있지만 CSR마케팅 역시 마케팅 목표와 기업목표 달성을 위하여 수행되는 창의적인 활동이라는 점에서 일반적인 마케팅활동과 다르지 않다. 따라서 앞서 논의한 일반적인 마케팅 기획의 원칙을 토대로 하여 CSR마케팅 기획방법에 대하여 알아보기로 한다.

1) 마케팅 전략 기획

기본적인 마케팅 기능은 환경분석, 마케팅 조사, 소비자분석, 상품기획, 유통계획, 촉진계획 그리고 가격결정 등을 포함한다. 이들 중 환경분석, 마케팅 조사, 소비자 분석은 시장세분화를 통한 표적시장의 선택과 상품의 포지셔닝 등 마케팅 전략을 수립하기 위하여 수행하는 기능이라 할 수 있다. 제품, 가격, 유통, 촉진 등

그림 11-4 마케팅 전략 기획 프로세스

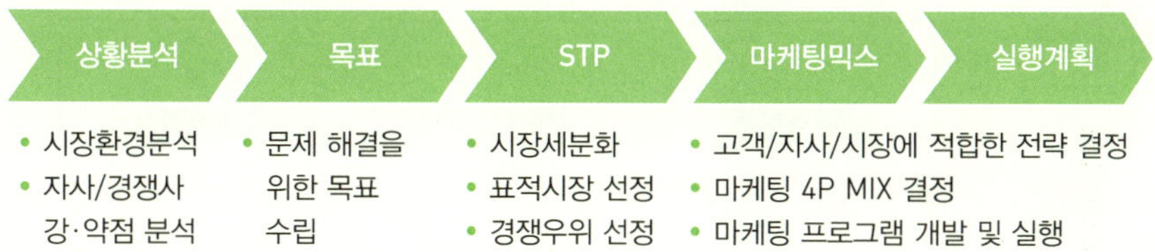

4P와 관련된 계획은 이미 수립된 마케팅 전략에 근거한 실행전략이라고 할 수 있다. 즉 일반적으로 마케팅 전략의 수립은 소비자행동에 대한 이해를 바탕으로 시장을 세분화하고 표적시장을 선정하며, 선정된 표적시장에 적절하게 제품을 포지셔닝하는 과정을 말한다. 이를 토대로 경쟁우위를 달성하기 위한 적절한 마케팅믹스 전략을 수립하게 된다.

상황분석 단계에서는 외부환경, 내부환경, 소비자와 경쟁자 분석, SWOT 분석이 이루어지며, 이를 토대로 측정 가능하고 달성 가능하며 현실성 있는 마케팅 목표를 수립하게 된다. 이어서 시장세분화를 통하여 적합한 표적시장을 선정하고 포지셔닝 계획을 수립한 후, 이를 시장에서 실현하는 마케팅믹스 전략을 수립하고 이벤트, 광고, SP 등과 같은 세부 프로그램 계획을 마련하는 과정을 거치게 된다. 요약하자면, 마케팅 전략은 소비자 분석(시장 분석)→경쟁자 분석→시장세분화 및 표적시장 선정→마케팅믹스 전략→실행 프로그램 과정을 거쳐 수립된다(〈그림 11-4〉).

2) CSR마케팅 전략 기획

CSR마케팅 활동에도 전통적인 마케팅 기능과 전략이 적용되지만, '사회공헌'이라는 가치를 4P믹스 전략을 통하여 전달하고 실현하는 것이 핵심적인 요소이다(〈그림 11-5〉). CSR마케팅의 4가지 유형(공익캠페인, 사회마케팅, 공익연계마케팅, 공유가치창출 마케팅)에 따라 4P믹스의 활용방식과 정도에 차이가 있으므로 이를 중심으로 CSR마케팅 전략 기획 과정을 살펴보기로 한다.

그림 11-5 CSR마케팅 기능과 전략

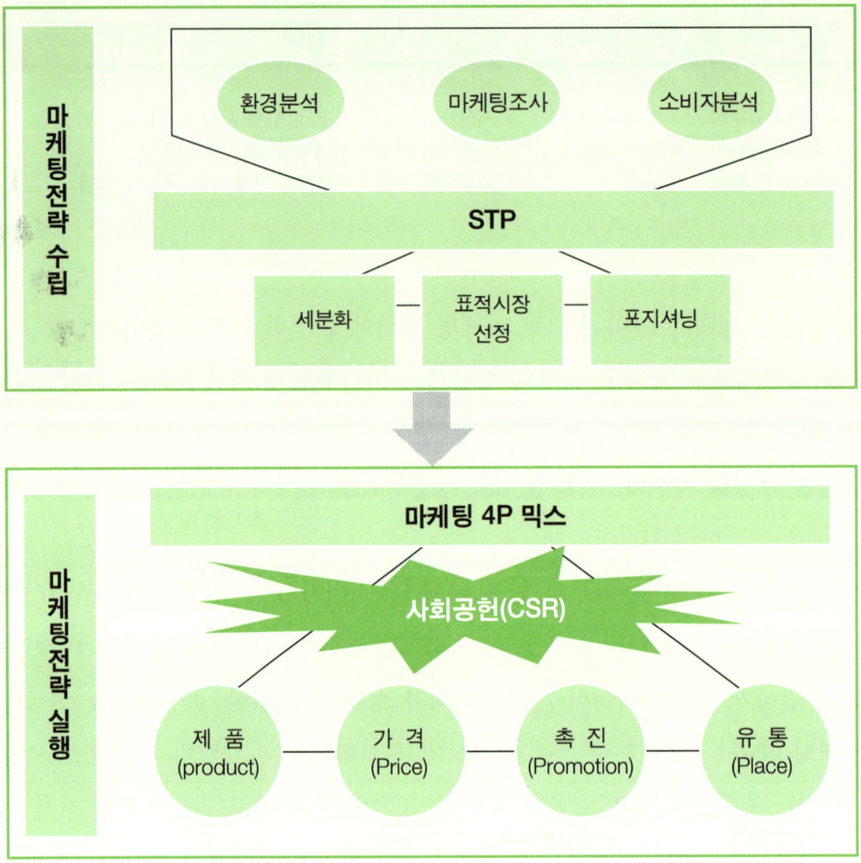

상황분석

일반적으로 상황분석 단계에서는 기업의 마케팅활동에 영향을 미치는 기업 내외부의 시장환경 요인들을 분석한다. 시장수요, 경쟁자, 시장의 사회적·문화적·경제적 트렌드와 이슈를 분석함으로써 시장환경의 변화를 파악하고 그에 대처하여 기회를 확대하고 위기를 감소시키려는 제반 활동이 포함된다. 효과적인 상황분석을 위하여 흔히 SWOT 분석법이 활용된다. SWOT 분석은 시장에서의 경쟁력과 기회의 요인을 쉽게 파악할 수 있어 마케팅뿐만 아니라 광고, 프로모션 계획을 수립할 때에도 자주 사용된다. 또한 자사의 마케팅 자원의 강점과 약점을 분석하고, 외부의 시장환경 요인이 자사에 위기, 또는 기회가 되는지를 판단하고, 경쟁사와의 차별성을 찾아낼 수 있는 장점이 있다.

CSR마케팅의 상황분석도 위와 같이 기업을 둘러싼 내·외부 환경을 파악하여 경쟁우위를 확보할 수 있는 요소를 찾아내는 방식으로 이루어지지만, 특히 사회공헌의 대상이 되는 사회문제를 선정하기 위하여 세밀한 자료분석과 신중한 의사결정이 요구된다. 사회문제의 선정은 장기적으로 기업의 CSR활동의 주제를 결정하는 매우 중요한 작업인 동시에 개별 CSR마케팅 캠페인의 성공에 결정적인 영향을 미치는 핵심요소라고 할 수 있다. 일반적으로 기업이나 제품의 특성과 잘 부합되는 문제, 또는 기존 목표시장 소비자들에게 가장 주목받을 수 있는 문제, 경쟁자들이 다루지 않는 문제를 선정하게 되는데, 사회문제와 CSR활동을 함께 할 제휴단체를 선정하기 위하여 다음과 같은 심층적인 분석이 이루어지게 된다.

첫째, 자사의 핵심역량이나 사업분야, 핵심가치와 관련성이 크고 현재 일반대중의 가장 큰 관심사가 되는 사회문제는 무엇인가? 둘째, 자사가 이미 지원하고 있는 사회문제에는 어떤 것들이 있는가? 셋째, 경쟁자들은 어떤 사회문제를 대상으로 CSR마케팅 활동을 전개하고 있는가? 넷째, 어떤 사회단체들이 해당 사회문제와 관련하여 활동하고 있는가? 다섯째, 자사 또는 자사 제품의 이미지와 가장 잘 어울리는 공익단체에는 어떤 곳들이 있는가? 여섯째, 해당 공익단체의 규모와 평판은 어떠한가?

목표 설정

마케팅 환경과 상황분석을 통하여 확인한 자사의 시장경쟁력을 바탕으로 달성해야 할 마케팅 목표를 설정한다. 마케팅 목표는 기업목표와 맥을 같이 해야 하며, 하위 요소인 마케팅믹스 요소들, 즉 광고, 프로모션 계획과 유기적인 체계를 유지하도록 수립한다. 한 가지 주의해야 할 점은 기업목표와 마케팅활동의 중요한 수단인 커뮤니케이션 목표와의 차별성이다. 마케팅 목표는 기업목표를 구체화하여 마케팅활동의 영역과 특성에 입각하여 설정되어야 하므로 주로 4P믹스와 관련된 목표로 설정된다. 예를 들면, 신제품을 출시하거나 유통망을 확대하고 프로모션 비용을 확대하여 판매액, 시장점유율 등을 증가시키는 목표들이 해당된다. 한편 광고활동을 포함하는 커뮤니케이션의 목표는 커뮤니케이션 효과를 기준으로 설정하는 것이 보통이다. 일반적으로 마케팅 목표와 광고목표를 구별하지 못하는 경우가 많은데, 마케팅은 기업이윤 극대화를 위하여 통합적인 판매활동을 통한 고객만족을 실현하는 것이므로 판매의 증가나 시장점유율 달성이 목표가 된다. 그러나 광고는 전체 마케팅활동의 일부에 불과하며, 판매에 미치는 직접적인 영향을 정확하게 측정하기 어렵기 때문에 커뮤니케이션 효과를 목표로 설정하게 된다. 예를 들어, 인지도, 상기도, 선호도, 메시지의 소비자 침투율 등을 포함한다.

CSR마케팅의 목표는 두 가지 측면을 포함한다. 하나는 사회문제의 해결을 위한 공헌의 목표이다. CSR마케팅 활동을 통하여 해당 사회문제의 해결에 얼마만큼 기여할 수 있는가를 목표로 설정하는 것이다. 캠페인 대상에게 어떠한 인식을 갖게 할 것인지, 어떤 행동(기부나 자원봉사)을 요구할 것인지에 대한 목표를 명확히 설정한다. 쉬운 예로 음주운전 방지를 위한 공익캠페인은 마케팅 목표로 '향후 1년 간 표적시장 소비자의 70% 이상이 음주운전의 위험성에 대하여 인식하게 한다'라는 목표를 세울 수 있다. 목표는 과정상의 목표(예: 캠페인 실시 범위나 횟수)가 될 수도 있고 실제 성과가 될 수도 있다. 이와 동시에 캠페인을 통한 기업의 이미지, 평판, 신뢰도, 선호도의 제고와 관련한 목표를 설정하게 된다. 예를 들면, '캠페인 전에 비하여 우리 회사에 대한 소비자의 신뢰도 수준을 20% 증가시킨다'와 같은 목표를 설정할 수 있다.

즉 CSR마케팅은 사회문제의 해결과 마케팅 등 두 가지 관점에서 목표를 세우게 되는데, 어느 것이 우선시되는가는 활동유형에 따라 달라질 수 있다. 공익캠페인과 사회마케팅의 경우에는 사회문제에 대한 인식 확산과 대중의 참여행동 유발이 우선시될 수 있고, 공익연계마케팅의 경우에는 제품 판매목표의 달성이 사회문제 지원으로 연결되는 만큼 마케팅 측면의 목표가 우선시된다고 할 수 있다. 공유가치창출 마케팅의 경우에는 제품 자체가 사회문제의 해결에 기여하는 방식이므로 어느 하나가 우선시되기보다는 동일한 비중을 갖는다고 할 수 있다.

목표시장의 선택

시장환경 분석을 바탕으로 목표가 설정되면 자사의 제품과 서비스에 적극적인 반응을 보일 것으로 예상되는 표적시장이나 목표소비자를 선택하고, 그들의 욕구를 제대로 분석하여 이를 충족시키기 위하여 필요한 과업을 파악해야 한다. 목표시장 선정은 STP(Segmentation, Targeting, Positioning)에 의하여 진행하는 것이 효율적이다. STP란 소비자의 특성별로 몇 개의 세분화된 시장으로 구분하고(Segmentation), 여러 세분시장 가운데 자사에 가장 적합한 목표시장을 선정하여(Targeting), 목표시장의 욕구를 충족시키고 만족을 극대화할 수 있는 차별화된 마케팅 프로그램과 커뮤니케이션 메시지를 개발(Positioning)하는 것을 말한다(안광호 외, 2014).

CSR마케팅의 경우, 목표시장은 제품/서비스는 물론 선정된 사회문제를 모두 고려하여 선정하게 된다. 공익캠페인이나 사회마케팅의 경우에는 해당 사회문제에 민감하고, 메시지를 필요로 하거나, 쉽게 수용할 수 있는 소비자들을 목표시장으로 선정하는 것이 유리하다. 예를 들어, 금연 캠페인의 대상으로는 젊은 임신부를 타깃으로 선정하는 것이 효과적일 수 있고, 도로 쓰레기 투기 방지 캠페인의 경우에는 직업 운전자들을 핵심 목표시장으로 선정하는 것이 합리적일 것이다. 공익연계마케팅의 경우에는 제품에 보다 무게를 두어 신상품으로 새로운 시장에 진입할 것인지의 여부, 기존 제품의 차별성 확보의 중요성 등을 감안하여 선정하게 된다. 이 경우에는 목표시장 선정이 사회문제와 마케팅 목표 설정과 동시에 이루어지는 것이 합리적일 것이다. 목표시장에 따라 의미 있는 사회문제가 다를 수 있고, 그에 따라 목표도 가변적이기 때문이다.

마케팅믹스와 실행계획

상황분석을 통하여 마케팅 목표를 설정하고 구체적인 목표시장이 선정되면 세분화된 목표시장의 핵심적인 소비자를 대상으로 그들의 욕구를 충족시키기 위하여 기업이 가지고 있는 마케팅 자원을 효율적으로 배분한 후 구체적인 활동 프로그램을 개발해야 한다. 즉 효율적인 마케팅믹스를 개발해야 한다. 마케팅믹스(전략)의 핵심요소는 제품, 가격, 유통, 촉진 등이며, 이 네 가지 요소들이 통합적으로 조화를 이루어야 성공적인 마케팅활동이 가능하다.

제품전략은 제품의 디자인, 상표명, 기능 및 특성, 로고, 포장, 스타일 등과 제품수명과 관련된 것으로서 제품의 물질적인 측면과 서비스 등도 함께 고려하여 개발되어야 한다. 가격전략은 제품가격과 관련된 것으로서 기업의 수입에 직결되며, 다른 마케팅믹스 요소인 제품, 유통, 촉진과는 달리 마케팅 비용이 매우 적게 드는 정책적 수단이다. 가격은 제품의 판매로 적절한 수준의 이익을 낼 수 있는 선에서 결정되어야 한다. 또한 경쟁제품을 고려하여 소비자에게 납득될 수 있는 수준이어야 하며, 할인, 공제, 할부조건, 신용조건 등도 변수로 작용한다. 유통전략은 유통경로에서 발생하는 보관, 재고, 수송과 관련된 의사결정이다. 즉 제품 생산자로부터 최종소비자에게로 전달, 연결되는 이동경로(channel) 또는 분배(distribution)와 관련된 전략으로서 특히 소비자의 구매시점에서 의사결정에 많은 영향을 줄 수 있기 때문에 파급효과가 크다. 촉진전략은 설득적인 수단과 메시지를 통하여 구매동기와 흥미를 유발하기 위한 커뮤니케이션 활동을 말한다. 인적판매, 광고, 판매촉진 그리고 간접적인 판매(홍보 또는 PR) 등 판매를 촉진하기 위한 모든 활동이 포함된다(Kotler & Armstrong, 2016).

앞의 〈표 11 - 1〉과 같이 CSR마케팅은 마케팅 4P믹스 중에서도 특히 제품과 촉진 등 두 요소가 중요한 역할을 하지만, 가격과 유통전략도 적절히 활용되어야 한다. 먼저 제품전략은 공익캠페인과 사회마케팅의 경우에는 중요성이 덜 할 수 있지만, 공익연계마케팅과 공유가치창출 마케팅의 핵심적인 전략 요소이다. 사회공헌의 수준이 제품의 판매에 따라 결정되는 공익연계마케팅의 경우, 제품의 특성이나 서비스가 직접적으로 소비자들의 참여에 영향을 미치지는 않지만, 제품의 상징적 가치, 심리적 혜택 등을 소구함으로써 참여를 유도할 수 있다. 즉 제품구매가 사회공헌으로 이어진다는 일종의 상징적 혜택(symbolic benefit)을 소비자들에게 제공할 수 있다. CJ제일제당의 '미네워터 바코드롭' 캠페인에서 볼 수 있듯이 제품의 디자인, 포장 문구, 컬러 등을 적절히 활용하는 전략이 필요하다. 공유가치창출 마케팅의 경우에는 오뚜기의 '씻어 나온 쌀'과 같이 직·간접적으로 제품과 관련되는 제품설계, 생산공정 관리, 폐기물처리 등에 대한 전략이 마련되어야 한다. 제품 자체에 사회문제 해결이라는 가치가 적절히 녹아들 수 있는 전략적 접근이 필요하다.

CSR마케팅 가격전략은 특히 소비자의 참여수준이 제품가격 수준에 의하여 영향을 받는 공익연계마케팅의 경우에 중요한 의사결정 사항이다. 캠페인의 세부적인 실행계획에 따라 제품가격의 1%라든지, 신용카드 사용액의 0.1%라는 식으로 적절한 기부수준을 제시해야 단다. 소비자와 기업의 매칭 형식으로 기부가 이루어지는 경우에는 소비자 입장에서 부담이 가지 않는 수준에서 기부액이 결정되어야 한다. 또한 SNS 댓글이나 '좋아요'와 같은 소비자 호응도에 따라 기업의 기부금액이 결정되는 SNS연계형 캠페인의 경우에는 목표한 금액과 예상되는 소비자 참여수, 전체 기부액 등을 종합적으로 고려하여 건당 기부액수를 정하는 것이 바람직하다. 너무

적거나 많을 경우 캠페인의 의도나 진정성이 왜곡될 수 있기 때문이다.

CSR마케팅 유통전략은 공익캠페인과 사회마케팅의 경우 캠페인 메시지의 인식 확산이나 소비자의 실천행동을 유도하기 위하여 기존의 유통망 또는 신규 개장하는 매장을 어떻게 활용할 것인가와 관련되는 의사결정이다. 전국적으로 많은 수의 유통점을 보유하고 있는 편의점이나 의류, 주유소, 생활용품 마트 등 유통업의 경우 특히 전략적인 접근방식이 요구된다. 매장 내·외부의 현수막이나 포스터를 적절하게 활용하는 것이 유리하며, 특히 매장 점원 교육을 통하여 소비자와 상호작용적인 소통을 통하여 참여를 유도하는 것이 매우 효과적이다. 7-Eleven의 'DMWT(Don't Mess With Texas!)' 쓰레기 투기 방지 사회마케팅 캠페인에서 볼 수 있듯이 지역매장은 캠페인의 거점 또는 행사장소 등 다양한 방식으로 활용될 수 있다. 또한 공유가치창출 마케팅으로 실시되고 있는 커피전문점 '스타벅스'의 친환경 매장 '커뮤니티 스토어'와 같은 경우에는 매장 자체가 캠페인의 수단이 되는 만큼 참여매장의 위치와 규모는 물론 매장 내에서 실행되는 프로그램의 종류, 특성, 수행방식 등에 대한 전략적 접근이 필요하다.

촉진전략 중에서도 특히 커뮤니케이션 프로그램은 모든 유형의 CSR마케팅 활동에 반드시 활용되어야 하는 필수적인 요소이다. 모든 CSR마케팅 활동의 기본적인 목표는 사회문제에 대한 인식 제고에서 시작된다고 볼 수 있다. 공익캠페인의 경우에는 그 자체가 마케팅 목표이며, 사회마케팅의 경우에도 실천행동에 앞서 문제에 대한 인식과 호응이 선결과제이다. 공익연계마케팅이나 공유가치창출 마케팅의 경우에도 소비자들이 제품을 통한 사회문제 해결이라는 주제에 대한 명확한 인식이 우선적으로 요구된다. 사회공헌이라는 수단을 활용하여 소비자들의 잠재적인 욕구를 찾아내고, 새로운 가치를 창출해 냄으로써 욕구를 만족시키기 위해서는 사회문제의 중요성, 시급성 등을 커뮤니케이션하는 것이 필수적이기 때문이다.

일반적으로 커뮤니케이션 전략은 CSR마케팅의 전체 틀 안의 일부분 또는 개별적인 캠페인으로 기획할 수 있다. 독립된 캠페인으로 기획할 경우 다음 요소들을 포함한다. 첫째, 커뮤니케이션 목표의 설정이다. 앞 장에서 살펴 본 것과 같이 인지 – 감정 – 행동의 단계적 효과를 염두에 두고 캠페인을 통하여 얻고자 하는 효과를 명확하게 설정한다. 캠페인 대상에게 어떤 메시지를 전달하고, 어떤 인식을 갖게 할 것인지, 그리고 어떤 행동을 요구할 것인지에 대한 목표를 설정한다. 둘째,

캠페인의 대상이 될 개인이나 단체를 규정하고, 이들의 인구통계적 특성이나 심리적, 행동적 특성을 정의한다. 셋째, 캠페인의 핵심 메시지를 개발하고 참여자들에게 제공되는 혜택을 제시한다. 즉 캠페인에 참여하는 사람들이 사회공헌에 참여하는 동기를 부여하기 위하여 캠페인 참여를 통하여 얻을 수 있는 혜택을 핵심 메시지로 정의한다. 넷째, 핵심 메시지를 어떻게 전달할 것인가, 즉 표현방식을 개발하고 매체를 선정한다. 표현방식은 광고의 경우 제작 또는 크리에이티브라고도 하는데 메시지의 소구방식, 톤과 매너 및 배경 등과 관련된 것이다. 단순소개형, 드라마형, 비교형 광고 등 메시지의 전개방식과 함께 광고모델로 연예인, 전문가, 일반인 중 누구를 등장시킬 것인지에 대한 결정도 포함된다(서범석, 2003). 제작된 메시지를 어떤 경로를 통하여 전달한 것인가와 관련한 매체 선정은 표적청중과 메시지의 형식, 경쟁사 커뮤니케이션 활동 등을 종합적으로 고려하여 이루어진다. 가장 흔히 사용되는 매체로는 TV와 신문이 있고, 그 외에 잡지나 라디오도 활용된다. 특히 최근 대중매체로 영향력이 커지고 있는 인터넷과 뉴미디어를 활용하는 것도 매우 효과적이다. 이 외에도 페이스북, 트위터와 같은 SNS도 표적시장의 특성과 커뮤니케이션 목표에 따라 활용할 수 있다. 다섯째, 캠페인의 성과를 어떻게 공유하고 측정할 것인지를 결정한다. 캠페인의 자발적인 확산과 매체 커버리지를 통한 전파를 유도하기 위한 방법을 제시하고, 캠페인의 커뮤니케이션 목표가 제대로 달성되었는지, 어떻게 측정할 것인지를 결정한다. 메시지 침투율, 인지도 등을 사전, 사후조사를 통하여 측정할 수 있다.

필요한 경우 광고와 함께 언론매체를 통한 PR, 이벤트, 프로모션, 협찬 등 다양한 방법으로 사회공헌 핵심 메시지를 일관성 있게 전달하기 위한 이른바 통합적 마케팅 커뮤니케이션(integrated marketing communication) 전략을 기획한다. 제휴한 공익단체의 채널도 활용하여 최대한 많은 사람들에게 메시지가 전달될 수 있도록 함으로써 캠페인의 효과를 높일 수 있다.

다양한 커뮤니케이션 채널 가운데 특히 대중매체 광고는 CSR마케팅 활동에 가장 영향력 있고 효과적인 수단이라고 할 수 있다. 미국의 패션기업인 '케네스콜(Kenneth Cole)'의 CSR 광고 캠페인을 예로 들 수 있다(〈그림 11-6〉). 노숙자들을 지원하기 위한 공익캠페인 활동의 일환으로 집행하였던 잡지광고로서 '마음은 가지시고, 신던 신발은 물려 주세요(Have a heart, give a sole)'라는 슬로건과 크리에이티브의 독창성, 메시지의 간결성 등 광고 자체만으로도 많은 관심을 받았던 캠페인이었다. 다 신고 버리게 된 낡은 신발을 기증하면 신발가격을 20% 할인해 준다는 내용의 행사를 펼칠 때 사용한 광고인데, 케네스콜에서 구두 한 켤레를 사면 노숙자를 추위에서 구해 낼 수 있다는 생각에 소비자들은 기꺼이 지갑을 열었다. 소비자들의 허영심을 부추기는 명품 브랜드들의 광고와는 극명한 대조를 이루는 이 광고캠페인에 힘입어 케네스콜이 창업 이후 줄곧 실시해 공익캠페인을 통하여 기업이미지를 확실하게 부각시킬 수 있었다.

그림 11-6 '케네스콜(Kenneth Cole)'의 공익캠페인(잡지광고)

케네스콜은 다른 수단보다도 특히 광고를 위주로 한 커뮤니케이션 캠페인을 효과적으로 활용하여 그들이 전개하고 있는 공익캠페인을 성공적으로 이끌어 온 대표적인 기업으로 손꼽힌다. 1980년대 창업 이후 조금은 추상적일 수 있지만 'Just Causes'라는 슬로건을 내걸고 사회공헌이라는 기업의 핵심가치를

그림 11-7 '케네스콜'의 공익캠페인 광고

공익캠페인을 통하여 전달하고 이를 통하여 차별적인 브랜드 포지셔닝 효과를 쌓아오고 있다. 즉 광고캠페인을 위주로 공익캠페인 유형의 CSR활동을 지속적으로 전개하여 마케팅 측면에서 실리를 축적하고 있는 기업이다. 그들이 'Just Causes'라고 명명하고 후원하고 있는 사회문제는 에이즈 퇴치, 아동복지, 노숙자 거주지 마련, 무기소지자 관리 및 사고 예방, 투표 참여, 하천 및 유역 보호 등 다양한 이슈들을 포함한다. 지금도 지속되고 있는 케네스콜의 광고캠페인은 〈그림 11-7〉에서 볼 수 있듯이 사회적 양심을 반영하는 기업의 전통을 그대로 반영하고 있다.

앞의 광고에는 'We All Have AIDS'라는 헤드카피와 'If One of Us Does'라는 부제가 붙어 있다. 즉 우리 중의 하나라도 에이즈에 감염됐다면, 우리 모두가 에이즈 환자나 마찬가지이니 다 함께 에이즈 예방에 힘을 다하자는 메시지를 담은 캠페인이다. 2005년 잡지와 옥외매체를 중심으로 집행된 이 광고캠페인에는 남아공의 넬슨만델라 대통령, 인기가수 엘튼존, 영화배우 윌스미스, 샤론스톤, 엘리자베스테일러 등 우리가 잘 알 만한 유명인이 등장하였다. 이들은 모두 에이즈 예방을 목적으로 하는 국제활동에 참여하고 있는 인사들이다. 광고의 헤드라인인 '우리는 모두 에이즈에 감염됐다'라는 간결하면서도 강렬한 메시지는 보는 이들 모두를 놀라게 할 만큼 쇼킹한 메시지이다. 왜냐하면 누구도 자신이 에이즈에 감염되기를 원하는 사람은 없을 것이기 때문이다. 이 간결한 메시지를 통하여 에이즈라는 무서운 질병이 전 세계 수백만 명의 목숨을 앗아갈 수 있다는 인식을 심어주는 데 기여한 것으로 평가된다.

그림 11-8 '케네스콜'의 에이즈 예방 공익캠페인 광고

〈그림 11-8〉도 에이즈 예방이라는 동일한 주제를 전하고자 집행된 광고이다. 이 광고 역시 '우리는 모두 에이즈의 잠재적인 전달자이다(We are all potential carriers)'라는 간결한 헤드카피를 내걸고 있다. 케네스콜의 주력제품인 핸드백이 물건을 들고 다니는(carrier) 용도로 사용된다는 점에 착안하여 대부분의 여성들이 핸드백을 갖고 다니듯이 우리 모두가 에이즈를 예방하지 않으면 잠재적인 에이즈의 전달자가 될 수 있음을 암시하고 있다.

독창적이면서도 의미 있는 크리에이티브가 돋보이는 광고라고 평가할 수 있다.

케네스콜의 예에서 볼 수 있듯이 CSR마케팅의 효과는 독창적(distinctive)이고 사회문제와 관련성 있는(meaningful) 광고 메시지의 크리에이티브에 의하여 배가될 수 있다. 창의적인 기획이 요구되는 부분이라고 할 수 있다. 이와 같이 마케팅 기획의 단계별로 목표 - 전략 - 전술로 이어지는 전략적인 접근방식과 창의적인 메시지의 개발은 여느 마케팅 캠페인과 마찬가지로 CSR마케팅 기획에서도 반드시 필요한 요소이다.

CSR마케팅 캠페인의 콘셉트(Concept)와 슬로건(Slogan) 04

CSR마케팅의 4P믹스 요소 중에서 촉진(커뮤니케이션) 믹스가 가장 큰 비중을 차지한다고 해도 틀린 말은 아닐 것이다. 시장에서 성공 가능한 커뮤니케이션 캠페인 기획의 완성도를 높이기 위하여 반드시 고려되어야 할 요소를 꼽는다면 캠페인의 콘셉트와 슬로건을 들 수 있다. 콘셉트(concept)의 사전적 의미는 개념으로 잘 알려져 있지만 마케팅이나 커뮤니케이션 캠페인을 얘기할 때 콘셉트는 표적시장 소비자나 목표청중에게 전달하고자 내용의 핵심을 의미하며, 특정 캠페인이 갖고 있는 차별화된 방향 설정 및 강조사항을 말한다. 따라서 콘셉트는 커뮤니케이션 목표 - 목표청중 - 핵심 메시지 - 크리에이티브 및 매체전략 - 평가로 이어지는 CSR 커뮤니케이션 캠페인의 전체 기획 과정에 반영되어 실행 프로그램으로 구체화된다. 한편 슬로건은 캠페인의 의도나 내용을 키워드로 간결하게 함축시킨 것으로서 청중들로 하여금 캠페인에 대한 기억과 이해를 돕는 데 중요한 역할을 한다. 슬로건은 그 자체로 완결적인 의미를 갖는 표현이 필요하며, 장기간 다양한 매체를 동원하여 반복하여 사용함으로써 효과를 얻을 수 있다(Arens, Weigold, & Arens, 2013).

캠페인 전반에 걸쳐 동일한 콘셉트를 유지하고, 간결한 슬로건을 활용하여 쉽게 떠올리고 다른 사람과 공유하고, 결국 참여에까지 이르게 한다면 효과적인 CSR마케팅 캠페인이 될 수 있을 것이다. 이러한 사례로 현대자동차의 '기프트카' 캠페인을 들 수 있다. 이 캠페인의 성공요인 중의 하나는 '테마가 있는 스토리텔링'이다.

차가 필요한 이웃들의 이야기를 테마로 하여 각각의 스토리가 주는 작지만 소중한 감동으로 인하여 소비자들이 과거의 추억을 되살리게 할 수 있었고, 각각의 이야기들은 '나눔'이라는 화두로 확장되어 많은 사람들을 통하여 또 다른 화제를 낳으며 표적청중 사이에 널리 확산되었다. 콘셉트와 유사한 개념으로 혼용하여 사용되는 것 중에 '테마'라는 것이 있다. 테마는 엄밀히 말하면 경쟁상황에서 출발한 차별적, 경쟁적 개념이 포함되지 않는다는 점에서 콘셉트와 차이가 있다. 콘셉트에 의하여 캠페인의 전체적인 방향이 결정되면 구체적인 테마를 통하여 표출되는 것이다. '기프트카' 캠페인에서는 '차가 필요한 이웃에게 자동차를 선물한다'를 기본 콘셉트로 하였고, '여러분의 댓글로 차를 선물해 주세요'라는 슬로건과 함께 소비자들의 이야기를 개별 테마로 하여 감동적인 스토리를 창출하는 방식으로 진행되었다. 〈그림 11-9〉는 캠페인의 슬로건이 다양한 매체광고를 통하여 반복적으로 전달된 모습니다.

그림 11-9 '기프트카' 캠페인 콘셉트와 슬로건

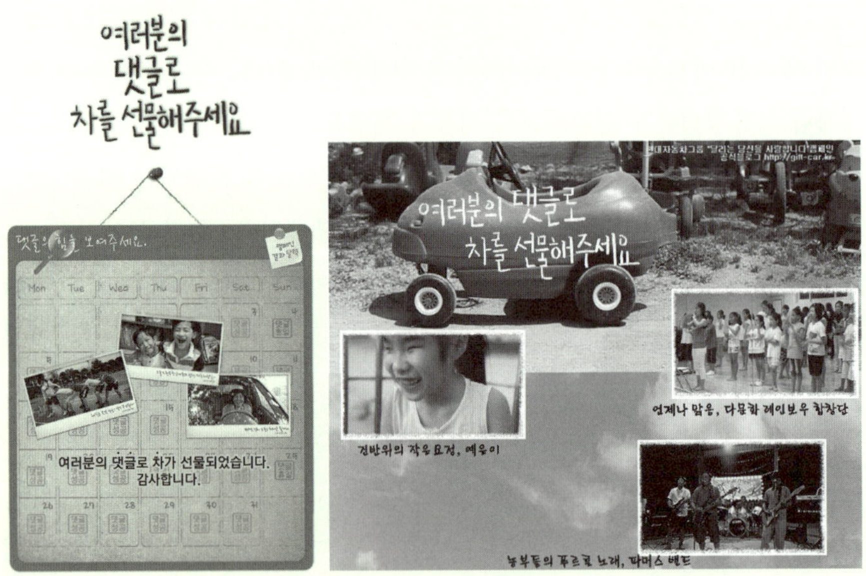

CSR마케팅 캠페인 기획

05

지금까지 살펴 본 마케팅 전략 기획의 토대를 바탕으로 CSR마케팅 기획의 핵심 요소인 사회문제 및 제휴단체의 선정과 캠페인 기획은 어떻게 이루어지는지 구체적으로 살펴보기로 한다. 전체적인 CSR마케팅 기획은 상황분석 – 목표설정 – 목표시장 선택 – 마케팅 4P믹스 – 실행계획의 단계로 구성되는데 상황분석과 목표설정 단계에서 사회문제와 제휴단체의 선정을 위한 작업이 수행된다. 그리고 마케팅 4P 기획단계에서 가장 중요한 요소인 커뮤니케이션 캠페인에 대한 구체적인 계획을 마련하게 된다. 이 두 가지 요소에 대하여 자세히 살펴보기로 한다.

1) 사회문제 및 제휴단체의 선정

사회문제는 기업의 전체적인 CSR활동의 중심축 역할을 하기 때문에 매우 신중하게 선정되어야 한다. 또한 캠페인을 함께 수행하는 제휴단체 역시 CSR캠페인 목표를 달성하는 데 결정적인 역할을 하게 되므로 사회문제와 마찬가지로 신중하게 선정되어야 한다. 사회문제와 제휴단체를 선정할 때 고려해야 할 요소들은 다음과 같다.

첫째, 제품이나 서비스와 직접적으로 관련 있는 사회문제를 선정한다. 브랜드 마케팅의 핵심요소인 제품이나 브랜드의 비전 또는 아이덴티티를 고려하여 그와 연계된 사회 이슈를 선정해야 한다는 것이다. 브랜드 비전이란 '제품을 통하여 고객에게 제공하려고 하는 핵심가치'로서 미래지향적이며, 모든 이해관계자들에게 효익(benefit)을 제공할 수 있어야 하고, 제품 자체에도 내재된 것이어야 한다. 브랜드 아이덴티티란 소비자가 특정 브랜드에 대한 동일성을 연상할 수 있는 브랜드의 모든 구성 요소들, 즉 브랜드네임, 로고, 캐릭터, 슬로건, 징글, 패키지, 컬러 등의 구체적인 요소와 제품이나 서비스의 본질, 또는 기업철학과 같은 추상적인 아이덴티티 요소를 포함한다. 즉 유·무형의 브랜드 가치와 소비자들에게 제공하려는 효익이라고 할 수 있다. CSR 캠페인의 대상이 되는 사회문제는 바로 이러한 브랜드 비전 또는 아이덴티티와 연관된 것이라야 자연스럽게 브랜드 이미지 구축과 강화에 기여할 수 있다는 것이다. 앞 장에서 다루었던 많은 성공사례들의 대부분이 브랜드 이미지 관리 측면에서 효과를 얻을 수 있었던 사회문제를 대상으로 삼았던 것을 알 수 있다. 예를 들면, 자연과 환경을 보호한다는 브랜드 비전을 내세운 화장품 기업 '바디샵'이 동물실험 문제를 사회문제로 선정한 것이나, '우리강산 푸르게 푸르게' 캠페인을 통하여 유한킴벌리가 숲 보호라는 사회문제 지원에 장기적으로 기여하고 있는 것이 좋은 예이다.

둘째, 표적시장으로 선정된 목표청중(구매타깃, 잠재타깃, 참여타깃, 확산타깃 등)에게 관심이 높은 사회문제를 선정해야 한다. 특히 표적시장 소비자들이 제품과 서비스를 사용하는 상황적 맥락에서 사회문제의 해결과 필요 충족을 통하여 사용경험을 강화할 수 있는 사회적 이슈를 발견하는 것이 중요하다. 스웨덴의 SPA 매장 H&M이 전개하고 있는 의류 재활용 캠페인, 오뚜기의 '씻어 나온 쌀', 대만 기업 다아이의 페트병 재활용제품 등이 이 경우에 해당된다. 체계적이고 과학적인 조사를 통하여 소비자들의 관심이 높은 사회문제를 선택하는 것이 시행착오를 방지할 수 있다.

셋째, 선정된 사회문제 해결을 위하여 활동을 함께 수행할 제휴단체는 집행가능성, 마케팅활용 가능성, 기관 안정성 등을 고려하여 선정한다. 사회문제와 관련하여 이미 제휴 마케팅을 집행한 경험이 있거나, 적극적으로 기업과 협업하고자 하는 단체를 우선적으로 고려하여야 한다. 또한 마케팅에 활용 가능한 커뮤니티, 홍보대사, 마케팅 채널(SNS, 방송국 등 홍보를 위한 제휴 채널)을 보유하고 있는 제휴단체가 마케팅 활용가능성이 높다는 점도 고려하는 것이 좋다. 장기적인 캠페인을 위하여 재정, 규모, 인원, 투명성 등에서 안정적인 제휴기관을 선정해야 한다.

2) 캠페인 기획

선정된 사회문제 해결을 위한 CSR 캠페인의 기획은 〈그림 11 - 10〉과 같이 캠페인 목표 설정 - 콘셉트 및 메시지 개발 - 활동계획(참여행위) - 캠페인 활동 - 매체전

그림 11-10 CSR 캠페인 기획 프로세스

략-평가의 단계로 구성된다. 각 단계별 기획요소와 고려할 사항들을 살펴보면 다음과 같다.

목표 설정

선정된 사회문제의 해결과 마케팅 목표 달성을 위한 캠페인의 목표를 설정한다. 목표는 실현 가능하며, 측정 가능한 것이라야 하며, 시간 프레임을 포함하여 구체적인 숫자를 사용하여 제시하는 것이 좋다.

콘셉트 및 메시지 개발

기업, 소비자, 제휴단체가 공유하는 캠페인의 'Big Idea', 즉 콘셉트를 도출한다. 이를 바탕으로 커뮤니케이션 메시지와 슬로건을 개발한다. 다음의 다섯 가지 내용을 최대한 반영하는 콘셉트와 메시지를 개발하는 것이 효과적이다.

1. 적합성: 브랜드 아이덴티티와 사회문제와의 연결 적합성
2. 진정성: 제품과 서비스의 판매보다는 사회공헌이라는 책임 완수의 목적성
3. 투명성: 캠페인의 목표, 과정, 결과 등의 공유
4. 참여혜택: 기업, 소비자, 제휴단체가 얻을 수 있는 혜택
5. 편의성: 캠페인 메시지의 소통과 공유, 캠페인 참여의 접근성과 편의성

활동계획(참여행위)

선정된 사회문제와 개발된 콘셉트를 토대로 하여 문제 해결을 위한 표적시장 소비자들의 참여행위를 개발한다. 마케팅 목표 달성에 부합하는 방식의 참여방식을 개발하는 것이 관건인데, 참여행위 방식은 크게 네 가지로 나눠 볼 수 있다. 첫째는 '거래'형이다. 공익연계마케팅이 이에 해당되는데 소비자가 직접 구매하거나 구매효과를 대체할 수 있는 다양한 활동에 참여할 때 기업이 제휴단체에 기부하는 방식이다. 기부는 현금, 현물, 쿠폰, 가격할인 등의 방식을 사용할 수 있다. 둘째, '디지털' 방식의 참여행위이다. SNS나 마이크로사이트 등 디지털 매체를 활용하여 소비자의 참여를 유도하는 방식이다. 블로그, 페이스북 등 SNS를 통한 메시지 전파, 바이럴 콘텐츠의 생산과 확산, 온라인 이벤트 등을 활용하는 방식이다. 셋째, 프로모션 이벤트 방식이다. 공익단체와 기업이 공동으로 오프라인 행사를 개최하

여 참여를 유도하는 방식이다. 경품행사, 무료 샘플, 시연회, 자선행사, 플래쉬몹 등을 활용할 수 있다. 넷째, 사회문제에 대한 인지도 증대를 위하여 기업이 주도적으로 진행하는 구매 시점의 프로모션 활동이다. POP 광고, 가격할인, 통합 캠페인 등이 이에 해당된다.

이와 함께 제휴단체를 지원하는 방식도 함께 결정하게 된다. 프로젝트 펀딩(기부) 방식, 물품이나 시설·장비 지원, 임·직원의 자원봉사, 단체홍보 등 다양한 방식 중 해당 캠페인에 적합한 것을 선정한다.

캠페인 세부 활동

캠페인의 목표, 콘셉트, 참여방식 등에 대한 계획이 수립되면 이것을 실제 실행하기 위하여 캠페인의 구체적인 세부 활동 계획을 수립하게 된다. 미리 캠페인 참여를 통하여 소비자들이 얻을 수 있는 명확한 감성적, 물질적 혜택을 규정한다. 감성적 혜택에는 자아실현, 자기표현, 자기개발, 소속감, 명예, 사회변화, 사회적 영향력 등이 포함되며, 물질적 혜택으로는 직접/간접 기부, 현물지원, 기격할인, 쿠폰, 샘플링, 경품, 마일리지 포인트 등이 포함된다.

사회문제의 인식 및 확산과 소비자의 참여행위 유도 등 크게 두 가지로 캠페인의 목표를 구분하여 다음과 같은 세부 활동 중에서 적합한 활동을 포함시킨다.

① 캠페인 목표: 사회문제에 대한 인식과 확산

- 사회문제의 중요성, 해결의 중요성, 심각성, 시급성 등을 알릴 수 있는 콘텐츠 개발
- 문자정보보다는 이미지, 영상을 위주로 한 스토리텔링 형식의 콘텐츠
- 사회적 이슈에 대한 신뢰도 증대를 위하여 객관적인 검증 자료와 함께 제시
- SNS를 적극 활용하여 콘텐츠의 자발적 확산과 공감 유도

② 캠페인 목표: 소비자의 참여행위 유도

- 소비자와 캠페인의 의의와 비전을 공유하는 메시지 개발
- 다른 소비자들과 함께 문제 해결에 기여한다는 느낌의 전달
- 사회적 이슈에 동참하는 의식 있는 소비자라는 자긍심을 자극하는 메시지
- 캠페인 기간 동안 성과(기부금액, 활동수, 물품수량 등) 공유

- 매체의 특성을 고려하여 메시지 생산자, 확산자, 감상자 등으로 세분화하여 SNS활동을 유도
- 모바일, SNS와 연계하여 쉽게 참여할 수 있는 프로그램 개발
- 캠페인 콘텐츠 지속적 공급
- 소비자의 참여 여부를 공개할 수 있는 인증방식 도입
- 서포터즈들의 소통과 정보공유를 촉진할 수 있는 SNS 커뮤니티 운영
- 서포터들에게 캠페인 홍보의 도구가 될 수 있는 바이럴킷(viral kit)을 제공하여 자연스러운 홍보 유도

매체전략

캠페인을 알리고 소비자 참여를 이끌어 내기 위하여 활용할 수 있는 모든 매체를 나열하고, 매체별로 수용자의 성향과 이용행태를 분석한다. 캠페인의 세부 목표(노출, 참여, 관계구축 등)에 따라 각 매체의 역할(홍보채널, 참여채널, 통합채널, 지원채널)과 중요도 등을 명확히 정의한다.

매체별로 주 이용층의 성향과 이용행태, 매체의 목적과 역할, 예산 등을 종합적으로 고려하여 적합한 매체를 선정한다. 커뮤니케이션 목표에 따라 다음과 같은 매체를 활용할 수 있다.

- 유료매체: 캠페인에 대한 노출 증대와 참여 유도를 위하여 목표청중 도달률이 높은 TV, 옥외매체, 인터넷 검색광고 등 활용
- 자사매체: 자사가 보유하고 있는 매체(홈페이지, SNS)를 적극 활용하여 캠페인 노출을 증가시키고 참여를 유도
- 자발적 미디어(Earned Media): 사회문제나 브랜드 관련 커뮤니티 등 자발적 매체, 페이스북, 트위터, 블로그 등 네트워크를 활용하여 노출 증대와 참여 유도

캠페인 성과 및 평가

- 캠페인의 시작과 참여과정, 참여자, 참여 결과 등을 영상, 이미지 형식으로 공유
- 캠페인 결과물(기부금, 현물 등)을 인증하여 공개
- 캠페인 성과를 수혜처가 어떻게 사용했는지 상세한 내용을 투명하게 공개
- 캠페인 목표 대비 실제 성과를 세밀하게 비교하고, 성공 또는 실패의 원인을 분석하여 후속 캠페인에 반영

키워드(Keywords)

- 기획
- 마케팅 기획
- (마케팅) 기획 프로세스와 기획 요소
- 기획서
- 마케팅 4P믹스
- 마케팅 전략 기획과 프로세스
- CSR마케팅 전략 기획과 프로세스
- CSR마케팅 캠페인 기획
- 콘셉트와 슬로건
- 매체전략

생각해 볼 문제(Review Questions)

- 일반적인 기획과정은 어떤 단계로 구성되는가?
- 좋은 마케팅 기획서가 갖춰야 할 조건은 무엇인가?
- CSR마케팅 활동이 마케팅 영역 내에서 차지하는 위치와 다른 요소들과의 관계를 생각해 보자.
- 마케팅 기획서는 어떻게 작성해야 하는지 세 가지 요건을 생각해 보자.
- CSR마케팅 전략 기획의 프로세스는 어떻게 구성되는가?
- CSR마케팅 기획 요소 중 촉진(커뮤니케이션) 요소는 왜 중요한가?
- CSR마케팅 캠페인의 커뮤니케이션 활동의 중심을 잡아주는 콘셉트와 슬로건은 어떻게 개발해야 하는가?
- 캠페인의 매체전략을 개발할 때 고려해야 할 요소에는 어떤 것들이 있는가?

참고문헌

서범석 (2003). 광고기획론. 나남출판.

안광호, 하영원, 박흥수 (2014). 마케팅원론(제6판). 학현사.

Arens, W., Weigold, M., & Arens, C. (2013). *Contemporary Advertising*. McGrow-Hill: New York, NY.

Kotler, P. & Armstrong, G. (2016). *Principles of Marketing* (16th Edition). Pearson: Essex, England.

찾아보기

ㅊ

ㅋ

ㅌ

ㅍ

ㅎ

기타

안 대 천

인하대학교 경영학과 교수
dan@inha.ac.kr

미국 아이오와 주립대(Iowa State University) 경제학과를 졸업하고, 시라큐스대(Syracuse University)에서 광고학석사와 사우스캐롤라이나 주립대(University of South Carolina)에서 광고전공으로 박사학위를 취득하였다. 박사학위 취득 후 약 3년 반 동안 미국 북텍사스주립대학(University of North Texas)에서 마케팅 커뮤니케이션 전공교수로 IMC, 광고론, 연구방법론, 마케팅조사론, 뉴미디어광고론, 국제광고론, 소비자행동론 등을 강의하였고, 현재 인하대학교 경영학과에서 마케팅 전공교수로 재직 중이다.

1990년 말 SK그룹에 공채 입사하여 SK Networks, SK C&C 등에서 약 9년 간 근무하면서 캐주얼 의류, 스마트학생복, 폴라로이드 및 캐논카메라, 미키마우스 캐릭터, 온라인쇼핑몰, 무선통신기기 등의 마케팅, 영업, 유통, 광고기획, 홍보, 브랜드기획, BI 및 CI 등의 업무를 관장하였다.

연구 관심분야는 소비자행동, 인터넷과 양방향TV광고, 국제광고, CSR마케팅 등으로 Journal of Services Marketing, International Marketing Review, International Journal of Advertising, Journal of International Consumer Marketing, Asia Pacific Journal of Tourism Research, 광고연구, 광고학연구, 광고홍보학보, 상품학연구, 무역연구 등 국내외 학술지와 각종 국내외 학술대회를 통하여 약 120여 편의 연구논문을 발표하였다. 저서로는 인터넷광고, 디지털시대의 옥외광고론 등이 있다.

사우스캐롤라이나대학(University of South Carolina)에서 Best Dissertation Award와 2015년 한국호텔리조트학회의 최우수논문상을 수상하였다. 현재 한국광고학회 부회장(제26대 차기회장), 소비자학회 상임이사, Asian Journal of Sustainability and Social Responsibility의 편집위원으로 일하고 있다. 미국광고학회 연구위원 및 학술대회 심사위원, 미국 광고연구재단 연구이사, 마케팅학회 이사, 소비자정책교육학회 이사, 광고학연구 편집장, 광고홍보학보 편집위원, AEJMC 학술대회 심사위원, SSCI급 저널인 Cyberpsychology and Behavior와 Sex Roles의 논문심사위원 등을 역임하였다. 업계에서는 KT, SK텔레콤, 현대홈쇼핑, LH공사 등의 자문활동을 수행한 바 있다.

유 현 중

가톨릭관동대학교 광고홍보학과 교수
yhj1075@cku.ac.kr

세명대학교 광고홍보학과를 졸업하고 한양대학교 일반대학원 광고홍보학과에서 석사, 박사학위를 취득하였다. 학위를 하면서 세명대학교, 청주대학교, 서원대학교, 한신대학교, 청운대학교, 한양대학교 등에서 강의하면서 광고의 이해, 광고기획론, 광고전략론, 광고홍보연구방법론, 국제광고론, 소비자행동론, 광고캠페인론 등을 상의하었고, 현재 가톨릭관동대학교 광고홍보학과에서 전공 교수로 재직 중이다.

박사 논문으로 기업의 사회적 책임에 대한 기업과 소비자의 상호지향성 인식 및 광고효과 연구(2010)로 학위를 받았다. 연구의 관심 분야는 디지털 광고 분야의 다양한 연구 활동을 진행하였다. 광고PR실학연구, 광고학연구, 광고홍보학보 등에 각종 국내외 학술대회를 통해 연구논문을 발표하였고, 저서로는 디지털 융합시대 광고와 PR의 이론과 실제, (광고PR실무를 위한)전략적 커뮤니케이션, 한국광고학연구 30년과 전망, 한국옥외광고사 등이 있다.

광고PR실학회 MIT 논문상을 수상하였고, 국제문화기술진흥원 우수논문상을 수상하였다. 현재 광고PR실학회 총무이사, 광고홍보학회 기획이사, OOH 광고학회 기획이사로 있으며, 서울영상광고제 전문심사위원을 역임하였다.

CSR 마케팅

초판 인쇄 2020년 8월 25일
초판 발행 2020년 9월 5일

지은이 안대천 · 유현중
펴낸이 김중용

총괄기획 박노일 · 최준규
편 집 심성보

펴낸곳 도서출판 **정독**

경기도 파주시 책향기로 441, 1004동 1004호(동패동, 책향기마을)
등록 제406-2014-000093호

전 화 070)7550-3758 팩 스 02)718-8554
홈페이지 www.jeongdok.co.kr 이메일 pnc@pncmedia.co.kr
ISBN 979-11-90899-08-6 93320

정 가 25,000원